Direito Civil

Coisas

Paulo Lôbo

Direito Civil

Coisas

volume 4

4ª edição

2019

saraiva jur

ISBN 978-85-53605-17-0

DADOS INTERNACIONAIS DE CATALOGAÇÃO NA PUBLICAÇÃO (CIP)
ANGÉLICA ILACQUA CRB-8/7057

Lôbo, Paulo

Direito civil : volume 4 : coisas / Paulo Lôbo. – 4. ed. – São Paulo : Saraiva Educação, 2019.

1. Direito civil - Brasil I. Título.

18-1537 CDU 347 (81)

Índice para catálogo sistemático:

1. Brasil : Direito civil 347 (81)

SOMOS EDUCAÇÃO | saraiva jur

Av. das Nações Unidas, 7.221, 1º andar, Setor B
Pinheiros – São Paulo – SP – CEP 05425-902

SAC
0800-0117875
De 2ª a 6ª, das 8h às 18h
www.editorasaraiva.com.br/contato

Diretoria executiva Flávia Alves Bravin
Diretoria editorial Renata Pascual Müller
Gerência editorial Roberto Navarro

Consultoria acadêmica Murilo Angeli Dias dos Santos

Edição Eveline Gonçalves Denardi (coord.)
Daniel Pavani Naveira

Produção editorial Ana Cristina Garcia (coord.)
Luciana Cordeiro Shirakawa
Rosana Peroni Fazolari

Arte e digital Mônica Landi (coord.)
Claudirene de Moura Santos Silva
Fernanda Matajs
Guilherme H. M. Salvador
Tiago Dela Rosa
Verônica Pivisan Reis

Planejamento e processos Clarissa Boraschi Maria (coord.)
Juliana Bojczuk Fermino
Kelli Priscila Pinto
Marília Cordeiro
Fernando Penteado
Mônica Gonçalves Dias
Tatiana dos Santos Romão

Novos projetos Fernando Alves

Diagramação Designios Editoriais
Revisão Caio Cobucci Leite
Silvana Cobucci

Capa Casa de Ideias / Daniel Rampazzo
Produção gráfica Marli Rampim
Sergio Luiz Pereira Lopes
Impressão e acabamento Gráfica Paym

Data de fechamento da edição: 15-10-2018

Dúvidas? Acesse www.editorasaraiva.com.br/direito

CL 605394 CAE 630778

Aos estimados amigos e civilistas
Gustavo Tepedino e Luiz Edson Fachin.
Com fineza e requinte teóricos, ressignificaram
o direito das coisas, no Brasil, em qualidade e humanismo.

Sumário

Apresentação

Esta obra examina a posse, a propriedade e os direitos reais sobre coisas alheias, como se desenvolveram e se têm desenvolvido no direito brasileiro.

A diretriz doutrinária essencial assenta nos conceitos e categorias de autores nacionais e estrangeiros contemporâneos, comprometidos com a primazia da pessoa humana e da justiça social, às quais nossa Constituição faz subordinar as variadas titularidades patrimoniais. A jurisprudência dos tribunais superiores brasileiros está constantemente referida e comentada, notadamente as decisões que melhor atentam para tais transformações.

Seguimos a ordem das matérias do Código Civil de 2002, mas nem sempre o fizemos, quando a julgamos imprópria. Os primeiros cinco capítulos da obra buscam delimitar os fundamentos da posse e da propriedade, consolidados no direito brasileiro atual. Os demais capítulos seguem a distribuição dos temas, segundo o consenso doutrinário.

Entendemos que a posse merecia atenção especial, em todos os capítulos, na exploração de suas múltiplas dimensões, ante a evolução recente do direito, além de sua renovada funcionalidade de efetivação do direito à moradia e de fundamento de aquisição dos direitos reais individuais e coletivos.

Paulo Lôbo

Capítulo I

Concepção, Evolução e Âmbito do Direito das Coisas

Sumário: 1.1. Objeto do direito das coisas. 1.2. Um pouco de história da posse e da propriedade no Brasil. 1.3. Quando pessoas humanas foram consideradas coisas. 1.4. Origens da propriedade moderna. 1.5. Patrimônio e direito das coisas. 1.6. Interações do direito das coisas com outras partes do direito civil. 1.7. Classificação, *numerus clausus* e tipicidade dos direitos reais. 1.8. Direitos intelectuais. 1.9. Relação jurídica real.

1.1. Objeto do Direito das Coisas

A evolução do direito das coisas está marcada pelas injunções e vicissitudes por que passou o poder jurídico e o poder fático das pessoas sobre o que consideram objeto de pertencimento. Na atualidade são as coisas. O problema é que os sistemas jurídicos nem sempre são precisos quanto ao que consideram coisas, para sobre elas ser admitida a titularidade de alguém, plena ou limitada.

No Brasil, o direito das coisas abrange a disciplina normativa da posse, da propriedade e dos demais direitos reais. Como a posse é poder de fato sobre a coisa, ainda que tutelada pelo direito, a denominação mais adequada para a disciplina é "direito das coisas" e não direito sobre as coisas. Para os que entendem que a posse é direito sobre as coisas, tal como ocorre com o direito de propriedade, a denominação apropriada seria direitos reais. Contudo, direitos reais, propriamente ditos, são a propriedade e os direitos reais limitados. Estes e a posse têm as coisas como objetos de suas relações.

O CC/2002, na esteira da tradição brasileira, denomina de direito das coisas o conjunto normativo das relações de pertencimento pleno ou parcial de coisas, incluindo a posse, a propriedade e os direitos limitados sobre coisas alheias, a nosso ver corretamente.

Porém, o que são *coisas*, para o direito civil?

Coisas, para os antigos greco-romanos, eram fatos, circunstâncias, acontecimentos, objetos materiais, que poderiam levar à realização de *bens*, como fins objetivos virtuosos ou valiosos. De coisas boas advinham bens; das más, não. Nesse sentido, Aristóteles, em *Retórica*, alinhava entre os bens a felicidade, a justiça, a coragem, a temperança, a magnanimidade, a magnificência, a saúde, a beleza (2012, p. 33). Na acepção filosófica geral coisa é o que pode ser pensado, suposto, afirmado, negado; ou (Allara, 1984, p. 28) o ente concebido na mente humana, o ente objeto do conhecimento, a categoria como produto da razão humana. No senso comum, coisa terminou como palavra que expressa algo genérico, no lugar do que é determinado.

Coisas, em direito, têm significado estrito. O termo frequentemente se confunde com bens, tanto na legislação quanto na doutrina jurídica. Contudo, os bens jurídicos têm dimensão mais ampla e imprecisa, porque abrangem todas as situações que são valiosas e merecedoras de proteção pelo direito, incluindo os que não têm natureza patrimonial e econômica. Os direitos da personalidade, por exemplo, são bens jurídicos, mas não são coisas; são bens não coisificáveis. A prestação, como dever da relação obrigacional voltado ao comportamento da pessoa, não é coisa, mas sim bem jurídico.

Para o direito civil, coisa significa o que pode ser objeto de apreensão, uso, fruição e disposição, com natureza patrimonial e econômica. Por conseguinte, as ondas do mar, o ar, as estrelas, os dados de computador ou mídias portadoras de dados, o corpo da pessoa viva não são coisas (Schapp, 2010, p. 37). No sentido genérico, estão as coisas corpóreas ou materiais e as coisas incorpóreas ou imateriais. O conceito jurídico de coisa supõe que ela se individualize, ou se separe de outra coisa. Não há propriedade de coisas como um todo. Segundo Pontes de Miranda (2012, v. 11, p. 74), a noção de coisa, para o direito, não é naturalística, ou física; é econômico-social; o que o espírito humano inventa, criando valor econômico-social, pode não ser corpóreo.

A especialização constante de certos objetos das relações jurídicas tem provocado o deslocamento das coisas incorpóreas do direito civil geral para a formação de direitos privados autônomos, como os direitos autorais. Essa é também a orientação do CC argentino de 2014, cujo art. 16 estabelece que "os bens materiais chamam-se coisas", excluindo desse conceito a energia e as forças naturais a serviço do homem.

Há direitos que se coisificam, por necessidade do tráfico jurídico. Por exemplo, o usufruto de um crédito, o usufruto de ações de sociedade por ações, a hipoteca do direito de superfície. São passíveis de coisificação os direitos reais limitados ou os direitos disponíveis.

O corpo humano não é coisa; nem o que passa a integrá-lo, como as próteses. O que se destaca do corpo humano e é renovável, como os cabelos, pode converter-se em coisa. O cadáver não reclamado se coisifica, quando é destinado para fins de pesquisa e ensino, na forma da Lei n. 8.501/1992. Órgãos, tecidos e partes do corpo humano podem ser removidos para fins de implante e tratamento, proibida a mercantilização, na forma da Lei n. 9.434/97, especialmente quando houver morte encefálica; deixa de ser coisa quando há o implante em outra pessoa.

A restrição das coisas aos bens corpóreos é forte em nosso direito e tem longa tradição. Para o jurisconsulto romano Gaio (1997, II, 13, p. 197), as coisas corpóreas eram aquelas que se podiam tocar, como, por exemplo, um terreno, um vestido, o ouro, enquanto as incorpóreas eram as que tinham sua existência no direito, como uma herança, as obrigações. No *Código Civil – Esboço*, que deu à publicidade em 1860, por encomenda do governo imperial, Teixeira de Freitas (1983, v. 1, p. 115) introduziu a seção "Das coisas em geral" ("Art. 317. Todos os objetos materiais suscetíveis de uma medida de valor são coisas."), com decisiva afirmação de princípio: "Para este Projeto não há coisas, que no dizer de Bentham, não sejam coisas. Entende-se por coisas somente os objetos corpóreos, e fique portanto em esquecimento a divisão que fez o Direito Romano, e que fazem todos os Códigos, de coisas corpóreas e coisas incorpóreas. Essa distinção ou divisão, que os legisladores não têm podido dispensar, confunde todas as ideias, e tem sido causa de uma perturbação constante na inteligência e aplicação das leis civis, com os erros e injustiças que daí sempre dimanam". Para ele essa distinção era desnecessária, se temos a palavra *bens*, e melhor ainda a palavra *objetos*, que sem nenhum inconveniente prestam-se a satisfazer o fim meramente doutrinal da distinção. Materiais ou imateriais seriam os objetos, não as coisas. Por isso haveria objetos de direitos (os das relações de família não concernentes a bens, por exemplo) que não são bens e haveria bens, como os créditos, que fazem parte do patrimônio, mas não são coisas.

No Código Civil alemão, a regra é clara: "coisas em sentido legal somente são os bens corporais" (§ 90). Esse conceito legal tem os bens como gênero, do qual são espécies as coisas. Conquanto o Código Civil brasileiro não contenha regra tão precisa, o livro do direito das coisas volta-se, essencialmente, aos bens corporais. O bem corpóreo, passível de valoração econômica e de imputação patrimonial privada, é a coisa em sentido jurídico (Penteado, 2012, p. 48). As exceções são residuais, sem quebra do sistema, como o penhor de direitos e títulos de créditos (CC, arts. 1.451 e 1.458).

Os direitos das coisas qualificam-se como direitos absolutos, assim entendidos os que geram oponibilidade a todas as pessoas e não apenas a determinada ou determinadas pessoas. Se as pessoas são certas e determinadas os direitos dizem-se relativos, como, no geral, são os direitos obrigacionais. Se todas as pessoas de uma comunidade jurídica devem reconhecer e respeitar os mecanismos de tutela jurídica, os direitos são absolutos, ou *erga omnes* (em face de todos). Portanto, os direitos das coisas são absolutos, mas não ilimitados, que era o sentido que tinham no apogeu do individualismo jurídico. São poderes diretos e imediatos que satisfazem o interesse do titular sem mediação necessária de outra pessoa, diferentemente dos direitos obrigacionais.

No direito das coisas, avulta de importância o conceito de titularidade, entendida como vínculo ou liame entre o objeto de pertencimento e o sujeito. Para Pietro Perlingieri (1970, p. 106), a noção de titularidade pode se exprimir em dois modos: como pertencimento da situação jurídica subjetiva atual e como expectativa ou potencialidade de pertencimento (exemplo, a substituição fideicomissária, cujo titular depende da realização da condição estipulada pelo testador).

1.1.1. Os animais são coisas?

Os animais sempre foram tidos como coisas, ou melhor, coisas semoventes, ou "bens suscetíveis de movimento próprio" (CC, art. 82). Immanuel Kant (1986, p. 68) dizia que os animais eram coisas porque suas existências dependiam, não de nossa vontade, mas sim da natureza, e por terem valor relativo como meios.

Contudo, após a assunção e o desenvolvimento do direito ambiental e a consciência mundial acerca do meio ambiente e da superação do antropocentrismo moderno, as legislações começaram a mudar acerca da natureza jurídica do animal, admitindo-o como ser senciente (que tem sensações, ou percebe pelos sentidos), pois as emoções não são uma qualidade exclusivamente humana – elas são comuns a todos os animais, especialmente os mamíferos.

A Declaração Universal dos Direitos dos Animais da ONU, promulgada em 27 de janeiro de 1978, estabelece que "todos os animais nascem iguais diante da vida, e têm o mesmo direito à existência" (art. 1º), que "nenhum animal será submetido a maus-tratos e a atos cruéis" (art. 3º), que "a experimentação animal, que implica sofrimento físico é incompatível com os direitos do animal, quer seja uma experiência médica, científica, comercial ou qualquer outra" (art. 8º) e que, "quando o animal é criado para alimentação, ele deve ser alimentado, alojado, transportado e morto sem que disso resulte para ele nem ansiedade nem dor" (art. 9º). Em 2012, especialistas em neurobiologia e ciências cognitivas assinaram a Declaração de Cambridge sobre a Consciência, segundo a qual "uma evidência convergente indica que animais não humanos possuem os substratos neuroanatômicos, neuroquímicos e neurofisiológicos de estados de consciência juntamente com a capacidade de exibir comportamentos intencionais".

Mudanças legais na década de 1990 introduziram no Código Civil alemão o § 90a, para expressar claramente que os animais "não são coisas" e devem ser protegidos por leis especiais. Somente se lhes aplicam as disposições sobre coisas por analogia, na medida em que não se estabeleça algo distinto. Ou seja, as normas sobre coisas nem sequer são supletivas, pois a aplicação se dá por analogia, porque os animais nunca poderão ser considerados coisas. Também o Código Civil da República Tcheca de 2012, entrado em vigor em 2014, considera os animais "seres vivos com sensações", mas não mais coisas. Em 2015, o Código Civil da França introduziu o art. 515-14, para considerar os animais "seres vivos dotados de sensibilidade", excluindo-os da categoria de bens móveis; a reforma levou em conta que os animais têm capacidade de sentir prazer, angústia, pena, sofrimento. Também em 2015, a Nova Zelândia reconheceu legalmente os animais como seres sencientes.

Em 2017, a Lei n. 8 de Portugal estabeleceu o "estatuto jurídico dos animais", alterando o Código Civil e a legislação processual, reconhecendo "sua natureza de seres vivos dotados de sensibilidade e objeto de proteção jurídica em virtude de sua natureza". Os animais podem ser objeto de direito de propriedade, porém assegurando-se o seu bem-estar, especificado na lei, além da salvaguarda das espécies em risco. A lei portuguesa inclui no dever de assegurar o bem-estar dos animais a garantia de acesso à água e alimentação, a garantia de acesso a cuidados veterinários incluindo medidas profiláticas e de vacinação e a vedação de infligir-lhes dor, sofrimento ou quaisquer outros maus-tratos, abandono ou morte. O animal "de companhia", em caso de separação dos cônjuges, deve ser confiado a um ou a ambos, considerando os interesses de cada um e de seus filhos, além do bem-estar do animal.

O STF, em decisões emblemáticas, com fundamento na vedação constitucional da crueldade (CF, art. 225, § 1º, VII), proibiu a "farra do boi" (RE 153.531) e a "rinha de galos" (ADI 1.856), apesar de suas tradições culturais. Na ADI 4.983, ajuizada pelo procurador-geral da República contra a Lei n. 15.299/2013, do estado do Ceará, que regulamenta a vaquejada como prática desportiva e cultural no Estado, a maioria dos ministros do STF considerou haver "crueldade intrínseca" aplicada aos animais na vaquejada; em seu voto, o relator afirmou que laudos técnicos contidos no processo demonstram consequências nocivas à saúde dos animais: fraturas nas patas e no rabo, ruptura de ligamentos e vasos sanguíneos, eventual arrancamento do rabo e comprometimento da medula óssea. Também os cavalos, de acordo com os laudos, sofrem lesões. Assim, revela-se "intolerável a conduta humana autorizada pela norma estadual atacada".

1.2. Um Pouco de História da Posse e da Propriedade no Brasil

Nos primeiros séculos da existência do Brasil, após o descobrimento pelos portugueses, a posse-utilidade era o título por excelência de pertencimento das coisas. As terras foram concedidas, durante o longo período do sistema de sesmarias, com a condição suspensiva de sua utilização efetiva, sob pena de devolução ao Estado. Ou seja, sem posse efetiva, a concessão se extinguia ou deveria se extinguir. O sistema inicial de capitanias hereditárias teve pouca influência prática, pois logo foi substituído pelo sistema estatal das capitanias reais e dos governos-gerais.

Na Península Ibérica, antes do descobrimento do Brasil, a propriedade comum, grupal, precedeu a individual. Depois, individualizando-se a propriedade, "em vez de servir aos indivíduos e à família, tornou-se sua negação: o latifúndio. O individualismo despótico deu, e dá sempre, a propriedade latifundiária, senhorial, que estiola a economia dos povos e impede a valorização do ser humano, pelo agravamento da desigualdade". Formados os latifúndios em Portugal sobreveio a invasão germânica. Os visigodos tomaram para si dois terços das terras. Na origem da distribuição das terras, em Portugal, está, pois, a invasão, e não o trabalho (Pontes de Miranda, 2012, v. 11, p. 104).

No Brasil colonial não se transferiam propriedade ou domínio definitivos. As sesmarias foram os instrumentos legais mais utilizados pela metrópole portuguesa, mediante as quais eram concedidas ou legitimadas posses ou direitos de uso sobre vastas extensões de terras, com intuito de povoamento da colônia, desde que fossem efetivamente exploradas dentro do prazo de cinco anos (Ordenações Filipinas, L. 4, T. 43, 3), mas sem transmissão do domínio, que permanecia sob a titularidade do Reino. Esse sistema deu resultado em Portugal, país de pequena extensão territorial, onde foi introduzido em 1375, e nas ilhas de Açores e da Madeira, promovendo a exploração por pequenos agricultores de áreas não ocupadas, para aproveitamento do solo e cultivo, admitindo-se inclusive o confisco de propriedades particulares incultas, para tais fins.

As cartas de sesmarias, concedidas pelos capitães donatários e pelos governadores gerais haviam de receber confirmação régia, exigência essa de difícil cumprimento, dirigida ao Brasil a partir do final século XVII, na vã tentativa de controlá-las. Nas Ordenações do Reino, sesmeiro era o encarregado de dar a carta, mas no Brasil designava o que recebia a sesmaria. A transplantação desse sistema ao Brasil promoveu efeito inverso ao da experiência em Portugal, pois foi a causa do surgimento de latifúndios largamente improdutivos; não tinha por fito o abastecimento, como em Portugal, mas sim o povoamento. No Nordeste foram frequentes concessões de terras mais extensas que os territórios dos atuais Estados. Não havia controle da efetiva utilidade, resultando as cartas de sesmarias em títulos abstratos perpétuos e hereditários. "Os sesmeiros, quase sempre potentados de Olinda e Salvador, pediam a terra, legalizavam o domínio e passavam a ganhar dinheiro às custas do sertanista anônimo" (Porto, s/d, p. 71), muitas vezes expulsando os posseiros pobres que já exploravam a terra.

Havia, ainda, as terras concedidas para instalação das Vilas – as quais podiam aforar as não utilizadas –, as terras reservadas de interesse da Coroa, as terras de marinha e as posses não legitimadas. Em contraposição à sesmaria, era a posse a via de acesso à terra para os colonos pobres. Nas fímbrias das sesmarias e das plantagens, desenvolveu-se uma modalidade de posse precária, sem qualquer proteção jurídica, por concessão do senhor aos denominados "agregados", que, segundo Saint-Hilaire, em sua *Viagem à Província de São Paulo*, no início do século XIX, eram "indivíduos que nada possuem de seu e que se estabelecem em terreno de outrem", cujos terrenos, ainda que cultivados e edificados pelos agregados, podiam ser retomados sempre que os titulares quisessem.

É corrente a afirmação de que as sesmarias significaram o transplante do modo medieval de pertencimentos múltiplos sobre a coisa, ou, até mesmo, do sistema feudal. Todavia, as metamorfoses que as sesmarias sofreram no Brasil anteciparam o modelo moderno de propriedade, como titularidade exclusiva, abstrata e transacionável. Todas as terras do Brasil, ao contrário da metrópole portuguesa, estavam isentas de tributos, pertencendo à Coroa. Ao contrário do usufruto enfitêutico, as terras de sesmaria foram repartidas no Brasil sem ônus perpétuo ou temporário de encargos senhoriais, salvo a obrigação de pagar o dízimo, isto é a décima parte do que produzisse, à Ordem de Cristo. A carta de sesmaria outorgada, registrada e confirmada converteu-se em título que se aproximava do título de propriedade moderno. O Regimento de Tomé de Souza, primeiro governador-geral, previa a livre alienabilidade das terras, após três anos da concessão. A retomada da terra, pelo não uso ou pelo uso insuficiente, quase nunca ocorreu, o que fortaleceu a convicção social de que a carta de sesmaria era menos uma concessão para uso e mais um título perpétuo de domínio sobre a coisa.

À margem do sistema de sesmarias, vicejou o apossamento das terras por estas não alcançadas, pois, como disse Ruy Cirne Lima (2002, p. 51), "apoderar-se de terras devolutas e cultivá-las tornou-se coisa corrente entre os colonizadores, e tais proporções essa prática atingiu que pôde, com o correr dos anos, vir a ser considerada como modo legítimo de aquisição do domínio".

Com razão Jacob Gorender (2010, p. 402), quando diz que "entre a realidade e a legislação, entre o regime territorial efetivo e as normas de direito, ocorriam discrepâncias e contradições, resolvidas no processo prático pela rejeição de alguns elementos desse direito e a absorção de outros". Para o autor, a história do regime territorial no Brasil colonial permite aferir como a instituição portuguesa das sesmarias foi amoldada aos interesses dos senhores de escravos, mesmo quando, sob certos aspectos, se lhes opunha a orientação do governo metropolitano. Da forma jurídica original se conservou na Colônia apenas o que convinha ao novo conteúdo econômico-social escravista. No mesmo sentido, Laura Beck Varela (2002a, p. 749-51) sustenta que esse processo de passagem da propriedade feudal à propriedade privada, em sua conformação napoleônico-pandectista, assumiu contornos profundamente diversos no direito brasileiro. Neste, inexistentes as estruturas sociais de tipo feudal, a propriedade privada formou-se a partir da propriedade pública, patrimônio da Coroa portuguesa, que detinha o domínio eminente das terras conquistadas. Gradativamente, a Coroa possibilitou a apropriação das terras públicas pelos particulares, desfazendo-se de seu patrimônio. A usucapião, as cartas de sesmarias e as posses sobre terras devolutas são as três formas jurídicas fundamentais da passagem do patrimônio público para o patrimônio privado. Sobre as sesmarias, entende que se tratava de uma forma de propriedade não absoluta, condicionada ao princípio da obrigatoriedade do cultivo – expressão, na cultura jurídica lusitana, de "reino da efetividade", que caracterizava o ordenamento medieval em sua generalidade.

Nas Ordenações Filipinas (Livro IV, Título 43, §§ 9º e 12) há previsão sobre os "baldios", que eram terras incultas, matos bravios, que "não tendo sido contados, nem reservados pelos Reis", foram utilizados para pastos, lavouras e criação comuns. Essas terras, utilizadas em "proveito comum", não podiam ser dadas em sesmarias, nem cercadas em prejuízo dos moradores, pois pertenciam aos "povos" a que foram dados, que foram considerados pessoas coletivas. Também nas Ordenações (Livro IV, Título 100), estavam protegidos os morgados, que era a perpetuação da fortuna familiar, associada à progenitura (herança concentrada no primogênito).

Esse quadro tumultuário de desorganização fundiária persistiu até 1822, às vésperas da independência do Brasil, tendo o Príncipe Regente D. Pedro determinado a extinção das sesmarias, pela Resolução de 17 de julho. De 1822 até 1850, a posse foi a via de acesso para a apropriação legítima das terras públicas. Como disse Ruy Cirne Lima (2002, p. 47), depois de 1822, as posses passam a abranger fazendas inteiras e léguas a fio, "um regime quase caótico"; "a tendência para a grande propriedade estava já definitivamente arraigada na psicologia de nossa gente".

Assim, a propriedade privada no Brasil teve origem nas cartas de sesmarias e no *uti possidetis*, ou seja, na posse real e efetiva, independentemente de qualquer título (Borges, 2004, p. 56).

Após a independência do Brasil, o Império protagonizou o trânsito para o modelo de titularidade exclusiva, da modernidade liberal, à qual a Constituição de 1824 pretendeu estar vinculada. O art. 179 dessa Constituição proclamou a inviolabilidade da propriedade do cidadão e nenhuma referência fez à posse. A injusta regra da progenitura apenas se extinguiu no Brasil com a Lei de 6 de outubro de 1835.

Em 1850 foi editada a Lei n. 601, conhecida como "Lei de Terras", considerando como terras devolutas, integrantes do domínio público nacional, as que não se encontravam legitimamente dadas por sesmarias ou outras concessões do governo geral ou provincial, ou efetivamente ocupadas com posses, que (art. 3º) "apezar de não se fundarem em titulo legal, forem legitimadas por esta Lei". Note-se que a lei reconheceu que a posse não se fundava em "título legal", mas era reconhecida como título social para ser por ela legitimada. Mesmo as posses que se achavam em áreas de sesmarias ou de outras concessões do governo foram legitimadas, se iniciadas antes das medições daquelas, ou após estas, se perduravam por dez anos. Para os historiadores, essa lei teve como resultado a preservação da desigual estrutura fundiária vigente.

À margem dos modelos legais, durante o período do escravismo no Brasil, surgiram os pequenos possuidores e sitiantes independentes, os quais se situavam fora dos limites das grandes plantações. "Esses pequenos cultivadores independentes, cujo número se avolumou nos séculos XVIII e XIX, ocupavam ínfimos tratos de terra em áreas impróprias à plantação ou precediam seu avanço, sendo depois expulsos por ela" (Gorender, 2010, p. 325).

É certo dizer que a Lei n. 601 visava à proteção dos simples posseiros ou sesmeiros irregulares, elevando sua situação fática à situação jurídica de propriedade, mas incorrendo no erro de tornar ilegítimas as posses não tituladas, a partir dela. Mas as ocupações continuaram, após a "Lei de Terras" de 1850 e até mesmo nas que esta denominou terras devolutas, exigindo novas soluções legais e judiciárias. O sentido originário de terra devoluta era da sesmaria que, descumprido requisito essencial, voltava, era "devolvida" à Coroa; depois, passou a ser empregado para todo solo desocupado e vago.

A Lei n. 601/1850 também criou um precário sistema de registro de terras, denominado "registro paroquial" ou do vigário, e regulamentado pelo Decreto n. 1.318/1854. O registro era feito perante o vigário da freguesia do imóvel, mediante simples declaração dos possuidores, escrita e assinada por eles, ou por aquele que lavrasse os escritos, se não soubessem escrever. O STF reconheceu efeitos jurídicos a tais registros (RE 80.416), que assim decidiu: "O registro da Lei 601/1850 e do regulamento de 1854 não tinha finalidade puramente estatística, mas visava a legalizar a situação de fato das posses que se multiplicaram nos três séculos anteriores".

Para muitos estudiosos, a "Lei de Terras" teria introduzido no Brasil, definitivamente, o modelo moderno liberal de propriedade, apesar da precariedade do registro, como direito individual e exclusivo sobre a coisa, dando consistência e concretude à garantia da propriedade privada estabelecida pela Constituição de 1824.

A Lei Hipotecária (Lei n. 1.237/1864) também contribuiu para lançar os fundamentos da legislação brasileira do modelo moderno da propriedade privada, possibilitando que o patrimônio fundiário servisse como garantia de crédito nas relações entre os fazendeiros e seus credores. Note-se que essa lei tornou obrigatório o registro das hipotecas, antes mesmo de se instituir, no Brasil, o registro geral imobiliário. Para os credores, mais importante era o registro dessa garantia real do que o direito de propriedade, que por ele era afetado indiretamente.

Os civilistas brasileiros do século XIX repercutem a mentalidade individualista de sua época e postulam uma concepção de propriedade como fruto da vontade absoluta do dono, a exemplo do Conselheiro Ribas e de Lafayette Rodrigues Pereira. Este último, o mais influente autor do direito das coisas desse século, em obra publicada em 1877, conceituou a propriedade como "o direito real que vincula e legalmente submete ao poder absoluto de nossa vontade a coisa corpórea, na substância, acidentes e acessórios", ilimitado e exclusivo (1943, p. 98). A ideia de senhorio absoluto e ilimitado sobre as coisas também desaguou no *Esboço* de Código Civil de Teixeira de Freitas, cujo art. 4.071 qualificava a propriedade como o direito real, perpétuo ou temporário, de uma só pessoa sobre uma coisa própria, com todos os direitos sobre sua substância e utilidade.

Antes do Código Civil de 1916, eram tidas como fontes do direito sobre a posse e a propriedade: as Ordenações (principalmente as Filipinas, a partir de

1603, que reformaram as anteriores Ordenações Manuelinas), o direito romano, as leis, os decretos, os alvarás e cartas régios, os assentos da Casa de Suplicação, os estatutos, os estilos, as praxes, as concordatas, os tratados, as leis de outros povos, a analogia. No século XIX a doutrina jurídica procurou dar um pouco de ordem sistemática a esse pluralismo desorganizado de fontes.

O Código Civil de 1916 é fruto tardio da modernidade liberal e do individualismo jurídico, vindo a lume mais de um século depois da grande revolução francesa, mas fortemente imbuído de seus valores. Por isso, o direito de propriedade que regula é o senhorio absoluto sobre a coisa. A legislação que veio depois procurou podar os excessos individualistas, definindo restrições e limitações, no interesse social. O destaque, que a doutrina mais refinada salientou, ficou por conta da singular ordenação da posse, como poder de fato, cujo elemento, quando se integra a outros elementos, ingressa no mundo do direito como fato jurídico, merecedor de tutela.

O CC/2002 recebeu influências dos valores que se consolidaram no século XX, notadamente os da solidariedade social e da dignidade da pessoa humana, o que repercutiu na ordenação do direito das coisas. Manteve a autonomia da posse e a propriedade deixou de vez de ser concebida como um senhorio exclusivo, abstrato e ilimitado. Apesar de não referir explicitamente à função social da propriedade e da posse, salvo nas Disposições Finais e Transitórias (art. 2.035), várias são as regras que a concretizam, além de que deve ser observada a primazia da Constituição.

O Código Civil de 1916 expressou o pensamento oitocentista, pois seu art. 524 era expressão do individualismo proprietário, passando ao largo de qualquer dever e função. Apenas suprimiu de seu texto o enunciado equivalente do código napoleônico relativo ao exercício "de maneira a mais absoluta", mas não aceitou as expressões "dentro dos limites por ela [lei] traçados", que o projeto de Clóvis Beviláquia continha, claramente a indicar a opção pela natureza absoluta, ilimitada e exclusiva do direito do proprietário. O texto permaneceu assim, em sua literalidade, até ao advento do CC/2002, mas o contexto imprimiu-lhe mudanças fundamentais de sentido, a partir da Constituição de 1934, que garantiu o direito de propriedade, mas subordinou seu exercício ao interesse social ou coletivo (art. 113), até à afirmação explícita nas Constituições de 1967 e de 1988 da função social da propriedade (paradoxalmente, uma autoritária e outra democrática). A propriedade funcionalizada rompe frontalmente o paradigma individualista anterior, conjugando-se liberdades e deveres.

O contexto social e econômico mudou essencialmente, a partir de meados do século XX, pois os centros de poder econômico migraram das titularidades sobre as coisas imobiliárias para os controles da riqueza, principalmente mobiliária.

1.3. Quando Pessoas Humanas foram Consideradas Coisas

Na contemporaneidade, após a consolidação internacional dos direitos humanos, a pessoa humana não pode ser considerada coisa. Nem sempre foi assim.

A escravidão foi marca constante na longa história da humanidade, em quase todos os povos. A característica da escravidão radica na degradação da pessoa humana à condição de propriedade de outrem. As pessoas humanas escravizadas eram consideradas coisas, passíveis de apropriação e domínio como as coisas inanimadas. Assim ocorreu no Brasil, durante 388 anos de escravismo, desde o descobrimento pelos portugueses em 1500 até à Lei Áurea em 1888. Impressiona como a escravidão se manteve em países ocidentais, como o Brasil, apesar do impacto das ideias iluministas durante e após a independência. Prevaleceu a lógica da realidade econômica: na atividade produtiva rural, o escravo era mais importante como propriedade do que o domínio ou posse sobre a terra.

Marx e Engels consideram que a escravidão na família, onde a mulher e os filhos são escravos do marido, é a primeira propriedade, que já corresponde à definição dos economistas modernos, segundo a qual a propriedade é o poder de dispor da força de trabalho de outros. A divisão do trabalho e a propriedade seriam expressões interligadas, a primeira em relação à atividade e a segunda em relação ao produto da atividade (1977, p. 46).

A escravidão foi justificada e legitimada em obras que fundaram a cultura ocidental. Aristóteles (*Política*, livro I, cap. II, § 6) disse que o escravo era um instrumento de uso e pertencia a seu senhor de um modo absoluto. Na Bíblia, o *Eclesiastes* (33: 25-30) enunciava: "Ao escravo, pão, correção e trabalho". "Ele trabalha quando o castigam, doutra sorte não cuida senão de descansar". Depois do III Concílio de Toledo, em 589, os "escravos da Igreja" não podiam ser empregados públicos e particulares e se emancipavam de acordo com os cânones (Pontes de Miranda, 1981, p. 48). Para Montesquieu (*Do espírito das leis*, livro XV, cap. I – obra que foi publicada pela primeira vez em 1748), a escravidão, contra a qual ele se indignava, é o estabelecimento de um direito que torna um homem completamente dependente de outro, que é o senhor absoluto de sua vida e de seus bens.

Enquanto perdurou a escravidão no Brasil, era usual a prática de marcar o escravo com ferro em brasa, como se ferra o gado. Os africanos eram marcados já na África, antes do embarque, e o mesmo se fazia no Brasil, até o fim da escravidão. No século XIX, anúncios de jornal comunicavam ao público a marca gravada na carne do escravo fugido, em regra com as iniciais do prenome e sobrenome do proprietário (Gorender, 2010, p. 93). A Coroa portuguesa, pelo alvará de 3 de março de 1741, determinou que os escravos fugidos pela primeira vez fossem marcados com um "F" nas espáduas; pela segunda vez, teriam cortada uma orelha, por mandado da autoridade judicial. Escravos, homem e mulher, pais e filhos, podiam ser legalmente separados, vendidos a senhores diferentes, alugados, doados, transmitidos por herança ou legados, penhorados. Os filhos das escravas constituíam frutos da propriedade, ou crias (como nos animais), expressão utilizada, no Brasil, pela Lei de 26 de abril de 1864.

Quando deu à publicação a Consolidação das Leis Civis, por encomenda do Governo imperial brasileiro, disse Teixeira de Freitas, na monumental Introdução (1896, p. XXXVII), que "não há um só lugar do nosso texto, onde se trate de escravos. Temos, é verdade, a escravidão entre nós; mas, se esse mal é uma exceção, que lamentamos, condenado a extinguir-se em época mais ou menos remota" propunha que as leis concernentes à escravidão ficassem à parte, formando o que denominou de *Código Negro*, para que as leis civis não ficassem maculadas "com disposições vergonhosas, que não podem servir à posteridade: fique o *estado de liberdade* sem o seu correlativo odioso".

Para pôr cobro a essa ignomínia histórica, a Declaração Universal dos Direitos Humanos, editada pela Assembleia Geral da ONU, em 1948, estabelece em seu art. IV que "ninguém será mantido em escravidão ou servidão; a escravidão e o tráfico de escravos serão proibidos em todas as suas formas". Nenhum país pode integrar a ONU se admitir em seu território a escravidão ou a servidão, em qualquer de suas formas.

1.4. Origens da Propriedade Moderna

Os antecedentes da propriedade moderna têm sido objeto de estudos, de variadas fontes. Para Marx e Engels (1977, p. 29), a primeira forma de propriedade é a tribal, na qual o povo se alimenta da caça e da pesca, da criação do gado ou, no máximo da agricultura. A segunda forma é a comunal e estatal, que se encontra na antiguidade, proveniente da reunião de muitas tribos para formar a cidade, na qual subsiste a escravidão. Ao lado da propriedade comunal, desenvolve-se já a propriedade móvel e, mais tarde, também a imóvel, mas como uma forma anormal, subordinada à propriedade comunal. A escravidão continuava sendo a base de toda produção. A terceira forma é a propriedade feudal ou estamental. A estrutura hierárquica da posse da terra e a vassalagem armada a ela conectada davam à nobreza o poder sobre os servos. A essa estrutura feudal da posse da terra correspondia, nas cidades, a propriedade corporativa, a organização feudal dos ofícios. Aqui a propriedade consistia, principalmente, no trabalho de cada indivíduo. A propriedade principal durante a época feudal consistia, de um lado, na propriedade territorial à qual estava ligado o trabalho dos servos e, de outro, no trabalho próprio com pequeno capital dominando o trabalho dos oficiais. "Tão logo o comércio e a indústria desenvolveram a propriedade privada, primeiro na Itália e mais tarde em outros países europeus, o altamente desenvolvido direito privado romano foi adotado de novo e considerado como autoridade" (p. 99). A propriedade privada burguesa se despiu de toda aparência de comunidade e do vínculo com o Estado. Surge, aí, o mercado que funda a propriedade e revela a estreita ligação entre propriedade privada e mercado, no qual "se mantêm os sujeitos juntos e, simultaneamente, perenemente isolados" (Fachin, 2001, p. 56).

A propriedade moderna é o modelo napoleônico de consagração jurídica do individualismo liberal, nos planos social, econômico e jurídico, em relação ao pertencimento das coisas. Na modernidade, desponta como protagonista decisivo o indivíduo; o homem deixa de ser concebido como parte de sua comunidade, de seu clã, de sua cidade, de sua nação e passa a existir por si mesmo, com predomínio do ter sobre o ser. Dentre as liberdades públicas, manteve-se a "liberdade natural" de apropriação individual dos bens da natureza, agora, sob a forma jurídica de direito de propriedade (Gediel, 2000, p. 16). Nesse ambiente será natural o surgimento do individualismo proprietário (Barcellona, 1996*a*, *passim*), da propriedade individual, abstrata e exclusiva, oponível a todos.

Sobre esse "terrível direito", na expressão angustiada de Cesare Beccaria (*Dos delitos e das penas*, XXII), os pensadores que ajudaram a fundamentar os valores da modernidade não coincidem. Diz Francesco Galgano que a razão de esse direito ser "terrível" confirma os dois séculos que nos separam de Beccaria; "em teoria foi várias vezes derrotado, mas na réplica da história tem demonstrado uma incrível capacidade de resistência" (1979, p. 147). Glorificado pela Revolução Francesa, que o considerou sagrado, o direito à propriedade privada encobriu-se do ceticismo de um dos mentores teóricos da revolução, Jean-Jacques Rousseau, em seu discurso sobre as desigualdades: "O primeiro que, tendo cercado um terreno, se lembrou de dizer: *isto é meu*, e encontrou pessoas bastante simples para acreditá-lo, foi o verdadeiro fundador da sociedade civil. Quantos crimes, guerras, assassínios, misérias e horrores não teria poupado ao gênero humano aquele que, arrancando as estacas ou tapando os buracos, tivesse gritado aos seus semelhantes: 'Livrai-nos de escutar esse impostor; estareis perdidos se esquecerdes que os frutos são de todos, e a terra de ninguém' "(s. d.,

p. 124). O antagonismo à propriedade privada moderna atinge um de seus ápices com a conhecida obra-libelo de Pierre Joseph Proudhon, intitulada *A propriedade é um roubo*, na qual afirma que nem o trabalho, nem a ocupação, nem a lei podem criar a propriedade, pois ela é um efeito sem causa (1998, p. 20). Proudhon não era contrário à propriedade, desde que "colocada em seus justos limites, quer dizer, à livre disposição dos frutos do trabalho, a propriedade menos a usura" (p. 72).

O Código Civil francês de 1804 foi considerado, mais do que um código das pessoas, um código das coisas e da riqueza adquirida. Nele, o patrimônio deixa de estar a serviço da pessoa humana, para ser o protagonista principal. Justamente famoso é seu art. 544: "A propriedade é o direito de gozar e dispor das coisas, da maneira mais absoluta". O art. 544 acentuava a soberania individualista e absoluta do proprietário (Zattara, 2001, p. 3). Antes, a Declaração dos Direitos do Homem e do Cidadão, de 1789, proclamou o caráter natural, imprescritível, inviolável e sagrado do direito de propriedade. Leia-se o que disseram Abry e Rau, conhecidos civilistas franceses do século XIX: "A propriedade, no sentido próprio da palavra (*dominium*) exprime a ideia do poder jurídico mais completo de uma pessoa sobre uma coisa, e pode se definir como o direito em virtude do qual uma coisa se encontra sujeita, de uma maneira absoluta e exclusiva, à vontade e à ação de uma pessoa" (1897, p. 255). Como se vê, o acento foi posto na liberdade de propriedade, para permitir a fruição e a circulação plenas e ilimitadas, com a abolição de todos os vínculos e restrições que sobre ela recaíam.

Propriedade e pessoa confundem-se na modernidade. Para John Locke (1981, p. 23), cada homem "tem a propriedade de sua própria pessoa". É muito significativa, nesse aspecto, a filosofia jurídica de Hegel, em sua *Filosofia do direito*, para quem a esfera exterior da pessoa é a propriedade: "A pessoa que se distingue a si mesma, por si mesma, se relaciona com outra pessoa; isto é, ambas só como proprietárias têm existência uma para a outra" (1987, p. 69). Por outro lado, as codificações iniciais e as que lhe seguiram no século XIX (e a brasileira de 1916), tiveram o propósito de repartição do poder político, como expressou Portalis, um dos redatores do Código francês: "ao cidadão pertence a propriedade, ao soberano o império"; pretendeu-se criar um absoluto, a propriedade, em grau suficiente para limitar outro absoluto, o poder soberano (Rodotà, 2013, p. 105).

O modelo moderno de propriedade desenvolve-se no cenário europeu e se expande pelo mundo, como símbolo de liberdade individual, repercutindo fortemente no Brasil, que ainda se encontrava ancorado no escravismo e no confuso direito colonial. Para Pietro Barcellona (1996*a*, p. 115), não há dúvida que, na fase inicial e fundadora do Estado moderno, a garantia jurídica vem dada aos proprietários como classe e a propriedade se apresenta como algo próprio dos pertencentes a essa classe. A garantia que as leis, os códigos e as primeiras constituições asseguram à propriedade é essencialmente garantia à classe proprietária e dirigida à propriedade da terra. Em seguida, a propriedade se transforma, de direito da pessoa em princípio de organização, em virtude da autonomia do econômico, como espaço de disponibilidade ilimitada dos objetos produzidos e sua apropriação privada mediante atos de intercâmbio. A abstração do modelo proprietário eleva-o a princípio proprietário porque a sociedade se estrutura em torno do mercado; como o valor de troca das coisas sobrepõe-se ao seu valor de uso, o funcionamento da propriedade exige sua total abstração (Cortiano Jr., 2002, p. 126). A propriedade deixa de ser emanação da pessoa e predicado de sua liberdade para se converter em mercadoria, ou *commodity*, na língua franca da atualidade.

A história ensina que o direito natural é revolucionário, quando luta por prevalecer, e conservador quando é vencedor. Assim aconteceu com a construção teórica da propriedade individualista absoluta, como expressão da pessoa em luta contra os absolutismos políticos e como garantia de sua liberdade, passando a ser instrumento de manutenção da classe vencedora, a burguesia liberal. Com efeito, na *Encyclopédie* (publicada de 1751 a 1772) afirma-se que "só o proprietário é um verdadeiro cidadão" (D'Holbach) e que "é a propriedade que faz o cidadão" (Diderot), consolidando-se na Declaração dos Direitos do Homem e do Cidadão (1789) a proclamação de que a propriedade é direito natural e imprescritível do homem (art. 2º) e permitindo-se a instituição do sufrágio censitário (apenas podiam votar os que detinham determinados rendimentos e propriedades).

Os pensadores e os juristas modernos buscaram na autoridade do antigo direito romano a legitimação da propriedade individual absoluta, como se ela fosse uma constante histórica. Todavia, a equiparação entre direito subjetivo e *dominium*, ou a atribuição de caráter individualista e absoluto à propriedade romana, é fruto da ciência jurídica moderna, até porque os romanos não conheciam a categoria direito subjetivo e a propriedade era familiar, sob controle do *paterfamilias* e protegida pelo deus do lar. Na Lei das XII Tábuas o corpo do homem respondia pela dívida, mas não a terra, porque esta era inseparável da família. Cícero disse que a morada era sagrada, porque lá estava o altar, "lá brilhava o fogo sagrado".

A aproximação da propriedade individualista moderna do Código napoleônico com o modelo romano, buscando-se neste a legitimidade pretendida, é fortemente criticada por André-Jean Arnaud (1969, p. 179). Nesse sentido é concorde José Carlos Moreira Alves (1987, p. 281), para quem "os romanos não definiram o direito de propriedade. A partir da Idade Média é que os juristas, de textos que não se referiam à propriedade, procuraram extrair-lhe o conceito". Como demonstra Michel Villey (1962, p. 223 a 236), o termo *jus*, matriz do direito subjetivo moderno, aparece nos textos romanos com significados diversos, por vezes mesmo em contraposição a *dominium*. *Jus* refere-se ao objeto da justiça, à arte do justo, a obrigações, a *status*, este concebido como papel ocupado pela pessoa ou coisa no organismo social. Os juristas romanos voltavam-se mais para a descrição de uma ordem vigente, o estudo das coisas e da condição própria de cada coisa nesse mundo ordenado.

Em outra obra destinada ao direito romano (1991, p. 131) Michel Villey afirma que os retóricos burgueses do século XVIII proclamam que, por direito natural, a propriedade é um direito inviolável e sagrado, exclusivo, absoluto, sem limitação alguma. Pode ser útil notar que essas fórmulas absolutistas não são romanas; encontram a sua origem na filosofia moderna liberal individualista. Em Roma, de fato, os poderes do proprietário sofriam diversas limitações, provenientes não apenas dos hábitos familiares, mas também do controle do censor e mais tarde das leis imperiais. Mas, sobretudo, os juristas romanos parecem ter-se abstido de dar alguma definição dos poderes do proprietário: o fim do direito em Roma era apenas repartir as coisas e não medir poderes. Para Villey, os romanos não qualificaram a propriedade como *jus in re* – o que seria invenção dos canonistas e glosadores medievais – e não haveria divisão entre direitos reais e direitos obrigacionais; os textos romanos revelam descrições das funções da propriedade e não conceito abstratos. A noção de "domínio", em virtude do direito dos Quirites (*dominium ex jure quiritium*,), como um privilégio dos antigos pais de famílias, estava longe de se aplicar a todas as terras, sendo excluídas as terras dos estrangeiros e as situadas nas províncias romanas. Com efeito, lê-se nas *Institutas* de Gaio (II, 40) que, ou se tinha o domínio de acordo com o antigo direito dos Quirites, ou não se era proprietário; posteriormente se admitiu a divisão do domínio, de tal modo que alguém poderia ser dono *ex jure Quiritum* e outro ter a mesma coisa *in bonis* (1997, p. 221). Para distinguir o domínio atribuído ao estrangeiro da propriedade quiritária, os comentadores denominaram aquele de *dominium ex iure gentium*, de nível inferior. A propriedade entre os romanos não era considerada como direito subjetivo, no sentido que hoje se dá a essa expressão, tendo muito mais um perfil de instituição (Pugliatti, 1964, p. 226).

O individualismo atribuído aos romanos pelos autores modernos é contrário à história de suas instituições sociais e jurídicas e contradiz à função da propriedade que integrava um organismo social, religioso, econômico e familiar sob direção do *paterfamilias*, que não condiz com o modelo de senhorio absoluto e exclusivo de uma pessoa sobre a coisa. O *paterfamilias* tinha o dever de preservar esse organismo e transmiti-lo ao próximo, que o sucedesse, em benefício do grupo social sob sua direção (cônjuge, filhos biológicos, filhos adotados, escravos, clientes).

A noção de propriedade com os atributos de gozar, fruir e dispor da coisa é criação dos glosadores da Idade Média, para fins didáticos. O *usus* seria o direito ou a liberdade de servir-se da coisa, o *frutus*, o direito de explorar a coisa e recolher os frutos, o *abusus*, o direito de consumir, dispor ou de alienar. O *abusus* passou a ter a tradução incorreta de direito de abusar da coisa. Mas essa noção de propriedade esbarrava no modelo medieval do pluralismo de titulares sobre a mesma coisa. O regime feudal admitia, para cada terra, uma diversidade de titulares paralelos ou superpostos: o do servo, o senhor feudal que percebia os rendimentos, o rei, a igreja com o direito de dízimo etc. A propriedade medieval era um estatuto jurídico da coisa e não do sujeito, o que explica que houvesse mais de um titular sobre a coisa.

Como ressalta Stefano Rodotà (2013, p. 79), a constatada inexatidão da interpretação do termo *abusus* é um argumento decisivo para negar ao proprietário a possibilidade de um exercício arbitrário dos poderes a ele atribuídos.

A ideia de propriedade como pertencimento de uma coisa a uma pessoa individual, oponível a todas as outras, de poder exclusivo e absoluto apenas tomou forma no curso da Idade Moderna, ou melhor, na modernidade liberal, com sua difusão legal a partir do século XIX. Pode-se afirmar que ela opera um corte na evolução histórica e inaugura um modelo inteiramente distinto da experiência anterior. Locke (1981, p. 26), por exemplo, situou a legitimidade jusnatural da propriedade no trabalho, na conquista pessoal da terra que a pessoa fosse capaz de utilizar: agregando-lhe algo que fosse seu, ou seja, o trabalho. Os pais fundadores da modernidade esmeraram-se em desenvolver a técnica de tipo proprietário, que consiste em atribuir ao domínio exclusivo de alguém o que precedentemente era desfrutado por todos.

A propriedade moderna cristalizou-se em um particular arquétipo jurídico, que Paolo Grossi qualifica de napoleônico-pandectístico, isto é, uma noção de propriedade não somente resolvida na apropriação individual, mas em uma apropriação de conteúdos particularmente potestativos. Lembra Grossi que, a partir das contribuições da teologia voluntarista e da filosofia jusnaturalista, ocorre uma interiorização do *dominium*, ou seja, o indivíduo descobre-se proprietário, como centro da ordem jurídica, substituindo a centralidade anterior da *res*, que predominou nos mundos antigo e medieval. "A consciência burguesa, desde Locke em diante fundou o *dominium rerum* sobre o *dominium sui*, passando a ver a propriedade como manifestação interna – qualitativamente idêntica – daquela propriedade intrassubjetiva que cada um tem de si mesmo e de seus talentos, propriedade esta absoluta porque corresponde à natural vocação do eu de conservar e robustecer o seu". Em outras palavras, um "meu" que se converte em inseparável do "eu" e que inevitavelmente se absolutiza (2006, p. 12).

Entre os traços identificadores da propriedade moderna estão a simplicidade e a abstração, segundo Paolo Grossi. A simplicidade testemunha a eleição de livrar o *dominium* das variações do contingente para absolutivizá-lo no âmbito do sujeito, inserindo-o o mais possível em seu interior. A propriedade, de dimensão medieval das coisas, se transforma em dimensão do agente; no lugar de identificar-se com o bem-objeto, busca no interior do sujeito sua identificação primeira. O *dominium* se torna indiscutível e faz do sujeito um personagem provido no interior de uma carga agressiva, que o projeta dominadoramente sobre o mundo. O segundo traço tipificador da propriedade moderna é a abstração, emanada de uma relação pura, não mortificada pelos fatos, à margem de qualquer conteúdo, perfeitamente conatural àquele indivíduo abstrato, sem carne e sem osso, que se vem, ao mesmo tempo definindo como instância determinante da interpretação burguesa do mundo social. E se delineia como ideia suprema um *dominium sem uso*, que pode separar-se dos fatos da vida cotidiana e ser a eles imune. Como a afirmação de uma liberdade e de uma igualdade formais havia sido o instrumento mais idôneo para garantir ao *homo economicus* a desigualdade de fato das fortunas, assim esta "propriedade espiritualizada" se havia concretizado, graças a suas ilimitadas possibilidades de transformação, na pedra filosofal da civilização capitalista (2006, p. 67-84).

No Brasil, a propriedade moderna idealizada inseriu-se já em nossa primeira Constituição (1824: art. 179, XXII: *"É garantido o Direito de Propriedade em toda a sua plenitude"*), mas conviveu com os modelos erráticos e plurais herdados da colonização portuguesa. Ao seu lado transitaram as variadas modalidades de posse, os registros paroquiais, as terras devolutas, os usos e costumes dos remanescentes dos povos ameríndios.

Para os índios, não é tanto a terra que pertence ao homem, mas muito mais o homem à terra, onde a apropriação individual é intervenção desconhecida ou ordenação marginal. Essa cultura de apropriação comum foi respeitada pela Constituição de 1988, que cindiu as terras ocupadas pelos índios em duas titularidades: a nua-propriedade da União e o usufruto coletivo das comunidades indígenas. Nessas comunidades, a noção de meu jurídico individual inexiste.

Na contemporaneidade, as grandes transformações havidas nas concepções do direito subjetivo, notadamente no que dizem respeito aos modos de pertencimento das coisas, máxime com a consolidação do princípio da função social, impulsionaram a superação do modelo individualista de propriedade, que, segundo Stefano Rodotà (2013, p. 22), demonstram a impossibilidade de se construir a propriedade como sistema completamente autorreferente. A concepção da propriedade como poder exclusivo sobre as coisas cede espaço para a de acessibilidade, ou seja, o direito de ter acesso às titularidades sobre elas, como o direito à propriedade, o direito à moradia, o direito à habitação, que ingressaram nas constituições contemporâneas, incluindo a brasileira.

Mas, como adverte Ricardo Luis Lorenzetti (1998, p. 98), os recursos são escassos e insuficientes para que todos os indivíduos sejam proprietários do bem que desejam. E na economia de mercado, a pessoa tem acesso à propriedade desde que pague o preço fixado, segundo a lógica da oferta e da procura. Daí surge o problema do acesso, porque há uma grande quantidade de pessoas que não têm possibilidade de pagar o preço que se estipula por bens essenciais. Deste modo, a lógica do mercado provoca uma exclusão que redunda intolerável para os valores jurídicos.

Daí a necessidade de regulação do mercado e de intervenção legislativa no sentido de efetivação crescente do acesso das pessoas aos bens da vida. Especialmente os que se consideram essenciais à existência da pessoa, em todas suas dimensões. Torna-se imprescindível a convivência entre liberdade e poder sobre as coisas, de um lado, e solidariedade social e funcionalização do direito, do outro, como indicação da propriedade contemporânea, no Brasil.

1.5. Patrimônio e Direito das Coisas

Patrimônio é o conjunto das relações jurídicas de caráter econômico da pessoa, por definição legal (CC, art. 91). Com rigor dos termos, são os efeitos dessas relações, como os direitos, as pretensões e ações, na dimensão ativa, e os deveres jurídicos, as obrigações e a situação passiva de acionado, na dimensão passiva.

Desde a sua origem na antiguidade, o patrimônio revela-se insubmisso à distinção que opõe sujeito e objeto; na Grécia, designava a terra que fazia viver o grupo familiar, não podendo ser vendida nem partilhada; em Roma arcaica, patrimônio era a tradução sucessória de família (Ost, 1997, p. 357). No direito romano, patrimônio tinha origem em *pater*, porque só o tinha o *paterfamilias*, no interesse do grupo familiar. No âmbito do sistema de *common law*, o conceito de patrimônio não existe, referindo-se com frequência a *estate*, como conjunto de coisas que, em determinado momento, pertence a uma pessoa (Matthews, 2009, p. 129). Na atualidade, cogita-se do patrimônio comum (ou bem comum) da humanidade, relativamente ao meio ambiente, que é insuscetível de ser contido em fronteiras e direitos nacionais.

O patrimônio sofre as vicissitudes da vida da pessoa, sendo de sua natureza a flutuação, aumentando ou reduzindo o valor. O conceito de patrimônio, sob o ponto de vista do direito civil, é mais abrangente que o de conjunto de coisas, uma vez que estas são abstraídas, para se concentrar nos efeitos patrimoniais das relações jurídicas. Pontes de Miranda (2012, v. 11, p. 74) ressalta, na noção de patrimônio, como objeto dele, não o complexo de objetos, mas sim o complexo de relações. Mais amplo que o conceito de patrimônio é o de esfera jurídica da pessoa, que abrange, além dele, as situações e relações jurídicas sem cunho patrimonial, como os direitos da personalidade e os direitos não patrimoniais de família. O patrimônio corresponde a uma parcela da esfera jurídica da pessoa, pois há outros bens jurídicos que a integram e que não fazem parte de seu patrimônio.

O patrimônio pode ser global, ilíquido, bruto e líquido. O patrimônio global exprime o conjunto dos haveres e débitos da pessoa, consistindo em expressão aritmética. O patrimônio bruto expressa o conjunto dos haveres (ativo), sem consideração ao passivo. O patrimônio líquido é o que resulta da dedução do passivo (débitos). Para o direito, a principal função do patrimônio é a liquidatária, para que se saiba o que cada pessoa pode responder por suas dívidas.

Anteriormente, o patrimônio confundia-se com a própria pessoa. Dizia-se que o patrimônio era a projeção econômica da pessoa. Porém, o direito encaminhou-se para admitir patrimônios separados, ultrapassando a visão de patrimônio único. Conseguintemente, mostram-se insubsistentes os corolários da indivisibilidade e da unidade do patrimônio, admitindo-se a existência de dois ou mais patrimônios, isto é, de duas ou mais universalidades de direito titularizadas pela mesma pessoa, afigurando-se possível a existência de um patrimônio geral ao lado de patrimônios especiais ou separados (Oliva, 2009, p. 223), tais como a herança, a massa falida, a securitização de créditos imobiliários, a incorporação imobiliária, os fundos de investimento imobiliário. O patrimônio pode estar afetado a determinadas finalidades, o que dá ensejo a espécies respectivas, desde que previsto em lei.

A pessoa pode ser titular de massas patrimoniais distintas, como ocorre no direito de família com certos regimes de bens. O regime de comunhão parcial de bens implica a existência, para cada cônjuge ou companheiro de união estável, de dois patrimônios distintos: o patrimônio dos bens comuns, ou seja, os que foram adquiridos após o casamento ou o início da constituição fática da união estável por qualquer deles, e o patrimônio dos bens particulares, a saber, os que cada um já tinha antes da entidade familiar e os que adquiriu por doação ou sucessão hereditária.

A lei prevê outras hipóteses de patrimônios separados. Exemplo frequente é o da herança, que constitui patrimônio separado, em razão de sua função liquidatária, em dois momentos: o primeiro é a herança como um todo antes da partilha, à qual se aplicam as regras do condomínio, sendo cada herdeiro titular de parte ideal – até à conclusão da partilha, responde o espólio, como patrimônio separado, pelo pagamento das dívidas, não podendo os credores chamar individualmente os herdeiros; o segundo é o patrimônio transmitido ao herdeiro, com a partilha, que é considerado separado para os fins de pagamento proporcional das dívidas deixadas pelo falecido, pois, no Brasil, prevalece a regra das forças da herança (impedimento da responsabilidade *ultra vires*), não respondendo o herdeiro com seu próprio patrimônio em relação a essas dívidas. Se as dívidas absorvem todo o ativo da herança, os herdeiros nada recebem, podendo se instaurar o concurso de credores.

Outro exemplo é o patrimônio separado do nascituro. A lei prevê que, desde a concepção, são reservados os direitos do nascituro, inclusive os patrimoniais. O nascituro tem assegurada a tutela dos direitos que lhe serão transferidos, se nascer com vida, como a herança deixada pelo pai que faleceu antes do nascimento do filho; se este nascer com vida, herda, mas se nascer morto a herança segue direta para os demais herdeiros (para os outros filhos do pai pré-morto, se existirem), ou para os avós paternos, se não houver outros filhos, pois o art. 1.798 do Código Civil legitima à sucessão hereditária os já concebidos no momento do falecimento do autor da herança. Pode haver, também, exercício imediato de direito, pelo nascituro, quando estiver em risco sua vida ou seu patrimônio potencial. Se a mãe for mentalmente incapacitada, tendo falecido o pai, o juiz deverá nomear curador do nascituro, que será o mesmo dela (CC, art. 1.779); serão dois patrimônios separados que estarão sob os cuidados do curador, o do nascituro e o de sua mãe incapacitada.

O patrimônio de afetação de incorporações imobiliárias foi introduzido, no direito brasileiro, pela Lei n. 10.931/2004, tendo como finalidade a proteção patrimonial dos adquirentes de unidades imobiliárias. Aos adquirentes é facultada a substituição do incorporador em caso de desequilíbrio financeiro da incorporação e risco de continuidade da administração da obra. Por seu turno, a Lei n. 11.205/2005, estabeleceu que, constituído o patrimônio de afetação para destinação específica, se houver falência do incorporador, não será por esta atingido, permanecendo os seus bens, direitos e obrigações separados dos do falido, até à conclusão da obra.

O patrimônio de afetação tem o propósito de separar o patrimônio, as receitas e as dívidas de determinada incorporação, do patrimônio e, principalmente, das dívidas do construtor ou incorporador. O patrimônio de afetação não responde pelas dívidas do construtor ou incorporador, ainda que estes sejam os titulares de direito real do imóvel. A receita da incorporação, sob garantia do patrimônio de afetação, deve ser inteiramente aplicada na realização do respectivo empreendimento, não podendo a empresa incorporadora desviá-la para outros empreendimentos ou cobertura de suas próprias obrigações. O patrimônio de afetação não se confunde com os casos de limitação de responsabilidade, como os dos bens impenhoráveis, pois estes visam a afastar, do poder dos credores, determinados bens que integram a mesma universalidade que lhes serve de garantia (Oliva, 2009, p. 232). Pode haver celebração de negócios jurídicos entre os distintos patrimônios, como o contrato de mútuo.

No que concerne ao direito das coisas, o patrimônio da pessoa humana é concebido como estando a serviço dela. Nesse sentido, o direito das coisas deve ser interpretado como um dos modos de realização existencial da pessoa humana. A importância do patrimônio pessoal não é desmerecida, mas é reposicionada em prol da pessoa humana concreta da sociedade contemporânea, que deve estar no topo da regulamentação das relações civis.

No cenário de "humanismo socialmente comprometido", que aponta para uma autêntica emancipação pessoal (Orlando de Carvalho, 2012b, p. 82), é que se desenvolve a doutrina do patrimônio mínimo. Para Luiz Edson Fachin (2006, p. 3) não se pode confundir propriedade com patrimônio, nem identificar propriedade tão só com propriedade privada. "A noção de patrimônio personalíssimo, assumidamente paradoxal, está agregada à verificação concreta de uma real esfera patrimonial mínima, mensurada pela dignidade humana à luz do atendimento de necessidades básicas e essenciais." Nesse sentido, a titularidade das coisas não pode ser um fim em si mesmo e, considerando a inexistência de definição prévia, o patrimônio mínimo assenta no princípio da subsistência digna, podendo ser formado por um ou mais bens (p. 309), não apenas coisas ou direitos sobre estas.

1.6. Interações do Direito das Coisas com outras Partes do Direito Civil

O direito das coisas toca de modo transversal todas as demais partes do direito civil. Na parte geral, estão as classificações das coisas e seus regimes legais essenciais.

No direito de família, os respectivos direitos patrimoniais têm o direito das coisas como subsidiário. O regime matrimonial de bens que os cônjuges adotam, ao casar, ou o regime de bens que os companheiros da união estável escolhem são integrados pelas titularidades patrimoniais, em conformidade com o direito das coisas.

O direito das obrigações, tanto as decorrentes de negócios jurídicos, especialmente os contratos, quanto as derivadas de fatos ilícitos, é o que maior proximidade revela com o direito das coisas. Ambos têm natureza patrimonial. O direito das obrigações regula a circulação das coisas ou a responsabilidade patrimonial dos devedores, alcançando as coisas de que estes sejam titulares.

Para Orlando de Carvalho (2012b, p. 48), o que ressalta na distinção entre o direito das coisas e o direito das obrigações é realmente a especificidade das relações jurídicas em si – o caráter *erga omnes* (vinculante de todos), ou não, que assume imediatamente o direito subjetivo, ou, já em outro perfil (o do nexo entre o titular do direito e a coisa em disputa), o seu caráter de *jus in re* ou de *jus ad rem* (direito sobre uma coisa ou direito a uma coisa).

Também é estreita a relação do direito das coisas com o direito das sucessões. A morte de uma pessoa faz nascer imediatamente, em seus sucessores (herdeiros ou legatários), os títulos de aquisição proporcional da herança das coisas deixadas por ela. As vicissitudes das concepções modernas de propriedade privada, como senhorio quase absoluto, repercutiram por igual na concepção do direito das sucessões. A doutrina desse período passou a ter o direito das sucessões como a projeção do direito de propriedade, após a morte do titular. As mudanças conceituais e funcionais da propriedade, notadamente sua função social, também repercutiram no direito das sucessões.

1.7. Classificação, *Numerus Clausus* e Tipicidade dos Direitos Reais

O Código Civil alude aos seguintes direitos reais: a propriedade, a superfície, as servidões, o usufruto, o uso, a habitação, o direito do promitente comprador do imóvel, a concessão de uso especial para fins de moradia e a concessão de direito real de uso, o penhor, a hipoteca e a anticrese, a propriedade fiduciária em garantia.

Esses direitos reais podem ser classificados em direitos reais de uso (propriedade, superfície, servidões, usufruto, uso, habitação, concessão de uso especial para fins de moradia e concessão de direito real de uso), direitos reais de garantia (penhor, hipoteca, anticrese, propriedade fiduciária em garantia) e direitos reais de aquisição (direito do promitente comprador do imóvel e direito expectativo na propriedade resolúvel). Quanto ao objeto, os direitos reais recaem sobre imóveis (direitos reais imobiliários), ou sobre móveis (direitos reais mobiliários), sobre a totalidade da coisa ou sobre parte ideal da coisa (condomínio). Quanto à titularidade, os direitos reais classificam-se em direitos sobre coisa própria e direitos sobre coisa alheia.

Quando a enumeração legal é taxativa diz-se constitutiva de *numerus clausus*. A enumeração taxativa dos direitos reais é da tradição do direito moderno. No antigo direito vigorava, ao contrário, o princípio do *numerus apertus*, que incluía a superposição de direitos sobre a mesma coisa e o que hoje chamaríamos obrigações positivas *propter rem* (Ascensão, 1968, p. 73). Os historiadores apontam sua origem na reação das grandes codificações modernas ao modelo medieval aberto e pluralista dos direitos sobre as coisas e na necessidade de evitar que retornassem, pondo em risco a concepção de propriedade individual e exclusiva. Assim, apenas são direitos reais os que a lei estabelece, não se permitindo que sejam ampliados pela autonomia privada.

Diz Pontes de Miranda (2012, v. 18, p. 59) que o número é fechado, "clauso", porque não se podem criar, sem lei, outros direitos reais. Os direitos reais que resultam de direitos reais ou que são, em verdade, pretensões ou ações, como o direito de preferência, o de retenção e os de vizinhança, são acessórios que não abrem exceção ao princípio. Teixeira de Freitas (1983, v. 2, p. 541) estabeleceu rígida enumeração, em seu Esboço, ao estabelecer que a nenhum direito se atribuiria "o caráter de direito real fora das espécies designadas".

Porém, a enumeração do Código Civil é realmente fechada? Contemporaneamente, se entende que o *numerus clausus* dos direitos reais não é privilégio de alguma lei específica, nomeadamente o Código Civil, pois outras leis podem também criá-los. O Código Civil de 1916 também os enumerava, mas outros direitos reais foram criados à sua margem por leis especiais, apesar da resistência da doutrina em assim qualificá-los. Citem-se o direito do promitente comprador de imóvel, previsto nas leis de 1937 e de 1979, e a propriedade fiduciária em garantia, nas leis de 1969 e 1997. Para alguns doutrinadores, não eram direitos reais, mas sim meros efeitos reais a determinados direitos obrigacionais. O art. 1.225 do Código Civil, ao enunciar simplesmente "são direitos reais", não diz que são "apenas", "somente" ou "exclusivamente". A propriedade fiduciária em garantia não está explicitamente referida como direito real na enumeração do art. 1.225, mas é disciplinada nos arts. 1.361 a 1.368-A, evidenciando que o legislador não soube como classificá-la; entendemos que é espécie autônoma dos direitos reais de garantia, o que veio a ser consagrado pela Lei n. 13.043/2014, ao introduzir o art. 1.368-B no Código Civil nesse sentido.

A tipicidade real conjuga-se com a enumeração fechada, até porque "toda a enumeração legal funda uma tipologia" (Ascensão, 1968, p. 43). A tipicidade remete ao tipo e diz respeito ao conteúdo de cada direito real, permitindo distinguir um de outro, independentemente da denominação que se utilize. A tipicidade, minuciosamente determinada em lei (tipicidade fechada), não pode ser alterada livremente por seus titulares, salvo nos pontos em que a própria lei admite. As normas jurídicas regentes dos tipos de direitos reais são, em sua maior parte, de natureza cogente, deixando pouco espaço para normas dispositivas.

A função da autonomia privada, no direito das coisas, é fortemente limitada, podendo escolher o tipo de direito real, mas não criá-lo, nem determinar livremente seu conteúdo, ao contrário do que ocorre com o direito das obrigações negociais. Com essa restrição da autonomia privada, diz Jan Schapp, que não é pronunciada expressamente pela lei, mas que resulta de todo contexto da regulamentação do direito das coisas, o legislador leva em conta a ideia de proteção das relações jurídicas (2010, p. 24).

Na contemporaneidade, discute-se a oportunidade e conveniência da manutenção do sistema de *numerus clausus* dos direitos reais e o questionamento de suas razões históricas. Em prol do modelo fechado, emergem a segurança jurídica e a ordem pública, pois os encargos que poderiam onerá-los são apenas os que a lei reconhece. O principal argumento contrário é a falta de razoabilidade na desconsideração da autodeterminação das pessoas, ou da autonomia privada. Nos contratos paritários, onde não se identifica contratante vulnerável, as partes deveriam ter a liberdade de criar direitos reais ou encargos de natureza real e não apenas obrigacional. A lei deveria fixar apenas os pressupostos e requisitos gerais para a constituição de direito real. Um segundo argumento é a crescente aproximação dos direitos reais e obrigacionais, não fazendo mais sentido a rígida dicotomia tradicional entre direitos pessoais e direitos reais, quando são ambos de natureza econômica ou patrimonial. Um terceiro argumento é o crescimento, às margens da enumeração fechada e da tipicidade real, das obrigações com efeitos reais e *propter rem*, vinculadas à coisa, independentemente de quem seja seu titular.

O modelo de *numerus clausus* e de tipicidade dos direitos reais corresponde à necessidade da modernidade liberal de impedir que ressurgissem os modelos plurais do período medieval, notadamente os que reeditassem as relações feudais entre senhor e servo. Porém, como diz José de Oliveira Ascensão (1968, p. 76), a imposição de um *numerus clausus* significa estratificar a vida social em determinado momento histórico, absolutizando o que era relativo, por fazer secar a fonte da evolução.

Tome-se o exemplo da multipropriedade (*time sharing*, ou tempo compartilhado). Surgida na prática dos negócios, para propiciar ocupação de empreendimentos dedicados a lazer ou hotelaria, em vários países, inclusive o Brasil, enfrenta a perplexidade doutrinária: é direito real ou direito obrigacional? O mesmo problema enfrentou o direito do promitente comprador, durante várias décadas, até que o CC/2002 optou por incluí-lo na enumeração dos direitos reais.

Alude-se à crescente contratualização do direito de propriedade e dos direitos reais, em escala mundial, argumentando alguns que todos os resultados importantes, no âmbito patrimonial, podem ser alcançados com o direito dos contratos; e outros com o crescimento dos efeitos dos contratos em relação a terceiros e do uso criativo do contrato para fragmentação da propriedade (Akkermans; Ramaekers, 2012, p. 4).

Será que o direito real é apenas o que a escolha arbitrária do legislador define? Entendemos que há pressupostos e requisitos que são comuns a todas as espécies, independentemente do legislador: poder jurídico sobre a coisa, direito de sequela e oponibilidade às demais pessoas; acrescente-se que o objeto da relação jurídica é uma coisa e não uma prestação. Várias leis, surgidas após o Código Civil e sem referência a ele, têm criado modalidades próprias de direitos reais, notadamente para execução de políticas públicas de acesso à moradia. Costumes se impuseram, passando ao largo da lei, como o direito de laje (sobrelevação) em comunidades populares e o direito destacado de plantações (por exemplo, os coqueiros no litoral nordestino), antes da introdução do direito real de superfície. Como diz Gustavo Tepedino (2011*b*, p. 37) "o sistema de *numerus clausus* constitui-se em orientação afeta à política legislativa, não se configurando um elemento ontologicamente vinculado à teoria dos direitos reais".

Costuma-se fundamentar a legitimidade do princípio do *numerus clausus* na autoridade do direito romano, mas este não a contemplava, porque não conhecia a categoria de direito subjetivo, classificando as situações jurídicas no esquema rígido de ações reconhecidas. Esse senso comum teórico tem sido questionado pela doutrina italiana, afirmando-se, ao contrário, que foi de todo estranho ao direito romano. Com efeito, somente com Justiniano é que a ampliação dos direitos reais pelos pretores foi formalmente proibida, mas somente indiretamente, em virtude da pretensão do imperador, que considerava seu *corpus juris* harmônico e completo, modificável apenas por direta intervenção imperial (Marrone, p. 92).

Estabelece o CPC, art. 47, que para as ações fundadas em direito real sobre imóveis é competente o foro da situação da coisa. Assim, é em virtude de os direitos reais sobre imóveis dependerem de registro público na circunscrição competente que se permite a presunção de publicidade. Por exclusão, as ações fundadas em direito real sobre móveis não estão vinculadas à localização desses, por sua própria natureza de mobilidade.

1.8. Direitos Intelectuais

Alguns direitos têm por objeto coisas incorpóreas ou imateriais. Nesse sentido, os direitos autorais, os nomes de empresas e de estabelecimentos (indústria, comércio, serviços), as marcas de produtos e serviços, as patentes, as expressões de publicidade. A relação entre o autor e a obra é análoga ao do proprietário da coisa. Porém, os direitos intelectuais não têm por finalidade a titularidade sobre coisas e sim sobre criações intelectuais. São direitos de utilização ou exploração exclusivas das criações intelectuais, ou de monopólio temporário. Relativamente às patentes, o que é dado pela natureza descobre-se e não é patenteável; o que é produzido pelo homem inventa-se e pode ser patenteado.

Por conveniência legislativa, buscou-se proteger esses direitos assimilando-os ao direito de propriedade, apesar de ontologicamente distintos. No Brasil, essa assimilação teve início com a Constituição de 1824 (art. 179, XXVI): "os inventores terão a propriedade das suas descobertas, ou das suas producções"; porém, a mesma norma aludia a "privilegio exclusivo temporario", restringindo seu alcance. O Código Civil de 1916 denominava-os, por essa razão, de "propriedade literária, científica e artística", no Título destinado à propriedade, o que revelava a imprecisão existente em sua época e que perdurou por todo o século XX, desde a Convenção de Berna. José de Alencar, jurista e literato, repudiava essa equiparação, pois "o invento não tendo corpo, sendo apenas uma ideia, embora uma ideia possante e formidável, não podia receber da legislação civil a regalia do domínio" (1883, p. 52), e, no caso das obras literárias, apenas beneficiava os editores em detrimento dos autores. Os demais direitos intelectuais, cuja proteção depende de registro ou patente, costumam ser denominados propriedade industrial ou propriedade intelectual.

A Convenção de Berna foi o primeiro instrumento jurídico que tutelou os direitos autorais mundialmente, tendo sido adotada em 1886. Antes da Convenção, as nações frequentemente recusavam reconhecer em seus territórios os direitos de autor de estrangeiros. A Convenção foi revista em Paris (1896) e Berlim (1908); completada em Berna (1914); revista em Roma (1928), Bruxelas (1948), Estocolmo (1967) e Paris (1971) e emendada em 1979. Foi incorporada à ONU em 1974. No Brasil, a Convenção de Berna entrou em vigor apenas em 1975, apesar de suas normas já terem sido internalizadas na Lei de Direitos Autorais, de 1973 (Lei n. 5.988), e, posteriormente, de 1998 (Lei n. 9.610).

A Lei de Direitos Autorais brasileira (art. 2º) reputa os direitos autorais "para os fins legais, bens móveis". São, portanto, bens móveis por equiparação, mas não são coisas. O que se equipara não é igual. A garantia legal de exclusividade de exploração e utilização dos direitos autorais não converte estes em coisas. Andou bem, portanto, o Código Civil brasileiro em enviar a regulação dessa matéria para a legislação especial, até porque adquiriu *status* de disciplina própria, desligando-se do direito civil, como ocorreu com outras matérias. Pela mesma razão, não são coisas os direitos intelectuais registráveis no INPI, como marcas, patentes, modelos de utilidade, desenhos industriais ou os programas de computador, estes regidos pela Lei n. 9.609/98.

É possível assegurar a proteção aos direitos autorais sem necessidade de relacioná-los ou classificá-los com a propriedade. Essa relação decorreu da influência da concepção da propriedade como direito subjetivo por excelência e do sistema de *common law*, notadamente o norte-americano, que considera a propriedade como paradigma de proteção dos direitos autorais e demais direitos intelectuais, que originam vultosos valores econômicos. A criação intelectual é um bem jurídico protegido, mas não é coisa. O suporte material da criação (a tela, o livro, por exemplo) revela, mas não atrai ou absorve a criação, que, em si mesma, é inapropriável. Daí que a Lei de Direitos Autorais os classifique em morais e patrimoniais. A coisificação de bens jurídicos ideais é incompatível com os fundamentos de nosso direito.

Por tais razões, enuncia a Súmula 228 do STJ: "É inadmissível o interdito proibitório para a proteção do direito autoral". Assim é, porque não há posse de autoria de obra intelectual, que permita tal pretensão, justamente por não ser coisa, suscetível de poder de fato.

Na doutrina jurídica, José de Oliveira Ascensão pugna pela não inclusão dos direitos autorais no âmbito dos direitos reais, tanto no direito português quanto no direito brasileiro (1980, p. 329-337). Os autores clássicos fundavam os direitos autorais na propriedade, em razão de alegada identidade de regime. Mas, diz Ascensão, foi justamente com base no exame do regime que Wolf e Reiser chegaram à posição radicalmente oposta, afirmando que nenhum dos princípios que regem a propriedade se aplica à produção intelectual. A doutrina civilista francesa, igualmente, não considera os bens intelectuais como suscetíveis de direito de propriedade, enquanto a Corte de Cassação francesa recusou-se a qualificar os direitos de autor como propriedade, preferindo tê-los como "monopólios de exploração" (Zattara, 2001, p. 245). No Brasil, Luciano de Camargo Penteado (2014, p. 59) ilustra com o exemplo da usucapião, que não pode ser utilizado para direitos que não admitem a posse; assim, ninguém se torna titular de um invento pela usucapião, embora possa se legitimar no exercício dos direitos dele decorrentes pelo uso.

A propriedade, tal como é delineada nas nossas leis, pressupõe o caráter material do objeto e a suscetibilidade de atos de posse em relação a este, o que não acontece no direito de autor, que não é suscetível de apropriação exclusiva, não podendo, portanto, originar uma propriedade. Uma vez divulgada, a obra literária ou artística comunica-se por natureza a todos os que dela participam. Não pode estar submetida ao domínio exclusivo de um só. A obra intelectual não é evidentemente um bem de produção. A coisa não foi atribuída ao titular como seria característico da propriedade, e há utilizações de terceiros que continuam lícitas, e têm de o ser sempre, dada a destinação social do bem intelectual. Todos os outros desfrutam diretamente dos bens, e o seu gozo está subtraído à alçada do titular do direito de autor. Este não pode proibir o desfrute intelectual de sua obra por parte de outrem. Pode não autorizar a reprodução; em casos extremos pode mesmo retirar do mercado os exemplares existentes, mas tudo isso respeita à materialização da obra, e não à obra em si. Esta pertence a todos, por natureza, e não por qualquer tolerância do autor. Em conclusão, afirma Ascensão que a obra não pode caber em propriedade a ninguém, devendo ser integrado o direito de autor na categoria dos direitos de exclusivo temporário de exploração econômica.

Acrescente-se a característica de limite temporal (70 anos), findo o qual cai no domínio público, o que não existe na propriedade das coisas. Mais: a obra, em si, é inapropriável ou expropriável. As restrições legais atingem as atividades, que são tendencialmente livres; só são reservadas as que levam à exploração econômica da obra. Não há um único direito de autor, há direitos de autor. A cessão ou transmissão das faculdades alienadas não se separam definitivamente do autor. Os direitos morais de autor não se cedem nem se transferem.

A Internet, como ferramenta de comunicação, não cria um novo direito ou uma nova era de tutela de direitos, pois é apenas meio específico, que prescinde de corporeidade, segundo a lógica dos bens imateriais (Penteado, 2014, p. 65), tal como se depreende da Lei do Marco Civil da Internet (Lei n. 12.965/2014). Segundo essa lei, os registros de conexão e dados pessoais, como também o conteúdo de comunicações privadas, estão sob as regras que protegem direitos da personalidade (intimidade, vida privada, honra, imagem).

1.9. Relação Jurídica Real

O direito real, para a literatura jurídica majoritária, é concebido como uma relação jurídica intersubjetiva, entre o titular e um sujeito passivo universal e indeterminado, porém determinado pela violação (teoria personalista). Nessa corrente, o objeto da relação jurídica real não é a coisa, mas sim a prestação negativa de todos os outros de não violação do pertencimento da coisa. Para a literatura jurídica minoritária é uma relação jurídica entre o titular e a própria coisa (teoria realista).

De acordo com a teoria personalista, que adotamos, a relação jurídica real se constitui entre um sujeito titular determinado e um sujeito passivo indeterminado e universal, tendo por objeto uma coisa, enquanto, na relação jurídica pessoal, os sujeitos são determinados e o objeto é o ato ou conduta de um dos sujeitos. O direito real tem como conteúdo a coisa, de modo que a prestação da parte contrária apenas é consequência do direito, seja de caráter positivo (por exemplo, restituir a coisa), seja de caráter negativo (abstenção de violação do direito). No direito pessoal, há relação entre duas pessoas ou mais. No direito real, apenas a violação do dever geral de abstenção determina o devedor e faz nascer sua obrigação específica, inclusive a de indenização.

No direito brasileiro, não configuram relação jurídica real, ainda que com esta possam ser confundidas, as relações jurídicas intermediárias, ou híbridas, como alguns denominam, situadas entre a relação obrigacional e a relação real, como os ônus reais e as obrigações *propter rem*, que se vinculam à coisa independentemente de quem seja seu titular. Exemplo de obrigação *propter rem* é o encargo da despesa condominial, no condomínio edilício. A causa dessa específica obrigação não é o negócio jurídico, mas a situação jurídica de direito das coisas. O vínculo não é com pessoa determinada, que deve prestação determinada, mas sim diretamente com a coisa e indiretamente com quem detenha sua titularidade. As obrigações *propter rem*, "nada mais são do que um tipo especial de dever jurídico obrigacional e patrimonial e, portanto, relativo a certa e determinada pessoa, nunca vinculado à generalidade dos sujeitos, nem portanto correspondente apenas e tão somente a uma relação com a coisa" (Penteado, 2012, p. 129).

Quanto ao ônus real, Pontes de Miranda (2012, v. 18, p. 88) esclarece que é direito de crédito que consiste em direito a prestações ligadas à coisa, semelhantemente – não identicamente – ao direito hipotecário. Quando se favorece o credor com a execução em algum bem, nem sempre se compõe o direito real de garantia. O ônus real não é real, como os direitos reais limitados, porque grava o bem, mas apenas porque liga à titularidade da propriedade ou dos direitos reais limitados, para que dificilmente possam ser frustrados os adimplementos.

A distinção entre obrigações *propter rem* e ônus reais não é simples; nos ônus reais existe a possibilidade de que a consequência do inadimplemento recaia sobre o próprio bem, sem necessidade de penhora em outros. O inadimplemento da despesa condominial, que é obrigação *propter rem*, não conduz a tal privilégio, não se tornando o condomínio titular da coisa; o condomínio que cobrar as despesas condominais deverá requerer a penhora da unidade ou de outro bem do devedor. A doutrina e a jurisprudência frequentemente e de modo equivocado usam a expressão ônus reais no sentido de direito real limitado. Por exemplo, o penhor não é ônus real, mas restrição da propriedade decorrente de direito real limitado.

Também não se confundem com a relação jurídica real as chamadas obrigações com eficácia real ou *erga omnes*, que apenas atingem o plano da eficácia, sem alterar sua natureza obrigacional. São obrigações oponíveis a terceiros, em razão de sua publicidade específica, especialmente mediante registro público. Exemplo é o registro do contrato de locação, que contém cláusula de vigência em caso de alienação do imóvel locado (Lei n. 8.245/1991, art. 8º), para que terceiro adquirente também se obrigue a respeitar o tempo do contrato. Outro exemplo é o acordo entre proprietários vizinhos para regular os direitos de vizinhança entre eles, levado a registro público.

Rejeitando o sujeito passivo indeterminado e universal, há vários argumentos. Sustenta José de Oliveira Ascensão (1973, p. 66-71) que: a) não há relação jurídica entre sujeitos indeterminados, pois toda relação é a ordenação dum ente a outro ente; b) o aglomerado de sujeitos passivos não está unificado de qualquer forma e não detém uma posição comum; c) poder estar em relação não é o mesmo que estar em relação; d) há direitos a que não correspondem deveres (o que Santi Romano já dizia). Propugna, então, que a relação jurídica real só nasce quando há violação do dever de abstenção. Na mesma linha, Orlando Gomes (1981, p. 64), que retoma a ideia de relação entre o sujeito e a coisa, como situação jurídica, ressaltando os poderes, faculdades, limitações e obrigações que dizem respeito ao sujeito; para ele a concepção personalista deriva de teses jusnaturalistas, admissíveis apenas no quadro político marcado pela contraposição do indivíduo ao Estado.

Sob outro ângulo, Torquato Castro (1985, p. 99-108) rejeita a ideia de relação jurídica com todos, ou do "sujeito passivo universal", que, segundo ele, não seria de ordem jurídico-científica, mas só de conveniência de uma certa filosofia, cujo sujeito, indiferentemente à diversidade de natureza que há entre elas, seria sempre o mesmo, constituído da massa numérica e móvel de todas as pessoas vivas da terra. Por outro lado, a ideia de ver o universo de pessoas como sujeito dessas especiais situações, acarretaria, segundo ele, a absurda consequência de não se admitir a possibilidade de existirem terceiros, estranhos a estas mesmas situações; ninguém jamais seria terceiro, diante de um direito real, já que todos, sem distinção, seriam partícipes da suposta relação. Visualiza, em face do direito real, duas categorias fundamentais: a) a dos terceiros juridicamente indiferentes, composta da grande massa das pessoas que jamais terão qualquer contato com o titular do direito real; e a outra, b) a dos terceiros relacionados (por fato jurídico específico) com o titular desse mesmo direito.

Capítulo II

Posse no Direito Brasileiro

Sumário: 2.1. Demarcação do fenômeno. 2.2. *Animus* ou *corpus*: a persistente disputa de predomínio. 2.3. Por que a posse é protegida pelo direito? 2.4. Modelo legal brasileiro de posse. 2.5. O modo de aquisição da posse determina sua natureza. 2.6. Titular de posse e detentor. 2.7. Posse autônoma. 2.8. Direito à posse. 2.9. Posse em confronto com a propriedade. 2.10. Composse. 2.11. Concepções legais brasileiras da posse.

2.1. Demarcação do Fenômeno

A posse é uma das mais longevas experiências de pertencimento de uma coisa a uma comunidade ou a uma pessoa, em todas as sociedades primitivas e avançadas. Todavia, permanece difícil sua qualificação no âmbito do direito. Os juristas resistem em enquadrá-la como fenômeno jurídico, mas não podem deixar de reconhecer os efeitos jurídicos dela originados.

A razão desse inconcluso conflito, entre a realidade da posse e sua concepção jurídica, radica no triunfo da ideia do direito de propriedade individual, após o advento da modernidade liberal, na viragem do século XVIII para o século XIX, com as características ainda hoje predominantes. A concepção tradicional do direito de propriedade individual parece ser hostil à posse, que apenas é admitida como exercício daquele. Durante o predomínio da visão individualista da propriedade, a posse perdeu sua importância histórica como legitimação de pertencimento de coisa, fundada na utilidade real, em prol de uma titulação abstrata, favorecedora da livre circulação. Contudo, a força dos fatos (a realidade da posse) é maior que a idealização da propriedade, como demonstram as vicissitudes por que passa a legislação brasileira, inclusive o CC/2002, que destina à posse regulamentação própria, até mesmo introduzindo o direito das coisas.

Daí que, além de origem cronológica e de meta psicológica do direito de propriedade, a posse seja, não só a sombra deste, a sua projeção e aspiração, "mas também uma contínua força de subversão e de contestação do direito real", na incisiva observação de Orlando de Carvalho (2012, p. 261). A posse provoca três problemas básicos que lança ao sistema jurídico: (1) o problema da proteção possessória; (2) o problema da posse como trânsito para nova propriedade; e (3) a posse autônoma, que se encerra em si.

A concepção da posse não pode desconsiderar sua historicidade e a orientação adotada em cada sistema jurídico. É, portanto, fadada ao insucesso a concepção da posse que não leva em conta esses fatores determinantes e se eleva a um grau de abstração impreciso, na tentativa de abranger todos os sistemas possíveis.

As teorias, concepções e definições de posse intentam responder determinados questionamentos:

a) É direito ou poder de fato sobre uma coisa?

b) Se é poder de fato, por que há consequências jurídicas?

c) Em que medida a posse pode confrontar a propriedade?

d) O que é determinante para sua caracterização, o elemento intencional ou a exteriorização de comportamento típico de dono?

A posse não se contém apenas no direito das coisas, pois é mencionada em outros campos do direito, com significados distintos. No direito de família, há a posse de estado de filiação (CC, art. 1.605) e a posse do estado de casados (CC, art. 1.545). No direito das sucessões, alude-se à posse da herança (CC, art. 1.791). No direito administrativo há a posse de cargo ou função públicos. Porém, é no direito das coisas que a posse assume maior relevância e afirma-se em singularidade, tendo em vista sua larga disseminação na sociedade, inclusive quando em tensão com a propriedade.

As teorias jurídicas brasileiras sobre a posse inclinam-se, em grande maioria, para considerá-la estado de fato, ou poder de fato que o direito reconhece ao possuidor. Tito Fulgêncio, em obra dedicada à posse, na década de 1930, afirmou que a posse é "poder de fato, instaura-se pelo exercício de fato de algum poder do domínio", razão por que o ladrão tem a posse, mas não a propriedade, que seria poder de direito adquirido por título justo (2008, p. 6). Esta é a razão de ser denominada a disciplina "direito das coisas", tradicionalmente adotada no direito brasileiro, como se vê no CC/2002, e não "direitos reais". Na parte relativa ao direito das coisas da Exposição de Motivos do anteprojeto do Código Civil, publicada em 1974, o relator dessa parte Ebert Viana Chamoun afirmou que "é a posse um estado de fato, um poder de fato que alguém exerce sobre uma coisa, e cujo conteúdo é exclusivamente econômico, porque se relaciona com o aproveitamento econômico da coisa, considerada como objeto de satisfações das necessidades humanas. Mas é um estado de fato apenas no sentido de prescindir da existência de um título jurídico: há um direito de proteção da posse sem que a posse esteja fundada em direito".

Em outro extremo, Darci Bessone pugnou pela pessoalidade da posse, por sua natureza de direito pessoal, situada no direito das obrigações (não é a posse em si que interessa, mas a violência que se pratica contra o possuidor) razão por que decidiu excluí-la da obra que destinou aos "direitos reais" (1996, p. 459).

Partindo de sua conhecida definição de direito como interesse juridicamente protegido, Ihering conclui que se deve reconhecer o caráter de direito à posse; se a posse não fosse protegida, constituiria apenas puro fato sobre a coisa, mas só porque é protegida, assume o caráter de relação jurídica, que seria sinônimo de direito (1976, p. 90). Na doutrina portuguesa, José de Oliveira Ascensão (1973, p. 296) afirma que a posse "é um direito verdadeiro e próprio", porque a situação do possuidor não é apenas um reflexo da defesa da legalidade por parte dos órgãos públicos, é ela própria autonomamente protegida. Há autores brasileiros que sustentaram a tese da posse como direito real, a exemplo de Orlando Gomes (2004, p. 42) e San Tiago Dantas (1979, p. 22).

A orientação majoritária no Brasil da posse como poder de fato que o direito reconhece ao titular da posse, é influenciada pela opção centenária do projeto do Código Beviláqua, enunciado no art. 485 do CC/1916 e mantido, quase integralmente, no art. 1.196 do CC/2002, de seguinte teor: "Art. 1.196. Considera-se possuidor todo aquele que tem de fato o exercício, pleno ou não, de algum dos poderes inerentes à propriedade".

2.2. *Animus* ou *Corpus*: A Persistente Disputa de Predomínio

Qual o elemento nuclear decisivo para a existência ou não da posse? Para alguns é o elemento psicológico ou intencional, ou seja, a intenção de possuir a coisa como se fosse o proprietário dela (*animus*). Para outros é o comportamento exteriorizado, equivalente ao de proprietário da coisa (*corpus*), independentemente da intenção. Duas atitudes podem ainda ser encontradas: 1. A primazia de um dos elementos não afasta a existência do outro, ainda que complementar. 2. A escolha de um dos elementos afasta o outro, por desnecessidade ou incompatibilidade.

Em se tratando de posse, não há como desconsiderar a célebre disputa sobre os elementos fundamentais da posse, ocorrida no século XIX, entre os juristas alemães Savigny e Ihering. Seus reflexos permanecem na atualidade, como se nota na jurisprudência dos tribunais brasileiros, com resultados distintos.

Para Savigny a posse é um poder de fato assemelhado a um direito, composto de dois elementos integrantes: o *corpus* (apreensão física da coisa) e o *animus domini* (a intenção de ter a coisa como se dono fosse) (1893, p. 187). Contudo, o elemento determinante da verdadeira posse é o *animus*. Os atos materiais de utilização e exercício da posse sobre a coisa (*corpus*) são irrelevantes. O ânimo de dono, próprio do possuidor, se opõe ao ânimo de detenção em nome do dono. Apenas o que age intencionalmente como se dono fosse pode ser considerado possuidor – o que afastaria dessa qualificação os titulares de direitos reais limitados. Deu-se-lhe a denominação de teoria subjetiva. Critica-se essa teoria como fruto de uma concepção individualista do direito, que sobrevaloriza o vínculo formal de domínio e desvaloriza a efetiva utilização das coisas (Carvalho, 2012, p. 267). A teoria subjetiva foi determinante no *Esboço* de Teixeira de Freitas (1984, v. 2, p. 541), para o qual a posse consistia na possibilidade de exercer atos dominiais sobre alguma coisa "com a intenção de ter direito de possuí-la", o que denota forte dependência à propriedade.

Para Ihering, contrariamente, o que importa são os fatos exteriores e objetivos da utilização da coisa, equivalentes aos atribuídos ao proprietário. Designa pelo nome de *corpus* a relação exterior da pessoa com a coisa, demonstrada pela apreensão (1976, p. 107). Não é o poder físico, mas "a exteriorização da propriedade". O próprio Ihering denominou sua teoria de objetiva, ainda que não tenha suprimido inteiramente o elemento intencional, que estaria subtendido nos fatos exteriores, pois a pessoa que tem uma coisa em seu poder tem necessariamente a intenção de exercer sobre ela um direito. Assim, a pessoa não possui a coisa que lhe põem na mão enquanto dorme. A teoria objetiva exerceu forte influência no Código Civil alemão – e nos que lhe seguiram –, cujo art. 854 estabelece que "a posse de uma coisa se adquire mediante o poder de fato sobre a coisa", sem qualquer referência ao elemento intencional.

Sustenta-se que os dois elementos, o material e o intencional, devem ser reunidos: a simples vontade de se comportar como proprietário não é suficiente para a posse, devendo ser materializada a detenção ou a utilização da coisa; igualmente, o *corpus* não basta, pois o locatário, que exterioriza a posse não a tem no sentido próprio, por lhe faltar o *animus* de se comportar como dono (Weill; Terré; Simler, 1985, p. 146).

Quem defende a prioridade do elemento intencional entende que sem o *animus* de se comportar como o proprietário da coisa há mera detenção da coisa, mas não posse. Todavia, o locatário de coisa em nosso direito é possuidor, sendo-lhe atribuída idêntica tutela jurídica, não se comportando como se proprietário fosse, pois não o é, nem sendo mero detentor em nome do proprietário. A situação jurídica do locatário como possuidor direto de interesse próprio legitima-o a defender sua posse contra o proprietário e terceiros. Do mesmo modo o usufrutuário é possuidor em nome próprio e não em nome do proprietário e não se comporta como se proprietário fosse, pois seu direito real é reconhecidamente limitado a usar e fruir a coisa.

Tanto uma teoria quanto outra têm a propriedade como paradigma, o que reduz a função da posse e sua autonomia. A posse seria a imagem e a semelhança, no campo fático, da propriedade. Savigny e Ihering não escaparam das circunstâncias de seu tempo da primazia da função individual da propriedade, tida como direito subjetivo por excelência. Para Savigny a posse, de acordo com a propriedade, era emanação da vontade e da liberdade individual. Para Ihering, era a exteriorização do direito de propriedade.

2.3. Por Que a Posse é Protegida pelo Direito?

Se a posse não é efeito de fato jurídico, notadamente se não é direito subjetivo, então por que é protegida pelo direito? E mais, por que dela emanam consequências jurídicas necessárias? As respostas dependem das concepções de posse e, principalmente, dos elementos fundamentais que a caracterizam em cada sistema jurídico. Segundo Ebert Chamoun (1970, p. 14), há um direito à proteção da posse sem que a posse seja fundada em direito, porque se relaciona com o aproveitamento econômico da coisa, considerada como objeto de satisfação das necessidades humanas, além de que a aparência é juridicamente digna de proteção. Para outros, é porque a posse assegura o acesso às coisas, fundado no trabalho ou na utilidade; ou, simplesmente, porque o direito veda sua lesão, em favor da paz social. Também se protege a posse, para a proteção de outros valores, como o acesso à moradia ou a tutela da família abandonada (Lei n. 12.424/2011). É tão ampla a proteção que o possuidor, turbado ou esbulhado, mantém a posse até mesmo contra o titular do direito.

A proteção jurídica da posse é tanto positiva quanto negativa. É positiva quando garante seu exercício e sua função social. É negativa, quando repele a lesão de terceiros e até do proprietário, que intentem impedir ou suprimir seu exercício pelo possuidor. Compõem a proteção jurídica da posse: a) a autodefesa, que é a defesa imediata à injusta violação, como turbação ou esbulho; b) a manutenção ou reintegração judiciais; c) a indenização dos danos sofridos pelo possuidor.

Ihering fez-se a mesma pergunta e a respondeu que a garantia do possuidor não assenta no poder físico de que é capaz de "excluir a ação de pessoas estranhas sobre a coisa", como afirmava Savigny, mas porque a lei proíbe essa ação; ela não assenta numa barreira física, mas numa barreira jurídica (1976, p. 109). Sob o ponto de vista positivo, não é para dar ao possuidor o poder físico sobre a coisa, mas para lhe tornar possível o uso econômico da coisa.

A proteção jurídica da posse está condicionada ao exercício contínuo desta. Se o possuidor não mantém a posse, quando pode fazê-lo, ela é considerada perdida ou abandonada, não sendo mais merecedora de proteção. Essa era a orientação já adotada no antigo direito romano. Como disse Ihering, na posse a permanência da relação de fato é a condição do direito à proteção; o possuidor não tem direito senão enquanto possui. Além de sua proteção jurídica, que se encontra no plano da defesa, a posse é também exercício de fato de poderes correspondentes aos poderes jurídicos do proprietário, como estabelece o Código Civil brasileiro. Estende-se à posse, consequentemente, a tutela legal do exercício dos poderes e deveres de proprietário. Assim, são aplicáveis ao possuidor os direitos de vizinhança, os direitos e deveres do condômino em edifício de apartamentos, as regras sobre a servidão, se o imóvel possuído tem servidão. O que se protege, na posse, não são os direitos, mas poderes fáticos que correspondem a esses direitos.

2.4. Modelo Legal Brasileiro de Posse

A redação dada ao art. 485 do CC/1916 – e repetida no CC/2002 – foi inspirada no explícito desejo do legislador de distanciamento da teoria subjetivista da posse. O parecer do relator do projeto do Código anterior, na Câmara dos Deputados, afirmou, contraditando explicitamente Savigny, que "a posse existe com a intenção de dono, mas também pode existir sem ela e até com o reconhecimento de outro dono, e bem assim com o poder físico de dispor da coisa como sem ele; e se em geral sua defesa é exercida contra agressões de terceiro, não raro o é contra as do dono, reconhecido como tal pelo próprio possuidor".

O art. 1.196 do CC/2002 não conceitua a posse, optando por concentrar-se na figura do possuidor, considerado o "que tem de fato o exercício, pleno ou não, de algum dos poderes inerentes à propriedade" podendo ser desdobrada nos seguintes componentes:

1. Exercício de fato
2. (da) totalidade ou parte (de)

3. Poder inerente à propriedade

De longa tradição, o titular do direito de propriedade pode exercer os seguintes poderes: uso, fruição e disposição da coisa. Não são poderes de fato; são poderes juridicizados. O proprietário pode ou não se utilizar deles. Para a norma legal brasileira, não são esses poderes, enquanto tais, que são objeto da tutela possessória, mas sim o exercício de fato de qualquer deles pelo possuidor, proprietário ou não. O exercício de fato é o que não se oriunda de título jurídico legitimado. Para ser considerado possuidor é suficiente que tenha o exercício de fato de parte ou da totalidade de qualquer desses poderes em relação à coisa (pode usar, sem fruir, por exemplo).

A norma legal brasileira não declara que a posse seja o poder de fato sobre a coisa, não exige o elemento intencional, nem impõe a exteriorização do comportamento próprio de dono da coisa. É acontecimento do mundo fático, porém *erga omnes*. Assim, não seguiu a teoria subjetivista, que o legislador originário procurou evitar, nem a teoria objetivista, em sua pureza, nem optou pela fusão de ambas. Nem Savigny, nem Ihering.

O Código Civil rejeitou a limitação da posse à posse do proprietário. Reconhece a posse direta em outras relações jurídicas reais, como a posse dos titulares do usufruto, do uso, da habitação, do penhor, da anticrese, da concessão de uso especial para moradia, do direito de promitente comprador, da superfície. Também reconhece a posse direta de figurantes de negócios jurídicos, como as do locador, do comodatário. Não são possuidores em nome alheio, mas sim em razão dos próprios interesses. A teoria contemporânea da posse muito deve à distinção entre posse direta e posse indireta; ambas são posses protegidas. O que não é proprietário pode possuir e o que deixou de ser proprietário pode continuar possuindo a mesma coisa. O art. 1.196 do Código Civil não considera possuidor o que tem de fato o exercício do direito de propriedade, mas sim o que tem de fato *o exercício* de algum dos poderes inerentes à propriedade. É exercício fático de poderes, sem dependência a qualquer direito. É, portanto, no mundo dos fatos que vê a posse em sua autonomia, e não confinada na propriedade.

No direito brasileiro, a posse da herança se transmite aos herdeiros de modo automático, com a abertura da sucessão, ainda que esses não tenham conhecimento ou manifestado aceitação expressa ou tácita, como se depreende do art. 1.784 do Código Civil. É o triunfo da *saisine* plena, sem paralelo com os direitos de outros países. A aceitação – que no direito português, por exemplo, é imprescindível para que se opere a transmissão da herança – tem função meramente confirmatória. Apenas se exige manifestação expressa para a renúncia à herança. Consequentemente, não há *animus* na aquisição da posse da herança, nem *corpus*, pois não há necessidade de sua exteriorização como dono (ou condômino).

Ainda com relação à posse da herança, decidiu o STJ (REsp 537.363) que o exercício fático da posse não é requisito essencial, para que este tenha direito à proteção possessória contra eventuais atos de turbação ou esbulho, tendo em vista que a transmissão da posse (seja ela direta ou indireta) dos bens da herança se dá por força de lei, independentemente da prática de qualquer outro ato.

Na doutrina jurídica brasileira, foi Pontes de Miranda quem melhor identificou essa peculiaridade de nosso modelo legal de posse, principalmente no volume 10 de seu *Tratado de direito privado* (2012, cuja primeira edição é de 1954). Segundo ele, no assunto da posse, o direito brasileiro trilhou caminho próprio, distanciando-se da disputa entre as teorias subjetivistas e objetivistas, não reputando como elemento necessário tanto o *corpus* quanto o *animus*. A referência ao *animus* muito concorreu para que se entravasse o desenvolvimento da teoria da posse. Reduzir a posse a exercício de direito (*corpus*) é por aquém da posse, que se passa no mundo fático, o que já resulta de outros fatos jurídicos, uma vez que direitos são efeitos jurídicos; se fosse assim, a proteção à posse seria espécie de proteção de direitos (v. 10, p. 109). O fundamento da posse é o princípio da conservação do fático. Resumindo seus pressupostos, podemos dizer que a posse é relação fática entre a pessoa e a comunidade, diferentemente da propriedade que é relação jurídica entre a pessoa e a comunidade. Quem toma posse de um terreno sem oposição está no mundo fático. Mas, quando há oposição à posse esta ingressa no mundo jurídico como fato jurídico. Ou quando ela ofende direito alheio. Ou quando é objeto de algum negócio jurídico. A posse deixa o mundo fático e é juridicizada. Então o sistema jurídico protege a posse, ou protege o direito contra a posse; é o momento da entrada da posse no mundo jurídico.

Segundo Pontes de Miranda, a posse é estado de fato em que acontece poder (de fato), mas não é ato de poder; compreende-se como possibilidade de exercer poder como o que exerceria quem fosse proprietário. Não se precisa de qualquer ato para que se possua; o herdeiro recebe a posse sem qualquer ato. Em virtude da limitação do poder exercido, há posse como usuário, como usufrutuário, como locatário, como depositário, como credor pignoratício, como comodatário, que também estão abrangidos pela definição legal. "O legislador brasileiro definiu a posse, vendo-a do mundo jurídico, mas sabendo que ela está no mundo fático, que é apenas elemento fático que pode vir a entrar no mundo jurídico em virtude de algum ato jurídico ou negócio jurídico que a tome como um de seus elementos" (v. 10, p. 58) ou de oposição.

Por isso não é correto dizer-se posse de propriedade, ou de direito real, ou de direito pessoal. Exemplificando, não há posse de usufruto, mas posse como usufrutuário. E há direitos reais a que não pode corresponder posse, como a hipoteca. Não nos parece haver pertinência para a posse de direitos pessoais, cuja tese foi agitada pelo gênio criativo de Ruy Barbosa, quando não havia no Brasil o instituto do mandado de segurança, na defesa de professores da Escola Politécnica do Rio de Janeiro, que tinham sido suspensos por ato do Presidente da República, em 1896, tendo publicado obra doutrinária a respeito, em 1900. Também sustenta José Carlos Moreira Alves (2012, p. 107-115) que há posse de direitos no CC/2002, principalmente pela possibilidade de posse direta (como a de comodatário, locatário e depositário) em face da posse indireta, quando não for correspondente a direito real limitado. Mas esse entendimento foi e é minoritário, até porque a posse do comodatário, locatário ou depositário é sobre a coisa em si, como situação fática protegida, e não posse dos direitos correspondentes. É posse "em virtude de direito pessoal" (CC, art. 1.197), mas não posse de direito pessoal. Como disse Ebert Chamoun, na Exposição de Motivos do anteprojeto do Código Civil, publicada em 1974, a posse não é exercício de propriedade ou de qualquer outro direito, além de que "as razões que tornam inconcebível a posse de uma coisa incorpórea militam em desfavor da admissão de uma posse de direitos. [...] Nem mesmo a servidão justificaria a esdrúxula criação da posse de direitos, pois que o objeto da posse não é o direito de servidão, senão o imóvel serviente".

Pontes de Miranda (v. 10, p. 132) contesta incisivamente os que diziam – e os que ainda dizem – que a posse é fato, mas, por seus efeitos, direito, como os antigos civilistas brasileiros Antônio Joaquim Ribas e Lafayette Rodrigues Pereira, pois não prestaram atenção a que não há direito sem ser efeito de fato jurídico e a que todo fato, que tem efeitos, é fato jurídico.

Há casos de posse que não consistem em exercício de direito, como exemplificamos na posse da herança, e, diz Pontes de Miranda (v. 10, p. 108), há exercício de direitos que não consistem em qualquer poder fático a que se possa chamar posse, demonstrando-se "quão vicioso é falar-se em exteriorização do direito, aparência do direito, ou de situação jurídica correspondente a direito".

Em relação à tormentosa questão da natureza da transmissão da posse, principalmente pela alienação entre vivos, não se altera a situação de fato, que lhe é inerente. No momento em que o possuidor aliena e transmite a posse, o ato de transmissão entra no mundo jurídico e, implicitamente, a posse. O que provoca a entrada no mundo direito, compondo o fato jurídico, é a conjugação dos dois elementos: o ato jurídico de alienação e a posse. Com sua entrada no mundo jurídico é que se considera a posse como integrativa do fato jurídico e, consequentemente, fonte de direitos, pretensões, deveres e obrigações.

2.5. O Modo de Aquisição da Posse Determina sua Natureza

Uma das características essenciais do modelo brasileiro da posse é a manutenção de sua natureza, de acordo como foi adquirida, notadamente quanto a suas qualidades e vícios. Essa regra está expressamente determinada no Código Civil (art. 1.203).

A posse que foi adquirida de boa-fé permanece de boa-fé, assim como a posse que foi adquirida de má-fé permanece de má-fé. A que foi adquirida clandestinamente ou por meio de violência permanece assim, mas a lei admite que, cessada a clandestinidade ou a violência, converta-se em posse justa, que tem direito à proteção possessória. Enquanto perdurar o vício, a posse é desconsiderada pelo direito. Cessado o vício, inicia-se o tempo levado em conta para os efeitos jurídicos, desprezando-se o anterior.

Essa regra abrange a multiplicidade de posses que o direito admite, projetando sua natureza no tempo. No Código Civil, além da posse comum, há posses que contemplam situações especiais. O art. 1.228, § 4º, dispõe sobre a posse coletiva, na qual os possuidores ocupam extensa área urbana, constroem suas moradias, obras ou serviços, com a introdução de serviços públicos, em fenômenos conhecidos como invasões urbanas; após cinco anos da ocupação, estão legitimados os possuidores ou ocupantes dessas áreas a pleitear a perda da propriedade, quando o titular desta a reivindicar, fixando o juiz o preço que os possuidores deverão pagar como indenização. A indenização a ser paga pelos possuidores não é requisito para proteção da posse, mas para que esta se converta em propriedade. Outro tipo de posse é a que se vincula à moradia; para que possa valer-se do prazo reduzido para usucapião (cinco anos) é necessário que assim permaneça, dentro dos limites das áreas dos imóveis urbanos (até duzentos e cinquenta metros quadrados) ou dos imóveis rurais (até cinquenta hectares).

Há, ainda, a posse *intuitu familiae* que protege o cônjuge ou companheiro que tenha sido abandonado pelo outro, em imóvel utilizado para moradia da família e que tenha sido propriedade de ambos. Essa modalidade foi criada pela Lei n. 12.424/2011, que introduziu o art. 1.240-A ao Código Civil, estabelecendo o prazo reduzido de dois anos para usucapião do imóvel, em favor exclusivamente do familiar abandonado, contra o outro, contado o prazo a partir do abandono. O abandono se caracteriza com a separação de fato, independentemente de ter havido divórcio ou dissolução regular da união estável. Essa posse, que permite a usucapião abreviada, é exclusiva do cônjuge ou companheiro abandonado; se houver transferência, ao terceiro não é dado valer-se do tempo da posse para essa específica usucapião.

É possível a transformação da natureza originária da posse (da *causa possessionis*). A posse que não seja plena pode se converter em posse plena. Situação recorrente na jurisprudência dos tribunais é do locatário – que detém a posse direta, mas não a indireta, que é a do locador –, quando rompe o contrato de locação e deixa de pagar os aluguéis, que não são cobrados por inércia do locador; após o tempo previsto em lei, pode requerer a usucapião, fundado não na posse como locatário, mas na posse própria, que teve início com a ruptura do contrato de locação. Também admite a lei que ao sucessor singular, na transferência entre vivos, é facultado unir sua posse à do antecessor ou não; se não unir, inicia o tempo da posse a partir da transferência.

2.6. Titular de Posse e Detentor

Não são considerados possuidores, sendo, portanto, destituídos de proteção possessória, os detentores subordinados do proprietário ou do possuidor, como os empregados destes. Igualmente, não são possuidores os emissários ou mensageiros, os hóspedes, os agentes públicos. Essas pessoas são consideradas meros detentores da coisa ou servidores da posse de outrem. O locatário, o credor pignoratício, o usufrutuário, o usuário têm posse; o detentor, não. O detentor apenas retém a coisa em nome e a favor de outrem.

O CC/2002 (art. 1.198), ante a diversidade de denominações encontrada na doutrina (detentor, servidor da posse, fâmulo da posse), preferiu "detentor", definindo-o como aquele que, achando-se em relação de dependência para com outro, conserva a posse em nome deste e em cumprimento de ordens ou instruções suas. No direito anterior, na dúvida entre ser detentor ou possuidor, este prevalecia. O CC/2002 orientou-se em sentido contrário: na dúvida, é detentor, assim entendido o que começou a comportar-se com relação de dependência com o possuidor; mas essa presunção é relativa, admitindo-se prova em contrário.

Distingue-se, pois, a posse da detenção da coisa. O detentor exerce poder de fato sobre a coisa, mas sua relação de dependência com o titular impede que esse poder de fato seja protegido como posse. O exercício do poder de fato se dá em nome do titular da posse. A eficácia da detenção é quantitativa e qualitativamente inferior à eficácia atribuída à posse. Pode o detentor, no entanto, promover a defesa da posse da coisa, inclusive a autodefesa, em nome e no interesse do possuidor.

O titular de órgão da pessoa jurídica (gerente, administrador, dirigente, gestor) não é detentor. No exercício de suas atribuições, seus atos não são seus, mas da própria pessoa jurídica, que é a possuidora. Os órgãos não representam, mas sim presentam a pessoa jurídica.

A detenção pode se converter em posse, quando o detentor age em contradição aos interesses do titular da posse, descumprindo suas instruções e rompendo o vínculo de subordinação. A partir daí desaparece a detenção e surge a posse própria. Nesse sentido é o enunciado 301 das Jornadas de Direito Civil, do CJF/STJ: "é possível a conversão da detenção em posse, desde que rompida a subordinação, na hipótese de exercício em nome próprio dos atos possessórios". Esse rompimento é situação de fato, não dependente de manifestação de vontade.

As terras públicas são insuscetíveis de usucapião, segundo a Constituição Federal. Pressupondo como necessária a correlação entre posse e propriedade, tem havido decisões dos tribunais, notadamente do STJ (v. g., REsp 1.200.736), no sentido de caracterizar a ocupação de terras públicas como mera detenção, insuscetível de proteção possessória. Porém, ainda que os tribunais procurem dar sentido à vedação constitucional de aquisição dessas terras por meio de usucapião, valem-se de fundamentação equivocada, pois quem as ocupam investem-se na situação de possuidor, que é situação fática passível de proteção pelos interditos possessórios, não se confundindo com a figura de detentor, a qual, para o direito brasileiro, é quem se encontra em situação de dependência com o possuidor; não há qualquer dependência ou vínculo entre o possuidor e o ente federativo (União, Estados ou Municípios). A vedação constitucional é quanto à aquisição da propriedade, para a qual a posse, independentemente de seu tempo, jamais se legitima.

2.7. Posse Autônoma

Ihering afirmou que em toda parte se reproduz o relacionamento da posse com a propriedade. "A posse é a porta que leva à propriedade"; "Ela é, em consequência, negada onde quer que seja juridicamente excluída a propriedade" (1976, p. 83). A supremacia da propriedade e a redução da posse à função ancilar da propriedade corresponderam ao individualismo jurídico do século XIX. As transformações havidas no século XX na concepção de propriedade, como complexo de direitos e deveres ou funções, desde a Constituição alemã de 1919, retomaram a autonomia da posse, tornando insustentáveis as afirmações de Ihering, que continuam sendo utilizadas até hoje, equivocadamente, como razões de decidir.

Quando o Código Civil, em seu art. 1.196, estabelece que o possuidor é o que tem um dos poderes inerentes à propriedade não fez desta limite para o reconhecimento da posse. A abertura para a posse autônoma, isto é, a que se reconhece sem referência à propriedade, já se faz no art. 1.197, ao admitir a posse do possuidor direto em face do possuidor indireto, inclusive em virtude de obrigações entre eles assumidas, como os contratos de locação ou comodato. A posse do comodatário, do locatário ou do depositário é poder de fato sobre a coisa, mas sem relação ou equivalência com os poderes inerentes à propriedade.

Até mesmo quando o direito de propriedade esteja impedido ou excluído é possível a atribuição da posse, para que esta exerça sua função social. A Constituição brasileira de 1988, por exemplo, instituiu regime próprio para as terras indígenas, que são as tradicionalmente ocupadas pelos índios, estabelecendo (art. 231, § 2º) que "destinam-se a sua posse permanente, cabendo-lhes o usufruto exclusivo das riquezas do solo, dos rios e dos lagos nelas existentes". Essa norma não exige a imemorabilidade, pois constitucionalizou o que a doutrina denomina de "posse indigenata". Partilhando as titularidades, a Constituição atribuiu à União Federal o domínio inalienável dessas terras, e aos índios a posse permanente. Essa posse não leva à propriedade, não se relaciona à propriedade; existe autonomamente, pois o direito de propriedade individual é excluído. A existência de eventual registro imobiliário de terras indígenas, em nome de particulares, é juridicamente irrelevante e ineficaz, pois em conflito com a determinação constitucional, que declara nulos e sem nenhum efeito jurídico atos que tenham por objeto o domínio, a posse ou a ocupação de terras habitadas pelos índios.

A legitimação da posse autônoma tem sido objeto de legislação específica voltada à realização de políticas públicas de acesso à moradia. A Lei n. 11.977/2009, que regulamenta o programa "Minha Casa, Minha Vida", de moradias populares, estabelece a possibilidade de legitimação da posse de moradores de áreas ocupadas de domínio privado ou público, que tenham sido objeto de demarcação urbanística. Estabelece a Lei (art. 58) que, a partir da averbação do auto de demarcação urbanística, "o poder público concederá título de legitimação de posse aos ocupantes cadastrados" e, ainda, que a legitimação de posse devidamente registrada constitui direito em favor do detentor da posse direta para fins de moradia, desde que não seja detentor ou possuidor de outra moradia. A legitimação da posse pode ser objeto de cessão, com anuência do poder público. Essa posse é objeto de legitimação por ato do poder público e do consequente registro público, o qual era apenas assegurado ao direito de propriedade. É um título de posse e não de propriedade. A lei prevê, igualmente, que, após cinco anos do registro da legitimação da posse, o possuidor pode requerer ao oficial de registro de imóveis a conversão desse título em registro de propriedade, tendo em vista sua aquisição por usucapião, nos termos do art. 183 da Constituição Federal, desde que a área do terreno não supere duzentos e cinquenta metros quadrados; a posse se converterá em propriedade por força da usucapião.

Na jurisprudência dos tribunais, anote-se o progressivo reconhecimento da autonomia da posse do promitente comprador, cujo negócio jurídico não foi levado ao registro público, necessário para a eficácia real, e que redundou na Súmula 84 do Superior Tribunal de Justiça: "É admissível a oposição de embargos de terceiro fundados em alegação de posse advinda de compromisso de compra e venda de imóvel, ainda que desprovido de registro". A proteção possessória está inteiramente desvinculada do direito real à aquisição do imóvel, para o qual o registro é indispensável (CC, art. 1.417).

A posse distingue-se da propriedade, como salienta Antonio Hernández Gil (1968, p. 211), por ser uma forma de utilização das coisas ligadas às necessidades comuns de todos os seres humanos e dar-lhe autonomia significa constituir contraponto humano e social à propriedade concentrada e despersonalizada.

A autonomia da posse, que cada vez mais se afirma, tem sido fortalecida pelas investigações iluminadas pelo direito civil constitucional. Os fundamentos da posse precisam ter em conta a promoção dos valores sociais constitucionalmente estabelecidos (Tepedino, 2011a, p. 444) e sua relação com os direitos fundamentais.

2.8. Direito à Posse

A crescente autonomia da posse provoca a invocação, também crescente, do direito à posse, no sentido de acesso e de proteção. O direito à posse não se confunde com direito de posse, pois este expressa a concepção de qualquer posse como direito, ou de situações em que a posse é título de pertencimento de coisa legitimamente reconhecido pela lei. O direito à posse não se confunde, igualmente, com o direito oriundo da posse quando esta ingressou no mundo jurídico, que os antigos denominavam *jus possessionis*.

Aludindo à posse em geral, diz Pontes de Miranda (2012, p. 108) que ter direito à posse não é ter posse; "e a posse nada tem com esse direito, tanto que pode existir e ser protegível contra ele". Têm direito à posse (*jus possidendi*), quando ainda não a tenham, o proprietário, o titular de direito real, o figurante de relação jurídica obrigacional, em que a posse da coisa seja elemento, como o locatário, o depositário e o comodatário. Para o STJ (REsp 1.126.065), no plano processual, a ação de imissão de posse, intentada pelo proprietário, tem natureza petitória e não possessória, porque, no caso concreto, nunca exerceu a posse e deseja alcançá-la; legitimado à ação é o titular de direito real e não o possuidor.

Mas a posse, ainda que concebida como fato ou poder de fato, é a essência de determinados direitos ou é o interesse legítimo mais relevante. Por isso, o legislador alude, frequentemente, a direito à posse. Destacamos alguns exemplos no Código Civil:

1. O usufrutuário "tem direito à posse" (art. 1.394). A essência do direito real de usufruto é a posse da coisa, de modo a que o usufrutuário possa usá-la e fruí-la. Trata-se de posse direta no próprio interesse – do usufrutuário – e não de exteriorização ou aparência de posse de dono. O direito real é-lhe conferido como garantia ou proteção reforçada da posse.

2. O credor pignoratício "tem direito à posse da coisa empenhada" (art. 1.433). O direito real de penhor tem por função a garantia do credor, mediante posse da coisa. É certo que, diferentemente do usufruto, a posse não pode ser ampla, dada sua destinação; mas é espécie de posse direta em interesse próprio, que está como limitação ao direito de propriedade do devedor.

3. No penhor de título de crédito, o credor/possuidor tem o direito de "conservar a posse do título e recuperá-la de quem quer que o detenha" (art. 1.459). Nessa hipótese legal, a posse direta do credor é revestida das mesmas características comumente atribuídas ao direito de propriedade, inclusive a de sequela.

4. Até à partilha, os coerdeiros têm direito à posse da herança (art. 1.791, parágrafo único), considerada indivisível, na qualidade de compossuidores, de acordo com a parte ideal de cada um. A lei assegura-lhes direito à posse, ainda que não exclusiva.

Os exemplos referidos são de direito à posse no sentido de direito ao exercício e à proteção dela, considerando que já se encontra sob a titularidade dos nominados. Alude-se, igualmente, ao direito à posse no sentido de direito a adquiri-la, atribuído aos que ainda não são possuidores, em determinadas circunstâncias que o sistema jurídico tem como relevantes.

O ápice da luta pelo reconhecimento jurídico do direito à aquisição e conservação da posse é o direito à moradia, elevado ao *status* constitucional de direito social fundamental (CF, art. 6º). Direito positivo oponível ao Estado, para que promova políticas públicas que o realizem. Direito negativo de remoção dos obstáculos legais, sociais e legais que o impeçam, inclusive como fundamento da decisão judiciária. Direito limitativo da propriedade, que assume deveres, ao lado dos direitos.

O direito à moradia está especificado na Constituição, no atendimento de determinas situações. No art. 183 é reconhecida a posse de área urbana de até duzentos e cinquenta metros quadrados, utilizada para fins de moradia do possuidor e de sua família, bastando sua continuidade por cinco anos para que sirva como título de aquisição definitiva da propriedade. Igual direito (art. 191) é assegurado ao possuidor de área de terra em zona rural de até cinquenta hectares, que a explore e a tenha como sua moradia.

O direito à posse expandiu-se para alcançar não apenas pessoas individuais, mas também coletividades. Grupo composto de "considerável número de pessoas", que ocuparam imóvel de extensa área e ali construíram suas moradias e realizaram obras e serviços, está legitimado pelo art. 1.228 do Código Civil a opor ao pedido de reivindicação do proprietário o reconhecimento da posse coletiva; essa singular modalidade de aquisição é concluída com o pagamento ao proprietário da indenização fixada pelo juiz, findo o qual a sentença valerá como título para registro do imóvel em nome dos possuidores. A pretensão não é individual, mas sim coletiva, pois coletiva é a posse. São duas situações distintas previstas nessa norma legal: 1. O reconhecimento judicial da posse coletiva, que afasta a pretensão reivindicatória da propriedade, quando se comprovar o tempo de cinco anos e a existência de moradias e obras e serviços de interesse social, realizadas pelos moradores ou pelo poder público; 2. A aquisição forçada da propriedade pelos moradores, individualmente, que pagarem ao proprietário o valor proporcional da indenização fixada pelo juiz, em valor único ou parcelado, ou acordado com o proprietário, para o que a sentença judicial substituirá a escritura pública de compra e venda.

A coletividade possuidora também pode consistir de pessoas indeterminadas, a exemplo da antiga experiência do compáscuo, no qual o imóvel é utilizado pelos rebanhos de várias pessoas, para pastagem comum, sem demarcação de espaço. Estabelece o art. 225 da Constituição que o meio ambiente é bem comum de todos, impondo-se à coletividade o dever de defendê-lo e preservá-lo; o meio ambiente, em si, não é domínio do Estado ou de particular, facultando à coletividade o uso comum, que é a contrapartida dos deveres de preservação e defesa.

2.9. Posse em Confronto com a Propriedade

A posse que não seja a do próprio dono da coisa vive em constante tensão com o direito de propriedade. A posse é protegida desde seu nascedouro até mesmo quando o possuidor esteja de má-fé, ou seja, quando saiba que a coisa é de titularidade de outrem. As únicas posses que nosso direito não protege são as havidas de modo clandestino ou violento, senão depois de cessar a clandestinidade ou a violência (CC, art. 1.208), e, por força da Constituição, a que viole a função social ou o meio ambiente. Nessas hipóteses, há posse, mas o direito a rejeita, em virtude de ser viciada sua causa ou de colisão com os princípios constitucionais. A posse há de ser pública, conhecida, além de não resultar de esbulho pela violência. Tampouco constitui posse a detenção da coisa que derive de atos de permissão ou tolerância do possuidor da coisa, seja ele dono, titular de direito real ou mero possuidor.

Pode parecer estranho que se proteja a posse contra o proprietário da coisa. Assim é porque a inércia deste afronta o princípio da função social da propriedade, pois é do interesse social que seja útil. A utilidade da coisa repercute não só em benefício do proprietário, mas também do conjunto da sociedade, agregando valor e ampliando o uso. Nesse sentido é que a Constituição (art. 182) sanciona com várias consequências negativas o proprietário do solo urbano não edificado, subutilizado ou não utilizado, indo do parcelamento ou edificações compulsórios, ao imposto predial e territorial urbano progressivo no tempo e à desapropriação com pagamento mediante títulos da dívida pública.

O confronto entre a posse e a propriedade atinge seu ponto mais agudo com a usucapião, que resulta na extinção do direito de propriedade anterior no mesmo instante em que a posse insurgente se converte em novo direito de propriedade sobre a mesma coisa. Cada sistema jurídico estabelece os requisitos, notadamente temporais, para a incidência da usucapião. Pode haver variedade de hipóteses de usucapião, para atender a determinadas situações, como ocorre no sistema jurídico brasileiro. A divergência maior radica na natureza da sentença judicial que reconhece a usucapião. Em alguns sistemas jurídicos a sentença é constitutiva; antes dela não se consuma a usucapião. No sistema jurídico brasileiro a sentença produz efeitos meramente declarativos, isto é, declara o que já ocorreu no mundo dos fatos e no mundo do direito, sem nada acrescentar para a aquisição da propriedade pelo possuidor usucapiente. No mundo dos fatos, comprova-se que a posse foi contínua – sem interrupção, nem oposição do proprietário ou de terceiro – e que o termo final do tempo exigido em lei foi alcançado. No mundo do direito, houve a concretização do suporte fático previsto na norma legal (continuidade da posse, mais tempo) com a incidência desta, convolando-se o suporte fático em fato jurídico, cujo efeito relevante é o direito de propriedade que se adquiriu e foi assim declarado na sentença. O art. 1.238 do Código Civil fixa os dois momentos, o primeiro o da aquisição da propriedade, "independentemente de título e boa-fé"; o segundo, o requerimento ao juiz para que assim o "declare por sentença".

A valorização da posse em face da propriedade, como tendência do legislador, também se observa no abandono pelo CC/2002 da oposição da exceção da propriedade (*exceptio proprietatis*). Não mais existe a seguinte regra da legislação anterior (CC/1916, art. 505) que permitia ao titular do direito de propriedade se opor à pretensão do possuidor mediante a exceção de seu título de propriedade, que presumia a posse: "Não se deve, entretanto, julgar a posse em favor daquele a quem evidentemente não pertencer o domínio".

A usucapião produz profundo golpe no direito de propriedade. No confronto com esta, a posse sai vencedora. Os fatos (posse continuada sobre a coisa, sem interrupção ou oposição, mais tempo) são suficientes para extinguir o direito subjetivo simbolicamente mais forte em nosso direito, o de propriedade. Pouco importa a antiguidade do título e sua sucessão por gerações, quando desafiado pela posse que redundou em usucapião.

Admitir que se reconheça contra o proprietário inconteste uma posse que não veio dele mesmo, nem tem outro fundamento legal, implica que essa proteção jurídica é conferida não apenas independentemente da propriedade, mas contra a propriedade. Não há exemplo mais conhecido do que a usucapião constitucional, em que a propriedade legítima (e quiçá atendendo à função social) é sacrificada em favor da posse por terceiros sabidamente não proprietários (Herkenhoff, 2008, p. 319).

2.10. Composse

A posse pode ser exercida por uma pessoa isoladamente, ou por duas ou mais pessoas conjuntamente. A posse conjunta denomina-se composse e seu regime jurídico assemelha-se ao do condomínio. O Código Civil (art. 1.199) exige que a coisa seja indivisa, o que não significa indivisível. A coisa indivisa é assim circunstancialmente, o que não impede que possa ser dividida em tantas posses quantos forem os possuidores. Mas a composse pode ter como objeto coisa indivisível, cuja indivisibilidade seja natural ou imposta pela lei.

Na composse cada um tem o poder fático sobre a coisa, independentemente do outro ou dos outros possuidores, que também o têm (Pontes de Miranda, 2012, v. 10, p. 181). São exemplos: a composse direta dos condôminos do mesmo terreno; a composse direta dos condôminos de edifícios de apartamentos, quanto às partes comuns; a composse de locatários de uma mesma unidade; a composse indireta ou direta dos cônjuges sobre os bens comuns.

Na composse, cada possuidor tem exercício do poder fático sobre a totalidade da coisa, mas desde que não exclua o mesmo poder fático dos demais compossuidores. Cada um é titular de uma parte ideal do poder fático, em igualdade de condições. Diferentemente do condomínio, as partes ideais presumem-se iguais, porque não há ato jurídico que as distinga. Todavia, se a aquisição da posse for derivada, pode o negócio jurídico, em que se funde, definir a quantificação de cada possuidor adquirente, principalmente quando as participações no pagamento tenham sido desiguais. Cada compossuidor pode exercer os atos de defesa da totalidade da posse, inclusive a autodefesa.

O Código Civil não mais regula o compáscuo, ou exploração comunitária de pastagens por diversos possuidores de animais, como fazia o Código Civil de 1916, mas essa prática, que ainda persiste, rege-se pelas normas da composse e do condomínio. O compáscuo foi originalmente uma relação jurídica entre o Estado e os particulares, que dele recebiam autorização para uso gratuito das pastagens. O compáscuo em terrenos baldios e públicos regula-se pela legislação municipal. Atualmente, o compáscuo em terrenos privados tem sido substituído pelos contratos agrários de parceria, mediante os quais os proprietários das terras percebem rendimento em percentual de crias de animais.

2.11. Concepções Legais Brasileiras da Posse

A palavra "posse" é polissêmica, no sistema legal brasileiro. Pode ser empregada no sentido de: a) situação de fato ou poder de fato, que ainda não ingressou no mundo do direito; b) de conjunto de direitos e deveres como efeitos de sua entrada no mundo jurídico.

Do sistema legal brasileiro surgem não apenas uma, mas duas definições essenciais e complementares da posse de coisas:

1. A posse é o exercício de poderes de fato que corresponde ao exercício dos poderes inerentes à propriedade.

2. A posse é legitimação própria do direito de usar e possuir a coisa.

A primeira definição legal é relativa à posse em geral. A posse, enquanto exercício fático de algum dos poderes inerentes à propriedade, permanece no mundo dos fatos; é fato do mundo dos fatos. Todavia, quando é violada ou corre o risco de ser violada, ingressa no mundo do direito, como fato jurídico merecedor da proteção possessória que o ordenamento lhe confere. Também se converte em fato jurídico quando é objeto de negócio jurídico ou em virtude da sucessão hereditária. A posse não pode ir além, como poder fático, do que, como poder jurídico, poderia ir o poder contido na propriedade.

A segunda definição é da posse autônoma, como direito subjetivo próprio, quando a Constituição e a lei dispensam a correlação com a propriedade. A definição legal dada pelo Código Civil limita-se à posse correlacionada à propriedade. Mas não abrange a posse autônoma, que, por ser independente da propriedade, já é fato jurídico, de onde promana o direito subjetivo. Quando a posse é autônoma, como nos exemplos das terras dos índios ou da legitimação da posse registrada decorrente de demarcação urbanística, ela já ingressa no mundo do direito como fato jurídico, por força de lei. Nessas hipóteses é correto dizer-se direito de posse. São exceções à concepção dominante em nosso direito positivo de posse como fato.

Tanto em uma quanto em outra definição não há de se cogitar do elemento intencional (*animus*). Na primeira capta-se a facticidade do exercício de poderes e não de atos de poderes; na segunda, é a lei que confere diretamente a legitimação. Tampouco faz sentido, para elas, o recurso ao comportamento como se dono fosse (*corpus*). O exercício fático parcial de poderes, correspondentes a determinados poderes jurídicos, conduz à posse de outros direitos reais, distintos da propriedade, ou à posse derivada de relações negociais, também distinta. Na posse autônoma, não há correspondência com os poderes de proprietário.

A posse como poder fático, desligada da propriedade, corresponde mais à sua funcionalização como meio de aquisição e utilização das coisas necessárias à vida. A posse se constitui antes ou contra o direito. Ela existe ou não existe, no mundo dos fatos, até mesmo quando se origina de negócio jurídico, como o constituto possessório ou a *traditio brevi manu*, ou da lei, como a posse imediata da herança.

Paradoxalmente, as concepções contemporâneas da propriedade, mercê das restrições e limitações que sofreu, reduzindo seu impacto de poder jurídico e abstrato, fizeram emergir toda a força emancipadora da concepção da posse como poder de fato, como instrumento mais democrático de acesso das pessoas às coisas. A posse, quanto mais distante fica da propriedade, mais protege quem dela se utiliza e mais amplo fica o acesso das pessoas aos suportes materiais para suas existências.

Capítulo III

Efeitos Jurídicos da Posse

Sumário: 3.1. Aquisição da posse. 3.2. Classificação da posse. 3.3. Posse justa e posse injusta. 3.4. Posse direta e posse indireta. 3.5. Posse de boa-fé e de má-fé. 3.6. Efeitos da posse de boa-fé ou de má-fé. 3.7. Proteção possessória. 3.8. Proteção possessória das servidões. 3.9. Perda da posse.

3.1. Aquisição da Posse

A posse se adquire quando se inicia efetivamente o exercício do poder de fato, equivalente a qualquer dos poderes inerentes à propriedade, sobre a coisa. A posse não se adquire se o poder de fato sobre a coisa for de detentor, ou se resultar de mera permissão ou tolerância do possuidor, ou se consistir em situações de violência, clandestinidade ou precariedade, ou de violação da função social ou do meio ambiente.

O Código Civil anterior enumerava as hipóteses de aquisição (apreensão da coisa, exercício do direito, disposição da coisa, ou outros modos de aquisição), mas o CC/2002 (art. 1.204) preferiu um enunciado genérico, considerando o exercício de qualquer dos poderes inerentes à propriedade. Fê-lo bem, pois a enumeração das hipóteses ensejava controvérsias da ocorrência destas e sobre sua abrangência.

Pontes de Miranda (2012, v. 10, p. 220) já criticava a enumeração do Código anterior, pois a posse é conceito natural, de fato rente à vida. Ela surge antes do direito, que é impotente para eliminá-la. A morte também o é, como o nascimento e a maioridade e a avulsão. É elemento de suporte fático, porém não entra, só por si, no mundo jurídico. Algo precisa ocorrer para que o suporte fático entre, mas, nesse momento, já é outro suporte fático que aquele elemento fático a que se chamou posse.

A aquisição da posse se faz em nome próprio, porque se houver relação de dependência entre ele e outra pessoa, em nome da qual ele obtém a posse, ele é apenas detentor. A aquisição pelo detentor não é feita por representante ou procurador, pois aquele não detém os poderes que são da natureza da atuação desses.

É o próprio titular quem adquire a posse, e não, por ele, o detentor. Assim também ocorre com a aquisição da posse por gestor da pessoa jurídica, cuja aquisição é desta diretamente, pois o órgão da pessoa jurídica não é seu representante ou mandatário.

Se a pessoa absolutamente incapaz recebe de alguém uma coisa não se torna proprietária dela, mas adquire a posse. Assim é porque a propriedade é relação de direito, exigente de capacidade jurídica para sua aquisição, enquanto a posse, por ser relação de fato, dispensa tal capacidade ou validade da manifestação de vontade. Não se indaga da validade da manifestação de vontade, mas se a aquisição da posse, como fato, se deu ou não. Assim, o absolutamente incapaz que vai ao supermercado, retira o produto e paga no caixa adquire a posse da coisa. Do mesmo modo, nas vendas automatizadas ou nos negócios jurídicos por meio eletrônico. Com razão e fina reflexão, afirma Pontes de Miranda (2012, v. 10, p. 260) que é erro falar-se de nulidade ou de anulação da posse, pois não há posse nula, nem anulável; posse é poder fático.

A posse pode ser adquirida pelo representante legal (titular do poder familiar, tutor, curador), pelo mandatário ou procurador, com poderes suficientes, ou por terceiro sem mandato, dependente de ratificação (gestor de negócios). Para exercer esse ato, entende-se haver poderes implícitos na hipótese de procuração para a administração em geral. Admite-se, igualmente, que seja feita por mandatário que tiver excedido dos poderes recebidos, em nome do mandante, porém dependente de ratificação deste (CC, art. 665). O representante pode ser o legal, quando age sob essa qualificação: quem adquire a posse é o representado, quando se presume ser tomada no interesse deste; assim, presume-se que o titular do poder familiar, o tutor ou o curador adquire a posse do que comprou com os recursos do filho menor, ou do tutelado ou do curatelado, em nome destes.

Considera-se ineficaz a aquisição da posse pelo detentor, pelo procurador sem poderes suficientes, ou pelo gestor de negócios alheios, em relação àquele em cujo nome foi feita, enquanto este não a ratificar. A lei exige que a ratificação seja expressa, mas admite que possa resultar de ato inequívoco, o que dispensa a forma expressa. Esse ato inequívoco não se confunde com a manifestação tácita ou silente, pois deve ser cognoscível pelos terceiros. A aquisição da posse não pode ser feita contra o interesse ou a vontade expressa ou tácita do representado.

Superadas as limitações da enumeração taxativa dos modos de aquisição da posse, a fórmula aberta adotada pelo CC/2002 contempla outras hipóteses admitidas pela doutrina, que podem ser classificadas, como faz Orlando de Carvalho (2012, p. 291), entre modos de aquisição originária e de aquisição derivada. São modos de aquisição originária da posse: I – a ocupação; II – a acessão; III – a usurpação. A ocupação é uma forma de aquisição da propriedade de coisas móveis sem dono, já porque nunca o tiveram (*res nullius*), já porque foram abandonadas (*res derelictae*), já porque se perderam (*res desperditae*), não podendo sem mais determinar-se a quem pertencem. A acessão também é uma forma de aquisição do direito de propriedade, tanto sobre móveis como sobre imóveis, e que decorre da adjunção, por obra da natureza (aluvião, avulsão) ou por obra do homem, de uma coisa a outra coisa. A usurpação abrange todas as formas de aquisição originária de posse contra a vontade do possuidor. Etimologicamente, aliás, esbulho é *spolium*, esbulhar é espoliar ou usurpar. Os demais são modos de aquisição derivada, em virtude da lei ou de acordos de vontades.

O constituto possessório era expressamente previsto como modo de aquisição da posse. Sua pertinência persiste, ante a fórmula aberta do Código Civil atual. Considera-se constituto possessório (ou cláusula *constituti*, segundo a denominação tradicional), conforme Tito Fulgêncio (2008, p. 60), a modalidade de transferência convencional da posse, por mudança da causa da posse, que se opera mediante dois atos simultâneos: a) transferência da posse de um possuidor antigo para um possuidor novo (venda, por exemplo); b) conservação da posse pelo antigo possuidor em nome do novo adquirente (reserva de usufruto, locação etc.). O possuidor originário transfere para outra pessoa a posse indireta, mas conserva a posse direta. Exemplo é o da doação com cláusula de usufruto: o doador deixa de ser possuidor pleno, mantendo a posse direta e transmitindo a posse indireta ao donatário. De modo geral, a doutrina encontra fundamento para a permanência do constituto possessório no princípio da autonomia privada, não havendo, portanto, impedimento a que seja prevista e inserida a cláusula *constituti* em determinado contrato (Gama, 2011, p. 135). Mas a previsão deve ser expressa no contrato, pois, segundo Gustavo Tepedino (2011b, p. 129), não é possível a sua presunção. A inserção generalizada dessa cláusula em contratos de compra e venda, todavia, decorre da força do hábito e do desconhecimento de suas finalidades, pois nem sempre seus pressupostos se fazem presentes.

Ao se falar de constituto possessório não se está a tratar de transmissão de propriedade, mas sim da posse, ainda que esta àquela se relacione, mediante seu desdobramento: a posse direta fica com o antigo possuidor e a posse indireta vai para o novo proprietário. O constituto possessório tem eficácia ainda que seja considerado inválido o contrato sobre a propriedade. Esta é uma das consequências da teoria da posse adotada pelo direito brasileiro, que dispensa o *animus* e o *corpus*. O constituto possessório revela função prático-operacional, pois o antigo possuidor permanece possuidor e não simples detentor, assegurando-se-lhe a proteção possessória.

Em caso apreciado pelo STJ (REsp 1.158.992) decidiu-se que a aquisição da posse pelo constituto possessório (a escritura de compra e venda o previu, expressamente) não exige apreensão física do bem, de modo que "o adquirente de imóvel que não o ocupa por um mês, após a lavratura da escritura, com cláusula de transmissão expressa da posse, considera-se, ainda assim, possuidor, porquanto o imóvel encontra-se em situação compatível com sua destinação econômica", admitindo-se o cabimento de ação possessória para defesa da posse pelo adquirente.

Situação oposta ao constituto possessório é a aquisição da posse pela *traditio brevi manu* (tradição de mão curta). Nesta, quem tem a posse direta (por exemplo o locatário) adquire a posse indireta, convertendo-se em possuidor pleno. A coisa já se encontra na posse do adquirente, tornando-se desnecessária sua entrega a quem já a possui. No constituto possessório perde-se a posse indireta; na *traditio brevi manu*, adquire-se a posse indireta. Tanto uma quanto outra supõem o acordo de transmissão da posse.

A posse também se adquire em virtude de sucessão hereditária. É modo de aquisição derivada não convencional, ou legal. Por força do sistema de *saisine*, que o direito brasileiro adota, a posse das coisas deixadas pelo *de cujus* transmite-se automaticamente para seus herdeiros, na abertura da sucessão, sem dependência de qualquer manifestação de vontade desses. Os herdeiros e legatários do possuidor adquirem as posses das coisas com os mesmos caracteres que haviam no momento da abertura da sucessão, não se lhes permitindo opção de inaugurar posse sem eles. Assim, se a posse era de má-fé, será de má-fé a posse dos herdeiros. Se a posse era indireta, será indireta e não plena ou direta. Todavia, pondera Pontes de Miranda (2012, v. 10, p. 305) que, se o sucessor universal não hereditário, que adquiriu a posse, não alega a sucessão das posses, a sua boa-fé há de ser levada em conta para se considerar não viciosa a sua posse. Assim, seria falso que, sendo viciosa a posse, o sucessor universal a receberia como tal, ainda que de boa-fé.

Outro modo de aquisição derivada, por força de lei, é a do cônjuge ou do companheiro, sujeitos a regime de comunhão universal ou parcial de bens. No regime de comunhão parcial, que é o legal supletivo no Código Civil, tanto para o casamento quanto para a união estável, todas as coisas adquiridas após o início das respectivas entidades familiares, por qualquer dos parceiros, ingressam obrigatoriamente na comunhão de ambos, exceto as que adquiridas forem por doação ou sucessão hereditária. As coisas adquiridas antes são, igualmente, particulares de cada um. Relativamente aos bens comuns, a posse é *ex lege*.

Também adquire legalmente a posse: I – quem exerce múnus público, como o liquidante, o síndico e o inventariante; II – o administrador de massa falida, pois não representa o devedor insolvente; III – os hospedeiros ou hoteleiros sobre as bagagens, móveis, dinheiro que os seus hóspedes tiverem consigo nas respectivas casas ou estabelecimentos, pelas despesas que aí tiverem feito.

Na aquisição derivada, o sucessor singular, ou seja, o que adquiriu a posse de coisa determinada, tem a faculdade legal de unir sua posse com a de seu antecessor, ou rejeitar a deste. A faculdade é direito potestativo do sucessor singular, cujo exercício fica a seu critério. Daí resulta que o vício da posse do antecessor não se comunica à do sucessor singular. Se o antecessor era possuidor de má-fé, ao sucessor não interessa unir sua posse à dele. Quando se dá a união, há continuação da posse. Se o sucessor singular não rejeitar a posse do antecessor, presume-se continuação da posse. Na continuação, o sucessor continua a posse do sucedido. Em sentido francamente colidente com a prescrição legal, é o enunciado 494 das Jornadas de Direito Civil, do CJF/STJ: "A faculdade conferida ao sucessor singular de somar ou não o tempo da posse de seu antecessor não significa que, ao optar por nova contagem, estará livre do vício objetivo que maculava a posse anterior". Diferentemente, o efeito da norma legal é o apagamento completo da posse anterior, inclusive em relação aos vícios, como direito potestativo do sucessor singular, em seu benefício.

Estabelece a lei que a posse do imóvel faz presumir a posse das coisas móveis que forem nele encontradas, segundo a regra geral de que o acessório segue o principal. Mas essa presunção é relativa (*juris tantum*), uma vez que pode haver prova contrária, no sentido de que esses móveis não sejam pertenças do imóvel, mas coisas autônomas, ficando excluídos da posse.

3.2. Classificação da Posse

A posse, para efeito de proteção ou rejeição da lei, é por esta classificada ou qualificada segundo modalidades ou tipos que se consagraram.

Para qualificar a posse, o que interessa é o momento da aquisição desta. A qualificação ou classificação demarca-se na origem da posse. A alteração posterior que venha a sofrer, em princípio e em relação ao titular, não altera a qualificação da posse. Assim, a posse é justa porque foi adquirida com essa qualificação. Se, por exemplo, o possuidor, depois da aquisição pacífica, tiver agido com violência, não prejudicará a qualidade de posse justa. Mas a lei admite que determinado tipo de posse seja interrompido, dando início (aquisição) a outro tipo de posse: dentre várias situações, a posse injusta, em virtude da aquisição pela violência, extingue-se quando esta cessar, dando origem à posse justa, sem mudança de titular.

As principais classes de posses que o direito brasileiro adota, e às quais atribui determinadas consequências, são:

1. Posse justa e posse injusta.
2. Posse direta e posse indireta.
3. Posse de boa-fé e posse de má-fé.

Também se alude a "posse em nome próprio" e "posse em nome alheio", além de "posse própria" e "posse imprópria", "posse originária" e "posse derivada", "posse legítima" e "posse ilegítima", "posse de direitos" e "posse de coisas".

A classificação entre "posse em nome próprio" e "posse em nome alheio" é incorreta, pois quem detém a coisa em nome de outrem não é possuidor, mas sim mero detentor (servidor ou fâmulo da posse), que é, segundo o art. 1.198 do Código Civil, aquele que, achando-se em relação de dependência para com o verdadeiro titular da posse, conserva-a em nome e no interesse deste. O locatário, por exemplo, não detém a posse em nome do locador, pois é titular de posse distinta da deste. Por esta razão, segundo Pontes de Miranda, posses "em nome próprio ou em nome alheio revelam resíduos de teorias da posse já superadas", que qualificavam o possuidor direto como mero detentor (2012, p. 164).

A posse do proprietário é "posse própria". Igualmente, as posses dos demais titulares, que não são proprietários nem possuidores autônomos, são também posses "próprias". Diz-se que a posse imprópria é a daquele que tem posse subordinada à de outra pessoa, que tem posse própria (Pilati, 2006, p. 95). As posses dos titulares de direitos reais sobre coisas alheias, que implicam atribuição de poder fático sobre estas, tais como as do usufrutuário, do credor pignoratício, do usuário, são igualmente "próprias", para satisfação de interesses próprios e opostos aos do proprietário. O mesmo ocorre com as posses "próprias" do locatário, do comodatário, do adquirente de coisas duráveis submetidas ao regime de alienação fiduciária em garantia. Teixeira de Freitas (1984, v. 2, p. 541) utilizava a distinção entre posse legítima, vinculada a direito real, e posse ilegítima, nos demais casos – que não prosperou na doutrina.

Não há posse de direitos, pessoais ou reais, mas somente de coisas. Por consequência, não há posse de direitos intelectuais. Esses direitos resultam da tutela jurídica às criações pessoais. São os direitos autorais e os chamados direitos de propriedade industrial. Sua natureza é genuinamente pessoal, pois não são protegidos os suportes materiais nos quais se revelam (o livro, a pintura, a planta arquitetônica, a gravação da imagem), mas sim a criação intelectual. Os direitos autorais se desdobram em direitos morais, sem dimensão econômica, e os direitos patrimoniais, mas até mesmo estes não se coisificam, não são apreensíveis faticamente, não admitem poder fático sobre eles, pois têm natureza de relações pessoais de efeito econômico. A tutela da posse é estranha a esses direitos.

A posse pode ser contínua ou não. Todavia, para receber a tutela legal, a posse deve ser contínua. O possuidor deve exercitar os poderes fáticos sobre a coisa, sem intervalo anormal, como faria um titular do direito correspondente. Como dizem Weill, Terré e Simler (1985, p. 160), a descontinuidade é um vício temporário, sem dúvida, mas absoluto, que pode ser invocado, contra o pretendido possuidor, por toda pessoa interessada em contestar essa qualidade.

3.3. Posse Justa e Posse Injusta

Considera-se justa a posse pública, pacífica, não precária e que observa sua função social e os deveres com o meio ambiente. Injusta é a posse que não corresponder a qualquer desses predicados. A posse injusta não recebe a proteção legal, em nenhuma medida, o que a torna inexistente para o direito, enquanto permanecer contaminada por um desses vícios.

A posse injusta não se confunde com a posse de má-fé, pois esta diz respeito apenas ao conhecimento da existência da posse ou propriedade de outra pessoa sobre a mesma coisa. A posse de má-fé pode ser justa.

Não há posse justa decorrente dos atos de mera permissão e tolerância. A pretensão à posse, nessas circunstâncias, caracteriza comportamento contraditório (*venire contra factum proprium*), que levaria à má-fé, mas o direito abstraiu a boa ou má-fé, para impedir a própria existência jurídica da posse. A razão é que posse é poder de fato originário ou derivado sobre a coisa. Nem a permissão ao uso da coisa nem a tolerância do uso temporário da coisa configuram poder fático originário ou derivado. Ambas não são atos translativos de posse. Os fatos da vida em relação estão cheios de permissão para uso temporário de coisa para fins específicos, ou de tolerância com o uso temporário que pessoas fizeram da coisa, segundo a convicção social de que tais situações jamais fundariam pretensões possessórias.

A clandestinidade, a violência e a precariedade são vícios que impedem o reconhecimento da posse pelo direito. Também impede o reconhecimento da posse a violação dos deveres de função social (CF, art. 5º, XXIII) e de defesa e preservação do meio ambiente (CF, art. 225). Como adverte Pontes de Miranda (2012, v. 10, p. 197), o vício é relativo a alguém, e não algo orgânico à posse, por sua causa. O ladrão roubado pode exercer a pretensão à tutela da posse contra o segundo ladrão. O ladrão somente não a pode ter contra aquele a quem roubou, portanto se a sua posse é viciosa em relação ao réu. A posse só é viciosa em relação a alguém; donde dizer que só relativamente é viciosa.

Violência

A violência é a tomada da coisa pela força física ou pela intimidação irresistível (ameaça de força), que impedem o possuidor de exercer pacificamente a posse. A violência pode advir de conduta positiva, com uso da força física sua ou mediante terceiro sob ordens do ofensor, ou de intimidações ao possuidor ou a seus familiares, ou de conduta negativa, neste caso quando o ofensor impede que o possuidor exerça pacificamente a posse. A violência coloca o possuidor em situações de supressão da vontade consciente ou de absoluto automatismo, retirando-lhe qualquer liberdade de escolha. Por isso denomina-se *vis absoluta*. Equipara-se à violência física a absoluta determinação psicológica ou parapsicológica, com total comando da vontade de outrem (exemplos: hipnose, inconsciência quimicamente controlada). A violência pode ser cometida pelo próprio esbulhador ou por agente seu, pouco importando que apenas a tenha aprovado posteriormente.

A violência, também denominada coação absoluta, não se confunde com o que o direito civil qualifica simplesmente como "coação", pois esta se situa no campo moral, levando à invalidade dos negócios jurídicos. A coação é a ameaça à pessoa ou à família da outra parte capaz de incutir medo de dano pessoal ou material, se não realizar o negócio jurídico pretendido pelo coator. É o receio do mal que leva o coagido ou coato, ilicitamente ameaçado, à manifestação ou declaração negocial. A manifestação de vontade negocial do coagido, apesar de viciada, é consciente. Na violência ou coação absoluta inexiste qualquer vontade consciente do paciente, que age como puro autômato ou instrumento.

Para Tito Fulgêncio (2008, p. 30) é indiferente que a violência tenha sido praticada sobre a própria pessoa do possuidor espoliado, ou sobre aqueles que exerciam a posse em nome dele; que o espoliado seja ou não senhor da coisa; que o espoliador pratique a violência por si mesmo ou por intermédio de outros; que a fizessem por sua ordem e em seu nome.

Ninguém pode obstar ou impedir que o possuidor exerça a posse, em virtude de sua oponibilidade contra todos. Os atos violentos não induzem posse, nem autorizam sua aquisição, pouco importando o tempo que perdure o exercício dessa ocupação ilícita. Ao ofensor não é assegurado qualquer proteção possessória. A tutela possessória pode ser exercida em qualquer tempo pelo possuidor ofendido.

Todavia, a violência não é uma característica permanente, pois não marca de modo indelével a situação possessória. Se a violência cessar, provando-se que deixou de existir, nasce nova posse em favor do antigo ofensor violento, como se depreende do art. 1.208 do Código Civil. A novo possuidor passa a contar com a tutela possessória, se o possuidor que foi impedido de exercer a posse pela violência não adotar os meios de defesa contra o esbulho, notadamente a reintegração da posse. Para Orlando de Carvalho (2012, p. 283) a determinação do momento em que a violência cessa é uma questão de fato, a averiguar de acordo com as circunstâncias. Urge que se frise apenas que ela finda quando cessa o efeito exercido sobre a vontade da vítima e que não coincide necessariamente com o processo intimidatório de origem. Assim, ainda que a coação física seja, em regra, instantânea, pode prolongar-se através de ameaças mais ou menos insistentes.

Clandestinidade

Clandestinidade é a tentativa de aquisição da posse, feita às escondidas. A posse é um poder de fato sobre a coisa que se revela publicamente, pois seu exercício, de acordo com o art. 1.196 do Código Civil, deve ser feito à semelhança dos poderes jurídicos inerentes à propriedade. A posse e a propriedade hão de ser ostensivas e não veladas. Há vício de clandestinidade quando a posse não se manifesta por atos aparentes. A clandestinidade consiste no ter-se ofendido a posse, sem que o saiba o possuidor; nem é preciso que haja a intenção de esconder, pois basta o fato de esconder (Pontes de Miranda, 2012, v. 10, 194). Assim, não há posse na tomada oculta de coisa, ainda que a detenção perdure por muito tempo. O possuidor deve adquirir e manter a posse comportando-se como naturalmente faria quem não tivesse qualquer intenção de ocultar a coisa.

Posse ostensiva ou pública é a que se apresenta de modo a poder ser conhecida pelos interessados, sendo esse requisito indispensável para que possa ser licitamente adquirida, em nosso direito. A publicidade da posse não é formal e verifica-se pelos padrões da cognoscibilidade (poder ser conhecida), não pelo efetivo conhecimento dela. Constata-se quando os interessados, medianamente diligentes, podem conhecer a posse, por sua evidência, sem qualquer iniciativa deles para tal fim. A cognoscibilidade é relativa, pois apenas exigível aos interessados, e não de todas as pessoas onde a posse se localiza. Não é por isso necessário um consenso público: basta que o interessado venha a saber, por qualquer meio, que o sujeito possui a coisa, para que não possa opor-lhe o vício da clandestinidade.

As hipóteses mais comuns são relativas a coisas móveis. Os imóveis dificilmente se prestam a uma posse clandestina. Weill, Terré e Simler (1985, p. 161) dão, como exemplos, um vizinho que cava um subterrâneo sob o terreno do outro vizinho. Os móveis, ao contrário, prestam-se mais facilmente à ocultação. Mesmo assim há diferenças: não se oculta com igual facilidade um automóvel ou um livro. Porém, ainda quando a natureza do objeto facilite a sonegação ou dificulte o conhecimento da sua posse, nem por isso esta deixará de ser pública se for exercida com a exteriorização correspondente à normal utilização da coisa (Orlando de Carvalho, 2012, p. 286). Quem possui um livro não precisa, para que haja publicidade, de transformar sua biblioteca numa biblioteca pública. Basta que, na utilização do livro, se comporte, não de um modo especial, mas de acordo com os usuais critérios sociais, exibindo-o nas oportunidades próprias.

O que importa, para a clandestinidade na posse, é o momento da aquisição. O vício que contamina a posse é o inicial. Se a aquisição da posse foi pública ou ostensiva, a ocultação posterior da coisa não compromete a posse. O vício originário compromete a posse, suprimindo sua existência jurídica.

Pode acontecer que uma posse, adquirida clandestinamente, passe a ser exercida de forma pública; só que nesse caso há alteração da característica, pois cessou a clandestinidade. Nova aquisição ocorre, com a característica de posse justa, a partir do momento que cessa a clandestinidade, pois o novo possuidor expõe-se às pretensões de tutela possessória exercidas pelo possuidor originário. A clandestinidade cessa porque a posse passa a exercer-se publicamente, na medida em que o atual possuidor a leva, de qualquer modo, ao conhecimento dos interessados ou ela se torna a estes cognoscível.

Precariedade

A doutrina, no geral, tem como precária a posse que se origina do abuso de confiança. Teixeira de Freitas utilizou em seu *Esboço* a expressão abuso de confiança, no lugar de precariedade. O fundamento da rejeição da precariedade como modo de aquisição da posse radica no princípio da boa-fé. Há precariedade na posse, por exemplo, de quem recebe uma coisa, por um título que o obriga a restituição, em prazo certo ou incerto, como por empréstimo e aluguel, e recusa-se injustamente a restituí-la.

Considera-se, igualmente, precária a posse quando aquele que detém a coisa, em situação de dependência com o possuidor, no interesse e em cumprimento de instruções deste, se apropria dela, com o intuito de tê-la para si. Tal ocorre com o procurador do possuidor, que, abusando da confiança, fica com a coisa do mandante, em vez de dar-lhe o destino segundo os poderes e instruções recebidos.

3.4. Posse Direta e Posse Indireta

A posse direta é o exercício real e temporário do poder de fato sobre a coisa, em virtude de relação jurídica pessoal ou real contraída com o possuidor indireto. A posse indireta é a do titular da posse ou propriedade da coisa que está sob exercício do possuidor direto. Exemplos recorrentes são o do locatário (possuidor direto), cuja posse foi obtida em razão de contrato – direito pessoal – com o locador (possuidor indireto) e o do usufrutuário (possuidor direto), cuja posse resulta de relação jurídica real com o nu-proprietário (possuidor indireto). Fruto de longa evolução, essa classificação da posse é uma dais mais importantes no direito brasileiro. Permite distinguir claramente o possuidor direto (possuidor autêntico) do detentor (que não é possuidor). Alguns autores, seguindo a terminologia do § 868 do Código Civil alemão, a exemplo de Pontes de Miranda e Tito Fulgêncio, preferem as denominações posse imediata, no lugar da direta, e posse mediata, no lugar da indireta, com os mesmos significados. Os termos posse direta e posse indireta foram introduzidos pelo Código Civil de 1916 (art. 486) e mantidos no CC/2002 (art. 1.197).

A posse direta não é exercida em nome do possuidor indireto, mas no interesse próprio do titular daquela. A posse direta é a exercida diretamente pelo que não é dono da coisa, e não posse em nome de alguém. A posse direta e a posse indireta são distintas, com finalidades que não se confundem. O possuidor direto pode defender sua posse contra o respectivo possuidor indireto, quando os interesses de ambos se conflitam. Assim, por exemplo, o usufrutuário defende a posse direta da coisa contra qualquer pretensão de usá-la pelo nu-proprietário. O possuidor indireto pode não ser dono; são exemplos o locador (possuidor indireto), quando não é o proprietário da coisa, e o gestor de negócios alheios. Até mesmo o ladrão pode ser possuidor indireto, quando, por exemplo, deixa em depósito a coisa roubada, ou furtada, podendo exercer contra o depositário (possuidor direto) a pretensão à entrega da coisa.

A classificação tem ressaltada sua importância quando as posses direta e indireta são distintas, com titulares diferentes. Todavia, na maioria das vezes, ambas as posses estão reunidas sob um mesmo titular. Tal se dá com o titular da propriedade da coisa que exerce diretamente a posse.

O direito brasileiro, máxime em razão do art. 1.197 do Código Civil, considera como posse direta a que resulta de relação jurídica pessoal ou real. Assim, não é posse direta, mas sim posse plena, a que resulta de esbulho da coisa, em confronto com a posse do titular da propriedade ou do possuidor anterior, sendo que esta pode desaparecer se a primeira for exercida contínua e pacificamente durante o tempo que a lei estabeleça para fins de aquisição da propriedade pela usucapião.

São possuidores diretos, entre outros: o usufrutuário, o usuário, o habitador, o locatário, o sublocatário, o comodatário, o inventariante, o procurador (que receber poderes para administrar ou transferir coisas), o titular da autoridade parental, o tutor, o curador, o transportador, o armazenador, o depositário, o devedor fiduciante na alienação fiduciária em garantia. O órgão da pessoa jurídica não é possuidor, mas sim a própria pessoa jurídica que integra.

A posse direta, em regra, é temporária, pois se extingue ao fim do tempo que a determina. As relações negociais, donde derivam posses diretas (exemplo, a do locatário) não podem ser perpétuas. O mesmo ocorre com as posses diretas oriundas de direitos reais: o uso, a habitação, o penhor, a anticrese, o direito de promitente comprador, a propriedade fiduciária são temporários. Todavia, pode haver usufruto vitalício; ainda, nessa hipótese, a posse extingue-se com a morte do usufrutuário. Enquanto isso, a posse indireta oriunda de direito de propriedade é perpétua, pois se transfere aos herdeiros do titular.

Estabelece o art. 23 da Lei n. 9.514/97, que institui a alienação fiduciária da coisa imóvel, que, com a constituição da propriedade fiduciária, "dá-se o desdobramento da posse, tornando-se o fiduciante possuidor direto e fiduciário possuidor indireto da coisa imóvel". Por seu turno, a alienação fiduciária é o negócio jurídico pelo qual o devedor, ou fiduciante, com objetivo de garantia, contrata a transferência ao credor, ou fiduciário, da propriedade resolúvel da coisa. Tendo em vista o Decreto-Lei n. 911/69, que instituiu a alienação fiduciária em garantia da coisa móvel, José Paulo Cavalcanti (1990, p. 3) acusa de "falsa posse indireta" a alienação fiduciária em garantia, que nada mais seria do que um penhor, nela não existindo alienação alguma porque nem antes nem depois do vencimento da dívida o credor pode adquirir a propriedade da coisa dada em garantia.

Há certo ceticismo doutrinário em torno da posse indireta, considerada ficção, pois o verdadeiro possuidor seria o possuidor direto. Afirma-se que, enquanto o possuidor direto tem ação possessória contra o possuidor indireto, o inverso não se verifica, razão por que o chamado possuidor indireto não seria possuidor, mas mero substituto do possuidor direto, podendo apenas servir-se da proteção possessória contra terceiros (Cavalcanti, 1990, p. 47). Argumenta, porém, Orlando Gomes (2004, p. 59) que, não obstante contestada, a posse do chamado possuidor indireto é evidente, as necessidades do comércio jurídico justificam-na e inúmeras situações reclamam a extensão da proteção possessória para maior garantia de interesses legítimos, além de que o proprietário que concede a posse a outrem conserva o direito de exercer as faculdades inerentes ao domínio. Para Pontes de Miranda (2012, v. 10, p. 163), posse indireta é a que se tem por sobre outra, que serve de mediadora para o poder fático; por essa razão, o possuidor indireto está em plano superior; é a sua posição, aí, que o faz superior, não a existência do possuidor direto.

Conforme estabelece o § 869 do Código Civil alemão, em regra aplicável ao direito brasileiro, se contra o possuidor direto se comete uma privação ilícita, correspondem ao possuidor indireto também as pretensões de tutela possessória, inclusive a reintegração da posse.

Pode haver graus de posses indiretas, uma acima de outra. Tal ocorre quando o possuidor direto converte-se em possuidor indireto, sem prejuízo do direito do anterior possuidor indireto. Não há impedimento para que a mesma pessoa seja possuidora direta e possuidora indireta. Exemplo: o usufrutuário (possuidor direto) converte-se em possuidor indireto, em grau inferior ao nu-proprietário, quando aluga a coisa a terceiro. Tem-se, então, o nu-proprietário como possuidor indireto de primeiro grau, o usufrutuário como possuidor indireto de segundo grau e o locatário como possuidor direto. Mas a gradação pode continuar: no exemplo citado, se o locatário sublocar a coisa passa a ser possuidor indireto em terceiro grau e o sublocatário o possuidor direto. Como se vê, pode haver vários graus de possuidores indiretos. Mas, posse direta só há uma.

3.5. Posse de Boa-Fé e de Má-Fé

A posse é de boa-fé quando o possuidor ignora a existência de obstáculo legal à aquisição da coisa, notadamente de titular de posse justa. Qualifica-se como boa-fé subjetiva, porque radica na crença verdadeira de que a coisa é sua ou que não há qualquer impedimento para adquiri-la. Diz-se, igualmente, boa-fé de crença ou de ignorância, segundo as perspectivas positiva ou negativa. É um conceito puramente psicológico que reside na ignorância de que se lesam direitos alheios, ou na íntima convicção de que se age em conformidade com o direito. Exemplo recorrente é de pessoa que adquire terreno, cuja localização foi-lhe indicada pelo vendedor ou corretor, mas que constrói, por engano, em parte ou na totalidade do terreno vizinho, crendo ser o seu.

Desse conceito de boa-fé subjetiva resulta, como seu reverso, o de má-fé subjetiva. Incorre em má-fé o possuidor que não ignora o obstáculo que o impede de adquirir a coisa. Na dúvida, a boa-fé da posse prevalece, porque é o padrão geral de conduta. Enquanto a prova da boa-fé da posse, ou sua presunção, é ônus de quem a invoca, a má-fé há de ser provada pelo que reage a tal posse. A distinção entre boa ou má-fé é relevante em razão dos efeitos ou consequências que a lei atribui a cada uma. Todavia, a posse de má-fé, ainda que restringida em seus efeitos, goza da proteção possessória, razão por que não pode ser considerada ilícita.

A posse de boa-fé difere da boa-fé objetiva, a qual está fundada no comportamento objetivo que se espera dos agentes, como se dá com os figurantes do contrato. É, portanto, inteiramente distinta, em suas finalidades, da boa-fé subjetiva, mais apropriada ao direito das coisas. O conceito de boa-fé na posse não considera nenhum padrão ético-jurídico, mas sim o estado de fato psicológico; se fosse considerado, bastaria que o possuidor se comportasse honestamente, inspirando confiança e lealdade, o que apagaria a distinção entre boa-fé subjetiva e boa-fé objetiva.

Há presunção legal de posse de boa-fé (CC, art. 1.201) quando o possuidor da coisa é portador do chamado justo título. Essa presunção é relativa (*juris tantum*), pois admite prova em contrário e não é admissível quando a lei expressamente vedá-la. Exemplo de vedação legal é o suposto título incidente sobre terras públicas. Para os fins da posse de boa-fé, o justo título não se restringe ao título de propriedade, mas diz respeito à prova da aquisição da posse justa (não violenta, não clandestina, não precária, nem oriunda de permissão ou tolerância). Como diz Pontes de Miranda (2012, v. 10, p. 201) no puro mundo fático, que é o da posse, não há escrituras, inscrições, transcrições, averbações, registros públicos, pois estes são fatos do mundo jurídico; "a publicidade jurídica não desce ao rés do chão das relações fáticas". Para a configuração da boa-fé da posse não é preciso que exista justo título. Basta a crença na existência dele. O que ignora que adquiriu violentamente, ou clandestinamente, ou precariamente, crê que adquiriu sem vício.

Para Tito Fulgêncio, (2008, p. 33), "título" é palavra que se emprega na lei para designar a causa eficiente, o princípio gerador do direito, como o título de herdeiro, ou qualidade de herdeiro. Enquanto "justo" é a qualidade de que deve estar revestido o ato gerador da posse, e essa qualidade é precisamente a habilidade para levar a esse resultado, a aptidão em tese para conferir ou transmitir a posse (p. 34). Mas essa é uma presunção legal *juris tantum*, pois o parágrafo único do art. 1.201 do CC/2002 admite a prova em contrário. É mais restritivo o direito francês, cujo Código Civil (art. 550) qualifica como título o que seja translativo da propriedade, mas, igualmente, cessa a boa-fé desde o momento quando o possuidor conhecer o vício ou vícios. Weill, Terré e Simler (1985, p. 166) aludem a título putativo, que resulta da mesma ideia que o título em virtude do qual a coisa possuída pode não existir, fora da imaginação do possuidor; tal será o caso do possuidor que se crê erradamente herdeiro ou legatário.

Tampouco não se confunde a posse de má-fé com posse injusta, nem a posse justa com a posse de boa-fé. A posse justa é *ex justa causa*, o que se passa no mundo fático, objetivamente; a posse de boa-fé é a *de quem se crê* possuidor *ex justa causa*, ainda que não o seja, o que ocorre no mundo fático, mas subjetivamente. A posse injusta é *ex injusta causa*; a de má-fé é a de quem se crê possuidor *ex injusta causa*. A subjetividade da boa ou da má-fé tem consequências que a objetividade da posse justa ou injusta não tem (Pontes de Miranda, 2012, v. 10, p. 192).

O erro de direito não pode ser utilizado para caracterização da posse de boa-fé, pois a Lei de Introdução às Normas do Direito Brasileiro (art. 3º) estabelece que ninguém se escusa de cumprir a lei, alegando que não a conhece. Essa norma é geral e apenas pode ser excepcionada por outra norma legal expressa. A doutrina anterior o admitia, como se lê em Coelho da Rocha (1984, v. 2, § 438). O que se ignora é o obstáculo à aquisição da coisa ou o vício, como acrescenta o art. 1.201 do Código Civil, mas não a lei.

É irrelevante para a posse de boa-fé que o possuidor conheça ou ignore o registro público, pois a presunção de publicidade deste não alcança a relação fática da posse e é a esta que se remete o justo título referido na lei. Em se tratando de posse, não há dever de conhecimento da situação jurídica da coisa, ou do modo como foi adquirida a propriedade (registro público, tradição, sucessão hereditária). É matéria de fato conhecê-los ou não. O título pode existir sem que a boa-fé exista, quando o possuidor crê no título incorreto e não no que se relaciona à coisa. A boa-fé, portanto, diz respeito à crença de inexistência de obstáculos à aquisição fática dela, ou na aparência da legitimidade dessa aquisição. Nesse sentido, é antiga a orientação do STF (1947): não é preciso que o adquirente haja indagado da inexistência dos defeitos: não lhe compete isso para que se caracterize a boa-fé; ao contrário, antes do CC/1916, pela orientação ética, a boa-fé consistia em ter o adquirente a certeza de que sem vício de título se tornava proprietário.

A boa-fé desaparece e a posse passa a ser de má-fé a partir do momento em que as circunstâncias façam presumir que o possuidor não ignora que possui indevidamente, di-lo a lei. Desde o momento em que toma conhecimento do litígio, cessa a boa-fé. Mas não há necessidade de ação ajuizada pelo possuidor anterior para que se firme o momento dessa transformação, pois o Código Civil não o exige. O possuidor anterior pode provar, por todos os meios permitidos, que o novo possuidor tomou conhecimento do fato obstativo em determinado momento, anterior ao ajuizamento da ação. A prova do conhecimento cabe ao interessado na configuração da má-fé. A boa-fé da posse pode desaparecer antes, ou após citação judicial, pois o início da demanda, a citação inicial ou mesmo a *litiscontestatio* não são tidos, no nosso direito, como o marco divisor da boa-fé ou má-fé possessória. Contudo, provada a boa-fé, se tem como contínua, até que se prove que cessou.

A data da citação tem sido apontada pela doutrina como critério definidor, do termo inicial da má-fé. Essa é a opinião dominante, sustentada inclusive por Pontes de Miranda. Todavia, conforme advertiu Laffayete Rodrigues Pereira, em lição que continua atual (1943, p. 200): "É falsa a opinião dos que pensam que a citação induz sempre o possuidor em má-fé. Bem pode o possuidor, sem embargo dos fundamentos da citação, continuar, por julgá-los improcedentes, na crença de que a coisa lhe pertence". Com essa ressalva, tem-se a data da citação como critério objetivo da cessação da boa-fé do possuidor, salvo se o interessado provar que em outro momento se deu, ante a adoção pelo Código Civil (art. 1.201) da presunção pelas circunstâncias.

Para o STJ, sendo de boa-fé a posse de terceiro que adquiriu o veículo e ignorava o obstáculo que impedia sua aquisição, cabe ao prejudicado a pretensão de ressarcimento dos danos causados pelo inadimplemento da obrigação junto ao outro contraente (que vendeu o veículo ao terceiro), não contra terceiro de boa-fé (REsp 149.760). Mas, entendendo-se que a posse de boa-fé deixa de existir quando as circunstâncias façam presumir que o possuidor não ignorava que possuía indevidamente, é devido apenas o direito à indenização pelas benfeitorias necessárias (REsp 807.970).

3.6. Efeitos da Posse de Boa-Fé ou de Má-Fé

A importância da qualificação da posse como de boa-fé ou de má-fé desponta em relação a seus efeitos, pois são distintas as consequências jurídicas atribuídas aos frutos naturais e civis derivados da coisa possuída, às benfeitorias realizadas, ou à deterioração ou perda da coisa.

Frutos são os bens produzidos pela coisa objeto da posse ou resultantes de sua utilização, sem redução proporcional dela. São proveitos econômicos que derivam da coisa. Os frutos não alteram a integridade do bem principal, nem seu valor ou utilidade. Os frutos hão de ter valor econômico e não necessitam de ser periódicos. Os frutos pendentes ainda são partes integrantes da coisa (neste sentido, são acessórios), enquanto os colhidos ou percebidos convertem-se em coisas autônomas.

Os frutos são de três espécies: naturais, civis e industriais. São naturais os frutos produzidos pelo bem principal sem participação externa; as frutas, as flores, a borracha natural, os ovos são exemplos. A carne do boi não é fruto, pois resultou da extinção do bem. São civis os proveitos econômicos da utilização de um bem, como os aluguéis da coisa alugada. Os frutos civis, diferentemente dos frutos naturais, adquirem-se dia a dia.

Os frutos incluem-se explicitamente nos efeitos da posse (CC, arts. 1.214 a 1.216). O possuidor de boa-fé tem direito, enquanto a boa-fé durar, aos frutos de qualquer espécie que ele percebeu (por exemplo, a colheita, os aluguéis). Quando cessar a boa-fé deve restituir os frutos pendentes, descontadas as despesas que teve de produção e custeio, e bem assim os que colheu com antecipação. Já o possuidor de má-fé é obrigado a devolver todos os frutos colhidos, percebidos e pelos que, por culpa sua, deixou de perceber, desde o momento em que se constituiu de má-fé, mas tem direito às despesas de custeio e produção, para que não haja enriquecimento sem causa do possuidor originário.

Como regra geral, portanto, há o dever do possuidor de boa-fé ou de má-fé à entrega dos frutos naturais ou civis, salvo os consumidos. Incluem-se no dever de entrega os frutos que não foram percebidos por culpa do possuidor, cuja prestação passa a ser de seu valor. Os frutos naturais existentes na data da cessação da boa-fé, de qualquer espécie, e os frutos civis não percebidos devem ser restituídos. Se o possuidor de má-fé consumiu os frutos, deve restituir o valor correspondente, além de prestar as perdas e danos resultantes de ter consumido coisa alheia.

O possuidor de má-fé responde pelos frutos percebidos, porque o dono deles é o proprietário, ou o possuidor que vende. O possuidor de boa-fé responde por eles, mas obrigacionalmente: os frutos caem sob sua propriedade, mas a lei o obriga a restituí-los. Antes da citação, a posição do possuidor de boa-fé é melhor: os frutos são seus, como depois; sem que nada tenha a responder (Pontes de Miranda, 2012, v. 10, p. 206). Em relação aos frutos colhidos por antecipação, para Gustavo Tepedino (2011b, p. 173) entrevê-se certa desconfiança, por parte do legislador, a respeito da boa-fé do possuidor. Além disso, mesmo agindo de boa-fé, se o possuidor não se tivesse antecipado, os frutos ainda estariam unidos à coisa no momento em que cessa a boa-fé, devendo ser restituídos.

Quando a boa-fé cessa, o possuidor responde do mesmo modo que o possuidor de má-fé. Não pode mais adquirir para si e consumir os frutos. Deve, em contrapartida, restituí-los, ou pagar o valor dos que tenha deixado de perceber por culpa sua e dos que consumiu a partir da cessação da boa-fé. Segundo o entendimento doutrinário de ser o marco final da boa-fé a citação, somente tem o dever de entregar os percebidos após a data desta, ou o valor correspondente. Não tem o dever de entregar frutos separados e não consumidos até a data da citação.

As benfeitorias são melhoramentos ou beneficiamentos que agregam valor ou utilidade à coisa objeto de posse. Quando o próprio titular da propriedade as realiza na coisa que permanece em sua posse não há interesse para o direito civil. Quando possuidor autônomo de boa-fé ou má-fé as realiza, o direito é reclamado para definir as consequências. As benfeitorias são feitas ou pela necessidade delas, ou pela sua utilidade ou para maior deleite. Em qualquer hipótese há ganho para a coisa. São classificadas, portanto, em necessárias, úteis e voluptuárias.

As benfeitorias necessárias são as indispensáveis ao bem, que pode ficar comprometido em sua segurança ou ser depreciado se não forem feitas. Têm por finalidade a conservação, a manutenção, a segurança e a integridade do bem. São assim: a reposição de peças para o regular funcionamento do automóvel; a reconstrução de uma parede danificada; a construção dos meios de saneamento, determinada pela autoridade pública.

As benfeitorias úteis ampliam as possibilidades de uso, utilidade e conforto para os que utilizam o bem. Não são necessárias, mas agregam valor econômico ao bem. São assim: a garagem em uma casa, para guarda do carro de quem a usa; a ampliação do sistema de iluminação; o sistema de alarme no automóvel. Às vezes, de acordo com as circunstâncias, as benfeitorias úteis podem ser consideradas necessárias. Em locais de elevado risco de roubo, os sistemas de alarme em uma casa ou no automóvel podem ser considerados benfeitorias necessárias.

As benfeitorias voluptuárias são as que têm finalidades estéticas. Não são necessárias nem úteis, mas agregam valor, pois é da natureza humana a apreciação da beleza e do que é agradável à contemplação. São assim: a escultura no ambiente social da habitação; o jardim; a ornamentação em geral; a pintura de artista plástico conhecido.

São distintos os efeitos da posse, em relação às espécies de benfeitorias e à existência de boa-fé. O possuidor de boa-fé, que deva entregar ou restituir o bem, tem direito à indenização pelas benfeitorias necessárias e úteis e direito a retirar e levar consigo as benfeitorias voluptuárias, neste caso se for possível; se não for possível retirar as voluptuárias (por correrem riscos de destruição) também será por elas indenizado. Enquanto não for indenizado pelas benfeitorias tem direito de retenção da coisa principal. Contudo, o direito de retenção do possuidor não é absoluto, podendo ser limitado pelos princípios de vedação do enriquecimento sem causa e da boa-fé objetiva, entendimento esse que tem prevalecido nos tribunais brasileiros. O exercício da retenção pode, também, incorrer em abuso do direito (CC, art. 187), principalmente quando exceder os limites da boa-fé. Nesse sentido, decidiu o STJ que o possuidor tem direito de detenção sobre a coisa até a satisfação de seu crédito, contudo, não pode se utilizar dela, nem perceber seus frutos, configurando tal conduta abuso e dando direito à indenização (REsp 613.387).

O possuidor de má-fé não tem direito a retenção da coisa principal, nem de levantar as benfeitorias voluptuárias; apenas tem direito à indenização das benfeitorias necessárias, mas fora da coisa que possuía. Nenhum direito tem à indenização pelas benfeitorias úteis, ainda que beneficiem o reivindicante. Segundo Pontes de Miranda (2012, v. 10, p. 471), o direito do possuidor de má-fé à indenização das benfeitorias necessárias, tais como existem, objetivamente, no momento, não decorre da vedação ao enriquecimento sem causa, pois a benfeitoria necessária pode existir e não constituir enriquecimento.

Estabelece o Código Civil (art. 1.221) que as benfeitorias compensam-se com os danos. Essa regra aplica-se tanto para o possuidor de má-fé quanto para o possuidor de boa-fé. Ao valor devido e apurado como indenização pelas benfeitorias, deduz-se o valor dos danos que o possuidor eventualmente causou na coisa. Se o valor dos danos for superior ao valor das benfeitorias, deve indenizar o saldo correspondente ao possuidor originário. Nesta hipótese, o possuidor de boa-fé perde o direito de retenção sobre as benfeitorias necessárias ou úteis que realizou, pois nada mais tem a receber em relação a elas. Exemplificando, se o possuidor de boa-fé realizou benfeitorias necessárias e úteis no valor de 50, mas o possuidor originário comprovou que houve danos durante o exercício da posse, imputáveis ao primeiro, no valor de 60, o segundo tem pretensões para retomada imediata da coisa e para receber indenização no valor de 10.

Quanto à indenização pelas benfeitorias, há diferença de direitos em consideração à boa-fé ou má-fé. Para o possuidor de boa-fé, a base de cálculo é o valor das benfeitorias segundo o momento da apuração em juízo, como se tivessem sido realizadas nesse instante. Todavia, há de ser considerado o estado em que se encontram no momento da entrega ou restituição da coisa, tendo em vista o real benefício ou valorização para o reivindicante (proprietário, titular de direito real ou outro possuidor) e a circunstância de que foram realizadas pelo possuidor de boa-fé em seu próprio benefício e utilidade. Não basta, pois, considerar o valor das benfeitorias como se tivessem sido realizadas no momento da entrega ou restituição da coisa. Para o possuidor de má-fé, o reivindicante pode exercer a faculdade de indenizar as benfeitorias no seu valor atual ou de acordo com os custos efetivos de sua realização. Essa escolha da modalidade de indenização, segundo o que lhe seja mais proveitoso, é direito potestativo do reivindicante, que sujeita o possuidor de má-fé.

A perda ou a deterioração da coisa também acarreta consequências distintas para o possuidor de boa-fé e o possuidor de má-fé. A perda ou deterioração devem ter ocorrido durante o exercício da posse. A perda implica o desaparecimento da coisa, em virtude de causas imputáveis ao possuidor ou de fatores naturais ou jurídicos. A deterioração é sempre imputável ao possuidor, pela falta de manutenção ou conservação da coisa, não compreendendo em seu alcance o desgaste natural, mercê do tempo. O possuidor de boa-fé apenas responde pela perda ou deterioração que sejam a ele diretamente imputáveis. Diferentemente, o possuidor de má-fé responde pela perda ou deterioração de qualquer origem, salvo se demonstrar que elas ocorreriam independentemente de qualquer ação de sua parte; exemplifique-se com a desapropriação determinada pelo poder público, ou com uma catástrofe natural que destruiu coisas móveis e imóveis por ela alcançadas.

3.7. Proteção Possessória

A proteção possessória se assegura pelos meios que garantam a posse, no estado em que se encontrava, quando foi violada. São, essencialmente, de acordo com suas finalidades: a autodefesa da posse, a reintegração da posse, a manutenção da posse e a segurança contra violência iminente à posse. Os três primeiros têm por fito reação tutelada contra a violação já consumada. O quarto tem escopo de prevenção, para evitar que a violação se realize, despontando como inovação do CC/2002. A imissão de posse, apesar do nome, não protege a posse, mas sim assegura que o titular de direito real, principalmente da propriedade, possa nela ingressar, pois ainda não a teve; diz respeito a exercício de direito e não de situação fática, qualificando-se, assim, no plano processual, como pretensão e ação petitórias. O direito civil assegura a proteção possessória e especifica os meios, mas os modos de assegurá-la são remetidos à legislação processual civil.

A ninguém é dado violar, transformar ou extinguir relações de posse, cujo titular seja outro, ainda que essas relações não sejam de direito, mas sim de fato. Ainda que a posse se realize no mundo dos fatos, os ordenamentos jurídicos que integram o grande sistema romano-germânico estabeleceram normas jurídicas que consideram as ofensas à posse como atos contrários a direito, o que permitiu a consolidação dos modos de proteção possessória. Os atos de turbação e esbulho foram e são considerados ilícitos, por ofenderem a paz social ou, segundo a nomenclatura de Pontes de Miranda, o princípio da conservação do fático. Em contrapartida, é considerada lícita a legítima defesa da posse. A posse é um bem em si mesmo. Portanto, há ofensa à posse ainda que não haja dano. A proteção possessória conduz a posse ao mundo do direito, compondo-se assim sua juridicização: são elementos do suporte fático concreto a posse e sua ofensa por terceiro.

O Código Civil não mais qualifica a posse em posse nova, até um ano e dia, e posse velha, a partir daí, para fins de proteção possessória (art. 1.210). A legislação anterior estabelecia regra, que não mais existe no Código Civil, de apenas admitir a proteção possessória à posse nova "senão contra os que não tiverem melhor posse". O conceito de melhor posse recebeu crítica da doutrina e era fator de insegurança e controvérsia. Assim, a posse, independentemente de seu tempo, goza de igual proteção possessória. Suprimiu-se do Código Civil a pretensão de proteção possessória por meio de ação cominatória, remetendo-a à legislação processual, dentro da diretriz de cuidar apenas do direito material. Sobre essa matéria, o CPC (art. 558) estabelece que, contra a violação da posse que se revela como turbação ou esbulho, as ações respectivas de manutenção ou reintegração devem ser propostas dentro de ano e dia da violação; passado referido prazo, o procedimento será comum, mas sem perder o caráter possessório.

A turbação é todo fato que impede o livre exercício da posse, ou quando o exercício da posse é prejudicado, dificultado, sem fundamento legal ou sem decisão judicial. Vem do latim *turbatio,* de *turbare*, com significado de perturbar, tumultuar ou infundir confusão ou desordem em relação às coisas. A turbação resulta de atos materiais e não de palavras. A turbação é positiva quando há ocupação parcial da coisa e negativa quando o possuidor, ainda que não desapossado, sofre impedimentos ou ameaças espoliativas por parte do turbador. O esbulho (vem do latim *spolium* de *spoliare*, espoliar, despojar) é a usurpação total da posse, impedindo o possuidor de exercê-la. O esbulho resulta de ato violento e injusto de desapossamento. Há turbação quando se ofende a posse sem se consumar o esbulho, por exemplo, quando terceiro começa a preparar a edificação, em terreno possuidor. Todavia, quando a posse está em perigo de ser exercida, não mais se pode falar de turbação, pois o esbulho já se consumou. Sabe-se que nem sempre é fácil distinguir-se do esbulho parcial a turbação, mas, na dúvida, prevalece o esbulho, em virtude de implicar proteção possessória mais ampla. O esbulho vicia a posse, que assim permanece, inclusive em relação aos sucessores do esbulhador, universais ou singulares, pois o Código Civil (art. 1.212) admite que o possuidor possa intentar ação de esbulho contra o terceiro, que recebeu a coisa, sabendo do esbulho.

A autodefesa da posse é a reação pessoal e imediata à turbação e esbulho, sem decisão judicial. Constitui resíduo de justiça de mão própria, ou pelas próprias mãos, que o direito mantém, tendo em vista o risco da demora de decisão judicial. Ou de ação de direito material, que se encontra na origem do direito romano, com dispensa da ação de direito processual. O possuidor vale-se da própria força ou com apoio de pessoas sob sua responsabilidade para resistir, pela força, à força do turbador ou esbulhador. Para que possa receber a tutela jurídica, exige-se que a reação seja imediata à turbação ou esbulho, de acordo com as circunstâncias. Além da imediatidade, há exigência legal da indispensabilidade do desforço pessoal. A indispensabilidade da autodefesa ou do desforço pessoal compreende dois requisitos: (1) o perigo pela demora da decisão judicial; (2) a equivalência do desforço com o grau de violência utilizado pelo turbador ou espoliador, o que supõe razoabilidade e moderação. Não se trata de moderação e razoabilidade da pessoa média, oriundos de reflexão, pois nessas situações é comum a exaltação de ânimos e a reação ditada pela emoção, mais que a reflexão. Por isso, cabe ao juiz apreciar o conjunto de circunstâncias, para aferir a equivalência entre reação e ação. O excesso de autodefesa, apreciável caso a caso, pode acarretar danos e o dever de indenizar.

O emprego da própria força é permitido, quando há norma jurídica que pré-exclui sua contrariedade a direito, em determinadas circunstâncias, como a da autodefesa da posse. Essa pré-exclusão da contrariedade a direito excepciona os princípios de vedação de autotutela e de não violência, além do monopólio estatal da aplicação da lei. Consequentemente, não entra no mundo jurídico como ato ilícito, desde que se contenha nos limites que a lei predispôs. O possuidor, que se sente ameaçado de esbulho ou de turbação, ao início do ataque contrário à sua posse, reage, em legítima defesa e se desforça. Porém, só há legítima defesa se o ataque é atual e desde não se haja consumado o esbulho. Não se pode pensar em legítima defesa se a outra pessoa já está de posse da coisa, para cuja restituição se faz necessária a intervenção judicial. A legítima defesa após o ato seria contradição nos termos, pois a atualidade do ataque é elemento essencial do conceito. Mas o sentido de atualidade da ofensa, ante as circunstâncias, pode ser modulado, como já prescreviam as Ordenações Filipinas (L. IV, t. 58, §§ 1 e 2): "E quanto tempo se entenderá este logo, ficará em arbítrio do Julgador, que sempre considerará a qualidade da cousa, e lugar, onde stá, e das pessoas do forçador e forçado".

A doutrina é assente na possibilidade de autodefesa pelo possuidor indireto quando o possuidor direto não reage. Segundo Pontes de Miranda (2012, v. 10, p. 461), se o possuidor direto se desinteressa, ou se não tem mesmo interesse, ou se tem interesse contrário, como deixar sem a via fática o possuidor indireto turbado ou esbulhado? A intervenção do Estado poderia chegar tarde. Não é só. A posse indireta pode ser ofendida sem que o seja a posse direta. Tal é o caso do locatário que fica indiferente a que se retirem plantas, árvores ou outros objetos do imóvel alugado. Com efeito, o Código Civil (art. 1.210) refere-se a possuidor, sem distinguir entre o direto e o indireto.

Para o STJ, a turbação e o esbulho ambiental-urbanístico podem – e no caso do Estado, devem – ser combatidos pelo desforço imediato, medida prevista atualmente no art. 1.210, § 1º, do CC/2002 e imprescindível à manutenção da autoridade e da credibilidade da Administração, da integridade do patrimônio estatal, da legalidade, da ordem pública e da conservação de bens intangíveis e indisponíveis à qualidade de vida das presentes e futuras gerações (REsp 1.071.741). O risco pela demora da decisão judicial pode levar a situações de irreparabilidade do meio ambiente ofendido, principalmente de ecossistemas frágeis.

O possuidor que sofre turbação tem direito a ser mantido na posse, mediante pedido ao juiz. Assim também, tem direito à restituição da coisa quando for esbulhado. De acordo com Tito Fulgêncio (2008, p. 110), restituir significa repor o possuidor no estado ou condição em que gozava da posse; tornar a pôr no estado primitivo a posse, que se achava destruída ou perdida. O pressuposto legal aqui é diametralmente oposto ao da manutenção: nesta, uma posse atualmente existente, turbada apenas no seu exercício; no esbulho, uma posse atualmente perdida, donde resulta para uma e outra fundarem-se numa posse anteriormente adquirida. De acordo com as normas processuais, as ações possessórias têm rito próprio, sendo cabíveis medidas de urgência.

O antigo direito romano criou esses remédios processuais, que denominou de interditos. Segundo Michel Villey (1991, p. 136), o pretor (magistrado) não criava ou concedia ação ao possuidor, porque não era titular de direito. "Então o pretor usa em nome dos seus poderes gerais de polícia, dum outro meio, o *interdito*. Um terceiro irrompeu violentamente, por exemplo, sobre a posse de outrem; uma tal violência parece intolerável para a ordem pública, e o pretor ordena a restituição. Ele pronuncia um interdito: 'Porque tu expulsaste pela violência, da sua coisa, certa pessoa que a possuía regularmente, abertamente e sem violência – faz-lhe a restituição". Todos os possuidores, apesar de desprovidos de ação, e desde que suas posses não fossem viciosas, tinham direito a uma proteção jurídica, de ordem inferior: os interditos.

As ameaças verossímeis de turbação ou esbulho também estão contempladas no elenco das ações possessórias, quando o possuidor tiver justo receio de ser molestado, assegurando-se-lhe igualmente as medidas de urgência, no sentido de determinação judicial de abstenção ao terceiro. Diferentemente das ações contra o esbulho e a turbação, o possuidor está apenas ameaçado, não houve ainda nem há turbação ou esbulho, senão uma moléstia iminente (o Código Civil alude a "justo receio de ser molestado"). No interdito proibitório (CPC, art. 567), o juiz não aplica nenhuma penalidade, mas sim a cominação de uma pena pecuniária para o caso de transgressão do mandado judicial.

Terceiro que adquire a coisa esbulhada também sujeita-se a ação possessória, quando age de má-fé, ou seja, quando tem conhecimento de que foi usurpada injustamente do possuidor. Provada a má-fé, o possuidor pode exercitar a pretensão possessória, para a restituição da coisa, ou, facultativamente, ajuizar ação de reparação por danos materiais (o valor atualizado da coisa) e por danos morais. Não pode acumular ambas as pretensões.

Posse é posse. Propriedade é propriedade. A primeira é relação de fato, a segunda relação de direito. Assim, a proteção possessória não pode ser obstada sob alegação de direito de propriedade sobre a coisa, por parte do turbador ou esbulhador. Com efeito, o proprietário pode ser o turbador ou o possuidor. O proprietário terá de reagir à posse do outro com a comprovação de inexistência desta posse e não o de ser o titular da propriedade, ou então, nas hipóteses de desdobramento da posse em direta e indireta, a de ter sido extinta a posse direta do outro (por exemplo, a extinção do usufruto, pelo advento de seu termo final). Do mesmo modo, não obsta a proteção possessória a alegação de titularidade de outro direito real (por exemplo, a do usufrutuário contra quem se apresenta como possuidor da coisa). Apenas obsta a proteção possessória a alegação de posse mais forte, razão por que o Código Civil (art. 1.211) estabelece que, ocorrendo a alegação de mais de uma pessoa que aleguem ter posse sobre a coisa, manter-se-á provisoriamente a que a tiver de fato, até decisão final da causa, salvo se o juiz considerar que a posse atual foi obtida, manifesta e evidentemente, de modo vicioso (violento, clandestino, precário, com abuso de confiança).

A comprovação da propriedade não preenche os requisitos legais para a proteção da posse, impondo-se que a causa de pedir na ação de reintegração de posse seja o poder fático em si, que emerge da posse. Com mais razão porque o CC/2002 e o atual CPC não mais admitem a exceção de propriedade (*exceptio proprietatis*). Para a proteção do direito de propriedade há as ações petitórias, não sendo cabíveis as ações possessórias. Nesse sentido, o STJ não reconheceu como viável defesa fundada no domínio em ação possessória, salvo quanto à hipótese em que ambos os litigantes disputam a posse com base na alegação de propriedade (REsp 1.141.098). Igualmente, o CPC (art. 557) estabelece que não obsta à manutenção ou à reintegração da posse a alegação de propriedade ou de outro direito sobre a coisa.

A proteção possessória pode ser de um ou de alguns possuidores contra o outro, ou os outros, em situações de composse ou de condomínio. Segundo a lei (CC, art. 1.199) cada compossuidor tem a tutela possessória até onde não se exclui o exercício possessório do outro, ou dos outros. Se há esbulho parcial ou total a pretensão de restituição cabe. Mas a doutrina e a jurisprudência admitem que haja usucapião de um condômino contra outro: "a Corte firmou entendimento no sentido de ser possível ao condômino usucapir se exercer posse exclusiva sobre o imóvel" (STJ, AgRg em AgIn 731.971). É antiga essa orientação.

Nas ações possessórias, de acordo com o art. 73, § 2º, do CPC, a participação do cônjuge do autor ou do réu não é necessária, salvo se se tratar de composse ou quando ambos os cônjuges sejam possuidores conjuntamente. A dispensa é total, em qualquer situação, para o outro companheiro de união estável. Nessas ações prevalece o princípio da fungibilidade: se for proposta uma em vez de outra não haverá impedimento para a outorga judicial da proteção legal correspondente (art. 584 do CPC). Além das ações possessórias, o possuidor pode se valer dos embargos de terceiro possuidor (art. 674, § 1º).

3.8. Proteção Possessória das Servidões

O sistema legal de proteção possessória não se aplica às servidões não aparentes, em princípio, justamente porque não permitem que o poder de fato sobre a coisa seja percebido pelas outras pessoas. Servidão aparente é aquela que aparece, ao ser exercida. O que aparece é o poder fático, e não a servidão. Servidão não aparente é a que não aparece, ao ser exercida, como a servidão de trânsito. O CC/2002 não mais alude às servidões descontínuas, que também não eram alcançadas pela proteção possessória, segundo o Código Civil anterior. Assim, estão excluídas da proteção apenas as servidões não aparentes, salvo se estas tiverem origem em acordo com o possuidor do imóvel sobre o qual recai o ônus da servidão (serviente), ou com os antecessores deste. Essa ressalva é importante, para afastar o comportamento contraditório do possuidor do imóvel serviente, em violação à boa-fé, o qual se voltaria contra o comportamento adotado anteriormente (servidão fruto de seu consentimento), aproveitando-se da não aparência da servidão.

Mas até mesmo a servidão não aparente, que não tenha origem em título convencional, pode ter proteção possessória quando o interesse público o exigir. Assim, consolidou-se na Súmula 415 do STF o entendimento de que "servidão de trânsito não titulada, mas tornada permanente, sobretudo pela natureza das obras realizadas, considera-se aparente, conferindo direito à proteção possessória". O tempo e as obras realizadas substituem o título. Essa orientação foi mantida pelo STJ, para o qual é passível de proteção possessória a servidão de trânsito tornada aparente por meio de obras visíveis e permanentes realizadas no prédio serviente para o exercício do direito de passagem, que não se confunde com a passagem forçada. "O direito real de servidão de trânsito, ao contrário do direito de vizinhança à passagem forçada, prescinde do encravamento do imóvel dominante, consistente na ausência de saída pela via pública, fonte ou porto" (REsp 223.590).

Conforme lição de Pontes de Miranda (2012, v. 10, p. 318), o título, ou os títulos, a que se refere a lei (CC, art. 1.213) não é o título hábil à constituição de direito real – é a outorga do poder fático por parte do possuidor do imóvel serviente, ou da pessoa de quem houve a posse. As servidões não aparentes, em princípio, só se estabelecem por transcrição no registro de imóveis. Mas antes há a posse. Tal posse não é protegida se o possuidor do prédio serviente alega e prova: a) que a servidão não é aparente; b) que não houve qualquer título, oriundo de possuidor do prédio serviente, ainda no passado, ou, se houve, foi extinta a servidão. Como diz o autor, o ônus de alegar e provar a não aparência cabe ao autor interessado. Se, por exemplo, o imóvel de A tem canalização invisível que passa pelo imóvel de B, A tem posse de servidão não aparente, que é poder fático e há o interesse público em que se não altere, sem respeito à paz pública, o que está no mundo fático.

3.9. Perda da Posse

O Código Civil (art. 1.223) optou por um enunciado geral sobre a perda da posse, concentrando-se no desaparecimento do poder fático sobre a coisa, evitando a enumeração que havia no Código Civil anterior. A posse se perde quando não se possa exercer ou se tenha deixado de exercer o poder fático sobre a coisa. A perda da posse não arrasta, necessariamente, a perda da propriedade, pois são duas situações distintas, uma fática e outra jurídica. A perda da posse, portanto, está intrinsecamente ligada à cessação do poder fático sobre a coisa.

O esbulho, por si só, não leva à imediata perda da posse. Exige-se que o possuidor tenha dele conhecimento. Estando presente, há presunção de seu conhecimento, o que lhe permite promover os meios de proteção possessória. Perde-a se não os promove, ou, promovendo-os, não obtém êxito. Quanto a quem não presenciou o esbulho, a perda da posse ocorre quando, após tomar conhecimento, não retomou a coisa ou, quando tentou retomá-la, foi repelido violentamente pelo usurpador. Cessada a violência, inicia-se a posse do usurpador; cessada a clandestinidade, começa a posse do usurpador.

Disse Ihering (1976, p. 117) que, se o possuidor negligencia fazer o necessário para recuperar a posse, eis a perda da posse; não demonstrou o verdadeiro interesse que caracteriza o possuidor (perda por sua vontade). Se as diligências não tiverem sucesso, está perdida a sua posse (perda contra sua vontade).

Pode-se perder a posse sem que outrem adquira a posse, ou por ser impossível objetivamente (destruição da coisa, ficar fora do comércio), ou por se não ter dado a aquisição, subjetivamente. Como o direito brasileiro desconsiderou os critérios de *animus* e do *corpus*, não se deve ter outro critério que o de se verificar se cessou ou não o poder fático sobre a coisa, segundo se afere socialmente, de acordo com os hábitos e valores correntes. Por exemplo, sabe-se que a pessoa que acabou de ler um jornal ou uma revista e os deixou na mesa ou cadeira do restaurante ou no banco da praça abandonou-os, perdendo o poder fático sobre eles, o que permite que outra pessoa adquira a posse deles. Porém, quem deixou sua carteira de dinheiro nesses locais não a abandonou, não se podendo dizer que perdeu o poder fático sobre ela, o que se percebe quando retorna e a recebe da pessoa que a achou. Circunstâncias ou obstáculos passageiros do exercício do poder fático não são causas de perda da posse.

A perda involuntária da posse é a que não resulta de abandono, nem de tradição, nem de ato jurídico, suficiente para a perda. Então, ou se perdeu a coisa (foi furtada, roubada, ou esbulhada), ou a coisa mesma se extraviou. O que perdeu o relógio, no hotel, ou na rua, perdeu o poder fático corporal, porém ainda é possuidor; tanto assim que pode recuperar a posse corporal, se alguém o acha, ou se intenta a ação adequada. Se a coisa, por destruição, pereceu, não se pode ter posse sobre o que não é. Todavia, a posse da coisa destruída continua no que fica da destruição da coisa, pois o resto, a cinza, o material que resulta da destruição, é outra coisa (Pontes de Miranda, 2012, v. 10, p. 353).

Capítulo IV

Propriedade

Sumário: 4.1. Propriedade, domínio e direito à propriedade. 4.2. Conteúdo e abrangência do direito de propriedade. 4.3. Abuso do direito de propriedade. 4.4. Garantia constitucional da propriedade. 4.5. Constitucionalismo social e propriedade. 4.6. Fontes constitucionais da propriedade ou das propriedades. 4.7. Titularidades comunitárias de grupos étnicos. 4.8. Propriedade e meio ambiente. 4.9. Acesso e propriedade. 4.10. Multipropriedade.

4.1. Propriedade, Domínio e Direito à Propriedade

A propriedade é um conceito dependente dos vários contextos históricos e das vicissitudes por que passou. Na atualidade, é o conjunto de direitos e deveres atribuídos a uma pessoa em relação a uma coisa, com oponibilidade às demais pessoas. Na dicção de Paolo Grossi é sempre um mínimo de pertencimento, de poderes exclusivos e dispositivos conferidos a um determinado sujeito pela ordem jurídica (2006, p. 6). É própria a coisa que foi adquirida de acordo com uma das modalidades de aquisição, admitidas pelo direito. O CC/2002 não adota explicitamente alguma concepção de propriedade, mas, sob a ótica do titular, considera proprietário (art. 1.228) o que tem a faculdade de usar, gozar e dispor da coisa e o direito de reavê-la de quem a detenha injustamente. A propriedade presume-se direito real pleno e exclusivo, mas não ilimitado. Ainda assim, a presunção é relativa.

O conceito unívoco do modelo moderno liberal de titulação abstrata, individual e ilimitada sobre a coisa não prevaleceu, pois várias dimensões de propriedade firmaram-se na contemporaneidade. Além de suas variedades de sentido, convive com os direitos reais limitados sobre coisas alheias e com os direitos reais de garantia, além da força jurígena própria da posse, como ocorre no direito brasileiro. Na contemporaneidade, a propriedade é considerada como "um poder que se legitima através do uso pessoal da coisa, em atenção às finalidades econômicas e sociais" (Chamoun, 1970, p. 14). Deixando de ser concebida como categoria absoluta, parece mais configurável como categoria instrumental que serve, no atual momento da experiência histórica, para individuar um particular tipo de regulamentação dos direitos patrimoniais da coisa, dotado de inerência (incorporação real do direito à coisa) e de sequela (Comporti, 1993, p. 168).

No direito romano, o direito de propriedade foi designado primitivamente pela palavra *mancipium* (de *manus* + *capere*, segurar pela mão); depois, por *dominium* (de *dominus*, senhor ou dono), quando era exercido exclusivamente pelo *paterfamilias*; e, finalmente, a partir do fim do direito clássico, por *proprietas*, que expressa seus efeitos, porque apropria a coisa a cada indivíduo (Pinto, 1993, p. 2). Mas, os juristas romanos não deixaram uma definição de propriedade. Encontra-se, apenas, no Título IV do Livro II das *Instituições* do imperador Justiniano (1979, p. 69), no século VI, a expressão *plena in re potestas*, como poder pleno sobre a coisa, quando alude à extinção do usufruto. É importante assinalar que a expressão *proprietas* surgiu apenas no império romano do oriente, na fase bizantina.

Na antiguidade e no período medieval, o direito se confunde com a coisa material, sobre a qual recai. Na viragem do modelo medieval de titularidades superpostas sobre a coisa, para o modelo simplificado e abstrato da modernidade, a propriedade se descola da coisa e se converte em emanação de relação jurídica intersubjetiva. Deixa de ser poder sobre a coisa, para consistir em poder jurídico oponível a todos os outros, no plano ideal e abstrato.

A propriedade, como os demais direitos subjetivos, é uma palavra destituída de conteúdo semântico, e só pode ser entendida como um signo que instrumentaliza a comunicação jurídica. O que dará o significado jurídico de propriedade é o ordenamento jurídico. Como adverte Pontes de Miranda (2012, v. 11, p. 66), em sentido amplo, propriedade é domínio e qualquer direito patrimonial, mas tal conceito desborda o direito das coisas, pois incluiria o crédito (direito das obrigações) e, completamos nós, os direitos reais, o que inutilizaria qualquer distinção.

Pietro Perlingieri afirma que a propriedade não é somente e sempre um direito subjetivo, mas também uma situação jurídica subjetiva complexa, que conjuga faculdades no interesse do proprietário (gozar, dispor) e situações passivas imputadas ao mesmo proprietário, como obrigações fiscais, limitações de origem administrativa, limitações no interesse de sujeitos estranhos ao direito de propriedade ou no interesse da coletividade, e outros limites, obrigações, vínculos, ônus, como a função social (1970, p. 70). Para o autor, no direito subjetivo é prevalente o direito sobre o dever, mas esta expressão quantitativa é insuficiente; o critério discretivo mais congruente é o critério funcional ou teleológico (p. 80).

A Constituição de 1934 já absorvia a polissemia do termo "propriedade", aí incluída a titularidade das empresas de comunicação social: "Art. 131 – É vedada a propriedade de empresas jornalísticas, políticas ou noticiosas a sociedades anônimas por ações ao portador e a estrangeiros". A Constituição de 1988, art. 222, repete essa utilização polissêmica.

O uso linguístico do termo "propriedade" tanto serve para significar direito de propriedade como a coisa objeto desse direito. Ela significa tanto um poder jurídico do indivíduo sobre a coisa (sentido subjetivo) quanto a coisa apropriada por ele (sentido objetivo). Assim ocorre na linguagem comum e na linguagem utilizada pelo legislador. Às vezes é utilizada como gênero, incluindo todos os modos de pertencimento da coisa, até mesmo a posse autônoma. Porém, a expressão "direito de propriedade" deve ser restrita a quem detenha titulação formal reconhecida pelo direito para aquisição da coisa. Assim, a acessão, a usucapião, a sucessão, o registro imobiliário.

Há quem distinga propriedade e domínio, pois "a propriedade contemporânea possui elementos de ordem real e pessoal a conviver em um mesmo instituto" (Aronne, 1999, p. 34). Segundo essa concepção o direito de propriedade contém um elemento interno (*domínio*, composto dos direitos de usar, gozar e dispor da coisa) e um elemento externo (*regime de titularidade*, composto pelos deveres do sujeito passivo universal e pelos deveres funcionais do titular em relação à sociedade como um todo e, em especial, a certos particulares). Sob outro ponto de vista, entende-se domínio como a submissão da coisa ao sujeito (usar, gozar, dispor), enquanto propriedade remete à titularidade, isto é, vinculação entre a coisa e o sujeito (Penteado, 2014, p. 174). Pontes de Miranda (2012, v. 11, p. 95 e 131) tem a propriedade como gênero, do qual são espécies o domínio e os demais direitos reais, sendo que o domínio é o mais abrangente dos direitos reais, ou "o mais amplo poder que se pode exercer sobre a coisa", cabendo à lei dar o conteúdo da propriedade e do domínio.

Os termos domínio e propriedade são utilizados indistintamente pelo Código Civil, com o mesmo significado. Assim, por exemplo, os bens dos ausentes, após dez anos da abertura da sucessão provisória, passam ao "domínio" do Município, ou do Distrito Federal ou da União (art. 39). No contrato de compra e venda há a obrigação de "transferir o domínio de certa coisa" (art. 481). Entre as cláusulas especiais da compra e venda há a "venda com reserva de domínio", mas seu art. 521 alude a "reservar para si a propriedade". Há menção a "título de domínio" (art. 1.240), com significado de regime de titularidade.

Na contemporaneidade, as mudanças têm sido de tal magnitude que se cogita não mais de um genérico direito de propriedade, mas de direito das propriedades, além da viragem rumo à funcionalização, à interlocução com deveres gerais de conduta e ao exercício ambientalmente sustentável. Não mais existe a propriedade concebida como direito individual absoluto, exclusivo e oponível a todos, como expressão de soberania localizada, sem contemplação do interesse social ou coletivo. Essas transformações repercutem em todo direito das coisas. A história do direito contemporâneo revela a desagregação da propriedade individualista, ante sua subordinação ao interesse coletivo, notadamente da segurança social, da salubridade pública, da preservação histórica e artística, do direito urbanístico, do direito agrário (Zattara, 2001, p. 4). Jean Carbonnier chegou mesmo a alvitrar de decadência da instituição (1992, p. 279).

A concepção contemporânea da propriedade como direito absoluto não significa poder absoluto e ilimitado sobre a coisa. Diz-se absoluto o direito com oponibilidade a todos e não a sujeito determinado. A primeira formulação teórica a respeito, no Brasil, deve-se a Teixeira de Freitas, em sua *Consolidação das Leis Civis* (1857). Na atualidade são absolutos os direitos da personalidade, o direito à incolumidade pessoal ou patrimonial e os direitos reais. Há um distanciamento abissal com o atributo de "absolutismo", que a concepção clássica e individualista da propriedade ostentava, segundo o modelo do absolutismo monárquico: o proprietário correspondia, em relação à coisa, ao senhor absoluto no plano político.

Além do direito de propriedade, há o direito à propriedade ou o direito de acesso à propriedade, com fundamento na Constituição (exemplos, o direito à moradia e o direito à aquisição por usucapião especial de tempo breve) e na legislação infraconstitucional (exemplos: no Código Civil, o art. 1.228, §§ 4º e 5º, e na Lei n. 11.977/2009, do Programa Minha Casa, Minha Vida).

Para Rodrigo Xavier Leonardo (2004, p. 280), o direito à propriedade detém conteúdo diverso do direito de propriedade, vez que se trata de um direito fundamental de acesso à propriedade, de bens voltados para possibilitar a efetivação dos direitos fundamentais anteriores – previstos no mesmo *caput* do art. 5º – referentes à vida, à liberdade, à igualdade, à segurança, que não podem ser garantidos sem um mínimo de propriedade que lhes garanta o acesso real ou a manutenção de uma real condição de dignidade.

No plano internacional, o direito à propriedade está enunciado no art. 17 da Declaração Universal dos Direitos Humanos. É notável que a Declaração não aluda ao direito "de" propriedade, mas "à" propriedade. Como diz Eduardo Novoa Monreal (1979, p. 134), o fundamental dentro do texto contido na Declaração é propugnar que todo homem deve ter acesso à propriedade, que é mais importante que dar garantia aos atuais titulares, de modo a que a propriedade se difunda efetivamente entre todos os homens, seja ela individual ou coletiva.

4.2. Conteúdo e Abrangência do Direito de Propriedade

O direito de propriedade consiste, no Código Civil, na faculdade de usar, fruir e dispor da coisa e no direito de reavê-la de quem a detenha injustamente. Esse conteúdo amplo tem origem nas formulações dos glosadores medievais (*jus utendi, fruendi et abutendi*), que foram adaptadas para as finalidades da propriedade individual moderna. Progressivamente foi restringido, em virtude das metamorfoses havidas desde então na propriedade, que desembocaram em sua conformação à função social, na contemporaneidade.

Segundo lição de Caio Mário da Silva Pereira (2009, p. 77-79), o direito de usar configura-se na faculdade de colocar a coisa a serviço do titular, sem modificação de sua substância, podendo usá-la, guardá-la ou mantê-la inerte; o direito de gozar realiza-se essencialmente com a percepção dos frutos, além da normalidade lógica do emprego da coisa, que envolve a utilização; o direito de dispor, considerada por muitos o elemento definidor da propriedade, é a faculdade de alienação a qualquer título (doação, venda, troca), oneração, locação, empréstimo, consumo, transformação, alteração e, até mesmo, destruição quando não implicar procedimento antissocial. Pontes de Miranda (2012, v. 11, p. 97) acrescenta o direito de ter e possuir a coisa (direito de posse), sendo pertinente a distinção entre a pretensão à posse, que tem o proprietário (*jus possidendi*), e à pretensão à posse em si (*jus possessionis*).

O direito de reaver a coisa (*rei vindicatio*) é o consectário natural das faculdades exercidas pelo titular da propriedade. Seu exercício é dirigido a quem possua ou detenha a coisa "injustamente", ou seja, sem estar tutelado juridicamente. Não pode o proprietário reaver a coisa, por exemplo, do possuidor direto, cuja tutela decorre de contrato celebrado entre eles, de acordo com o prazo estipulado.

No direito brasileiro, em princípio, a propriedade é perpétua, não havendo limitação no tempo e se transferindo, pela sucessão hereditária, de geração a geração. Porém, pode ser limitada no tempo, em determinadas circunstâncias, pela lei ou por convenção. Exemplo de limitação temporal pode ocorrer com a propriedade resolúvel, uma vez que ela se extinguirá (se resolverá) quando ocorrer o termo final previsto no título (CC, art. 1.359), transferindo-se para outro titular, em cujo favor se operar a resolução. A retrovenda é outro exemplo: o vendedor pode reservar-se o direito de recobrar o imóvel que vendeu, no prazo máximo de três anos, restituindo o preço recebido e as despesas feitas pelo comprador (CC, art. 505).

O conteúdo da propriedade pode ser comprimido, quando houver interesse público ou social, restringindo-se o alcance de todas as faculdades ou de alguma delas. Há limitações positivas e negativas, de direito público e de direito privado. A faculdade de uso é conformada por disposições legais como os direitos de vizinhança, ou do meio ambiente, ou da vedação do exercício abusivo do direito. A faculdade de fruir ou gozar pode sofrer limitações das normas aplicáveis ao patrimônio histórico, paisagístico ou turístico, ou pela convenção do condomínio edilício. A faculdade de dispor pode estar suprimida por negócio jurídico (exemplos: cláusulas de inalienabilidade em testamento ou doação), ou pela lei.

Exemplo de compressão legal do conteúdo do direito de propriedade é a Lei n. 13.301/2016, que autoriza as autoridades públicas, em situação de iminente perigo à saúde pública pela presença do mosquito transmissor da dengue, do vírus chikungunya e do vírus da zika, a determinar e executar medidas necessárias de controle das doenças, incluindo visitas antecipadamente comunicadas a imóveis com probabilidade de possuir focos de transmissão e ingresso forçado em imóveis em caso de situações de abandono, ausência ou recusa ao acesso do agente público.

Além das faculdades conferidas ao titular, a propriedade acarreta imposição de deveres, como o da função social. São deveres positivos e negativos. Exemplos de dever positivo são o de usar de modo útil a coisa, ou de conservá-la de acordo com as regras urbanísticas e sanitárias, ou de derrubar edifício que esteja com risco de desabamento. São deveres negativos, a não edificação nos recuos exigíveis, a partir dos limites do terreno. Segundo Joseph William Singer, "proprietários têm obrigações; eles sempre tiveram obrigações. Nós podemos argumentar sobre quais obrigações devem ser, mas ninguém pode, seriamente, argumentar que elas não existem" (2000, p. 18).

O direito de propriedade do solo abrange o espaço aéreo e o subsolo. O solo continua concebido como principal, segundo o princípio romano *superficies solo cedi*, mas profundamente restringido, na contemporaneidade. Durante o predomínio da concepção clássica da propriedade privada, esse direito era ilimitado e os abusos eram tolerados. Todavia, com o advento da doutrina do abuso do direito, emergiram com força os critérios de interesse da coletividade e de utilidade. O direito de propriedade, acima ou abaixo do solo, vai até onde colida com o interesse coletivo ou com a ausência de utilidade efetiva.

Segundo a Constituição (art. 20), os recursos minerais, que se encontram no subsolo, não pertencem ao proprietário do solo, mas à União, e, bem assim, as cavidades naturais subterrâneas e os sítios arqueológicos e pré-históricos. Até mesmo os recursos naturais, as jazidas e os potenciais de energia hidráulica que estejam no solo ou subsolo constituem propriedade distinta da do solo, pertencem à União, cuja exploração pode ser autorizada ou concedida a terceiros (art. 176). A Constituição assegura ao proprietário do solo participação nos resultados da lavra, como compensação financeira equivalente a 50% do valor total devido aos Estados, Distrito Federal, Municípios e órgãos da administração direta da União (Lei n. 8.901/94), sem atribuir-lhe a titularidade. Já o Código de Águas, de 1934, estabelece que as quedas d'água e outras fontes de energia hidráulica são bens imóveis e tidos como coisas distintas e não integrantes das terras onde se encontrem. Por seu turno, o Código Civil (art. 1.230) estabelece que a propriedade do solo não abrange as jazidas, minas e demais recursos minerais, os potenciais de energia elétrica, os monumentos arqueológicos e outros bens referidos em leis especiais.

As águas não integram o direito do titular da propriedade da superfície, porque são bens públicos de uso comum dos Estados-membros, por força do art. 26, I, da Constituição. O particular tem, apenas, o direito à exploração das águas subterrâneas mediante autorização do Poder Público, cobrada a devida contraprestação (arts. 12, II, e 20 da Lei n. 9.433/97).

Para o STJ (REsp 1.233.852), "o legislador brasileiro adotou o critério da utilidade como parâmetro definidor da propriedade do subsolo, limitando-a ao proveito normal e atual que pode proporcionar, conforme as possibilidades técnicas então existentes". Discutia-se se o vizinho poderia lançar abaixo da superfície do terreno ao lado, numa profundidade de aproximadamente quatro metros do nível do subsolo, reforços de concreto para segurança do prédio que construiu, tendo o tribunal entendido que não deveriam ser removidos, por serem necessários à segurança do prédio e por não causarem qualquer prejuízo ao outro. Sustentou o proprietário do subsolo invadido que era irrelevante a não ocorrência de perigo ou o não impedimento ao gozo da superfície do terreno, porque o subsolo integra a titularidade deste e não pode ser utilizado sem autorização. Para o tribunal, o proprietário não pode se opor a atividades "que sejam realizadas por terceiros a uma fundura tal que não tenha ele interesse legítimo em impedi-la".

4.3. Abuso do Direito de Propriedade

O direito de propriedade não pode ser exercido de modo abusivo. Esse exercício não pode ofender os direitos dos outros e as limitações positivas e negativas determinadas em lei. Basta a irregularidade objetiva, o excesso, sem indagação de intencionalidade.

O direito de propriedade deve ser exercido em consonância com suas finalidades econômicas e sociais (CC, art. 1.228, § 1º). Os limites estabelecidos pelo Código Civil, para além dos quais se incorre em abuso do direito, são: o fim econômico e social, a boa-fé, os bons costumes. Basta a ocorrência de um deles; não há necessidade de cumulação. O fim social é a função social que desempenha a propriedade, além da função individual. Por exemplo, abusa de seu direito o proprietário de casa residencial que faz uso de serviço de som, contratado para animar festa, com volume prejudicial à vizinhança, em qualquer horário.

Compreende-se em seu significado o exercício de um direito subjetivo que excede suas finalidades, violando interesses sociais ou individuais. O exercício de qualquer direito subjetivo nunca é ilimitado. Os antigos romanos já diziam que o direito levado aos extremos seria antijurídico: *summum ius summa injuria*. Sempre se entendeu que o direito subjetivo de uma pessoa vai até aonde encontra o de outra pessoa.

Na jurisprudência francesa, a primeira aplicação da teoria do abuso do direito foi uma decisão da Corte de Colmar, de 1855, imputando responsabilidade do proprietário pela exercício de seu direito, para que, sob pena de multa, destruísse uma falsa chaminé que ele havia elevado sobre seu teto, prejudicando a visão dos vizinhos (Zattara, 2001, p. 6). Ficou famosa a condenação francesa, em 1915 (Corte de Cassação, caso *Clément-Bayard*), por abuso do direito, do proprietário que erguera, no seu terreno, dispositivo dotado de espigões de ferro destinado a danificar os dirigíveis construídos pelo vizinho, no início da aviação.

Para Gustavo Tepedino (2011a, p. 252), a teoria do abuso do direito torna-se dispensável diante da funcionalização da propriedade, em razão da qual se concebe a função social como elemento interno do domínio, seu pressuposto de legitimidade, e cujo desatendimento enseja a perda de merecimento de tutela da situação proprietária. Certamente, como o autor reconhece, não se faz necessário invocar a teoria do abuso do direito para reprovar o exercício do direito contrário à função social, quando o proprietário deixa de promover os valores funcionais associados à titularidade de domínio.

Contudo, a violação do dever de função social não esgota a concepção objetiva de abuso do direito que o Código Civil adota, pois há também exercício abusivo quando são violados outros deveres gerais, nomeadamente os da boa-fé e os dos bons costumes. A boa-fé sempre foi limite reconhecido para exercício de direitos, comparecendo com frequência nas legislações que disciplinaram expressamente o abuso do direito. Interessa a boa-fé objetiva, ou seja, a boa-fé de conduta, de comportamento, e não a boa-fé subjetiva. Os bons costumes são os padrões de conduta adotados pela comunidade, onde se dará o exercício do ato jurídico, aceitos pela consciência jurídica e pela ética geral.

O § 2º do art. 1.228 do Código Civil enuncia regra específica para o abuso do direito de propriedade, considerando proibidos os atos que não tragam ao proprietário qualquer comodidade, ou utilidade, e sejam animados pela intenção de prejudicar outrem. Esse dispositivo evoca os primórdios do instituto do abuso do direito, quando os juristas tiveram de enfrentar a evidência dos atos emulativos, que só tinham por objetivo causar prejuízo a outrem. Impõe-se a interlocução com as normas constitucionais sobre a função social da propriedade, além da vedação do art. 187 do Código Civil.

4.4. Garantia Constitucional da Propriedade

Entre os direitos e garantias fundamentais, a Constituição garante aos brasileiros e estrangeiros residentes no Brasil a inviolabilidade do direito à propriedade (art. 5º), estabelecendo explicitamente que "é garantido o direito de propriedade" (art. 5º, XXII). No plano internacional, a Declaração Universal dos Direitos Humanos estabelece (art. 17) que "toda pessoa tem direito à propriedade, individual ou coletivamente" e "ninguém será privado arbitrariamente de sua propriedade".

A inviolabilidade da propriedade ingressou nas Constituições, como garantia individual, como resultado dessa evolução histórica, porém depurada dos excessos que marcaram seu início, quando foi confundida com a própria garantia da pessoa humana. Sua função inicial foi de defesa do proprietário contra os abusos dos governantes absolutistas, que expropriavam os bens arbitrariamente dos particulares, para fazer face às despesas oficiais e, principalmente, das guerras. Contra o absolutismo do Estado, antepôs-se o absolutismo do proprietário. Dois extremos que exigiram o advento da compreensão de que o princípio da inviolabilidade da propriedade não é absoluto, pois deve se conformar com o da função social, na harmonização permanente entre interesses individuais e interesses sociais e ambientais.

A concepção absolutista da propriedade levou à concepção absolutista dos direitos subjetivos, que se desenvolveu à sombra dela. Direitos subjetivos que não se tocavam ou interagiam, segundo a visão individualista, que sublimou o egoísmo humano. Na modernidade, desenvolveu-se a ideologia do individualismo possessivo, desembocando nas codificações que asseguraram, principalmente, o direito de dispor, tornado a modalidade essencial de nossa relação com as coisas; a propriedade-conservação dos antigos converteu-se em propriedade-circulação e propriedade-especulação.

Na contemporaneidade, a garantia da inviolabilidade da propriedade é exercida em conformidade com as garantias, igualmente constitucionais, dos que são por ela afetados e pelos não proprietários. Estão compreendidas nessa dimensão leis especiais que regulam o exercício da propriedade, como o Estatuto da Cidade, os planos diretores das cidades, o zoneamento rural e fixação do módulo rural.

Além da garantia do direito "de" propriedade, a Constituição garante o direito "à" propriedade (art. 5º, *caput*), sendo este antecedente daquele. A Constituição assegura a toda pessoa o direito a ter bens, ou o direito a ter direito. É o que Rodrigo Xavier Leonardo (2004, p. 279) denomina de garantia (direito) de acesso à propriedade, ou, para além dos limites da propriedade, o direito de acesso a um patrimônio mínimo (Fachin, 2006, p. 6).

4.5. Constitucionalismo Social e Propriedade

A Constituição brasileira de 1988 consagra o Estado social, que tem como objetivos fundamentais (art. 3º) "constituir uma sociedade livre, justa e solidária", com redução das desigualdades sociais. A ordem jurídica infraconstitucional deve concretizar a organização social e econômica eleita pela Constituição, não podendo os juristas desconsiderá-la, como se os fundamentos do direito civil permanecessem ancorados no modelo liberal do século XIX. O poder da vontade, tão acentuado na modernidade, como elemento de clivagem não comparece na concepção contemporânea do direito de propriedade, que congrega necessariamente individualidade e solidariedade, máxime na perspectiva civil-constitucional que a funcionaliza.

Assim, entende-se por Estado social, no plano do direito, todo aquele que é regido por uma Constituição que regule a ordem econômica e social, diferentemente do Estado liberal, cuja constituição voltava-se à delimitação do poder político ou à organização política e à garantia dos direitos individuais, deixando a ordem econômica à "mão invisível" do mercado. O Estado social caracteriza-se por estabelecer mecanismos jurídicos de intervenção nas relações privadas econômicas e sociais, nas dimensões legislativa, administrativa e judicial, para a tutela dos mais vulneráveis, tendo por objetivo final a realização da justiça social, com inegáveis reflexos nas dimensões materiais do direito civil.

"O Estado social, por sua própria natureza, é um Estado intervencionista, que requer sempre a presença militante do poder político nas esferas sociais, onde cresceu a dependência do indivíduo, pela impossibilidade em que este se acha, perante fatores alheios à sua vontade, de prover certas necessidades existenciais mínimas" (Bonavides, 2004, p. 200). Para Pietro Barcellona, são três os postulados do Estado social: 1. Igualdade material em contrapartida à igualdade formal; 2. Reconhecimento recíproco da subjetividade social em face da subjetividade abstrata; 3. Princípio da solidariedade e de intervenção do Estado na economia (1996*b*, p. 109).

Segundo Franz Wieacker, o impacto das mudanças provocadas pelo advento do constitucionalismo social no direito privado fez despontar três características básicas: a) a relativização dos direitos privados pela sua função social; b) a vinculação ético-social desses direitos; c) o recuo do formalismo do sistema de direito privado clássico do século XIX (1980, p. 598-626).

A ideologia do social, traduzida em valores de justiça social ou de solidariedade, passou a dominar o cenário constitucional do século XX em diante. A sociedade exige o acesso aos bens e serviços produzidos pela economia. Firmou-se a opinião comum de que a solidez do poder residiria, substancialmente, no econômico e, relativamente, no político. Daí a insuperável atuação do Estado, para fazer prevalecer o interesse coletivo, evitar os abusos e garantir o espaço público de afirmação da dignidade humana. Nem mesmo a onda de neoliberalismo e globalização econômica, que agitou o último quartel do século XX, abalou os fins do Estado social, permanecendo cada vez mais forte a necessidade da ordem econômica e social, inclusive com o advento de direitos tutelares de novas dimensões da cidadania.

O Estado social pode ser autocrático (por exemplo, as Constituições brasileiras de 1937 e de 1967-1969) ou democrático. A Constituição de 1988 fez opção clara pelo Estado social e democrático de direito, conjugando os valores de liberdade e igualdade com o valor do pluralismo. O Estado social estende e intensifica a liberdade e a igualdade, respeitando a pluralidade de ideias.

As várias reformas que vem sofrendo a Constituição de 1988 reduziram sua força intervencionista nas relações econômicas, mas não retiraram dela a natureza básica do Estado social a que se destina, fundada na justiça social, que por sua vez é afirmada como princípio estruturante da ordem política e da ordem econômica, notadamente no que concerne ao papel das titularidades na atividade econômica.

Como diz Boaventura de Sousa Santos, é verdade que a constitucionalização de um conjunto extenso de direitos sem o respaldo de políticas públicas e sociais consolidadas torna difícil sua efetivação, mas não é menos verdade que esse caráter amplo de direitos abre espaço para uma maior intervenção judicial a partir do controle da constitucionalidade do direito ordinário, consagrando princípios e normas constitucionais (2007, p. 20).

A codificação civil liberal tinha, como valor necessário da realização da pessoa, a propriedade, em torno da qual gravitavam os demais interesses privados, juridicamente tutelados. O patrimônio, o domínio incontrastável sobre os bens, inclusive em face do arbítrio dos mandatários do poder político, realizava a pessoa humana.

É certo que as relações civis têm um forte cunho patrimonializante, bastando recordar que entre seus principais institutos estão a propriedade e o contrato (modo de circulação da propriedade). Todavia, a prevalência do patrimônio, como valor individual a ser tutelado nos códigos, fez submergir a pessoa humana, que passou a figurar como simples e formal polo de relação jurídica, como sujeito abstraído de sua dimensão real.

A patrimonialização das relações civis, que persiste nos códigos, no sentido de primazia, é incompatível com os valores fundados na dignidade da pessoa humana, adotados pelas Constituições modernas, inclusive pela brasileira (art. 1º, III). A repersonalização reencontra a trajetória da longa história da emancipação humana, no sentido de repor a pessoa humana como centro do direito civil, passando o patrimônio ao papel de coadjuvante, nem sempre necessário. A tarefa não é fácil, diante do fenômeno do "individualismo sem subjetividade", como o denominou Pietro Barcellona (1998, p. 215), que é o individualismo da massificação social, da pessoa que se transforma em indivíduo que consome: livre para escolher os objetos do supermercado, mas sem qualquer legitimação para produzir novas formas de subjetividade.

No rumo da repersonalização das relações civis, podem ser destacadas algumas tendências, que interessam ao direito das coisas: a) aplicação crescente pela jurisprudência dos tribunais do princípio da dignidade da pessoa humana, como fundamento para solução dos conflitos; b) condicionamento do exercício da propriedade e de outros direitos reais à sua função social e a garantia do direito de acesso à propriedade mínima existencial, mediante a qualificação da moradia como direito social (art. 6º da Constituição); c) ampla utilização de princípios, cláusulas gerais e conceitos indeterminados, a permitir a humanização efetiva das soluções jurídicas, a partir das situações concretas.

O processo de constitucionalização da propriedade, que atrai a da posse, iniciou-se com as Constituições do México de 1917 e com a da Alemanha, de 1919. O art. 27 da Constituição mexicana afirmava que a propriedade das terras era originalmente da nação, que podia transmitir o domínio delas aos particulares; estabeleceu, ainda, regras fundamentais para conservação do meio ambiente, fracionamento dos latifúndios, melhoramento das condições de vida da população rural e urbana. Mas é na Constituição alemã de 1919 (Weimar) que, pela primeira vez, a propriedade é concebida como complexo de direitos e deveres fundamentais. Assim dispôs seu conhecido art. 153: "A propriedade obriga. O seu uso deve ao mesmo tempo servir ao bem-estar geral". Essa norma foi repetida no art. 14 da Constituição alemã de 1949. No Brasil, a ebulição do ideário de solidariedade social e justiça social repercutiu nas constituições editadas desde 1934, abandonando-se o modelo liberal, individualista e absolutista de propriedade que predominou nas constituições de 1824 e 1891. Na Constituição de 1934, que inaugura o Estado social no Brasil, seu art. 113 assim determinava: "É garantido o direito de propriedade, que não poderá ser exercido contra o interesse social ou coletivo, na forma que a lei determinar". A propriedade saiu de seu casulo exclusivamente individual, segundo o modelo do CC/1916, e inseriu-se na dimensão social, como requisito para seu exercício, assim permanecendo antes e após o advento da Constituição de 1988.

4.6. Fontes Constitucionais da Propriedade ou das Propriedades

De todas as matérias de direito civil elevadas ao plano constitucional, como direitos e deveres fundamentais, a propriedade foi a que recebeu o maior número de preceitos. A Constituição não adota um único modelo de propriedade, mas de várias modalidades de titularidades sobre coisas materiais e imateriais, de natureza econômica. Para a Constituição, portanto, a propriedade é plural.

Na contemporaneidade, com reflexo nas constituições dos países ocidentais, em vez de um direito de propriedade têm-se direitos de propriedades de conteúdos e finalidades diversas, ou, como disse Salvatore Pugliatti, estatutos diversos de apropriação de bens, irredutíveis a um único (1964, p. 149), ou de direito de vários conteúdos, relativos a interesses que apresentam somente analogia genérica, não se enquadrando em um esquema único (p. 251). Impõe-se, assim, no dizer de Stefano Rodotà, o abandono da noção unitária e formal da propriedade e uma recomposição do nexo entre expectativas econômicas e tutela proprietária (2013, p. 68). As titularidades sobre coisas materiais e sobre bens imateriais pouco têm em comum, por exemplo. Ou entre propriedade e poder de controle de empresa. Cogita-se da distinção entre propriedade estática e propriedade dinâmica (atividade).

De modo analítico, podemos indicar as seguintes referências constitucionais à propriedade (ou às propriedades): art. 5º, *caput* (direito à propriedade); art. 5º, XXII (garantia do direito de propriedade); art. 5º, XXIII (função social da propriedade); art. 5º, XXIV (perda da propriedade por desapropriação); art. 5º, XXV (uso da propriedade pelo Poder Público, em situações especiais); art. 5º, XXVI (impenhorabilidade da pequena propriedade); art. 5º, XXIX (propriedade de marcas, nomes e outros signos); art. 6º (direito à moradia); art. 20 (propriedade da União); art. 26 (propriedade dos Estados-membros); art. 170, II (garantia da propriedade privada na atividade econômica); art. 170, III (função social da propriedade na atividade econômica); art. 176 (propriedade de jazidas e recursos energéticos); art. 182, § 2º (requisitos para a função social da propriedade urbana); art. 182, § 3º (desapropriação da propriedade urbana); art. 182, § 4º (aproveitamento adequado da propriedade urbana); art. 183 (usucapião especial de imóvel urbano); art. 185 (imóveis rurais não expropriáveis); art. 186 (requisitos para a função social da propriedade rural); art. 188 (terras devolutas); art. 189 (títulos de domínio ou concessão de uso, na reforma agrária); art. 190 (aquisição da propriedade rural por estrangeiros); art. 191 (usucapião especial de imóvel rural); art. 222 (propriedade de empresa jornalística); art. 225 (proteção ao meio ambiente como limitação da propriedade); art. 231 (propriedade e posse das terras ocupadas pelos índios); art. 243 (expropriação sem indenização); ADCT: art. 49 (sobre as enfiteuses remanescentes e a persistência das enfiteuses sobre terrenos de marinha), art. 51 (limitação a 3.000 hectares para doações de terras públicas), art. 68 (posse e propriedade das terras ocupadas por comunidades quilombolas).

Apesar do vetor social que os determinava, os modelos constitucionais de direito de propriedade e de direito de acesso à propriedade inserem-se no sistema de economia de mercado. Essa associação entre propriedade e mercado cada vez mais é objeto de análise da doutrina civilista. Assim, para que a propriedade seja exercida segundo o estalão dos deveres fundamentais que a conformam é necessária sua interação com a regulação social e pública do mercado.

A propriedade é o grande foco de tensão entre as correntes individualistas e solidaristas. O direito de propriedade, no Estado democrático e social de direito, como o da Constituição brasileira de 1988, termina por refletir esse conflito. No art. 5º, dois incisos estabelecem regras que constituem uma antinomia, se lidos isoladamente: o XXII ("é garantido o direito de propriedade") é a clássica garantia da propriedade privada, do Estado liberal; o XXIII ("a propriedade atenderá a sua função social") é a dimensão solidária e intervencionista, própria do Estado social. A antinomia é reproduzida no art. 170, que trata da atividade econômica. Em um, dominante é o interesse individual; em outro, é o interesse social. Mais que uma solução de compromisso, houve uma acomodação do conflito de interesses, o que repercute nas decisões judiciais dos casos concretos.

No caso da terra, como esclarece Boaventura de Sousa Santos, confrontam-se fundamentalmente duas concepções de propriedade: a concepção que tem na sua base o trabalho; e as concepções individualistas mais ligadas à posse ou à propriedade. Para obviar o conflito é necessário que as instituições aprofundem o componente social da propriedade, ou novos conceitos de direito de propriedade, sem os quais não pode haver justiça social (2007, p. 36-7).

A concepção de propriedade, que se desprende da Constituição, é mais ampla do que o campo de abrangência do direito das coisas. Envolve a própria atividade econômica, o controle empresarial, o domínio sobre ativos mobiliários, a propriedade de marcas, patentes, franquias, biotecnologias e outras propriedades intelectuais. As riquezas são transferidas em rápidas transações de bolsas de valores, transitando de país a país, em investimentos voláteis. Todas essas dimensões de titularidades sobre bens econômicos estão sujeitas ao mandamento constitucional da função social.

A Constituição não trata diretamente da posse, mas sua tutela deriva dos princípios e regras voltadas à concretização da função social da propriedade. A Constituição, que estabelece enfaticamente ser "garantido o direito de propriedade", não tem dispositivo semelhante em relação à posse. Mas, de acordo com Teori Zavascki, é possível detectar no ordenamento constitucional diversas maneiras de tratamento do tema: tutela da posse que importa *limitação* ao uso da propriedade, tutela da posse *paralelamente* ao direito de propriedade e, finalmente, tutela da posse como *modo de aquisição* do direito de propriedade. Cita como exemplos o meio ambiente, tido como bem de uso comum, cujos usuários dos recursos naturais não são apenas os proprietários, mas os possuidores, além da usucapião especial de terrenos urbanos e rurais (2002, p. 847-849).

4.7. Titularidades Comunitárias de Grupos Étnicos

Há modalidades de titularidades previstas na Constituição que rompem o modelo moderno de propriedade: as terras das comunidades indígenas (art. 231, regulamentada pela Lei n. 6.001/73); a propriedade coletiva em favor das comunidades quilombolas (art. 68 do ADCT, regulamentado pelo Decreto n. 4.887/2003); o direito de uso coletivo, em favor das populações extrativistas tradicionais (art. 225, § 1º, III, regulamentado pela Lei n. 9.985/2000). O que de comum há nessas modalidades é o reconhecimento da posse comunal e coletiva e o direito real de uso e fruição, sem possibilidade de apropriação individual.

A população indígena brasileira, segundo o IBGE, espalha-se em 305 diferentes etnias, falantes de 274 línguas. Um dos problemas que mais as afligem, de acordo com a FUNAI, diz respeito à demarcação de terras indígenas, de domínio da União e de usufruto legal dos índios. Na célebre decisão sobre a demarcação da terra indígena Raposa Serra do Sol (Pet. 3.388, 2009), o STF estabeleceu os seguintes requisitos e condições relativamente à titularidade da comunidade indígena sobre as terras que ocupa imemorialmente: (1) o usufruto das riquezas do solo, dos rios e dos lagos existentes pode ser relativizado sempre que houver relevante interesse público da União; (2) o usufruto dos índios não abrange o aproveitamento de recursos hídricos e potenciais energéticos, a pesquisa e lavra das riquezas minerais, assegurando-se-lhes a participação nos resultados da lavra, a garimpagem nem a faiscação, devendo, se for o caso, ser obtida a permissão de lavra garimpeira; (3) o usufruto dos índios não impede a instalação, pela União Federal, de equipamentos públicos, redes de comunicação, estradas e vias de transporte, além das construções necessárias à prestação de serviços públicos pela União, especialmente os de saúde e educação; (4) o usufruto dos índios na área afetada por unidades de conservação fica sob a responsabilidade do Instituto Chico Mendes de Conservação da Biodiversidade; (5) as terras indígenas não poderão ser objeto de arrendamento ou de qualquer ato ou negócio jurídico que restrinja o pleno exercício do usufruto e da posse direta pela comunidade indígena ou pelos índios; (6) os direitos dos índios relacionados às suas terras são imprescritíveis, e estas são inalienáveis e indisponíveis (CF, art. 231, § 4º); (7) a caracterização da área como terra indígena, para os fins dos arts. 20, XI, e 231 da Constituição, torna insubsistentes eventuais pretensões possessórias ou dominiais de particulares, salvo no tocante à indenização por benfeitorias derivadas da ocupação de boa-fé. Nos Embargos Declaratórios à Pet. 3.388, o STF esclareceu que "a caracterização da área como terra indígena, para os fins dos arts. 20, XI, e 231, da Constituição torna insubsistentes eventuais pretensões possessórias ou dominiais de particulares, salvo no tocante à indenização por benfeitorias derivadas da ocupação de boa-fé". No MS 14.987, a Primeira Seção do STJ decidiu que a existência de propriedade devidamente registrada não impede que a FUNAI investigue e demarque terras indígenas.

Discute-se se a tutela constitucional das terras indígenas é compatível com a tutela constitucional do meio ambiente. Enfrentando o problema, decidiu o STF, na mesma Pet. 3.388, que "há perfeita compatibilidade entre meio ambiente e terras indígenas, ainda que estas envolvam áreas de conservação e preservação ambiental" havendo dupla afetação, sob a administração do competente órgão de defesa ambiental.

Em outra decisão (ACO 362), cujo caso envolveu disputa entre Estado membro, que alegava serem de seu domínio determinadas terras, que qualificava como devolutas, e a União que as incluiu no perímetro de áreas indígenas, entendeu o STF que, desde a Constituição de 1934, não se pode caracterizar as terras ocupadas pelos indígenas como devolutas. Ressaltou ainda que a Constituição Federal de 1988 estabeleceu que as terras tradicionalmente ocupadas pelos índios são bens da União e dedicou vários dispositivos para tratar da proteção dessas áreas (arts. 20, XI, e 213, § 1º a § 6º).

As comunidades quilombolas são formadas por afrodescendentes dos que foram vítimas da escravidão. Diferentemente das terras indígenas, que têm titularidades compartilhadas entre a União (nua-proprietária) e a comunidade (usufrutuária), a Constituição assegura às comunidades quilombolas o direito de propriedade definitiva e coletiva sobre as terras que estejam ocupando, cabendo ao Estado emitir o título respectivo. Garantiu-se o direito à propriedade coletiva a essas comunidades, definidas por culturas imemoriais. A propriedade deve ser exercida pela comunidade, de acordo com os seus costumes e tradições, não podendo ser desmembrada entre seus integrantes. O título de domínio contém cláusulas de indivisibilidade, inalienabilidade, imprescritibilidade e impenhorabilidade.

Na ADI 3.239, julgada em 2018, na qual se pleiteou a inconstitucionalidade do Decreto Federal n. 4.887/2003, o STF entendeu que o Estado brasileiro teria incorporado ao seu direito interno a Convenção 169 da Organização Internacional do Trabalho – OIT sobre Povos Indígenas e Tribais, aprovada pelo Decreto Legislativo n. 143/2002 e ratificada pelo Decreto n. 5.051/2004, que consagrou a "consciência da própria identidade" como critério para determinar os grupos tradicionais – indígenas ou tribais – aos quais se aplicaria esse instrumento. Para os efeitos do Decreto n. 4.887/2003, a autodefinição da comunidade como quilombola fora atestada por certidão emitida pela Fundação Cultural Palmares, nos termos do art. 2º, III, da Lei n. 7.668/1988. O critério da autoidentificação cumpriria a tarefa de trazer à luz os destinatários do art. 68 do ADCT. O Decreto n. 4.887/2003 não cuidaria da apropriação individual pelos integrantes da comunidade, e sim da formalização da propriedade coletiva das terras, atribuída à unidade sociocultural. Nessa medida, para os efeitos específicos – entidade jurídica – que é a comunidade quilombola, o título emitido seria coletivo, pró-indiviso e em nome das associações que legalmente representassem as comunidades quilombolas.

A Reserva Extrativista é de domínio público, com uso concedido às populações extrativistas tradicionais, cuja subsistência baseia-se no extrativismo e, complementarmente, na agricultura de subsistência e na criação de animais de pequeno porte, e tem como objetivos básicos proteger os meios de vida e a cultura dessas populações, e assegurar o uso sustentável dos recursos naturais. O terreno deve estar inserido em áreas de domínio, transformadas em unidades de conservação.

São titularidades especiais, advindas do reconhecimento e legitimação de uma territorialidade, histórica e antropologicamente construída e preservada, em torno de uma identidade cultural, de saberes e costumes de um grupo étnico ou local; seja de índios, quilombolas, e por extensão de pescadores e ribeirinhos, seringueiros, coletores de frutos. São titularidades que possuem regime jurídico especial, nas quais não cabem usucapião ou alienação nos moldes do direito comum, mas de outros modos de aquisição e exercício (Pilati, 2012, p. 56). Configuram reparações afirmativas, de conteúdo constitucional, a esses grupos étnicos e culturais que sofreram danos e exclusão pelo processo civilizatório do país.

4.8. Propriedade e Meio Ambiente

O direito de propriedade deve ser compatível com a preservação do meio ambiente, que foi elevado a macrolimite constitucional insuperável (art. 225 da Constituição), no sentido da construção *in fieri* do desenvolvimento ecologicamente sustentável. Considera-se meio ambiente "a interação do conjunto de elementos naturais, artificiais e culturais que propiciam o desenvolvimento equilibrado da vida humana" (Silva, 1981, p. 435).

Essa compatibilização não é tarefa fácil, o que importa ressignificar a ideia moderna de propriedade como domínio individual exclusivo sobre os bens, para que se ajuste à ideia de bem comum que é ínsita ao meio ambiente.

Cogita-se, além do meio ambiente natural, do meio ambiente construído. Para Milton Santos (2013, p. 69 e 106), o meio ambiente construído diferencia-se pela carga maior ou menor de ciência, tecnologia e informação, segundo regiões e lugares. À medida que a história se vai fazendo, a configuração territorial é dada pelas obras dos homens, despontando uma natureza humanizada. Contudo, o meio ambiente construído apenas é merecedor de tutela jurídica quando não resulta em destruição irreversível do meio ambiente natural.

Não é mais compreensível que a dignidade da pessoa humana esteja isolada do meio ambiente, pois este é indispensável a seu projeto existencial. A propriedade, na modernidade, excluiu todos os outros, que sobre ela não podiam alegar qualquer interesse, e fundou-se na convicção da natureza como ambiente hostil ao homem e merecedora de conquista e exploração infinitas. Contudo, como diz François Ost (1997, p. 390), a proteção jurídica do meio ambiente promoveu o retorno do terceiro: terceiro incluído, que subverte as certezas de nossa racionalidade, abrangendo a antroposfera e a biosfera, as gerações presentes e as gerações futuras.

A interlocução do meio ambiente com a pessoa humana e a propriedade foi objeto das discussões travadas no STF em torno da constitucionalidade de diversos dispositivos do Código Florestal (Lei n. 12.651/2012), quando do julgamento das ADIs 4.901, 4.902, 4.903 e 4.937, em 2018. O colegiado do Tribunal entendeu que o meio ambiente assume função dúplice no microssistema jurídico, na medida em que se consubstancia simultaneamente em direito e em dever dos cidadãos, os quais se posicionam, paralelamente, também de forma simultânea, como credores e como devedores da obrigação de proteção respectiva. Outrossim, o homem é parte indissociável do meio ambiente. Por intermédio das interações genéticas biologicamente evolutivas que se sucederam nos últimos milhares de anos, o meio ambiente produziu a espécie humana, cuja vida depende dos recursos nele contidos. A capacidade de os indivíduos desestabilizarem o equilíbrio do conjunto de recursos naturais que lhes fornece a própria existência tem gerado legítimas preocupações, as quais se intensificaram no último século. Portanto, o foco no crescimento econômico sem a devida preocupação ecológica consiste em ameaça presente e futura para o progresso das nações e até mesmo para a sobrevivência da espécie humana. O homem apenas progride como ser biológico e como coletividade quando se percebe como produto — e não proprietário — do meio ambiente.

Com efeito, o meio ambiente é bem de uso comum do povo e prevalece sobre qualquer direito individual de propriedade, não podendo ser afastado até mesmo quando se deparar com exigências de desenvolvimento econômico (salvo quando ecologicamente sustentável). É oponível a todos e exigível por todos. A preservação de espaços territoriais protegidos veda qualquer utilização, inclusive para fins de reforma agrária, salvo mediante lei.

A proteção jurídica do meio ambiente não pode se confinar aos limites territoriais dos ordenamentos jurídicos. Uma lesão em uma região pode repercutir em outras. Nas sociedades modernas, o meio ambiente assume dimensão universal, desafiando as limitações territoriais dos direitos nacionais. Por essa razão, Stefano Rodotà (2014, p. 129) argumenta que a tutela do meio ambiente responde à lógica da interdependência e, portanto, exige cooperação e solidariedade entre os diversos sujeitos interessados, considerando-se o caráter transindividual dos fenômenos.

O CC/2002, cuja redação originária foi concebida antes da Constituição de 1988, estabelece regra de amplo alcance (§ 1º do art. 1.228), no sentido de que o direito de propriedade deve ser exercido de modo que sejam preservados, de conformidade com o estabelecido em lei especial, a flora e a fauna, as belezas naturais, o equilíbrio ecológico, bem como evitada a poluição do ar e das águas. Ou seja, o direito de propriedade há de ser exercido de modo sustentável com o meio ambiente. A lesão ao meio ambiente, perpetrada pelo proprietário, sujeita-o às sanções civis, administrativas e penais previstas na legislação especial.

A Constituição consagra o meio ambiente como "bem de uso comum do povo" (art. 225). O meio ambiente é bem jurídico, mas não é suscetível de apropriação. É concebido como requisito "essencial à sadia qualidade de vida". Assim, ele não está ao lado do direito das coisas, ou fora do direito das coisas. O meio ambiente não é limite para o exercício, mas sim condição de exercício do direito das coisas. Nenhuma titularidade sobre coisas apropriáveis pode ser concebida em desarmonia com o meio ambiente, pois este integra os deveres gerais de conduta daquela. O meio ambiente "é um bem de incidência coletiva, não é divisível e por isso não há direitos subjetivos, mas sim legitimação para atuar em sua defesa" (Lorenzetti, 2016, p. 391).

O direito ao meio ambiente é qualificado como direito fundamental, tendo em vista sua relação com a preservação da vida. A vida humana depende de um ambiente ecologicamente equilibrado e sadio. O entendimento reinante na doutrina é no sentido de compreender os direitos fundamentais, dentre os quais se incluem o direito de propriedade e o direito ao meio ambiente, como dotados de igual dignidade constitucional (Albuquerque, 1999, p. 122), sem hierarquia, o que torna exigente sua harmonização. Na contemporaneidade, apenas é concebível o desenvolvimento sustentável, que permita à natureza manter sua capacidade de regeneração e preservação.

Superada está a fase em que o meio ambiente era tido como limite negativo ou externo do direito de propriedade, como marco além do qual este não poderia ir. Qualquer titular de propriedade, ou de direito real, ou de posse deve exercer seu poder de fato ou poder de direito sobre a coisa em conformidade com o meio ambiente, no sentido constitucional de dever de defesa e preservação. Esse dever é positivo e não de omissão. Cada titular foi investido, em razão do art. 225 da Constituição, do dever de defesa e preservação no benefício das atuais e futuras gerações. Essa singularidade do meio ambiente, de defesa e preservação, desafia a tessitura tradicional do direito de propriedade, conduzindo a sanções positivas, pois "boas práticas de sustentabilidade certamente produzem mais efeitos do que [a legislação] que busca tão somente a punição" (Guilhermino, 2012, p. 145).

Dir-se-á que, se por um lado permanece o proprietário plenamente autorizado a fazer uso dos frutos de sua propriedade, que são recursos renováveis, deverá, por outro lado, respeitar a regulamentação e os princípios que estabelecem os deveres de preservação dos recursos raros e frágeis, como as plantas e animais selvagens que se encontrem no seu imóvel. Considerando-se o meio ambiente como patrimônio comum da humanidade, o proprietário é obrigado a agir como mandatário ou gestor responsável (Ost, 1997, p. 372).

Cogita-se de ser o dever de defesa e preservação do meio ambiente modalidade de função social da propriedade. A função social implica deveres para com a sociedade ou a coletividade, ou observância dos interesses sociais e coletivos. Todavia, a defesa e a preservação do meio ambiente podem colidir com os interesses coletivos ou comunitários. Por esta razão, a Constituição alude a dever e não a direito da coletividade. O meio ambiente é bem jurídico que não pode colidir com o interesse coletivo, pois está acima deste. Na sua configuração atual, o meio ambiente é suprapessoal e suprassocial.

A dificuldade de enquadramento dos deveres do proprietário com o meio ambiente reflete-se nas decisões judiciais. Relativamente aos deveres de preservação e recuperação, em virtude de desmatamentos de reservas florestais, têm sido qualificados como obrigações *propter rem* (STJ, REsp 745.363 e REsp 1.213.518), ou limitações administrativas (STJ, REsp 843.036), ou ônus real (STJ, REsp 195.274). Seja como for, esses deveres ou limitações são imputáveis a quem detenha a titularidade sobre a coisa, independentemente de ter dado causa ou não a sua violação. O novo proprietário vincula-se aos deveres com o meio ambiente, pouco importando a forma e o tempo da aquisição da propriedade. Nesse sentido, decidiu o STJ (REsp 1.213.518) que o fato de a região não estar coberta por vegetação nativa, ou estar há muito tempo desmatada, não retira a condição de área de preservação permanente; a obrigação de recuperá-la independe do fato de ter sido o proprietário o autor da degradação ambiental, pois decorre de obrigação *propter rem,* que adere ao título de domínio ou posse.

Em razão da supremacia constitucional da defesa e da preservação do meio ambiente, não poderá haver colisão, no ordenamento jurídico brasileiro, entre propriedade e meio ambiente. Assim é que, havendo a suposta colisão, a interpretação é *in dubio pro natura.* O titular da propriedade está obrigado a defender e preservar o meio ambiente. Diferentemente da solução alvitrada em outros ordenamentos jurídicos de ponderação ou balanceamento de interesses ou valores, no Brasil o conflito entre propriedade e meio ambiente deve ser resolvido em favor deste, sempre. E assim é, segundo Herman Benjamin (1996, p. 222), porque no regime constitucional brasileiro vigente, a tutela do meio ambiente, quando confrontada com o direito de propriedade, lhe é logicamente antecedente (inexiste direito de propriedade pleno sem salvaguarda ambiental) e historicamente contemporânea (ambos os direitos são reconhecidos num mesmo momento legislativo e texto normativo). Nesse sentido decidiu o STF (MS 25.284) em caso de reserva extrativista: "Ante o estabelecido no artigo 225 da Constituição Federal, conflito entre os interesses individual e coletivo resolve-se a favor deste último", uma vez que o direito de propriedade está relativizado pela Constituição.

Ainda quanto à primazia do meio ambiente, decidiu o STF (RE 194.704) que o Município tem competência para legislar sobre meio ambiente, quando se tratar de interesse local. No caso, a legislação municipal estabelecia a aplicação de multas por poluição do meio ambiente, decorrente da emissão de fumaça por veículos automotores no perímetro urbano. Ainda quanto à competência legislativa concorrente sobre meio ambiente, decidiu o STF (ADPF 109) que os Estados membros podem legislar para proibição de uso, comercialização e produção de produtos à base de amianto ou asbesto.

A Constituição alude a "bem de uso comum do povo". Qual o significado dessa expressão? Não é certamente de coisa material, ou mesmo de coisa imaterial.

Tampouco é de objeto de direito subjetivo. Significa bem jurídico de natureza não econômica e não patrimonial, que está acima das pessoas, das coletividades e das coisas, para manutenção das condições essenciais de vida em cada parte da Terra. Não se confunde, por outro lado, com o sentido estrito de bem de uso comum, que se inclui no domínio do ente federativo (praça, praia, rua, via pública etc.), segundo classificação adotada pelo Código Civil (art. 99). O meio ambiente não integra o domínio público estatal. Não é, portanto, "bem público". Nem bem particular.

Outro aspecto de grande relevância é que o meio ambiente tem se transformado em recurso crítico: se antes parecia infinito, inesgotável, agora há consciência de que é escasso. Isso leva à revisão do conceito de "coisas comuns", concedendo-se direitos de propriedade sobre elas, na forma de ações difusas tendentes à sua proteção (Lorenzetti, 1998, p. 565).

Sendo o meio ambiente "bem", segundo o modelo constitucional, quem é o titular? Ninguém, especificamente. É de uso comum do povo, o que não significa dizer que o povo é seu titular. Quem é legitimado a usar não é necessariamente titular. O termo uso está no sentido de acessibilidade e de garantia de benefício, mas jamais de apropriação. O fim da norma constitucional é dizer que o meio ambiente não pode ser objeto de uso privativo ou particular, em prejuízo dos demais. A referência a povo não quer dizer apenas "povo brasileiro", mas qualquer pessoa que desfrute o meio ambiente existente no território brasileiro ou qualquer pessoa, ainda que fora do território brasileiro, que seja prejudicado ou possa ser prejudicado por dano perpetrado ao meio ambiente dentro dele. Titular é a sociedade como um todo, que não se confina ao território ou ao interesse de determinada comunidade ou nação. No MS 22.164, o STF, em julgamento plenário, decidiu que o direito à integridade do meio ambiente "constitui prerrogativa jurídica de titularidade coletiva, refletindo, dentro do processo de afirmação dos direitos humanos, a expressão significativa de um poder atribuído, não ao indivíduo identificado em sua singularidade, mas, num sentido verdadeiramente mais abrangente, à própria coletividade social".

Como bem de uso comum do povo, o meio ambiente geral apresenta características que o singularizam, notadamente sua indivisibilidade, que o torna insuscetível de apropriação privada individual, e a não exclusão de seus benefícios, já que todas as pessoas têm direito ao meio ambiente, inclusive as futuras gerações, que, por sua vez, são constituídas por sujeitos de direito não personalizados, porque ainda não existentes, mas que existirão. O direito assegurado na Constituição e na legislação infraconstitucional é a um meio ambiente sadio, como direito fundamental, e não a qualquer meio ambiente.

Os deveres de defesa e preservação do meio ambiente engendram obrigações de fazer e de não fazer para o titular da propriedade ou da posse. São obrigações que se vinculam à coisa, independentemente de quem seja ou tenha sido o titular, que tenha violado os deveres. Não cabe invocação, para o novo titular, especialmente o novo proprietário, da garantia do ato jurídico perfeito, em que se consubstanciaria o negócio jurídico de aquisição da coisa. O STJ, inicialmente, entendeu que a responsabilidade pelo dano ambiental não poderia ser imputada ao novo adquirente, mas, depois, firmou orientação que se consolidou no sentido da vinculação deste, independentemente do modo ou do tempo da aquisição.

Ricardo Luis Lorenzetti (1998, p. 565), invocando Herman Benjamin, argumenta com possível distinção entre "macrobem", constituído pelo meio ambiente global, e "microbens", que são suas partes: a atmosfera, as águas, a fauna, a flora; os microbens podem ser apropriados parcialmente e ser objeto de propriedade privada.

A tutela jurídica do meio ambiente, por suas características supraindividuais, é exigente de respostas diferenciadas. Por esta razão, o STJ consagrou entendimento expressado na Súmula 613, segundo a qual: "Não se admite a aplicação da teoria do fato consumado em tema de Direito Ambiental". E, ainda, que as ações coletivas de reparação de dano ambiental são imprescritíveis; podem ser propostas a qualquer tempo (STJ, REsp 647.493)

A lei brasileira (Lei n. 6.938/1981) entende por meio ambiente o conjunto de condições, leis, influências e interações de ordem física, química e biológica, que permitem, abrigam e regem a vida em todas as suas formas. A lei não alude a tipo determinado de bem, mas a um sistema organizado que possibilita a vida. O meio ambiente é, portanto, bem jurídico que integra o patrimônio jurídico de qualquer pessoa, sem referência material específica, cujo dever de defesa e preservação é inerente e oponível ao exercício da titularidade da posse, da propriedade ou de outro direito real.

Por seu turno, a Lei n. 8.629/1993, considera preservação do meio ambiente a manutenção das características próprias do meio natural e da qualidade dos recursos ambientais, na medida adequada à manutenção do equilíbrio ecológico da propriedade e da saúde e qualidade de vida das comunidades vizinhas. Essa lei também considera como efetivamente utilizadas as áreas plantadas com produtos vegetais, as áreas de pastagens nativas e plantadas, as áreas de exploração extrativa vegetal ou florestal, as áreas de exploração de florestas nativas e as áreas sob processos técnicos de formação ou recuperação de pastagens e culturas permanentes, repercutindo o conceito desenvolvido mundialmente de sustentabilidade.

Questão inconclusa, no Brasil e no direito estrangeiro, é se o proprietário deve suportar inteiramente a restrição ou limitação ao uso da propriedade, em virtude dos deveres de defesa e preservação, ou se faz jus à indenização por tais contenções. Não há resposta única, transferindo-se, em cada caso concreto, para as instâncias jurisdicionais, quando não existe sobre o assunto concretização legislativa, para além dos preceitos constitucionais amplos (Canotilho, 1995, p. 101). A indenização, como regra, é incabível quando o Estado cumpre o dever, imposto constitucionalmente, de preservação do meio ambiente. No Brasil, tem sido entendido que a restrição é indenizável, se for de molde a impedir qualquer uso da propriedade ou de parte dela, com efeitos de expropriação. Apenas há desapropriação indireta, indenizável, se a Administração Pública, ao interferir no direito de propriedade: a) aniquilar inteiramente o poder de uso e fruição; b) eliminar, inteiramente, o poder de disposição; c) inviabilizar inteiramente a atividade econômica do proprietário (Benjamin, 1996, p. 230). Não cabe indenização se a intervenção não ultrapassar esses marcos, como sucede com a instituição de reservas legais.

As peculiaridades do meio ambiente suscitam questões controvertidas, no âmbito da teoria e da filosofia do direito, acerca de sua singular subjetividade. Seria o meio ambiente, em si mesmo, um sujeito de direito, ainda que não personalizado? Esse tema aflorou com especial intensidade em relação à proteção aos animais, surgindo correntes a defender que seriam titulares de direitos específicos, distintos dos seres conscientes. Assim, os seres não humanos, que habitam a Terra, deveriam ter a mesma qualificação de sujeitos e não de objetos de direito, pois, apesar de não dotados de consciência, sentem e sofrem, sendo, em sentido amplo, capazes de afetos.

A possível emersão de uma subjetividade própria do meio ambiente tomou força após a revolucionária introdução no direito brasileiro da ação civil pública, mediante a Lei n. 7.347/1985, que dispensou a clássica relação entre legitimidade processual e direito próprio, admitindo como legitimados ativos entidades que não são os titulares do direito pleiteado, como o Ministério público, órgãos públicos e associações civis, para defesa do meio ambiente. Essa defesa não se faz em benefício de pessoas ou grupos determinados, mas de todo o povo, entendido como atuais e futuras gerações, que dependem do meio ambiente para sua existência.

O meio ambiente não existe para o ser humano determinado, mas sim para todos os seres viventes e os ainda não viventes (futuras gerações). A ideia antropocêntrica de que os seres humanos são o centro do mundo e a natureza existe para exploração infinita deles, desenvolvida pelos pais fundadores da modernidade (notadamente Francis Bacon e Descartes), não mais se sustenta na contemporaneidade, especialmente após a conceituação universal de meio ambiente, do qual depende a vida e a sobrevivência da própria espécie humana. No *Discurso do método*, Descartes exprime a quintessência da ciência moderna, para "tornarmo-nos donos e senhores da natureza". Na atualidade, impõe-se a inversão completa de valores: de objeto de exploração infinita passa-se à imposição de deveres de defesa e preservação. Como diz Hans-Georg Gadamer (2001, p. 78), "o homem, graças à sua própria ciência e ao conhecimento que ela confere, é induzido a saber-se, mais do que até ao presente, como arrendatário na Terra, isto é, como alguém que deve cultivar o sítio de seu agir e viver".

Segundo Hans Jonas, essa racionalidade estaria na base do descompromisso com o futuro, com as futuras gerações, agravado pela acumulação imensa de poder tecnológico de destruição. O homem não apenas se serve da natureza, mas pode destruí-la e, consequentemente, destruir a si próprio, comprometendo os que virão. "Nenhuma ética anterior vira-se obrigada a considerar a condição global da vida humana e o futuro distante, inclusive a existência da espécie" (2006, p. 33). Esses delicados aspectos, o da superação da ética antropocêntrica, o da subjetivação das futuras gerações e dos limites do poder, são tratados por Hans Jonas sob o rigoroso conceito de responsabilidade positiva que vincula o poder ou poderes fragmentados da sociedade, inclusive, acrescentamos, os poderes inerentes à propriedade e à posse.

4.9. Acesso e Propriedade

A doutrina tem chamado a atenção para a distinção existente, na contemporaneidade, entre acesso a bens e propriedade, como titularidades que não se confundem, que se apresentam como categorias autônomas e que estão, em diversas situações, em conflito atual ou potencial (Rodotà, 2012, p. 108). Pode-se aceder a um bem e usufruir de sua utilidade, sem adquirir-lhe a propriedade.

O direito de acesso pode ser entendido como instrumento que consiste em satisfazer o interesse de uso do bem, independentemente de sua apropriação exclusiva. Exemplo é o que se tem denominado multipropriedade (*time sharing*), de difícil caracterização jurídica, mediante a qual os diversos titulares fracionam o tempo de uso do mesmo bem, sendo esse o interesse tutelado.

Sob outro ângulo, o direito de acesso tem sido considerado direito fundamental em relação a bens de uso comum, ou que devam ser de uso comum, como a água, o ar, a informação, ante a crescente comercialização desses bens. Assim os direitos a *software* livre, aos fármacos, aos alimentos, à Internet. Desde 1999 a associação internacional Médicos Sem Fronteiras promove a Campanha de Acesso a Medicamentos Essenciais, advogando alteração estrutural na forma de estimular as inovações médicas, para o que se revela insuficiente o sistema de propriedade industrial. A Lei n. 11.346/2006 estabelece que a segurança alimentar e nutricional consiste na realização do direito de todos ao acesso regular e permanente à alimentação adequada, abrangendo o acesso à agua, a conservação da biodiversidade, a promoção da saúde, da nutrição, a produção do conhecimento e o acesso à informação. A Lei n. 12.965/2014 (Marco Civil da Internet) determina que a disciplina do uso da Internet no Brasil tem por objetivo a promoção do direito de acesso a todos, considerado bem de uso comum, incluindo determinadas inviolabilidades, como o não fornecimento a terceiros dos dados pessoais do usuário, salvo mediante consentimento livre, expresso e informado ou nas hipóteses previstas em lei.

A Assembleia Geral da ONU aprovou Resolução em 28-7-2010 que reconhece o acesso à água potável e ao saneamento como direito fundamental. Vários países – como o Brasil – têm desafiado a propriedade industrial de fármacos indispensáveis à cura de milhões de pessoas acometidas de doenças letais como a AIDS, por entenderem que a titularidade tem de ser relativizada quando há risco coletivo ao direito à vida.

4.10. Multipropriedade

A multipropriedade (*time sharing*, propriedade temporária ou periódica, tempo compartido ou tempo compartilhado) tem suscitado dúvidas sobre ser ou não direito real, ou relação meramente obrigacional. Na multipropriedade fraciona-se no tempo o uso da mesma coisa (meses, semanas, dias) entre titulares diversos. A titularidade é de unidade de tempo de uso determinado sobre a coisa e, durante esse tempo, de modo exclusivo. O tempo restante é compartilhado por outros titulares.

Surgiu, inicialmente, nos anos 1960, nos Estados Unidos, sob a forma societária, e na França, sob a forma de condomínio (a palavra *multipropriété* foi registrada para designar o condomínio espaço-temporal nos Alpes *Superdévoluy*, em 1965). Em Portugal, o Decreto-lei n. 355/81 regulamentou o que denominou direito de habitação periódica, devendo o responsável pela aprovação do projeto declarar o imóvel com finalidade de turismo (Lima, 2004, p. 38).

No Brasil, tem sido frequente a constituição de sociedade ou associação dos adquirentes, passando cada titular a deter uma quota da sociedade ou um título de associado; ou, também, de um condomínio em geral (não edilício). O registro do condomínio converte cada condômino em titular de uma parte ideal do imóvel, mas não de um direito real de utilização temporal reconhecido.

Na hipótese da constituição de condomínio, cada participante assume os mesmos deveres do condômino, notadamente do rateio das despesas relativas ao imóvel. Gustavo Tepedino esclarece que a multipropriedade não está baseada na restrição temporária do direito de uso e gozo do bem, mas sim na qualidade peculiar da coisa assenhoreada, a qual é individualizada no espaço e no tempo. O objeto da multipropriedade é identificado não somente pelo aspecto físico (metragem, área, localização), mas também pelo aspecto temporal. Ou seja, a titularidade incide sobre uma unidade imobiliária em períodos de tempo certos e recorrentes de maneira perpétua. Na multipropriedade, "é a coisa no tempo que conta e que, como tal, torna-se susceptível de apropriação pelo homem" (1993, p. 87-101).

A multipropriedade, no âmbito do turismo, foi objeto da Deliberação Normativa n. 378/97 da Embratur, relativamente à ocupação por tempo compartilhado de unidades habitacionais dos complexos turísticos, com distribuição de responsabilidades para o empreendedor, o comercializador, o operador hoteleiro, o administrador de intercâmbio e o cessionário. Os contratos devem conter o número máximo de pessoas que poderão ocupar as unidades durante cada período de utilização, a continuidade do direito de ocupação no caso de alienação do imóvel, os critérios para cessão do direito de ocupação e os direitos dos cessionários, a determinação da responsabilidade e dos valores necessários para as despesas operacionais e taxas de manutenção.

A natureza jurídica da multipropriedade é controvertida. A jurisprudência dos tribunais tem entendido que se trata de fracionamento temporal da propriedade, análogo ao condomínio edilício, não configurando direito real limitado específico, no que parece concordar a maioria dos autores. Mas não há impedimento para a constituição de sociedade multiproprietária (Lima, 2004, p. 66) no modelo de sociedade simples, com número determinado de sócios, correspondente ao número de períodos de desfrute exclusivo do imóvel, ou para a incorporação, com registro de convenção de condomínio que explicite a partilha do tempo.

Em decisão tomada em 2016 o STJ (REsp 1.546.165) fez opção explícita pelo condomínio, considerando a multipropriedade espécie do gênero condomínio. O Acórdão, depois de assim ter afirmado, alude na mesma ementa ao art. 1.225 do Código Civil, que enumera os direitos reais, dando a entender que a multipropriedade seria um deles. Contudo, se a multipropriedade é espécie do gênero condomínio, segundo a lição de Gustavo Tepedino que também adotamos e é referida no Acórdão, não pode ser considerada direito real autônomo. O condomínio, no sistema jurídico brasileiro, é modo de expressão da propriedade, singularizado pela multiplicidade de titulares sobre a mesma coisa e não outro direito real.

A multipropriedade, ante a possibilidade de divisão do tempo em turnos de dias, semanas, meses ou horários de uso, tem sido utilizada tanto para habitações para temporada como para a vida profissional (consultórios médicos ou odontológicos, escritórios de advogados, corretores), bem como para produção industrial e outras atividades de serviços. Uma mesma instalação serve a vários empreendimentos, para melhor aproveitamento econômico, repartida em unidades determinadas de tempo.

Capítulo V

Função Social da Propriedade

Sumário: 5.1. Contornos da função social da propriedade e da posse. 5.2. Função social como ruptura do modelo moderno de propriedade. 5.3. A progressiva inserção da função social nas constituições brasileiras. 5.4. A função social não significa limite externo da propriedade. 5.5. Função social e interpretação das normas infraconstitucionais. 5.6. Função social da posse. 5.7. Inter-relação com os princípios da justiça social e da solidariedade.

5.1. Contornos da Função Social da Propriedade e da Posse

A função social é incompatível com a noção de pertencimento absoluto da coisa a alguém, em que se admite apenas a limitação externa, negativa. A função social determina o exercício e o próprio direito de propriedade ou o poder de fato (posse) sobre a coisa. Lícito é o interesse individual quando realiza, igualmente, o interesse social. O exercício da posse ou do direito individual da propriedade deve ser feito no sentido da utilidade, não somente para o titular, mas para todos. Daí ser incompatível com a inércia, com a inutilidade, com a especulação.

O princípio da função social aplica-se a qualquer tipo de propriedade ou de posse, de coisa móvel ou imóvel. Todavia, é na propriedade imóvel, particularmente na propriedade dos bens de produção, que o princípio teve a sua gênese e se manifesta ainda hoje com maior vigor (Ascensão, 2008, p. 33).

Para determinadas situações, a Constituição estabelece o conteúdo da função social, como se lê no art. 182, § 2º, relativamente à propriedade urbana, e no art. 186, relativamente à propriedade rural. Neles, evidentemente, não se esgota seu alcance. A desapropriação por interesse social arma o Poder Público de poderoso instrumento para alcançá-la, pois não se trata de expropriação tradicional, que transfere o bem particular para o domínio público, mas de transferência de bem particular, que não realizou a função social, para o domínio ou posse de destinatários particulares, que presumivelmente a realizarão. No caso da propriedade urbana, outros mecanismos de intervenção estatal estão previstos: o parcelamento ou a edificação compulsórios e o imposto progressivo no tempo. O conflito entre a concepção individualista da propriedade e a concepção social emerge na reação que se nota à implementação, pelos municípios, do imposto progressivo sobre terrenos urbanos desocupados, apenas utilizados para fins especulativos.

Depreende-se da Constituição que a utilidade e a ocupação efetivas são determinantes, prevalecendo sobre o título de domínio, que transformava o proprietário em senhor soberano, dentro de seus limites, permitido como estava a usar, gozar e dispor de seus bens como lhe aprouvesse. O direito à habitação entrou na cogitação dos juristas, competindo com o direito de propriedade. Segundo Ricardo Pereira Lira (1997, p. 189), a propriedade, como decorrência da função social, deixa de ter o não uso no leque das suas faculdades; não é do interesse social "a propriedade ociosa, que, se mantida tal, deixa de exercer a sua função social".

A ideia de função social da propriedade – e, por correlação, da posse – deriva da integração de deveres à propriedade. Ou seja, a propriedade é direito, mas também é dever. O século XIX foi o triunfo do direito soberano e irrestrito da propriedade, da soberania individual sobre a coisa. A propriedade foi o direito subjetivo por excelência, concebido como paradigma para todos os outros. No século XX ocorre progressivamente a viragem no sentido de se ter a propriedade, igualmente, como fonte de deveres, no direito positivo.

Há quem sustente que entre os precedentes mais notáveis do moderno conceito de função social encontra-se a concepção cristã da propriedade, desde a especulação patrística de *bonum commune*, conservada substancialmente nas encíclicas sociais, no sentido de que a propriedade "deve ter", não "é" uma função social (Rodotà, 2013, p. 217).

Os deveres que configuram a função social são deveres em relação à sociedade, aos interesses sociais ou coletivos. Não são apenas deveres correlativos ao direito subjetivo, isto é, os que se atribuem a todos os outros para que respeitem aquele, para que não o violem. São deveres atribuídos ao próprio titular, ao proprietário (ou possuidor), no sentido de exercer o poder de fato ou de direito não apenas para atender seus interesses individuais legítimos, mas também e necessariamente os interesses da sociedade ou da comunidade onde está inserido o objeto de pertencimento. A função social constitui elemento interno do direito subjetivo do proprietário (Tepedino, 2009, p. 99). Na atualidade, direito de propriedade e regulação não são inimigos mortais, na sociedade democrática (Singer, 2000, p. 8). O exercício do direito de propriedade repercute inevitavelmente no ambiente social, para o bem ou para o mal.

"Quem não cumpre a função social da propriedade perde as garantias, judiciais e extrajudiciais, de proteção da posse, inerentes à propriedade, e as ações possessórias. A aplicação das normas do CC e do CPC, nunca é demais repetir, há de ser feita à luz dos mandamentos constitucionais, e não de modo cego e mecânico, sem atenção às circunstâncias de cada caso, que podem envolver o descumprimento de deveres fundamentais" (Comparato, 1997, p. 97). Nesse sentido, o STJ (HC 4.399): "nada impede, por exemplo, que a Administração Pública, quando de uma desapropriação, ou o Poder Judiciário, no julgamento de uma ação possessória, reconheçam que o proprietário não cumpre o dever fundamental de dar ao imóvel uma destinação de interesse coletivo, e tirem desse fato as consequências que a razão jurídica impõe".

Para Judith Martins-Costa, a discussão no campo jurídico da função social, com as características que ostenta atualmente, iniciou "com base nas formulações acerca da figura do abuso do direito, pela qual foi a jurisprudência francesa gradativamente impondo certos limites ao poder absoluto do proprietário" (2002, p. 146). Por certo, o surgimento e o desenvolvimento da teoria do abuso do direito muito contribuíram para a consolidação da teoria jurídica da função social da propriedade, mas esta é a projeção no direito das ideias políticas, sociais e econômicas sobre a superação do modelo exclusivamente individualista da propriedade, que despontaram com força ainda na segunda metade do século XIX, no sentido não apenas de limitação dos abusos, mas de ressignificação da propriedade como conjunto de direitos e deveres necessariamente funcionalizados. De modo sintético, diz-se que o abuso do direito dirige-se, em primeira linha, contra os interesses privados; a lesão da função social, contra os interesses coletivos (Ascensão, 2008, p. 39). Mais que simplesmente não praticar atos emulativos (dever negativo de conduta), a compreensão funcional do direito à propriedade impõe a promoção de interesses socialmente relevantes, no âmbito dos quais o meio ambiente se torna essencial (Tepedino, 2009, p. 111).

A construção da ideia de função social da propriedade e da posse é um processo inconcluso. Permanentemente inconcluso. Em cada tempo e lugar ela se revela e adquire dimensões de acordo com os valores sociais que se afirmam. Por isso, as referências no direito positivo à função social da propriedade em determinadas situações, como os arts. 182 e 186 da Constituição de 1988, são exemplificativas, não contemplando todas as demais, que emergem dos casos concretos levados à apreciação da autoridade judiciária.

A concepção contemporânea de função se contrapõe à de finalidade. A função encontra-se na dimensão interna do direito, na sua conformação e determinação, enquanto a finalidade é o escopo a se atingir, sendo, portanto, exterior ao direito referido. Para Stefano Rodotà (2013, p. 221), finalidade é uma destinação a uma tarefa abstratamente fixada e imutável, enquanto função é um posicionamento histórico e concreto ante situações sempre renovadas e diversas.

A concepção contemporânea da função social distancia-se da que prevaleceu em sua origem, marcada pelo advento de outra concepção, consistente em limites ao poder absoluto (ilimitado) do proprietário. A relação com o abuso do direito, como limite externo, já tinha sido considerada insuficiente por Léon Duguit, um dos pais da concepção contemporânea da função social – para muitos, o precursor do conceito jurídico de função social –, para quem a propriedade "é" uma função social, por lhe ser inerente (1975, p. 241), não sendo adequado dizer-se que é limitada por ela. Duguit também lançou luz sobre a insuperável interlocução entre função social e deveres do proprietário, ao ponto de afirmar que a propriedade não seria direito, mas sim uma função social a cumprir.

Antes da construção da doutrina da função social, principalmente na viragem do século XIX para o século XX, influentes juristas já cogitavam do "caráter social dos direitos privados". Assim Rudolf von Ihering denominou o fenômeno, em uma de suas mais conhecidas obras, dedicada ao fim do direito (1946, p. 256). Já em sua época, disse Ihering que todos os direitos privados estão influenciados e vinculados por considerações sociais. "Não há um só direito cujo sujeito possa dizer: esse direito possuo exclusivamente para mim, sou amo e senhor dele, e a lógica jurídica impede que a sociedade ponha limites ao exercício de meu direito. Não é necessário ser profeta para prever que a concepção social do direito privado substituirá pouco a pouco a concepção individualista".

Para alguns parece haver uma contradição nos termos, assim resumida por Francesco Galgano (1988, p. 152): pode a propriedade ser, ao mesmo tempo, um direito e uma função? Pode um mesmo sujeito ser contemporaneamente portador de um direito, que é proteção jurídica de seu interesse, e de uma função, que é poder reconhecido para satisfazer interesses de outros? Essa aparente contradição, que desponta formal e paralelamente nos incisos XXII (direito de propriedade) e XXIII (função social da propriedade) do art. 5º de nossa Constituição, resolve-se com a concepção contemporânea de propriedade como complexo de direitos e deveres. Não é conciliação de opostos, mas de emergência de conceito jurídico fundado no equilíbrio entre interesses do proprietário e interesses dos não proprietários e da coletividade, que se impôs pelas transformações sociais e, no caso brasileiro, pela opção explícita do legislador constituinte.

A doutrina tem acentuado que a propriedade não mais existe em isolamento e é latente o conflito de interesses, pois "o reconhecimento e o exercício do direito de propriedade afetam os interesses dos outros, incluindo outros proprietários e não proprietários" (Singer, 2000, p. 6). Pietro Perlingieri (1997, p. 222) adverte que a relação de propriedade é a "ligação entre a situação do proprietário e aqueles que entram em conflito com esta e constituem centros de interesses antagônicos", impondo-se o dever de cooperação, tal como se dá com os contratos, de forma que, às vezes, ocorre prevalência ao interesse do proprietário, outras vezes, àqueles dos outros sujeitos. Afirma-se que os interesses conflitantes com a propriedade apresentam-se como posições antagônicas aos direitos subjetivos existentes e reconhecidos, uma espécie de "contradireitos" (Tepedino, 2008, p. 344).

A análise das fontes constitucionais e infraconstitucionais, no Brasil e alhures, traz a lume a natureza equívoca do direito de propriedade, "que aparece tanto como instrumento de política social, tanto como um direito ligado à pessoa do indivíduo", como bem acentua Anne-Françoise Zattara (2001, p. 131).

Esclareça-se que não são as coisas que têm função social (porque sua existência não pode ser condicionada juridicamente), mas os direitos que as pessoas têm sobre elas e, na verdade, a forma como os exercem, sendo o uso apenas um dos exercícios possíveis (Herkenhoff, 2008, p. 321). Para Eroulths Cortiano (2002, p. 184) a proteção da pessoa humana enquanto ser dotado de dignidade forma o núcleo essencial da carta constitucional; nesse sentido, todas as normas que tratam especificamente da função social da propriedade devem ser lidas como complementares à proteção que a Constituição oferta à pessoa humana. Não apenas os direitos, mas igualmente os poderes fáticos de posse. Também assim distingue Fábio Konder Comparato, pois importa a relação jurídica que tem a coisa por objeto (1986, p. 73). Com efeito, as coisas em si não exercem qualquer função, para o direito, mas sim a utilização que as pessoas fazem ou devem fazer delas.

5.2. Função Social como Ruptura do Modelo Moderno de Propriedade

O modelo moderno de propriedade alcançou seu ápice durante a vigência do Estado liberal, assim entendido o que não regula ou intervém nas relações privadas de caráter econômico, nem mesmo para proteção dos sujeitos vulneráveis. Politicamente, o Estado liberal realizou o ideário do liberalismo clássico ou individualista, para o qual as relações e os problemas de natureza econômica devem ser resolvidos por si mesmo, no ambiente do mercado, que prevalece sobre os interesses sociais ou públicos. A função do direito era o de garantia do mercado, livre de regulações, função essa meramente negativa. Nesse ideário, seria contraditório cogitar-se de função social dos direitos, notadamente o da propriedade.

A função social da propriedade ingressou no direito com o advento do Estado social, quando o modelo moderno e liberal de propriedade revelou-se como instrumento de iniquidades e de exploração da liberdade, em benefício dos mais poderosos. A função social é o marco da viragem da concepção individualista para a concepção solidária da propriedade e da posse.

Segundo Stefano Rodotà (2013, p. 213), a primeira grande fratura ao modelo moderno liberal de propriedade se dá quando é abandonada a ideia de gozo exclusivo para si e se entra no conceito de função de caráter social.

Concebida como inerente à estrutura da propriedade, a função social vem diminuindo a margem de indeterminação, que é próprio de sua natureza de princípio elástico, e adquire contornos mais precisos de uma reconstrução que pode, com plena legitimidade, levar em conta todos os elementos presentes no sistema, para determinar sua operatividade nas situações mais particulares.

Na contemporaneidade, quando o modelo moderno e liberal da propriedade deixou de existir, em ordenamentos legais como o brasileiro, a função social cumpre duas finalidades pela: (1) Harmonização dos interesses individuais do titular da posse ou da propriedade com os interesses sociais e supraindividuais (como a preservação do meio ambiente); (2) Remoção dos obstáculos à emancipação das pessoas não proprietárias ou possuidoras, notadamente com a redução das desigualdades sociais, cumprindo-se o mandamento constitucional de justiça social.

Divergindo da longeva correlação da função social como deveres com os outros, sustenta Carlos Eduardo Pianovski Ruzyk (2011*a*, p. 167) que os institutos de direito civil têm entre suas funções a proteção da liberdade coexistencial, que difere da ideia abraçada por Duguit de liberdade como cumprimento de dever social; daí concluir pela "responsabilidade recíproca entre os indivíduos pela liberdade dos outros" (p. 199). Com efeito, os deveres jurídicos derivados do princípio normativo da função social, na contemporaneidade, estão interligados à diretriz da emancipação real das pessoas, no sentido da obtenção de suas liberdades substanciais, o que só é possível com a funcionalização da propriedade, cuja antiga primazia do interesse individual não a satisfazia. Assim é que o conceito de liberdade articula-se com o de alteridade, como o faz Luiz Edson Fachin (2006, passim), pois apenas há pessoa em relação e o princípio da função social da propriedade configura possibilidade de redução das desigualdades sociais, a ser operada, em especial pelo Judiciário, na decisão do caso concreto (2012, p. 342).

A correlação da função social com deveres, para com os outros e com a sociedade, impõe consequências jurídicas à inatividade do proprietário, pelo descumprimento daqueles, retirando-lhe a legitimidade à titularidade ou ao exercício do direito de propriedade.

5.3. A Progressiva Inserção da Função Social nas Constituições Brasileiras

A progressiva viragem na direção dos deveres, que integram a função social da propriedade, está bem retratada na trajetória das Constituições brasileiras do século XX, desde a de 1934.

As Constituições de 1824, 1891 e 1937 deram à propriedade um conteúdo pleno e irrestrito, salvo a desapropriação por utilidade pública com prévia indenização. Na Constituição de 1937, até mesmo a garantia da prévia indenização foi suspensa pelo Decreto n. 10.358, de 1942; o direito de propriedade, igualmente, seria suspenso quando fosse declarado pelo Presidente da República o estado de emergência.

A inserção constitucional da função social da propriedade teve início com o advento da primeira Constituição instituidora do Estado social brasileiro, a de 1934, que assim estabeleceu (art. 113, n. 17): "É garantido o direito de propriedade, que não poderá ser exercido contra o interesse social ou coletivo, na forma que a lei determinar". Não há referência explícita à função social, mas a finalidade da norma a ela se adequava, notadamente quanto à conformidade ao interesse social e coletivo do exercício do direito de propriedade.

Na Constituição de 1946 a função social da propriedade comparece vinculada à realização do bem-estar social e ao direito de acesso garantido a todos: "Art. 147 – O uso da propriedade será condicionado ao bem-estar social. A lei poderá, com observância do disposto no art. 141, § 16, promover a justa distribuição da propriedade, com igual oportunidade para todos". Essa Constituição, tal como a de 1934, ressalta o exercício do direito de propriedade ("uso da propriedade"), que marcará o desenvolvimento do conceito de função social, no Brasil. A funcionalização está orientada ao bem-estar social, que o exercício do direito de propriedade deve observar. Sobre este último ponto, Pontes de Miranda (1968, p. 46) esclareceu que uma coisa é o limite ao uso, elaborado milenarmente, como as regras entre vizinhos, outra coisa é o bem-estar social, conceito mais vasto que vizinhança ou proximidade; "o uso da propriedade há de ser compossível com o bem-estar social".

Apenas na Constituição de 1967 a expressão "função social da propriedade" é explicitamente referida (art. 157), no capítulo da ordem econômica e social. Vinculava-se, portanto, à propriedade dita dinâmica, ou seja, a que integrava a atividade econômica. Essa distinção entre propriedade estática e propriedade dinâmica é corrente na doutrina do direito econômico (Vaz, 1993, p. 318), para a qual o conceito de atividade é essencial. É a propriedade em movimento, como objeto de organizações empresariais e de trocas.

A Constituição de 1988 elevou a função social da propriedade à categoria de direito fundamental. Os institutos jurídicos da propriedade e da função social estão visceralmente imbricados, devendo ser interpretados conjuntamente. Não há propriedade sem função social. A dificuldade de ruptura com o paradigma individualista da propriedade revela-se nos enunciados dos incisos XXII e XXIII do art. 5º da Constituição, pois um garante a propriedade privada *tout court* e o outro condiciona seu exercício à função social. Essa aparente incompatibilidade das normas constitucionais decorreu de solução de compromissos entre interesses ideológicos contrapostos no período de sua elaboração, sendo que os constituintes conservadores propugnaram pelo inciso XXII e os constituintes progressistas pelo inciso XXIII. Como a interpretação de um inciso não pode dispensar a do outro, pois a antinomia é aparente, para a aplicação das normas constitucionais e das infraconstitucionais impõe-se a harmonização deles, em virtude de sua necessária interpenetração, compondo-se assim a norma: "é garantido o direito de propriedade, que deve realizar sua função social".

5.4. A Função Social não Significa Limite Externo da Propriedade

A propriedade e a posse não são limitadas negativamente pela função social, pois esta as conforma e determina em sentido positivo. Nos seus primórdios, a ideia de função social esteve comprometida com a de limites negativos ou externos ao direito de propriedade, ao lado de outros institutos, principalmente os direitos de vizinhança, o abuso do direito e as limitações administrativas. Os limites externos ainda refletem a concepção de intocabilidade do direito de propriedade, segundo o modelo moderno do individualismo liberal, ou seja, pode ser soberanamente exercido até onde confine com esses limites.

Na contemporaneidade, a função social afastou-se da concepção de limites externos, passando a integrar os próprios conteúdos da propriedade e da posse. Esta é a orientação que se adotou na Constituição de 1988. Integra como conjunto de deveres que devem ser cumpridos pelo titular sempre que exerça seus poderes de fato ou de direito. Não é mais algo externo, mas sim interno a essas titularidades, determinando suas próprias naturezas e seus exercícios. Veja-se que a Constituição utiliza enunciados que remetem a deveres e não a limites, a exemplo do art. 182, § 2º ("A propriedade urbana cumpre sua função social quando atende às exigências ..."). Cumpre-se o que se deve. Aí não está dito que a propriedade está limitada à função social, mas sim que esta é dever jurídico que deve ser cumprido. Assim também no art. 186 ("A função social é cumprida quando a propriedade rural atende..."). Neste último, a função social é desdobrada em alguns deveres jurídicos, de cumprimento permanente, como aproveitamento racional e adequado da terra, preservação do meio ambiente, observância da legislação trabalhista, favorecimento do bem-estar dos proprietários e trabalhadores.

Deveres jurídicos permanentes que se impõem e condicionam o exercício da posse e da propriedade não podem ser considerados limites externos. Compare-se, por exemplo, com as limitações administrativas de não construção de edificações em determinados zoneamentos urbanos, ou de fixação de recuos para construções às margens de rodovias, ou de sujeição à passagem de redes de transmissão de energia elétrica. Esses são exemplos de limitações externas e não de deveres impostos ao exercício do direito de propriedade ou ao exercício da posse.

O Código Civil repercute a transição paradigmática ao estabelecer no art. 421 que a liberdade de contratar será exercida "em razão e nos limites da função social" do contrato. O exercício da liberdade – do contrato ou da propriedade – dá-se "em razão", mas não "nos limites", pois esta última referência reflete a imprecisão que ainda desponta, em nosso sistema jurídico, da atual dimensão da função social. Mas o mesmo Código, no parágrafo único do art. 2.035, proclama a supremacia da função social sobre a liberdade de contrato ou de propriedade, ao estabelecer que "nenhuma convenção prevalecerá se contrariar preceitos de ordem pública, tais como os estabelecidos por este Código para assegurar a função social da propriedade e dos contratos". A função social, portanto, prevalece sobre dois pilares de nosso direito privado, que são a autonomia privada e a garantia do ato jurídico perfeito, uma vez que este, constituído sob o império da lei antiga, é alcançado pela regra da lei nova (CC/2002), que suprime a eficácia jurídica de negócios jurídicos que contrariem a função social da propriedade, ainda que esta não fosse clara no momento de suas conclusões.

Sobre o tema, Pietro Perlingieri (2008, p. 940) é concorde no sentido de a função social da propriedade privada não concernir a limites. Para ele, em um sistema inspirado pela solidariedade política, social e econômica e pelo pleno desenvolvimento da pessoa, o conteúdo da função social assume um papel promocional, de maneira que a disciplina das formas proprietárias e a sua interpretação deverão ocorrer de forma a garantir e promover os valores sobre os quais se funda o ordenamento. A função social deve ser entendida não como uma intervenção *in odio* à propriedade privada, mas torna-se a própria razão pela qual o direito de propriedade foi atribuído a um certo sujeito. Reconhece que (p. 942) a função social não é autônoma, mas sim parte essencial da garantia e do reconhecimento da propriedade privada, a razão da própria tutela da apropriação privada dos bens, de acordo com as circunstâncias históricas que caracterizam a concreta composição de interesses. Igualmente, em obra clássica, Salvatore Pugliatti afirmara que, enquanto destinação a interesses diversos do proprietário e inclusão de obrigações positivas, mais que limites postos ao exercício da propriedade, é a função social a própria "razão que determina os limites", podendo-se adotar a fórmula "propriedade-função" para designar o aspecto que assume o direito de propriedade contemporâneo (1964, p. 144). Essa orientação repercutiu no Código Civil brasileiro de 2002, cujo art. 421 alude a "em razão e nos limites da função social" quando trata da liberdade de contratar.

A função social da propriedade como limite externo "parece superado na doutrina contemporânea" (Ruzyk, 2011*a*, p. 252), pois a compreensão da propriedade como um direito que contém, em sua estrutura e no seu interior, uma função social, afastaria entendimentos advindos de suas primeiras concepções no século XIX. Nesse sentido, também, Gustavo Tepedino (2013, p. 266): "a função social da propriedade, como expressão da primazia constitucional dos valores de solidariedade, igualdade e dignidade humana, torna-se elemento interno do domínio", não mais podendo ser vista como a atribuição de poder tendencialmente pleno, cujos confins são definidos externamente, ou com caráter predominantemente negativo. Igualmente, Eros Grau (1997, p. 255), para quem o que mais releva enfatizar é o fato de que o princípio da função social da propriedade impõe ao proprietário o dever de exercê-lo em benefício de outrem e não, apenas, de não o exercer em prejuízo de outrem. Para Marco Comporti (1984, p. 313), a disciplina da propriedade privada "não funciona mais apenas como um limite externo, mas assume, frequentemente, o caráter de obrigação positiva, conformando, assim, o conteúdo de um direito limitado por superiores exigências de solidariedade social"; em outro escrito diz que a noção de função social deve ser entendida não tanto como exigência produtivista do sistema econômico, mas como critério para realização da pessoa humana e de respeito à dignidade do homem (1993, p. 164).

Não se compatibiliza a ideia de limite externo com os deveres jurídicos que emergem da configuração da função social, tanto na Constituição quanto na legislação infraconstitucional. A função social, em nosso direito, foi concebida e se desenvolveu como complexo de deveres. Deveres que têm por finalidade a proteção dos seres vulneráveis, alcançados pelo exercício das titularidades da posse ou da propriedade sobre as coisas, inclusive o meio ambiente. Desses deveres jurídicos promanam obrigações de fazer, em grau maior que obrigações de não fazer.

Por outro ângulo de argumentação, afirma-se que, se a função social da propriedade e da posse fosse mero limite, seria possível qualificar toda e qualquer restrição a essas como função; assim, os direitos recíprocos de vizinhança, que implicam limites de exercício, seriam funções, do mesmo modo que as limitações administrativas (Ruzyk, 2011*a*, p. 257).

5.5. Função Social e Interpretação das Normas Infraconstitucionais

A interpretação das normas infraconstitucionais, inclusive do Código Civil, deve ser feita em conformidade com as normas constitucionais que estabelecem a primazia da função social da propriedade sobre qualquer interesse individual. A redação da legislação civil brasileira repercute ainda, em sua literalidade, a concepção individualista da propriedade. Daí a interpretação em conformidade com a Constituição, sem redução do texto legal, orientada à realização da função social.

Qualquer norma infraconstitucional, cuja interpretação em conformidade com a Constituição não seja possível, por ser incompatível com a função social da propriedade ou da posse, deve ser declarada inconstitucional. Esse é um critério de interpretação obrigatório para o juiz e demais aplicadores do direito. Como diz Pietro Perlingieri (2008, p. 942), esse critério legitima a não aplicação das disposições legislativas nascidas como expressões de tipo individualístico, ou concretizadoras de uma função social de natureza diversa daquela constitucional, como a inspirada na máxima produção ou na autossuficiência econômica.

A função social da propriedade não é apenas dirigida ao aplicador do direito. Diz respeito, essencialmente, ao dever de sua observância permanente pelo titular da posse ou da propriedade, que é o seu principal destinatário, em todo o momento em que exerçam seus poderes de direito ou de fato. Da mesma forma que a autonomia privada negocial deve ser exercida em razão da função social (CC, art. 421), a autonomia para o gozo e disposição da posse e da propriedade também o é. Esse é um dever legal, que não depende de consentimento ou acordo.

A interpretação das normas infraconstitucionais não pode levar ao equívoco, ainda corrente, da confusão entre função social e aproveitamento econômico. Pode haver máximo aproveitamento econômico e lesão à função social da propriedade ou da posse. Na situação concreta, não há função social quando, para maximização dos fins econômicos, o titular de imóvel urbano não atende às exigências fundamentais de ordenação da cidade (CF, art. 182, § 2º), ou o titular de imóvel rural não promove o aproveitamento racional e adequado da terra, ou não utiliza adequadamente os recursos naturais disponíveis, ou não preserva o meio ambiente, ou não cumpre a legislação trabalhista, ou não promove os bem-estar dos trabalhadores (CF, art. 186). Não são, portanto, a produtividade ou os fins econômicos que orientam a aplicação da função social da propriedade ou da posse. Todavia, o STF (MS 32.752) entendeu que a invasão do imóvel rural por movimentos sociais compromete sua produção e frustra a função social, o que leva ao impedimento da desapropriação para fins de reforma agrária.

Outro equívoco que deve ser evitado é relacionar a propriedade privada ao direito público, tendo em vista que a função social dela foi introduzida pelas Constituições. Já tivemos oportunidade de dizer que são distintos os conceitos de publicização e constitucionalização das relações privadas. Se se entende como publicização a submissão dessas matérias ao âmbito do direito público, então é incorreto tal enquadramento. O fato de haver mais ou menos normas cogentes não elimina a natureza originária da relação jurídica privada, vale dizer, da relação que se dá entre titulares de direitos formalmente iguais; não é este o campo próprio do direito público. Para fazer sentido, a publicização deve ser entendida como o processo de intervenção legislativa infraconstitucional, ao passo que a constitucionalização tem por fito submeter o direito positivo aos fundamentos de validade constitucionalmente estabelecidos (Lôbo, 1999, p. 100).

A literatura jurídica mais atenta às características atuais da função social da propriedade tem demonstrado que a propriedade, orientada à realização da função social, verteu-se em instrumento para proteção da pessoa humana. A utilização dos bens privados e o consequente exercício do domínio devem, portanto, respeitar e promover as situações jurídicas subjetivas existenciais e sociais por ela atingidas, não bastando o mero aproveitamento econômico (Tepedino, 2013, p. 267).

O legislador infraconstitucional tem tentado densificar conceitos abertos ou indeterminados utilizados pela Constituição. No que concerne ao conceito de "propriedade produtiva", insuscetível de desapropriação, segundo o art. 185, II, da Constituição, a Lei n. 8.629/93, considera aquela que, explorada econômica e racionalmente, atinge, simultaneamente, graus de utilização da terra e de eficiência na exploração, segundo índices fixados pelo órgão federal competente. Mas a qualificação como propriedade produtiva, segundo esses critérios, não afasta o cumprimento dos deveres de função social, pois são de natureza distinta.

Igualmente, o Estatuto da Cidade (Lei n. 10.257/2001) densifica a função social da propriedade urbana, prevista na Constituição, de modo a assegurar o atendimento às necessidades dos cidadãos quanto à qualidade de vida, à justiça social e ao desenvolvimento das atividades econômicas. A função social da propriedade urbana assume relevo, quando se considera que a taxa de urbanização no Brasil, em 2010, era de quase oitenta e cinco por cento da população.

5.6. Função Social da Posse

A posse, assim como a propriedade, deve exercer uma função social e não apenas individual, segundo o estalão constitucional (arts. 5º, XXIII; 170, III, da Constituição). Assim, não basta o uso econômico da coisa, que se revela por sinais exteriores, mas é necessário que realize a função social, segundo os critérios legais, para que a proteção seja assegurada à posse.

O direito à posse recebeu especial influxo da ideia de função social da propriedade. A posse, para continuar merecedora da proteção jurídica e ser instrumento mais democrático de acesso das pessoas às coisas, há de realizar sua função social, ao lado da função individual. Miguel Reale, que coordenou a comissão elaboradora do anteprojeto do Código Civil, testemunhou que "foi revisto e atualizado o antigo conceito de posse, em consonância com os fins sociais da propriedade" (1999, p. 8). Toda a rica produção intelectual que se tem em torno da função social da propriedade, em nosso meio, aplica-se, com mais razão, à posse, pois é esta que a realiza, na dimensão positiva da utilização real da coisa. Porque, como diz Luiz Edson Fachin (1988, p. 13), a posse não é somente conteúdo do direito de propriedade, mas sim sua causa, entendida com sua força geradora, e sua necessidade, pois exige sua manutenção sob pena de recair sobre a coisa a força aquisitiva, mediante usucapião; por isso, a função social é mais evidente na posse do que na propriedade (p. 19), por sua natureza de uso e utilização.

A doutrina tem distinguido a função social da posse em duas situações: (1) quando a posse está integrada à propriedade; (2) quando a posse é autônoma. Na primeira situação, a função social da posse coincide com a da propriedade, pelo exercício desta. Quando a posse é autônoma, entende Gustavo Tepedino (2011*b*, p. 57) que sua função social mostra-se essencialmente dúctil e define-se *a posteriori*, dependendo do direcionamento do exercício possessório a valores protegidos pelo ordenamento (dignidade da pessoa humana, solidariedade social, igualdade, moradia, trabalho), que a legitimem e justifiquem sua proteção legal, inclusive contra o proprietário.

Pode-se afirmar que a Constituição criou um novo pressuposto para a obtenção da proteção possessória, ou seja, a prova do cumprimento da função social; a correta interpretação dos dispositivos constitucionais leva à reconstrução do sistema de tutela processual da posse, que deve ser iluminado pela exigência de observância da função social (Didier Jr., 2008, p. 102).

Nem sempre a posse está em conformidade com a função social, não havendo presunção de que seu exercício esteja orientado a uma finalidade social relevante, máxime nas situações de posses equivalentes a latifúndios ou que promovam devastação ambiental.

A função social ressalta a utilização da coisa, razão por que está mais próxima da posse do que da propriedade. A posse, por ser poder de fato, é concreta e real, enquanto o direito de propriedade é abstração, desenvolvida no mundo idealizado ou dos pensamentos. Quando se diz função social da propriedade pressupõe-se a da posse que a integra. Mas a circunstância de a função social da propriedade estar inserta nas garantias constitucionais não lhe confere qualquer primazia em relação à função social da posse.

5.7. Inter-Relação com os Princípios da Justiça Social e da Solidariedade

Na Constituição (art. 170), a função social da propriedade é ordenada para a realização da justiça social. Assim, quando a propriedade integra a atividade econômica, compondo-a ou sendo objeto de circulação, deve seu exercício realizar "os ditames da justiça social". O princípio normativo da função social da propriedade (inciso III do art. 170) é, consequentemente, modo de realização da justiça social, que, por sua vez, tem por fito "assegurar a todos existência digna", para o que é necessário "reduzir as desigualdades sociais" (CF, arts. 3º, III, e 170, VII). Desse modo, a existência digna de todos que sejam afetados pelo exercício da posse e da propriedade é a finalidade última da função social destas, e o meio para alcançá-la é a redução das desigualdades sociais.

A função social da propriedade ou da posse não é meta a ser alcançada. É princípio jurídico do qual emergem deveres jurídicos conformados pelo megaprincípio da justiça social. Sem a prossecução da justiça social, a função social da propriedade e da posse descola-se indevidamente de sua fundamentação constitucional e abre-se em especulações vazias de sentido.

Ainda que a justiça social esteja explicitamente referida na disciplina da ordem econômica, há referência indireta dela na Constituição, no art. 3º, III, quando alude à redução das desigualdades sociais. Essa norma é ainda mais abrangente que o art. 170, pois cuida exatamente dos objetivos fundamentais da República, consequentemente dos direitos que os concretizam.

A justiça social não se satisfaz com a consideração das circunstâncias existentes, pois é justiça promocional, no sentido de promover as reduções das desigualdades materiais na sociedade. Diferentemente da justiça comutativa (dar a cada um o que é seu, considerando cada um como igual – princípio da igualdade jurídica formal) e da justiça distributiva (dar a cada um o que é seu, considerando a desigualdade de cada um), a justiça social implica transformação, promoção, mudança, segundo os precisos preceitos constitucionais. Enquanto as justiças comutativa e distributiva qualificam as coisas como estão, a justiça social tem por fito transformá-las, de modo a reduzir as desigualdades (Lôbo, 2011, p. 67).

O princípio da justiça social, por sua vez, entronca-se com outro princípio estruturante da ordem jurídica brasileira, que é o da solidariedade social. A regra matriz do princípio da solidariedade é o inciso I do art. 3º da Constituição. No âmbito internacional, a Declaração Universal dos Direitos Humanos (art. XXIX) estabelece que "todo homem tem deveres para com a comunidade, na qual o livre e pleno desenvolvimento de sua personalidade é essencial". A solidariedade, no direito brasileiro, somente após a Constituição de 1988 inscreveu-se como princípio jurídico explícito.

Antes de sua apropriação pelas ciências sociais e pelo direito, a solidariedade exprimia dever moral ou dever religioso. Ainda que, anteriormente, alguns autores mencionassem topicamente a solidariedade, como princípio, deve-se a Léon Bourgeois sua primeira sistematização, com a obra *Essai d'une philosophie de la solidarité*, publicado em 1902, em seguida a um pequeno livro, *Solidarité*, publicado em 1896 (Rémy, 2004, p. 4). No âmbito do direito civil, René Demogue, em obra clássica de primeira edição de 1911, embora considerando as teses de Bourgeois ingênuas, aplicou a regra da solidariedade principalmente na afirmação da mais justa "repartição das perdas", além da afirmação, avançada para a época, de que "todo homem deve sempre ter direito a um mínimo de existência" (2001, p. 158-169).

O que ressalta no princípio jurídico da solidariedade é a compreensão de que a solidariedade não é apenas dever positivo do Estado, na realização das políticas públicas, mas também que importa deveres recíprocos entre as pessoas, pois, como disse Bourgeois, os homens já nascem devedores da associação humana e são obrigados uns com os outros pelo objetivo comum. A imposição de solidariedade levou ao desenvolvimento da função social dos direitos subjetivos, inclusive a da propriedade, que se tornou lugar-comum. Sem a solidariedade, a subjetividade jurídica e a ordem jurídica convencional estão fadadas a constituir mera forma de conexão de indivíduos que permanecem juntos, mas isolados.

O princípio da solidariedade é um dos grandes marcos paradigmáticos que caracterizam a transformação do Estado liberal em Estado democrático e social (por alguns, justamente denominado Estado solidário), com suas vicissitudes e desafios, sendo este o modelo adotado pela Constituição de 1988. É superação do individualismo jurídico pela função social dos direitos. O princípio jurídico da solidariedade resulta da superação do individualismo jurídico, que por sua vez é a superação do modo de pensar e viver em sociedade a partir do predomínio dos interesses individuais, que marcou os primeiros séculos da modernidade, com reflexos até a atualidade.

A pessoa humana é um ser que pertence ao mundo particular e público, à comunidade familiar e à comunidade universal, nos quais interage com dever de solidariedade. Torna-se humana apenas na convivência. Parafraseando o pré-socrático Heráclito, a solidariedade se inscreve no princípio do porvir incessante das coisas. O princípio jurídico da solidariedade – ao lado do princípio da justiça social – é determinante na aplicação da função social da propriedade e da posse.

Capítulo VI

Aquisição da Propriedade Imóvel

6.1. Imóvel

Imóvel é a parte da superfície da terra, chão ou solo, e tudo o que se edifique sobre ela ou se incorpore em caráter permanente, pela mão do homem ou pela natureza. É conceito jurídico relativo às partes da terra que possam ser objeto de apropriação privada e transmissão. Nem toda a superfície do espaço territorial brasileiro pode ser apropriada pelos particulares, sendo vedadas as áreas de domínio público comum, como as praias, os mares, os lagos, os rios navegáveis, as terras habitadas pelos índios, as áreas de preservação ambiental, os sítios arqueológicos. Imóvel, na tradição do direito civil desde os romanos, também se denominava "prédio" (*praedium*), que tinha, na origem, sentido mais amplo, pois incluía qualquer bem, até mesmo o dinheiro. Este termo, na atualidade, é empregado exclusivamente para a edificação que se faz sobre ou sob o solo para fins residenciais ou não residenciais.

A importância que se atribuiu ao solo, como determinante da titularidade de tudo o que se edifique ou se plante, abaixo ou acima dele, sofreu mitigações na contemporaneidade. As riquezas minerais existentes no subsolo não pertencem ao titular do solo. Retomou-se a superfície como tipo de direito real limitado, conferindo-se titularidade ao superficiário distinta da do proprietário do solo. O art. 1.229 do Código Civil estabelece que a propriedade do solo abrange a do espaço aéreo e subsolo, mas, ainda assim, está limitada à utilidade do exercício. A anterior propriedade imobiliária absoluta que ia "até aos céus e aos infernos" deu lugar à real utilidade e aos valores de comunidade solidária.

A aquisição da propriedade imobiliária depende do momento e da modalidade em que se dá. Denomina-se *título* o modo de aquisição da propriedade. Título não é apenas documento. O título é originário ou derivado, consistindo em aquisição da propriedade originária ou derivada. O que é originário ou derivado é o título e não a coisa.

6.2. Aquisição Originária e Derivada da Propriedade

A aquisição da propriedade pode ser originária ou derivada. Aquisição originária é aquela em que surge o direito sem relação com outro fato aquisitivo e que não depende de um direito anterior. O fato aquisitivo é o único considerado. O exemplo mais conhecido e aplicável às coisas móveis e imóveis é a usucapião. Para o STJ (REsp 468.150), a desapropriação "é forma originária de aquisição de propriedade, pois a transferência da propriedade opera-se pelo fato jurídico em si, independentemente da vontade do expropriado". O mesmo Tribunal também considerou originária a aquisição por arrematação do bem em hasta pública. Porém, não é a vontade que determina o modo de aquisição originário ou derivado da propriedade e sim, respectivamente, a inexistência ou a existência de mudança da titularidade.

Aquisição derivada é a mudança de titularidade, em que o direito atual depende do anterior. O fato aquisitivo não é único, porque o direito novo é gerado pelo preexistente. Na aquisição derivada, a propriedade se transfere tal como era; se o direito anterior não existir ela não existirá, além de que o conteúdo do anterior determina o do novo e os defeitos do título anterior são transmitidos e incorporados ao novo título. Exemplo é o registro da coisa imóvel vendida, considerados os modos mais importantes da aquisição derivada. São elementos essenciais o negócio jurídico e a transmissão (registro).

A doutrina cogita de dois tipos de aquisição derivada: a translativa e a constitutiva (Carvalho, 2012*b*, p. 166). Se o direito coincide com o direito anterior e este existia – com o mesmo conteúdo e a mesma amplitude – tem-se a aquisição derivada translativa. Por exemplo, a transferência da propriedade de um imóvel, mediante escritura e registro públicos. Se, a partir do direito existente, há formação de um direito de conteúdo diverso, tem-se a aquisição derivada constitutiva. Por exemplo, os direitos reais limitados, como o usufruto, a hipoteca, que se formam sempre à custa do direito de propriedade.

São modos de aquisição originária da coisa imóvel, no direito civil: a usucapião e a acessão (formação de ilhas, aluvião, avulsão, abandono de álveo de rio, plantação, construção). São modos de aquisição derivada: a sucessão hereditária e o registro público do título de aquisição. A aquisição por sucessão hereditária é sempre derivada, pelo simples fato da abertura da sucessão (morte do *de cujus*), que opera imediatamente a transmissão da herança, tendo o registro público efeito declarativo. No Brasil, diferentemente de outros países, é o registro público do título de alienação entre vivos da coisa imóvel, que consuma sua aquisição pelo novo titular.

A Constituição veda que os imóveis que estejam sob titularidade dos entes estatais possam ser objeto de usucapião. Os arts. 183, § 3º, e 191 da Constituição estabelecem explicitamente que "os imóveis públicos não serão adquiridos por usucapião", o que compreende os dominicais, e não apenas os de uso comum ou de uso especial. Idêntica regra está contida no art. 102 do Código Civil. A vedação abrangente é explicitada na Súmula 340 do STF, referindo-se ao Código Civil de 1916, mas igualmente aplicável ao atual Código: "Desde a vigência do Código Civil, os bens dominiais, bem como os demais bens públicos, não podem ser adquiridos por usucapião". A vedação, por sua finalidade, é aplicável à acessão, pois tem a mesma natureza de aquisição originária.

De acordo com decisão do STJ (REsp 964.223), a inexistência de registro do imóvel objeto de ação de usucapião não induz à presunção de que ele seja bem público, entre as terras devolutas, incumbindo ao Estado provar sua titularidade; a jurisprudência do STJ, com apoio em entendimento do Supremo Tribunal Federal (STF), firmou-se no sentido de que não existe em favor do Estado presunção acerca da titularidade de bens imóveis destituídos de registro.

6.3. Usucapião em Geral

A usucapião é o modo de aquisição originária da coisa imóvel, em virtude da posse contínua de alguém no tempo estabelecido em lei. São seus elementos: posse, continuidade e consumação do tempo legal. O elemento principal é a posse, para se adquirir originariamente, sem relação com o possuidor anterior. A posse, para fins de usucapião, é, consequentemente, a posse própria, que não se confunde com a posse do proprietário, pois este não precisa usucapir para adquirir a propriedade. Se a posse foi descontínua ou interrompida, não podem ser somados os respectivos períodos de tempos. Apenas se considera o último período temporal, para sua aferição.

Há várias teorias justificativas da usucapião: punição pela inércia do titular da propriedade, segurança jurídica e estabilidade das relações jurídicas, função social da posse ou da propriedade. A usucapião é instituto longevo do direito civil e está assentado na primazia que, em nosso direito, se deu à efetiva utilização da coisa e à posse real. O foco essencial é a aquisição da propriedade pelo possuidor, sendo a perda consequência.

De acordo com José Paulo Cavalcanti (1990, p. 25), a palavra usucapião é feminina em latim, francês, italiano, espanhol e alemão. Como feminina é tratada no Código Civil português. No feminino empregavam Lafayette Rodrigues Pereira, Coelho da Rocha, Lacerda de Almeida, Conselheiro Ribas, antes do CC/1916. Também no feminino foi incluída no Projeto de Clóvis Beviláqua, aparecendo pela primeira vez no masculino no texto da Comissão Especial da Câmara, assim ficando no Código Civil de 1916. Pontes de Miranda (2012, v. 11, p. 196) e outros juristas, no entanto, sempre a empregaram no feminino. O CC/2002 (arts. 1.238 e s.) retomou o correto gênero feminino da palavra.

A usucapião é instituto distinto da prescrição, pois esta diz respeito ao impedimento do exercício da pretensão do titular do direito, enquanto aquela é modo originário de aquisição do direito de propriedade. Incorre em equivoco, pois, a praxe difundida da expressão "prescrição aquisitiva". A prescrição não é meio de aquisição de direito.

A doutrina especializada classifica a usucapião em três tipos: a usucapião extraordinária, a usucapião ordinária e a usucapião especial. A usucapião extraordinária, apesar do nome, é a que melhor corresponde às finalidades do instituto, pois independe de outro requisito, além da posse contínua e do tempo, não lhe sendo óbice a má-fé. Por essa razão, a lei fixa-lhe o tempo mais largo. A usucapião ordinária é a que, além dos requisitos de posse continuada e tempo, está assentada na existência de "justo título" e comprovação de boa-fé, razão por que o tempo para aquisição da propriedade é reduzido. A usucapião especial abrange todas as situações singulares, que não se incluem nos tipos anteriores, de acordo com fins legais determinados. O tempo de posse, para as variadas espécies de usucapião, varia de dois a quinze anos; o tempo, tem entendido a doutrina, pode ser completado no curso do processo judicial e não apenas quando for ajuizado.

Apesar de a usucapião não se confundir com a prescrição, a lei admite que as causas de suspensão ou interrupção desta se aplicam àquela. Essas causas estão estipuladas nos arts. 197 a 204 do Código Civil, mas nem todas são aplicáveis, pois específicas das relações de crédito. A interrupção extingue a contagem do prazo, em relação ao tempo já transcorrido até à data do fato interruptivo. O tempo anterior não pode mais ser aproveitado pelo possuidor; perde-se. Entende-se (STJ, Resp 1.680.357) que a decretação da falência da empresa proprietária do imóvel, ocupado por terceiros, interrompe o prazo da usucapião, porque a constrição geral do patrimônio da falida suprime a posse existente, pela incursão do Estado na esfera jurídica do possuidor, de modo a se compor um só patrimônio afetado na decretação da falência, correspondente à massa falida objetiva. Também interrompe o prazo da usucapião (REsp 1.471.563), com perda do objeto da ação respectiva, quando o juízo criminal decreta a perda do imóvel usucapiendo em razão de ter sido adquirido com proventos de crime.

A suspensão não extingue a contagem do prazo. Quando o fato gerador da suspensão ocorrer, o transcurso do prazo fica paralisado e será retomado tão logo aquele fato perca seu efeito. O tempo anteriormente transcorrido somar-se-á ao novo tempo até à conclusão do prazo estabelecido em lei.

A interrupção do prazo apenas poderá ocorrer uma vez; se, durante o prazo reiniciado, surgir outro fato interruptivo este não será considerado. Mas não se considera interrompido (STJ, REsp 234.240) pela contestação à ação de usucapião, pois não equivale à oposição à posse; com efeito, a contestação na ação de usucapião não equivale à oposição à posse, exigível pela lei, e que corresponde a medidas efetivas e concretas, identificáveis na área judicial, antes da usucapião, visando quebrar a continuidade da posse, opondo ao poder de fato do possuidor a existência do exercício real de outra e anterior posse sobre a coisa. Nem mesmo nos casos de esbulho ou turbação, nos quais o possuidor tenha sido obrigado a valer-se de ações de manutenção ou reintegração de posse, podem ser considerados causa de interrupção da usucapião, que só ocorre, segundo autorizada doutrina, se a ação de esbulho é julgada contra o possuidor. Nesse sentido, preleciona Pontes de Miranda (2012, v. 11, p. 215) que a citação (CC atual, art. 202, I) somente interrompe a prescrição se a ação possessória ou petitória vem a ser julgada procedente. O prazo para a usucapião também se interrompe quando o possuidor, em vias de usucapir, reconhece o direito e a posse de outrem, ou se o proprietário ou possuidor anterior requer protesto judicial, notificando o atual, como medida cautelar.

O prazo para usucapião é suspenso; a) entre os cônjuges e companheiros, enquanto perdurar o casamento ou a união estável, recomeçando quando houver qualquer hipótese legal de dissolução; b) entre pais e filhos, quando estes estiverem sujeitos ao poder familiar; c) contra o civilmente incapaz, sob tutela ou curatela; d) contra ausentes do País, a serviço da administração pública; e) contra os militares, durante o período de guerra.

A aquisição pela usucapião se consuma quando o tempo é integralizado, além dos demais elementos fáticos exigíveis. A usucapião se constitui por força de lei. Por essa razão, a ação de usucapião e a respectiva sentença judicial não são constitutivas; declaram o fato e o direito já adquirido. A usucapião preexiste à sentença judicial, por ser modo originário de aquisição da propriedade. O registro imobiliário da sentença é, pela mesma razão, declarativo (Lei n. 6.015/73, art. 167, I, 28), conferindo àquela a publicidade registrária. A sentença declaratória é o título registrário.

Assim, ainda que não tenha havido ajuizamento da ação ou sentença, a aquisição originária da propriedade pela usucapião já ocorreu. A natureza da usucapião, constituída pelos fatos e não pela sentença, justifica o sentido da Súmula 237 do STF: a usucapião pode ser arguida em defesa. Contra a reivindicação da coisa, pelo proprietário, opõe-se a usucapião, ainda que não tenha havido sentença judicial que a declare ou até mesmo que não tenha sido ajuizada ação de usucapião.

O tempo para usucapião não necessita de ter sido cumprido inteiramente pelo possuidor usucapiente. Para fins de usucapião, sua posse pode ser somada com a do possuidor que lhe antecedeu, cuja posse deu continuidade sem interrupção. Trata-se da *acessio possessionis*. Não há exigência legal de tempo mínimo na posse para o usucapiente. Porém, a faculdade legal conferida ao possuidor atual de somar ou não o tempo de seu antecessor "não significa que, ao optar por nova contagem, estará livre do vício objetivo que maculava a posse anterior" (Enunciado 494 das Jornadas de Direito Civil do CJF/STJ). Depende de norma legal expressa a vedação à soma dos tempos dos possuidores, mas a *acessio possessionis* entre vivos é incompatível com a natureza e as finalidades das usucapiões especiais voltadas à proteção da moradia e sustento da família (CC, arts. 1.239, 1.240, 1.240-A), pois franquearia transações que as desnaturariam, desalojando quem deve receber a proteção legal.

A *acessio possessionis* também ocorre quando o possuidor falece, transferindo-se automaticamente a posse a seus herdeiros. A transmissão da posse, na sucessão hereditária, é por força de lei (CC, art. 1.784). Se o possuidor falecido tinha a posse no momento de seu falecimento, o herdeiro a tem, sem precisar saber da abertura da sucessão ou de aceitar a herança. Se a posse era de má-fé o herdeiro a herda com essa característica, apenas admitindo-se a usucapião extraordinária. Porém, o herdeiro de boa-fé pode dar início a um novo cômputo do tempo, valendo-se da usucapião ordinária, pois seu título de herdeiro é justo título. Com essa orientação, decidiu o STJ (REsp 537.363) que, tendo em vista que a transmissão da posse dos bens aos herdeiros se dá no momento da abertura da sucessão, a estes confere-se a possibilidade de exercer a proteção possessória. A *acessio possessionis* na usucapião especial urbana, prevista no art. 183 da Constituição, depende de o herdeiro do possuidor também utilizar o imóvel para moradia desde a abertura da sucessão, comprovando-se a continuidade da posse/moradia.

6.4. Usucapião Extrajudicial

A usucapião poderá ser extrajudicial, mediante pedido de seu reconhecimento dirigido ao cartório de registro de imóveis da comarca em que estiver situado o imóvel usucapiendo, feito pelo interessado e representado por advogado, de acordo com o art. 1.071 do CPC, que introduziu o art. 216-A na Lei de Registros Públicos, e com a Lei n. 13.465/2017 que o alterou.

Além do requerimento assinado por advogado, são requisitos: a) a ata notarial lavrada por tabelião no município onde se localize o imóvel, de livre escolha do interessado, que ateste o tempo da posse, incluindo os dos antecessores, e suas circunstâncias; b) planta e memorial descritivo do imóvel, assinada pelo profissional responsável; c) certidões negativas dos distribuidores da comarca da situação do imóvel e da comarca do domicílio do requerente; as certidões positivas, que não repercutam na situação do imóvel, não impedem a usucapião extrajudicial, cabendo a análise ao oficial do registro imobiliário; d) comprovação de justo título ou prova documental de existência da posse continuada, como o pagamento de tributos incidentes sobre o imóvel.

A iniciativa integra-se ao movimento de desjudicialização dos conflitos, sempre que possível. Alguns tipos de usucapião especial, cujos requisitos legais são próprios, não podem ser objeto de pedido extrajudicial.

A lei não exige, para o pedido de usucapião extrajudicial, que a planta e o memorial sejam assinados pelos titulares de direitos registrados (por exemplo, titulares de direitos reais sobre a coisa alheia e credores hipotecários) do imóvel usucapiendo e dos imóveis confinantes. A lei estabelece, porém, que, se a planta não contiver as assinaturas dos titulares de direitos reais e dos confinantes, o registrador os notificará, pessoalmente ou por correio com aviso de recepção, para que manifestem em quinze dias seu consentimento expresso. Se o imóvel for unidade autônoma de condomínio edilício, não haverá necessidade de notificação dos confinantes, bastando o síndico. Se não houver resposta de qualquer notificado, o silêncio será considerado como concordância. Se a pessoa notificada não for encontrada, o registrador promoverá sua notificação por edital publicado em jornal de grande circulação ou meio eletrônico.

De acordo com o art. 384 do CPC, a ata notarial não é meramente declaratória, pois tem por função atestar a existência e o modo de existir de algum fato. Assim, para lavrar a ata, o notário deverá confirmar a exteriorização fática da posse exercida pelo requerente. Também é possível receber o depoimento de testemunhas que confirmem a posse mansa e contínua por mais de dez anos.

O registrador poderá promover as diligências que julgar necessárias, para elucidação de qualquer dúvida. Transcorrido sem incidentes ou impugnações o prazo das notificações e do edital, ambos de quinze dias, o registrador promoverá o registro, com abertura de matrícula própria em favor do usucapiente.

Se o pedido for rejeitado motivadamente pelo oficial do registro público, o interessado deverá ajuizar ação de usucapião ordinária ou extraordinária. Se houver impugnação do pedido extrajudicial, por qualquer pessoa privada ou pública com interesse legítimo sobre o imóvel, o oficial deverá remeter os autos ao juízo competente, para que, mediante procedimento judicial comum, decida a respeito; se a impugnação for considerada improcedente, o oficial registrará a aquisição do imóvel pelo requerente.

A lei n. 13.465/2017 investiu o registrador de imóveis de jurisdição administrativa extraordinária, dispensando o juízo, com objetivo de instituir diretamente procedimento de justificação administrativa, para que o requerente faça prova da posse e produza os documentos necessários, quando os que tiver juntado forem considerados insuficientes.

As exigências legais para a usucapião extrajudicial tornam essa modalidade de escassa utilidade, pois se o titular do direito de propriedade do imóvel, ou de outros direitos registrados (por exemplo, hipoteca), ou algum dos confinantes recusar o consentimento expresso, o oficial deverá rejeitar o pedido. A Lei n. 13.465/2017, ao alterar a redação dada pelo CPC (titulares de direito real) para "direitos registrados ou averbados", incluiu eventuais registros de eficácia real de obrigações, ampliando o rol de interessados. Apenas é útil para a hipótese de usucapião ordinária, tendo em vista que uma das exigências é justamente a comprovação de justo título e desde que não haja resistência dos titulares de direitos registrados sobre o imóvel ou dos confinantes.

O Provimento n. 65/2017 do CNJ regulamentou a usucapião extraordinária, estabelecendo os procedimentos a serem observados por notários e registradores, e esclarecendo que: a) pode abranger a propriedade e os demais direitos reais, mas não abrange os bens públicos; b) poderão ser utilizadas as provas produzidas na via judicial, após a homologação da desistência desta; c) a ata notarial, lavrada por tabelião do município da localização do imóvel, deve atestar a descrição do imóvel, o tempo e as características da posse, a forma de aquisição da posse, a modalidade de usucapião pretendida, o valor do imóvel, outras informações julgadas necessárias pelo tabelião, como depoimentos de testemunhas ou dos confrontantes; d) a planta e o memorial descritivo devem ser assinados por profissional legalmente habilitado; e) devem ser apresentadas certidões negativas dos distribuidores forenses da situação do imóvel, demonstrando a inexistência de ações relativas ao imóvel; f) a procuração outorgada ao advogado deve conter poderes específicos; g) a existência de ônus real ou de gravame na matrícula do imóvel não impede o reconhecimento da usucapião extrajudicial; h) o reconhecimento da usucapião não extinguirá eventuais restrições administrativas nem gravames judiciais inscritos; i) não é cabível o pagamento do ITBI (imposto de transmissão de bens imóveis), pois é aquisição originária.

6.5. Usucapião Extraordinária e Ordinária

O Código Civil de 1916 fixou o prazo para a usucapião extraordinária em trinta anos. A Lei n. 2.437/1955, reduziu-o para vinte anos. O CC/2002 reduziu ainda mais o prazo, fixando-o em quinze anos. A redução progressiva do prazo da usucapião extraordinária corresponde aos aumentos dos meios de informação, transporte e comunicação, ocorridos na sociedade brasileira, não se justificando que se aguardasse tanto tempo para a aquisição da propriedade pelo possuidor. Por outro lado, contempla a função social da propriedade, consolidada em nosso direito, que privilegia a utilidade real do imóvel, em desfavor do titular absenteísta. A denominação de posse extraordinária, tradicional em nosso direito, decorre da circunstância de dispensar requisitos exigidos em outros tipos de usucapião.

Para a usucapião extraordinária são elementos do suporte fático, necessários para a aquisição da propriedade: a) posse contínua, independentemente de boa ou má-fé; b) integralização do tempo de quinze anos. Não há requisito de boa-fé ou outro elemento subjetivo. A boa-fé não se presume, pois a usucapião extraordinária é assegurada quando o possuidor esteja em má-fé desde o início da posse. Não se discute se o possuidor sabia ou não da existência de título de proprietário ou de outro possuidor. O que não se admite é a posse violenta, clandestina ou precária. O que interessa é que exerça posse própria, de modo contínuo até o termo final do tempo.

O tempo da usucapião extraordinária é reduzido para dez anos, quando o possuidor tiver estabelecido no imóvel sua moradia habitual, ou tiver nele realizado obras ou serviços de relevância. É a denominada usucapião extraordinária com posse-trabalho. O Código Civil (parágrafo único do art. 1.238) refere a "caráter produtivo" das obras e serviços, mas estes não são exclusivamente de natureza econômica e sim os que deem utilidade real ao imóvel urbano ou rural. Para essa redução, a lei não limita a área máxima do imóvel e não exige requisito de boa-fé.

Entre o tempo máximo da prescrição geral, de dez anos, na conformidade do art. 205 do Código Civil, e o tempo da usucapião extraordinária de coisa imóvel, de quinze anos (CC, art. 1.238), há um tempo intermediário de cinco anos. Após dez anos, o proprietário não pode mais reivindicar o imóvel, porque foi alcançado pela prescrição de sua pretensão, mas o possuidor ainda não pode adquirir a propriedade porque não perfez o tempo necessário da posse. Nesse tempo intermediário, resta ao titular da propriedade a expectativa de que a posse seja interrompida, o que impedirá a usucapião, pois, embora não possa exercer a pretensão, não perdeu o direito de propriedade, ainda. Não há, pois, incongruência do sistema jurídico entre a prescrição da pretensão de reivindicação, antes de o possuidor usucapir.

A usucapião ordinária de imóvel exige, além da posse contínua e do tempo, a boa-fé e o justo título (CC, art. 1.242). São seus elementos: a) a posse contínua; b) integralização do tempo de dez anos; c) a boa-fé; d) o justo título da posse. Os elementos de boa-fé e justo título são cumulativos. Pode haver justo título sem posse de boa-fé, ou esta sem aquele, mas a falta de qualquer deles impede a usucapião ordinária. Considera-se boa-fé, para fins da usucapião ordinária, a conduta do possuidor que desconhece a existência do direito de quem se apresenta como proprietário, ou que desenvolve a convicção de exercer direito próprio. É a boa-fé da aparência. Não há mais a distinção que havia na legislação anterior, para a usucapião ordinária, entre presentes e ausentes, segundo a moradia no mesmo município ou em municípios diversos, pois, "considerada a propriedade como um poder que se legitima através do uso pessoal da coisa, em atenção às finalidades econômicas e sociais, não se compreende que o proprietário, que abandonou o imóvel, para residir em outro município, seja beneficiado com prazo maior" (Chamoun, 1970, p. 13).

O justo título é a justa causa da posse, ou a causa suficiente para aquisição da propriedade. Para fins de usucapião ordinária, relaciona-se à posse, ao modo como foi adquirida, ou seja, à posse justa, assim considerada a que não foi obtida pela violência, pela clandestinidade, ou pela precariedade. Título não se confunde com documento ou instrumento. Pontes de Miranda (2012, v. 11, p. 204), todavia, é restritivo, apenas admitindo o título de direito, como o contrato de compra e venda, o testamento, a sentença judicial, a cessão de direitos possessórios; e mais (p. 234), se o título for nulo não serve para a usucapião ordinária. De acordo com o enunciado n. 86 das Jornadas de Direito Civil do CJF/STJ, é qualquer ato jurídico hábil, em tese, a transferir a propriedade, independentemente de registro. Para qualificar-se como justo título, o ato negocial não necessita estar registrado; basta que sirva para aquisição da propriedade ou outro direito real, como a promessa de compra e venda (STJ, AR 3.449) ou a procuração em causa própria. O título deve ser contemporâneo do início da posse, uma vez que é a fonte desta. Admite-se, no entanto, que seja posterior, contando-se o tempo da posse a partir dele, para fins da usucapião ordinária. A jurisprudência tem ampliado o conceito de justo título, para além de causa suficiente de aquisição da propriedade, incluindo o instrumento particular de compra e venda de imóvel

(TJRS, AC 70037872959), ou até mesmo documento manuscrito pelo vendedor, contendo o valor e a forma de pagamento (TJRJ, AC 1743-77.2002.8.19.0064).

Se alguém toma posse de um imóvel, crendo-se legítimo proprietário, cuja escritura pública vem a ser posteriormente invalidada, ou cuja aquisição se fez de herdeiro aparente, mediante cessão de direitos hereditários invalidada, têm-se a boa-fé e o justo título necessários para esse tipo de usucapião. Não se admite o erro de direito como elemento da boa-fé para usucapir. A boa-fé não precisa ser provada; basta ser alegada em juízo, podendo ser contraditada por quem interessar demonstrar a má-fé. Na sucessão hereditária, se o herdeiro recebeu posse de má-fé não pode alegar sua posse de boa-fé com efeito retroativo, impondo a *acessio possessionis* à usucapião extraordinária. Mas pode iniciar outro período de tempo de posse própria de boa-fé para fins da usucapião ordinária.

A usucapião ordinária pode ter o tempo reduzido para cinco anos, se o imóvel houver sido adquirido onerosamente, de acordo com o registro imobiliário, cancelado posteriormente, se o possuidor tiver estabelecido nele sua moradia, ou realizado investimentos de interesse social e econômico. Ou seja, se o possuidor tiver cumprido a função social, dando ao imóvel a utilidade que antes não tinha, conjugando interesse individual e interesse social.

6.6. Usucapião Especial Urbana: Individual ou Coletiva

Para atender à necessidade de ordenação comum e mínima das cidades e de regular os conflitos decorrentes de escassez de moradias, foi editado o Estatuto da Cidade (Lei n. 10.257/2001). O estatuto, ainda que voltado essencialmente às matérias de direito público urbanístico, também incluiu normas que afetam o direito das coisas, notadamente quanto à aquisição e perda da propriedade urbana, entre particulares. São normas especiais que, portanto, derrogam as normas gerais do Código Civil nos respectivos campos de abrangência.

Milton Santos chama a atenção para a distinção conceitual entre cidade e urbano. O urbano é frequentemente o abstrato, o geral, o externo. A cidade é o particular, o concreto, o interno (2013, p. 66).

O Estatuto da Cidade concretiza o direito constitucional de acesso à moradia, que excepciona o direito individual de propriedade. No conflito entre direito de propriedade e direito à propriedade-moradia, este prevalece sobre aquele. Para consecução dessas finalidades, o Estatuto empodera a cidade com instrumentos de política urbana, como meios de intervenção pública que afetam, limitam e restringem o direito individual de propriedade.

Ainda quanto ao direito individual de propriedade, o Estatuto também introduziu instrumentos legais de restrição, na relação entre os particulares, os quais são instrumentos indiretos de urbanização, mas, essencialmente, normas aplicáveis às relações jurídicas privadas. Entre estas, estão as que disciplinam a usucapião especial de imóvel urbano, prevista no art. 183 da Constituição e que também foi objeto de previsão no art. 1.240 do Código Civil, também denominada usucapião *pro labore*, que valoriza a efetiva utilização do imóvel.

O possuidor de área ou edificação urbana, de até $250m^2$, adquire a propriedade, passados cinco anos da posse. São requisitos dessa usucapião especial: a) área igual ou inferior a $250m^2$ do terreno ou da edificação; b) posse contínua de, ao menos, cinco anos; c) finalidade exclusiva de moradia; d) inexistência de título de propriedade sobre outro imóvel.

O limite de $250m^2$ para a edificação também alcança o terreno onde ela se encontra. Ou seja, a construção de até $250m^2$, para que possa ser alcançada pela usucapião especial, deve ter sido edificada em terreno de até $250m^2$. Mas não se computa nesse limite a fração ideal correspondente da unidade autônoma nas áreas comuns, no condomínio edilício; apenas a unidade autônoma residencial, objeto da usucapião, deve respeitar o limite legal. O caráter excepcional dessa usucapião, de proteção da moradia, impõe que a posse mínima de cinco anos seja do próprio possuidor ou de sua família, não se admitindo a soma com a posse do antecessor; a única exceção é a soma da posse do herdeiro com a do possuidor falecido, desde que aquele já estivesse residindo no imóvel, ao tempo da morte. Exige-se que o possuidor não seja proprietário de outro imóvel, urbano ou rural, o que não impede de ser possuidor de outro imóvel, ou seja, quando o tiver apenas com poder de fato, sem título de propriedade, ou na condição de possuidor direto, inclusive como titular de direito real limitado.

Os fins sociais das normas convergem para a proteção da moradia. O possuidor deve comprovar que utiliza o imóvel para fins de moradia sua, quando viver só, ou para si e sua família. Para se evitar o desvirtuamento da usucapião especial para fins especulativos ou de enriquecimento indevido, a lei proíbe que a mesma pessoa possa obtê-lo mais de uma vez.

A sentença judicial pode conferir o título de propriedade ao homem ou à mulher, ou ambos; na primeira hipótese, se forem casados sob regime de comunhão universal ou parcial, ou se a união estável já tiver sido reconhecida formalmente e o regime de bens for de comunhão; na segunda hipótese, sempre que o regime de bens não seja de comunhão, ou não tiver havido declaração ou reconhecimento da união estável.

O art. 10 do Estatuto da Cidade também prevê, como tipo especial, a usucapião especial coletiva urbana. São seus requisitos: a) existência, há mais de cinco anos e sem oposição, de núcleo urbano informal; b) área não superior a 250m^2, por possuidor, considerando a área total do núcleo urbano informal, dividida pelo número de possuidores; c) não ser, o possuidor, proprietário de outro imóvel urbano ou rural. Cada possuidor, individualmente, soma à sua a posse do antecessor, desde que tenha havido continuidade.

O limite de 250m^2 é máximo. Tanto a Constituição quanto o Código Civil e o Estatuto da Cidade não exigem limite mínimo. Há quem sustente o limite mínimo implícito nas posturas municipais, de acordo com a legislação local, para atender à função social da cidade. Entendemos que essa é uma restrição que o direito brasileiro não faz e, de acordo com Carlos Edison do Rego Monteiro Filho (2014, p. 26), não se pode negar o acesso à moradia por meio da usucapião, além do princípio da isonomia e da garantia jurídica. O STJ tem decidido ora de modo positivo, pela usucapião de imóvel inferior ao módulo rural ou urbano (REsp 150.241), ora de modo negativo (AgRg-Edcl-Ag 1.407.458).

A controvérsia foi afetada ao Tribunal Pleno do STF (RE 422.349), que fixou a tese de que, preenchidos os requisitos do art. 183 da CF, cuja norma está reproduzida no CC, art. 1.240, o reconhecimento do direito à usucapião especial urbana não pode ser obstado por legislação infraconstitucional que estabeleça módulos urbanos na respectiva área em que situado o imóvel (dimensão do lote). No caso concreto paradigma, o município tinha fixado um módulo urbano mínimo de 360m^2, enquanto a pretensão da parte autora era usucapir porção de 225m^2, destacada de um todo maior, dividida em composse, que foi confirmada pelo STF.

A posse é coletiva, ou composse, devendo a ação de usucapião ser proposta pelos compossuidores, ou pela associação de moradores devidamente constituída e autorizada pelos associados, que atuará como substituta processual. É essa composse que se converterá em condomínio, quando o juiz declarar a usucapião. Cada compossuidor fará jus à parte ideal correspondente, mas não a uma área específica ou determinada do terreno ocupado. O registro público é do condomínio assim formado, nominando os antigos compossuidores, agora condôminos, com suas respectivas partes ideais, de acordo com a sentença judicial. Essas partes ideais devem ser iguais, salvo se tiver havido acordo escrito entre os condôminos para fixá-las em proporções desiguais e assim tiver sido ratificado na sentença judicial.

O condomínio, assim formado, não observa as regras do condomínio geral, estabelecidas pelo Código Civil, salvo supletivamente. Não pode haver extinção desse condomínio, por iniciativa isolada de condômino. Apenas é admitida a extinção se houver deliberação de, no mínimo, dois terços dos condôminos, em assembleia específica, para a qual deverá ser elaborado documento ou ata, com assinatura dos condôminos que formem essa maioria qualificada. A deliberação apenas poderá ser tomada se tiver havido urbanização da área, posterior à constituição do condomínio, de modo a que possam ser individualizadas partes de cada condômino. A lei não exige que a deliberação seja objeto de escritura pública, podendo ser utilizado documento particular, que individualize e descreva a parte de cada condômino, podendo ser utilizados memorial descritivo ou planta urbanística da área.

A sentença judicial dessa usucapião especial, individual ou coletiva, é também declarativa. A sentença não constitui a propriedade, mas declara que já foi adquirida pelo ou pelos usucapientes, que preencheram os requisitos legais. O art. 13 do Estatuto da Cidade reforça essa natureza, ao permitir que o possuidor ou os compossuidores possam opor a usucapião, como exceção ou medida de defesa, à pretensão possessória ou petitória do proprietário do imóvel, servindo a sentença judicial que a julgar procedente como título para registro imobiliário. A oposição da exceção de usucapião consumado dispensa a prévia propositura da ação de usucapião.

6.7. Usucapião entre Cônjuges ou Companheiros

Introduziu a Lei n. 12.424/2011 o art. 1.240-A no Código Civil, permitindo que o cônjuge ou o companheiro, abandonado pelo outro, possa requerer a usucapião de imóvel urbano de até $250m^2$, após dois anos do abandono, desde que o utilize para sua moradia ou de sua família e não seja proprietário de outro imóvel. São requisitos para essa usucapião especial: a) propriedade comum sobre o imóvel pelos cônjuges ou companheiros, em virtude de aquisição conjunta ou por força de regime de comunhão de bens; b) imóvel de até $250m^2$ utilizado como moradia do usucapiente ou de sua família; c) abandono do lar pelo outro cônjuge ou companheiro; d) transcurso do prazo de dois anos após o abandono; e) inexistência de outro imóvel urbano ou rural na titularidade do usucapiente.

O sentido de "abandono do lar", para os efeitos da usucapião especial, é situação de fato, que independe de comprovação de motivação ou de culpa. Basta o afastamento físico do outro cônjuge ou companheiro, deixando de arcar com os deveres de manutenção da família. A finalidade da norma legal é a proteção do núcleo familiar remanescente, mediante a segurança da moradia. Não importa que o cônjuge ou companheiro usucapiente tenha dado causa ao abandono. A norma não tem propósito punitivo; não visa a punir o cônjuge ou o companheiro com a perda da propriedade, em virtude do abandono do lar. Para os fins da usucapião especial, abandono do lar corresponde à separação de fato, não se exigindo que tenha havido divórcio ou dissolução formal da união estável. Assim é que se compreendem os termos "ex-cônjuge" ou "ex-companheiro" utilizados pela lei.

A propriedade, objeto dessa específica usucapião, é a que integre a comunhão do casal, em virtude do regime de bens que adote, especialmente a comunhão universal ou a comunhão parcial. Se o imóvel for particular do cônjuge ou companheiro que abandonou o lar não poderá ser objeto da usucapião, pretendida pelo outro.

Quanto ao requisito da inexistência de outro imóvel, defende-se (Monteiro Filho, 2012, p. 243) que seja adotado o entendimento que vem prevalecendo na jurisprudência para casos análogos, segundo o qual a limitação consiste em que o interessado não seja proprietário de outro imóvel *voltado a fins residenciais*. Nada impede que seja titular de posse ou propriedade de uma loja ou sala comercial. Basta que o usucapiente faça declaração de não ser titular de outra propriedade residencial, cabendo ao outro a prova em contrário.

A norma legal alude à "posse direta" por dois anos. O sentido desses termos, no entanto, não é o mesmo que o Código Civil emprega, que é o do poder de fato sobre a coisa, para distinguir do poder indireto, conforme salientou o enunciado n. 502 das Jornadas de Direito Civil do CJF/STJ. Posse direta, para fins dessa usucapião especial, é a posse efetiva e exclusiva do cônjuge ou companheiro sobre o imóvel comum do casal, no período de dois anos ou mais após o abandono do lar.

6.8. Usucapião Especial Indígena

As terras indígenas configuram instituto jurídico próprio, compartilhando a titularidade do domínio, em favor da União, e o usufruto em favor das comunidades indígenas, estas consideradas como entes coletivos. Essas terras indígenas comunitárias, por comporem o domínio da União, não podem ser usucapidas, nem por índios individualmente, nem por não índios. São, igualmente, inalienáveis e indisponíveis (Constituição, art. 231, § 2º), porque destinadas para posse permanente das comunidades indígenas. São nulos e sem efeitos jurídicos os atos que tenham por objeto a ocupação, o domínio e a posse dessas terras.

Contudo, o Estatuto do Índio (Lei n. 6.001/73) admite, em seu art. 33, que o índio, integrado ou não, que ocupe como próprio, por dez anos consecutivos, trecho de terra inferior a cinquenta hectares, adquirir-lhe-á a propriedade plena.

Essa usucapião especial é *intuitu personae*, em razão do possuidor, tendo em vista sua qualidade de índio. Não é usucapião laboral, pois não decorre da utilidade e do trabalho empregados.

A usucapião especial indígena apenas pode ter por objeto terras que estejam fora das classificadas como terras indígenas. O Estatuto do Índio não excepciona a vedação constitucional de qualquer modalidade de aquisição de terras do domínio da União, ocupadas por grupos tribais, nem das terras de propriedade coletiva de grupo tribal; essas terras são inusucapíveis.

Embora seja no interesse individual do índio usucapiente, a lei (art. 35) lhe assegura, como sujeito de proteção pública especial, a assistência do órgão federal de assistência ao índio (FUNAI), para defesa judicial de seus direitos, o que inclui a defesa contra turbação ou esbulho. O órgão federal não substitui ou representa o índio, mas o assiste, porque a capacidade civil dos índios não é regulada pelo Código Civil e sim pela legislação especial (CC, art. 4º, parágrafo único) e pelo art. 232 da Constituição, que lhes confere legitimidade para ingressar em juízo em defesa de seus direitos e interesses, intervindo o Ministério Público em todos os atos do processo.

6.9. Usucapião por Conversão da Natureza da Posse

A posse é um poder de fato, cujo início ou constituição não estão condicionados ou subordinados aos poderes jurídicos incidentes sobre a coisa. A posse do possuidor atual pode ter substituído a posse de possuidor anterior, mas não substitui direito real ou direito obrigacional. A titularidade de direito real pode ser confrontada com o poder de fato da posse. O mesmo se dá quando a posse exercida por um titular de direito se transforma, ultrapassando a dimensão ou limites do referido direito. Também nessa hipótese, o poder de fato da posse desafia os poderes jurídicos de outros. Assim ocorre quando o possuidor direto converte sua posse em posse própria e plena, afastando o possuidor indireto; também, quando o condômino passa a exercer, de modo exclusivo, a posse sobre a totalidade do imóvel ou parte do imóvel, para além do correspondente à sua parte ideal, ou quando o herdeiro toma posse exclusiva da totalidade ou de parte da herança. São situações de ruptura de situação jurídica anterior, inaugurando-se poderes de fato, que recebem, por igual, a proteção possessória.

A posse é direta, quando convive com a posse indireta. Assim, a posse direta do locatário convive com a posse indireta do locador, inclusive quando este é proprietário. Se o locatário rompe o contrato de locação, sem reação do locador, abandona uma relação jurídica obrigacional e inaugura posse própria da coisa, que pode, inclusive, legitimá-lo a adquiri-la quando se consumar o tempo suficiente para usucapião. Situação análoga é a do promitente comprador em face do promitente vendedor. O promitente comprador é titular de direito real e possuidor direto da coisa, enquanto o promitente vendedor é também titular de direito real e possuidor indireto da coisa. Se o promitente comprador rompe unilateralmente o contrato de promessa de compra e venda, sem reação do promitente vendedor, inicia posse própria e exclusiva da coisa, habilitando-o a adquiri-la por usucapião, quando completar o tempo necessário.

Assim decidiu o STJ (REsp 220.200): "o fato de ser possuidor direto na condição de promitente comprador de imóvel, a princípio, não impede que este adquira a propriedade do bem por usucapião, uma vez que é possível a transformação do caráter originário daquela posse, de não própria, em própria". A rigor, a posse do promitente comprador é própria, embora seja vinculada ao direito real de aquisição, pois o conceito de posse própria não é mais a que a vincula à propriedade. São duas posses próprias, uma direta e outra indireta. O promitente comprador rompeu a dualidade e investiu-se em possuidor pleno. A circunstância de recair sobre o imóvel hipoteca em favor de agente financeiro não impede que o promitente comprador adquira-o por usucapião (REsp 941.464).

No condomínio, o condômino é titular de parte ideal, o que significa dizer que sua posse não é determinada sobre o todo da coisa, uma vez que deve compartilhá-la com os demais condôminos. A posse, portanto, é conjunta. Porém, se um condômino passar a exercer a posse exclusiva sobre o imóvel, em virtude da ausência dos demais, aos quais não presta contas, legitima-se a adquirir a propriedade integral por usucapião, desde o momento em que, comprovadamente, iniciou essa posse exclusiva, até completar o tempo necessário, sem que os outros condôminos possam alegar o estado de indivisão da coisa. O mesmo ocorre quando um dos condôminos administra o imóvel, com o consentimento dos demais, e, a partir de determinado momento, deixa de prestar-lhes conta e estes não as exigem. Houve transformação da posse compartilhada em posse exclusiva, independentemente de ânimo ou boa-fé. Há quem entenda que posse exclusiva do condômino apenas autoriza a usucapião extraordinária, porque lhe faltaria justo título e boa-fé, mas, como pondera Pontes de Miranda (2012, v. 11, p. 216), tal argumento não se pode admitir *a priori*, pois o condômino pode ignorar que é condômino da coisa, ou que haja outros condôminos.

Situação muito próxima à do condômino é a do herdeiro que toma posse exclusiva da totalidade ou de parte da herança, exercendo-a de modo contínuo até o termo final do tempo exigível para a usucapião, antes da partilha ou por nunca ter sido feita a partilha. Há norma legal expressa (CC, art. 1.791, parágrafo único) estabelecendo que, até à partilha, o direito dos coerdeiros quanto à posse da herança regular-se-á pelas normas relativas ao condomínio. O Código Civil alemão (§ 2026) estabelece que o possuidor da herança não pode opor aos demais herdeiros a usucapião de uma coisa pertencente à herança, salvo se a pretensão a esta estiver prescrita. Não existe no direito brasileiro tal vedação e a pretensão a petição de herança (prescritível em dez anos) não suspende nem interrompe o prazo da usucapião do herdeiro que possuir com exclusividade a herança, desde quando, de fato, a iniciou com tal característica. Pode, portanto, ser alegada a usucapião como exceção na ação de petição de herança.

6.10. Aquisição por Acessão

Adquire-se a propriedade pela acessão, em virtude da ampliação do imóvel por fatos da natureza ou de incorporação ao imóvel de plantações ou construções feitas por terceiros. Ocorre a acessão quando uma coisa passa a ser parte integrante de outra. Acessão é, de acordo com Clóvis Beviláqua (1956, p. 130), o "modo originário de adquirir, em virtude do qual fica pertencendo ao proprietário tudo quanto se une ou se incorpora ao bem". A coisa que acede perde sua existência e independência. O dono da coisa acrescida passa a ser o dono da coisa que acede.

Sendo a acessão modo originário de aquisição da propriedade, o proprietário da coisa acrescida não tem qualquer relação com o da coisa que acedeu. As titularidades não se comunicam, cortando-se qualquer vínculo com o passado. Se não houve incorporação, a propriedade dessas coisas móveis permanece com seu titular, uma vez que não se consumou a acessão. No direito brasileiro não há a distinção, existente em outros ordenamentos, de acessão separável e acessão inseparável. O momento da aquisição da propriedade é o da incorporação definitiva. Com a aquisição da propriedade das coisas acedidas, pelo proprietário do terreno, extingue-se qualquer direito real ou posse do titular anterior, que não pode reivindicá-las ou reclamar sua retirada.

A transferência da coisa incorporada ou unida se opera imediatamente, desde o momento da incorporação ou união, não dependendo de sentença judicial ou de registro público. A transferência é por força de lei. A acessão é fato que entra no mundo jurídico e faz nascer o direito.

Há na acessão ganhos e perdas. O direito confere a aquisição da propriedade segundo a relevância da acessão, ora em favor do titular da propriedade favorecida, ora em favor de quem deu causa a tal acréscimo. As mudanças havidas no direito civil contemporâneo, em relação às acessões, refletem as correspondentes mudanças nos valores sociais e econômicos. Antes prevalecia a regra de que tudo o que acede ao solo pertence ao proprietário deste, ante a tradicional relevância da propriedade fundiária, ainda que inerte, traduzida no antigo aforismo *superfície solo cedit*, especificando o que estabelecia que o acessório segue o principal. Na contemporaneidade, a propriedade do solo perdeu essa supremacia, prevalecendo o interesse social e dando-se a inversão, isto é, em certas situações, o principal segue o acessório (exemplo, o art. 1.259 do Código Civil).

O pagamento da indenização, quando exigido em lei, pode ser compensatório e não elemento constitutivo da aquisição da propriedade (ex.: CC, art. 1.251), ou integrar o suporte fático da aquisição (ex.: CC, art. 1.228, § 5º).

São duas as espécies de acessão, em nosso direito:

a) Acessão natural, que se dá por fato ou pela força da natureza, independentemente das vontades dos titulares afetados. Classifica-se em: (1) formação de ilha; (2) aluvião; (3) avulsão; (4) abandono de álveo.

b) Acessão industrial, oriunda do trabalho ou da ação humana. Classifica-se em: (1) construções; (2) plantações.

6.11. Aquisição por Acessão Natural

A aluvião é o acréscimo de terreno que se forma nos terrenos marginais de mares, rios ou lagoas. Para o Código de Águas (Decreto n. 24.643, de 1934, art. 16), constituem aluvião os acréscimos que sucessiva e imperceptivelmente se formarem para a parte do mar e das correntes aquém do ponto a que chegar a preamar média (nível mais alto da maré), ou do ponto médio das enchentes ordinárias dos rios, bem como a parte do leito do rio que se descobrir pelo afastamento definitivo das águas. Esses fenômenos naturais não acarretam dever de indenização aos donos dos terrenos que tenham sido proporcionalmente reduzidos.

Quanto aos rios, ressalte-se que, após a Constituição de 1988, tanto os rios navegáveis quanto os não navegáveis estão compreendidos no domínio público. Os rios, de qualquer natureza, limítrofes aos imóveis, são sempre públicos (da União ou dos Estados-membros).

Os proprietários marginais aos rios, inclusive os que sejam comuns e de domínio público, cujos terrenos sejam acrescidos por aluvião, adquirem a propriedade da parte acrescida, mantida a servidão de passagem e os recuos estabelecidos em lei, na proporção respectiva. Se a margem do rio for limitada por estrada ou outra via pública não há alteração da propriedade, pois o terreno acrescido permanecerá de domínio público. No caso dos terrenos marginais de correntes navegáveis, fora do alcance das marés, seus limites vão até a distância de quinze metros, medidos horizontalmente para a parte da terra, contados desde a linha média das enchentes ordinárias, pois essas áreas marginais são de domínio público. Nessa hipótese, havendo aluvião, o acréscimo a esses terrenos deverá observar os limites das margens de domínio público.

Se a aluvião se formar em frente de imóveis distintos, far-se-á a divisão entre eles, na proporção da testada de cada um sobre a antiga margem; a referência é à testada e não à extensão total do terreno. Pouco importa que as testadas dos terrenos estejam cercadas ou muradas, pois não obstam à aquisição pela aluvião, relativamente aos aumentos que se formarem.

Quando a aluvião se der em praias ou em correntes de águas que sejam atingidas pela preamar não há aquisição da propriedade das áreas acrescidas pelos proprietários marginais. Essas áreas que integram a faixa litorânea do território brasileiro estão abrangidas pelo domínio da União, na qualidade de terrenos de marinha ou acrescidos de marinha. As aluviões formam os acrescidos de marinha, que não alteram a natureza do domínio da União, porque a linha de preamar considerada é fixa. Segundo o Decreto-lei n. 9.760/1946, art. 2º, são terrenos de marinha os que se encontram em uma profundidade de 33 (trinta e três) metros, medidos horizontalmente, para a parte da terra, da posição da linha do preamar-médio de 1831. Os acréscimos havidos caem no domínio da União, não beneficiando, inclusive, os titulares de regime de aforamento dos terrenos de marinha. Todavia, a Lei n. 13.240/2015, salvo nos casos de áreas de interesse nacional, permitiu a remição do foro e a consolidação do domínio pleno com o foreiro, mediante o pagamento do valor correspondente ao domínio direto do terreno, ficando dispensadas desse pagamento as pessoas consideradas carentes ou de baixa renda. Os imóveis inscritos em ocupação (art. 4º) poderão ser alienados pelo valor de mercado do terreno, excluídas as benfeitorias, aos respectivos ocupantes.

A avulsão, diferentemente da aluvião, é o acréscimo ao imóvel por força natural, porém violenta. Uma porção de terra se destaca de um imóvel e vai aumentar outro imóvel, sendo ambos imóveis marginais de rio ou outra água corrente, vizinhos ou não, em virtude de fenômenos da natureza, notadamente enchentes, terremotos, desabamentos causados por chuvas intensas. Na linguagem do Código de Águas, é quando a força súbita da corrente arrancar uma parte considerável e reconhecível de um imóvel, arrojando-a sobre outro imóvel. Para que se caracterize a avulsão, não pode ter havido participação humana, antes ou durante o fenômeno. O beneficiado ou o prejudicado não podem ter dado causa ao agravamento do fenômeno. Tampouco caracteriza a avulsão o deslocamento de pertenças, benfeitorias e equipamentos, arrancados pelo rio e depositados em outros terrenos, pois convertem-se em coisas móveis, que assim devem ser tratados.

A avulsão provoca a aquisição da propriedade da porção aumentada do imóvel, pelo titular deste. Ainda que o proprietário não tenha dado causa ao acréscimo, nem o queira, é obrigado a indenizar o proprietário prejudicado. A indenização deverá ser exigida no prazo decadencial de um ano, contado do dia em que a aluvião ocorreu, findo o qual o proprietário beneficiado ficará desobrigado de pagá-la. Por ser decadencial, o prazo não pode ser interrompido ou suspenso. Durante o prazo nasce para o proprietário prejudicado o direito potestativo gerador de reclamar indenização ou de remover o acréscimo. Dadas as circunstâncias involuntárias da avulsão, pode o proprietário prejudicado promover a remoção da parte acrescida, se o proprietário beneficiado recusar a pagar a indenização no prazo decadencial. O titular da propriedade acrescida não poderá impedir tal remoção; se o fizer, o proprietário prejudicado poderá requerer ao juiz determinação para tal fim. Não se verificando a reclamação no prazo de um ano, a incorporação se considera consumada, e o proprietário prejudicado perde o direito de reivindicar e de exigir indenização.

O álveo abandonado é outra espécie de acessão natural, que ocorre quando o rio muda seu curso, em caráter definitivo, deixando parte do álveo anterior sem água corrente, formando novo álveo. O Código de Águas define o álveo como a superfície que as águas cobrem sem transbordar para o solo natural e ordinariamente enxuto. Diz-se também leito do rio, porque nele pousa, embora correndo. As terras por onde passava o rio passam a integrar as propriedades que lhe eram marginais, de acordo com a testada. O direito à aquisição independe de ser o rio de domínio público ou particular. O Código Civil (art. 1.252) refere a álveo abandonado decorrente, sem excluir a de domínio público, salvo lei especial.

Quando o rio servia de limite natural entre as propriedades de cada uma de suas margens, a aquisição de cada uma vai até o meio do álveo. Se o rio passava dentro de uma mesma propriedade, o titular adquire toda a extensão correspondente do álveo abandonado. O álveo abandonado não legitima direito ou dever de indenização, seja para o proprietário beneficiário, seja para o proprietário que sofreu a mudança de curso do rio. A aquisição do álveo abandonado está sujeita a condição resolutiva, pois se o rio retornar ao seu antigo leito, os proprietários ribeirinhos beneficiados voltam à situação anterior e o leito abandonado, por onde o rio tinha alterado seu curso, volta a seus primitivos donos.

Para fins legais, não se caracteriza abandono do álveo quando houver desvio do rio por ato de particulares. Se a mudança do curso do rio não se deu por força natural, mas pela administração pública para realização de obras públicas, o imóvel ocupado pelo novo álveo deverá ser indenizado, e o álveo anterior abandonado passa a pertencer à entidade expropriante, para compensação dos pagamentos feitos (cf. arts. 26 e 27 do Código de Águas), como bem público dominial e não mais como bem público de uso comum. Nesse mesmo sentido, o STJ (AgRg no REsp 431.698).

Para Pontes de Miranda (2012, v. 11, p. 256), dá-se o abandono do álveo não só quando o rio muda de leito: álveo abandonado também há quando se esvazia o rio de tal modo que permanentemente se descubra o álveo. De rios, lagos e lagoas.

Outra hipótese de acessão natural é a formação de ilhas, em correntes comuns ou particulares. Os rios e lagos continuam no mesmo leito, mas modificações sucessivas ou repentinas nas correntes podem fazer aparecer ilhas, onde antes estavam cobertas por águas. Para efeitos legais, são consideradas as ilhas permanentes, ou seja, que se conservem fora d'água, durante todo o tempo, excluindo-se as que ficam cobertas por água em determinadas estações do ano.

Essas ilhas fluviais passam a pertencer, por força de lei (CC, art. 1.249), aos proprietários ribeirinhos fronteiros. A aquisição das ilhas formadas leva em conta a linha imaginária que divide o álveo em seu meio, considerando-se a testada das propriedades de um lado e de outro. Se a ilha formar-se no meio do rio, os proprietários de cada lado adquirem-na, de acordo com as testadas, em linha reta, até esse limite (meio do rio). Se a ilha formar-se em uma das metades do rio, não a adquirem os proprietários da metade oposta.

A ilha pode ser formada pelo desdobramento de um novo braço do rio. Nessa hipótese, não se considera a metade do leito originário do rio, pois este permaneceu. A ilha formou-se às expensas dos proprietários fronteiros de uma das margens e a esses os respectivos terrenos continuam pertencendo. Podem, no entanto, entrar para o domínio público, mediante indenização aos proprietários, se as correntes forem navegáveis.

De acordo com a Constituição (art. 20, IV) consideram-se bens da União as ilhas fluviais e lacustres nas zonas limítrofes com outros países, as ilhas oceânicas e costeiras, exceto as afetadas às sedes de Municípios; são bens dos Estados (art. 26, III) as ilhas fluviais e lacustres não pertencentes à União. Essas normas alcançam não apenas as existentes na data da Constituição, mas também as que se formarem nessas áreas; a elas não se aplicam as regras de aquisição pelos particulares. O Código de Águas, por seu turno, estabelece (art. 23) que as ilhas que se formarem no álveo de uma corrente pertencem ao domínio público, no caso de águas públicas, e apenas podem ser adquiridas por particulares se não tiverem destinação ao uso comum.

6.12. Aquisição por Acessão Industrial: Construções e Plantações

As plantações e construções no imóvel presumem-se feitas pelo proprietário. É a acessão de móvel a imóvel. Essa presunção legal é relativa, pois admite prova em contrário, consistindo em abertura da lei ao valor do trabalho e à função social. A agregação de valor ao imóvel feita ou provocada por terceiro recebe proteção jurídica específica, no que concerne à aquisição da propriedade ou à indenização correspondente. Para se caracterizar a acessão industrial é necessário que o material ou a plantação se incorpore ao imóvel, não se podendo retirá-los sem destruição ou dano. A propriedade originária do material ou da plantação fica perdida.

A coisa imóvel é considerada principal, que atrai o móvel, qualificada como acessório. O direito brasileiro, em princípio, acolhe a velha regra de que tudo o que se implanta no solo a este acede (*superficies solo cedit*), que vem da importância fundamental do solo, na economia tradicional e agrária e que não resiste à realidade contemporânea. A inclusão do direito de superfície entre os direitos reais é exemplo da quebra dessa regra, pois os bens móveis utilizados na construção se imobilizam, não se confundindo com a titularidade do solo. Igualmente, a ampla difusão dos condomínios edilícios, no processo intenso de urbanização no Brasil, tornou irrelevante a regra, até porque divide as titularidades: o solo pertence a todos os condôminos, em frações ideais, enquanto a unidade construída pertence exclusivamente ao seu titular.

No sentido da mitigação da regra tradicional, manifesta-se Gustavo Tepedino (2011b, p. 402), para quem o princípio da acessão perdeu rigidez "em favor de outras condicionantes, como a função social da propriedade, a boa-fé de quem constrói em terreno alheio e, de forma geral, os interesses econômicos e sociais de manutenção da plantação". Saliente-se, como adverte Luiz Edson Fachin (*in* Pontes de Miranda, 2012, v. 11, p. 301 – nota ao § 1.211), que as regras gerais do Código Civil vigente, acerca da acessão industrial, não se sobrepõem aos regulamentos próprios do Estatuto da Cidade, nem às prescrições do plano diretor fundadas no interesse público.

As hipóteses mais comuns de acessão industrial que há no mundo da vida em relação, como fatores de conflito, ocorrem quando: (1) plantas e materiais utilizados pelo proprietário, em seu imóvel, são de terceiro; (2) plantas e materiais empregados no imóvel alheio, pelo terceiro, são seus próprios; (3) plantas e materiais empregados no imóvel alheio, pelo terceiro, são de outro terceiro; (4) a construção invade parcialmente solo alheio vizinho.

Na primeira hipótese, o dono do imóvel adquire a propriedade dos materiais e plantas do terceiro, mas tem o dever de pagar a este o valor deles corrente ao tempo em que se deu a acessão, que é o momento em que nasce a pretensão à indenização. Presume-se que a incorporação ao imóvel seja definitiva e inviável economicamente sua retirada, compensando-se a perda pelo terceiro com a indenização do valor e evitando-se, assim, o enriquecimento sem causa. Há aquisição forçada da propriedade dos materiais e plantas de terceiro pelo proprietário, mas este responde pela má-fé. Além de indenizar o valor, deve indenizar as perdas e danos sofridos pelo terceiro, se agiu de má-fé, ou seja, quando sabia que os materiais ou plantas eram deste. Age, também, de má-fé quando emprega materiais que lhe foram enviados sabidamente por engano. Os valores dos materiais e plantas são os que o terceiro tinha pago ou, em sua falta, os que forem arbitrados em juízo.

Na segunda hipótese, também o terceiro perde a propriedade de seus próprios materiais e plantas, empregados no imóvel alheio, em favor do dono deste. Mas, pela mesma razão de impedimento do enriquecimento sem causa pelo dono do imóvel, faz jus a receber indenização pelo valor das coisas incorporadas, desde que tenha agido de boa-fé. O valor a ser pago deve considerar a época da indenização. Essa indenização é do valor da construção e não de ressarcimento de perdas e danos. Considera-se de boa-fé o que crê ser seu o imóvel, onde constrói ou planta, ou estar autorizado pelo proprietário ou em negócio jurídico com este firmado. O enriquecimento passa a ser com causa se o terceiro agir de má-fé, perdendo, sem direito a indenização, a posse e a propriedade sobre as coisas que empregou. Age de má-fé quem sabe que o proprietário não o encarregou de fazer construção ou plantação, nem o encarregaria, podendo ser constrangido a repor as coisas no estado anterior. Porém, se ambos, dono do imóvel e terceiro, estiverem de má-fé, este tem direito a ser indenizado do valor das acessões. A lei presume de má-fé o dono do imóvel quando os trabalhos de construção ou plantação se fizeram na sua presença, sem sua reação. O comportamento contraditório do dono do imóvel é repelido pelo direito, que veda o *venire contra factum proprium*, consistente em se enriquecer com o ato de terceiro e depois negar-lhe a indenização, imputando-lhe má-fé.

Ainda quanto à segunda hipótese, o Código Civil (art. 1.255, parágrafo único) introduziu regra que inverte a diretriz anterior, contemplando a primazia do trabalho e do valor econômico. Dá-se quando a construção ou plantação excederem, consideravelmente, o valor do terreno ou solo. O principal (solo) passa a seguir a sorte do que o direito tradicional considerava sempre acessório (plantação ou construção), ou seja, o dono do material ou das plantas adquire a propriedade do imóvel. Três requisitos são exigíveis: (1) valor consideravelmente superior da construção ou da plantação; (2) boa-fé do terceiro; (3) indenização, ao dono do imóvel, do valor da terra nua e das eventuais benfeitorias existentes antes da construção. A norma legal utiliza o conceito indeterminado de "exceder consideravelmente" o valor do terreno, cujo conteúdo deve ser determinado em cada caso concreto. Não basta que exceda o valor do terreno (terra nua), mas sim que seja considerável. Aplicando-se o princípio da razoabilidade, considera-se excedente considerável o valor das acessões que supera o valor de mercado do terreno. Este é o critério adotado pelo art. 1.258 do Código Civil, que se lhe aplica analogicamente. Nesse sentido, decidiu o TJRS (AC 70023573595) que o construtor adquirisse a propriedade, por estar em boa-fé, considerando como considerável o valor da construção que superou o valor do terreno.

Na terceira hipótese, quando terceiro emprega em terreno alheiro material ou plantas pertencentes a outro terceiro, o proprietário do imóvel adquire a propriedade deles. O terceiro que fez as acessões terá direito à indenização contra o proprietário, quando estiver de boa-fé. Também terá direito à indenização quando ele e o proprietário estiverem de má-fé. O terceiro proprietário do material ou das plantas tem direito à indenização do respectivo valor contra o terceiro construtor ou plantador e contra o proprietário do terreno, neste caso supletivamente, quando o primeiro não a pagar. Como esclarece Pontes de Miranda (2012, v. 11, p. 281), a regra incide ainda que haja relação jurídica negocial entre o construtor ou plantador e o terceiro, podendo a ação ser proposta por este contra o proprietário do imóvel, provando que não se pode utilmente cobrar do plantador ou construtor. O terceiro construtor e plantador não tem direito à indenização contra o proprietário do terreno e poderá ser por este constrangido a repor o terreno no estado em que antes se encontrava e a pagar os prejuízos.

A quarta hipótese contempla, igualmente, a valorização do trabalho humano, resultante de construção realizada em terreno próprio, mas que invade parcialmente terreno vizinho. Há interesse social na conservação da construção. As consequências são distintas em razão da boa-fé ou da má-fé, mas o Código Civil acolhe a teoria do fato consumado e reconhece, implicitamente, a falta de razoabilidade em se destruir a parte da construção que invadiu terreno alheio. Anteriormente a ele, a rigidez da primazia da propriedade do solo sobre qualquer construção não considerava os valores sociais e econômicos, podendo o proprietário exigir a demolição da construção e indenização por perdas e danos. Pela norma atual, se a construção feita parcialmente em solo próprio invadir até cinco por cento (vigésima parte) o terreno vizinho, o construtor adquire a respectiva propriedade. São requisitos exigíveis: a) construção que invada até cinco por cento do terreno vizinho; b) valor da construção superior ao valor correspondente à parte do terreno invadido; c) boa-fé do construtor; d) indenização do valor proporcional da área invadida; e) indenização da desvalorização da área remanescente do terreno invadido. Ainda quando a invasão se contiver no limite de cinco por cento, a parte remanescente do imóvel pode ter ficado aquém da área mínima estabelecida pela legislação urbanística do Município; ocorrendo tal fato, a indenização deve corresponder ao valor da totalidade do terreno, quando ficar inviabilizado para edificação. No direito alemão (CC, §§ 912-916), o vizinho deve tolerar a invasão, se o construtor tiver agido sem dolo ou negligência grave, a não ser que tenha formulado oposição antes ou imediatamente depois da invasão, mas tem direito a ser indenizado com renda anual, em dinheiro.

Até mesmo quando o construtor estiver de má-fé, prevalece a aquisição forçada da propriedade da área invadida. Segundo Ebert Chamoun (1970, p. 20), sacrifica-se o direito do proprietário do solo invadido, em homenagem ao princípio do maior valor social das construções. Necessário se faz comprovar, cumulativamente, que: a) a área invadida não ultrapassa cinco por cento do terreno vizinho; b) o valor da construção excede o valor da área invadida; c) a demolição da parte invadida comprometerá o restante da construção, causando-lhe considerável prejuízo. Em face da má-fé, sofre o construtor, como sanção civil à sua conduta, a imposição do pagamento do décuplo das perdas e danos relativos ao valor da parte invadida e ao valor da desvalorização do remanescente do terreno invadido.

A invasão da construção que supere cinco por cento do terreno vizinho também leva à aquisição da propriedade da parte invadida ou à sua demolição, a depender da boa-fé ou má-fé do construtor. Nessa circunstância, o construtor, apesar da boa-fé, deve pagar ao dono do terreno invadido: a) o valor correspondente à construção que ultrapassar de cinco por cento do terreno invadido; b) o valor da área do terreno invadido; c) o equivalente da desvalorização da área remanescente do terreno invadido, em virtude de sua redução e da quebra de uniformidade dos limites. O construtor de má-fé, em contrapartida, é obrigado a demolir o que exceder de cinco por cento e a pagar em dobro as perdas e danos sofridos pelo dono do imóvel invadido.

6.13. Aquisição por Acessão Invertida de Áreas Ocupadas

Uma modalidade de acessão foi introduzida pelo CC/2002, relativamente às de obras e serviços realizadas por moradores de "extensa área", da qual tenha a posse ininterrupta e de boa-fé, por mais de cinco anos (art. 1.228, §§ 4º e 5º). É modalidade de acessão proveniente de ato humano (CC, art. 1.248, V), ainda que o Código Civil a tenha previsto entre as hipóteses de perda da propriedade; há perda em relação ao titular da propriedade, mas aquisição para os possuidores. Significa o reconhecimento jurídico do fenômeno social das invasões urbanas e rurais de grandes áreas não utilizadas ou subutilizadas por seus proprietários, mercê da pressão social por moradias ou por terras, as quais passam a ter função social mais relevante, em virtude da construção de moradias, obras e serviços comuns, e desenvolvimento de atividades úteis à coletividade.

Na exposição de motivos ao anteprojeto do Código Civil, Ebert Chamoun (1970, p. 12) justificou-a alegando que, apesar da distinção entre boa-fé e má-fé, por parte do construtor, não se pode deixar de reconhecer o valor social das edificações, que jamais serão demolidas, dentre a restrição "que deve sofrer quem não exerce oportunamente o seu direito de domínio, não embargando a construção invasora". Afirma, ainda, que mais encarna a função social da propriedade quem constrói no imóvel, embora com parcial invasão do alheio, do que o que não exerce a necessária vigilância e não tem a atenção indispensável para com seu bem.

São requisitos dessa singular acessão: a) posse coletiva direta; b) área considerada extensa, que permita a posse de várias pessoas; c) prazo ininterrupto de cinco ou mais anos; d) boa-fé dos possuidores; e) existência de obras e serviços de interesse social e econômico relevantes, assim considerados pelo juiz; f) pagamento da indenização, ao proprietário, fixada pelo juiz; g) registro imobiliário da sentença judicial em nome dos possuidores.

A lei não estabelece os critérios para consideração da extensa área, não podendo ser invocados os que são estabelecidos para institutos próximos, porém distintos. O caso concreto é que permitirá sua aferição. Em zonas urbanas densamente povoadas, corresponde ao requisito legal a área utilizada para várias habitações distintas, ainda que não observem os limites mínimos do zoneamento urbano fixados pelo município. Ainda que a situação concreta seja o critério superior que iluminará o convencimento do juiz, pode-se, genericamente e por analogia, valer do que estabelece a Lei n. 4.132/1962 (art. 2º), a qual considera existente o interesse social, para fins de desapropriação e manutenção dos possuidores em terrenos urbanos, onde, "com a tolerância expressa ou tácita do proprietário, tenham construído sua habitação, formando núcleos residenciais de mais de dez famílias". Esse é, também, o entendimento de Gustavo Tepedino (2011b, p. 259).

Equivale ao prazo mínimo de cinco anos a eventual soma dos tempos de posses sucessivas dos possuidores da mesma unidade. A norma legal tem como finalidade a proteção da posse coletiva de "considerável número de pessoas", e não da constituição das posses individualizadas. É o grupo social que interessa e a posse do conjunto de possuidores.

A boa-fé é presumida, quando, no prazo fixado pela lei de cinco anos, não houver reivindicação por parte do proprietário. Os requisitos da posse individual e tradicional não se aplicam a essa modalidade de posse coletiva. Até porque essa "posse-trabalho", que vem acompanhada de um ato criador do trabalho humano, como assim denominou Miguel Reale (1986, p. 54), é distinta da posse tradicional, pois uma coisa é o indivíduo tomar posse e deter o imóvel por quinze anos sem nada nele fazer, pensando apenas em adquiri-lo por usucapião, e outra é um grupo de pessoas edificarem suas casas ou realizarem atividades úteis para a coletividade. Contudo, pode haver má-fé, que consiste essencialmente (Herkenhoff, 2008, p. 326) em *criar* uma "função social da posse" que não nasceu espontaneamente, particularmente agravada quando inova a situação, depois que se tem notícia da oposição do proprietário, ainda que não tenha havido citação.

O pagamento da indenização, feito pelo possuidor, é indispensável para aquisição da propriedade da unidade equivalente, mediante apresentação da sentença judicial e comprovante de quitação (recibo dado pelo proprietário ou depósito judicial) do valor correspondente. O registro individual não depende do pagamento da indenização por todos os possuidores. O pagamento da indenização é requisito da aquisição da propriedade, mas não é da posse. Assim, quem paga a indenização adquire a propriedade. Quem não a paga continuará como possuidor, mas o titular da propriedade originária poderá cobrá-la, inclusive judicialmente, até ao prazo máximo de prescrição da pretensão, que é de dez anos (CC, art. 205). A perda da propriedade e o dever de indenizar são estabelecidos pela lei, não dependendo da vontade das partes. A falta de pagamento não suprime a posse nem torna ineficaz a perda da propriedade, porque esta é definitiva, investindo-se o ex-proprietário no direito ao crédito; a relação jurídica real converte-se em relação jurídica obrigacional. A indenização é compatível com a aquisição do imóvel pela acessão industrial, proveniente de ato humano (construção ou plantação), a exemplo do parágrafo único do art. 1.255 do Código Civil. O valor da indenização diz respeito ao percentual de cada possuidor relativo à terra nua, não se considerando a avaliação técnica lastreada no valor de mercado (enunciado n. 240 das Jornadas de Direito Civil do CJF/STJ), nem as construções e benfeitorias realizadas, sendo, ainda, indevidos os juros compensatórios.

Obras e serviços de interesse social e econômico relevante são os que permitem que os possuidores possam viver ou desenvolver atividades úteis, na área do imóvel, não apenas para cada um, mas também para o conjunto deles. Incluem-se, nesse amplo sentido, as moradias, as vias de acesso às unidades, os implementos urbanos, as escolas, as praças e outros espaços públicos de convivência, as plantações, as criações. São, enfim, os meios necessários de sobrevivência dessa comunidade, segundo seus próprios padrões e possibilidades econômicas, pouco importando que tenham sido realizados por eles próprios, por terceiros ou pelo poder público.

A defesa dos possuidores, na ação reivindicatória promovida pelo titular da propriedade, é fundada no "direito de aquisição com base no interesse social", além de serem, eles próprios, os responsáveis pelo pagamento da indenização, conforme enunciado n. 84 das Jornadas de Direito Civil do CJF/STJ. Esse entendimento, que acompanhamos, afasta a qualificação desse instituto como modo de desapropriação.

Caio Mário da Silva Pereira, na crítica que fez ao anteprojeto do Código Civil, sustentou que os dispositivos equivalentes aos §§ 4º e 5º do art. 1.228 seriam inconstitucionais, porque somente a Constituição pode definir os casos de privação da propriedade, que é por ela garantida. Em sentido contrário, Pablo Rentería afirma que tal argumento, "além de amesquinhar a eficácia normativa da função social da propriedade, desconhece a longa tradição, na cultura jurídica latina, das transferências onerosas involuntárias que, desde o direito romano, são disciplinadas no âmbito da teoria da acessão" (2008, p. 13), razão por que a hipótese introduzida no Código Civil se qualificaria como acessão invertida social.

A doutrina hesita em definir a natureza desse instituto, oscilando entre a usucapião e a desapropriação. Porém, ambas são inadequadas. No direito brasileiro, a usucapião é modo de aquisição originária da propriedade, sem qualquer relação com o anterior proprietário, não tendo este qualquer pretensão indenizatória contra o possuidor que cumpriu os requisitos legais, principalmente a continuidade da posse e o tempo exigível.

O novo instituto foi declaradamente caracterizado como modalidade de desapropriação pela comissão elaboradora do anteprojeto do Código Civil. Nas palavras de seu coordenador, Miguel Reale: "Vale notar que, nessa hipótese, abre-se, nos domínios do direito, uma nova via de desapropriação que se não deve considerar prerrogativa exclusiva dos Poderes Executivo e Legislativo" (1986, p. 103). Entendemos, diferentemente, que não se trata de desapropriação, nem mesmo de desapropriação anômala. A desapropriação amigável ou judicial é instituto do direito público, que pressupõe ato da administração de declaração da utilidade ou necessidade públicas, ou de interesse social, e previsão orçamentária. Em nosso sistema de divisão de poderes, não pode o Judiciário, em sua atividade jurisdicional, substituir-se à administração pública (esta é exercida pelos tribunais, apenas em âmbito interno e no interesse destes).

Tampouco pode ser enquadrado no instituto, desenvolvido no âmbito do direito público, da desapropriação indireta. Nesta, o interessado direto é o Estado, que expropria o imóvel do particular e realiza obra pública, sem observar o procedimento regular da desapropriação. Apesar da contrariedade ao direito, a realização da obra pública faz emergir o interesse público e a consequente pretensão indenizatória do particular expropriado. Na acessão invertida de terras ocupadas, a perda da propriedade não decorre de qualquer iniciativa do Poder Público, mas da própria comunidade e do reconhecimento judicial, que determina o registro, após o pagamento da indenização correspondente.

O proprietário pode ser privado da coisa, ainda que faça cumprir sua função social e mesmo que não estejam reunidos os requisitos para a aquisição do domínio pela usucapião propriamente dita: ele simplesmente não poderá haver ou reaver a coisa, e a ação se resolverá em indenização. Não se atribui ao possuidor o domínio sobre a coisa, não se nega a quem a reivindica o seu direito de a ter para si; apenas se diz que sua propriedade é legítima, socialmente útil e até protegida, mas deverá ser parcialmente sacrificada. O critério não é o melhor direito e sim a mais importante função social (Herkenhoff, 2008, p. 320).

O que distingue essa modalidade de acessão, como prevista no Código Civil, da usucapião coletiva do Estatuto da Cidade é que nesta apanha-se a composse, que pode se converter em condomínio, mediante usucapião especial; a aquisição da posse individual depende da decisão coletiva de ao menos dois terços dos condôminos, após o registro público. Na acessão social invertida, ao contrário, a finalidade legal é possibilitar a aquisição da propriedade individual, desmembrando-a da comunidade; não há forçosamente composse ou condomínio. Não há, tampouco, exigência de o possuidor não ser titular de propriedade de outro imóvel.

6.14. Aquisição pelo Registro Público do Título

Os negócios jurídicos entre vivos translativos de imóveis apenas produzem efeito de transmissão da propriedade quando são registrados no registro imobiliário competente, que é o da situação do imóvel. O registro gera a transmissão da propriedade; não é simples meio de publicidade. Incide o princípio da prioridade do registro mais antigo. A fé pública, de que gozam os oficiais de registro público, assegura a validade das transmissões futuras acerca do mesmo imóvel. A fé pública do oficial diz respeito ao registro, mas não ao título obrigacional de onde proveio, pois a finalidade do registro é proteger o tráfico imobiliário. Não há tradição de coisa imóvel, no direito brasileiro, mas registro, razão por que não é correto qualificá-lo como tradição ficta.

Não dependem de registro, para os efeitos reais, os imóveis de domínio da União, dos Estados e dos Municípios. Mas, se houver desapropriação, a sentença judicial deve ser levada a registro imobiliário. Também não dependem de registro o que já tem eficácia *erga omnes* por força de lei, como os direitos de vizinhança, o direito ao uso das águas, o usufruto legal, o direito real de habitação legal, o regime matrimonial de bens.

Foi a Lei n. 1.237/1864 que criou, no Brasil, o registro de imóveis. Não tratou, todavia, do registro geral dos imóveis, mas do registro ("transcrição") de transmissão de imóveis "suscetíveis de hipoteca" e do registro das hipotecas, para produzir efeitos contra terceiros. Os efeitos entre as partes não dependiam de registro. Adotou a competência pela situação do imóvel. Voltou-se, portanto, à proteção dos credores hipotecários. Não se pode a ela atribuir a instituição do sistema de aquisição da propriedade imobiliária pelo registro, que apenas foi introduzido em 1890 (Decreto n. 169-A), com o Código Civil de 1916 e com as subsequentes leis gerais de registro público (Decreto n. 4.857/39, e Lei n. 6.015/73). Nas Ordenações Filipinas (Livro IV, Título 58, 3), adquiria-se a propriedade mediante "algum justo título, por que a coisa lhe pertença", que era o sistema mais simples e menos formal. Segundo Pontes de Miranda (2012, v. 11, p. 315), o registro de imóveis provém do direito medieval alemão, com o formalismo da investidura, o que talvez explique sua inexistência nos países de *common law*.

No atual direito brasileiro, o título de aquisição de coisa imóvel (compra e venda, doação, permuta, dação em pagamento) não tem eficácia constitutiva de transmissão da propriedade. Sua eficácia jurídica se atém ao plano do direito das obrigações. Exige-se que o título seja registrado no registro público imobiliário para que produza o efeito jurídico de aquisição da propriedade imobiliária. O Código Civil (art. 1.245, § 1º) é explícito: "Enquanto não se registrar o título translativo, o alienante continua a ser havido como dono do imóvel". A eficácia do registro retroage à data em que o título foi apresentado ao cartório competente do registro imobiliário, com a prenotação no protocolo. A data da prenotação prevalece, ainda que o oficial do registro suscite dúvida ao juiz.

Segundo a Lei de Registros Públicos, art. 182, o título translativo tomará, no protocolo, o número de ordem que lhe competir em razão da sequência rigorosa de sua apresentação. Se apresentados mais de um título sobre o imóvel, no mesmo dia, prevalece a prenotação no protocolo. Protocolizado o título, o registro deverá ser feito em até trinta dias, observado o mesmo número de matrícula. As averbações das ocorrências que afetem o imóvel serão feitas em sequência, na mesma matrícula, a exemplo de hipotecas, penhoras, alienações fiduciárias em garantia e indisponibilidade de bens. O registro e as averbações podem ser solicitados por qualquer pessoa, que se incumbirá das despesas respectivas. Se o imóvel for desmembrado ou parcelado, cada unidade ou parcela terá matrícula própria, desligando-se do registro originário. O título, ainda que existente e válido (exemplo, escritura pública de compra e venda), não pode ser registrado, se antes dele outro o fez.

Além das escrituras públicas, são levados ao registro imobiliário os escritos particulares autorizados em lei, os quais, quando praticados por entidades dos Sistema Financeiro da Habitação, têm dispensado o reconhecimento das firmas. São também registrados os contratos e termos administrativos assinados pela União, pelos Estados ou Municípios, no âmbito de programas de regularização fundiária e de programas habitacionais de interesse social, também dispensado o reconhecimento de firmas. Há quem sustente que o chamado "contrato de gaveta", assim entendido o que tem por finalidade a transferência do imóvel vinculado ao sistema financeiro da habitação, tendo guardado a boa-fé objetiva e cumprida a função social do contrato, que é a do direito à moradia, não pode ter negada sua eficácia transmissiva (Ruzyk, 2011*b*, p. 153).

O registro imobiliário não é definitivo ou abstrato, pois não se descola do título registrado. Se este for considerado nulo ou anulável, o registro é afetado em igual medida. A lei presume que, enquanto não houver decretação da invalidade do registro e o cancelamento respectivo, o adquirente continua a ser havido como proprietário do imóvel. Mas essa presunção é relativa. Ou seja, o registro não sana os defeitos que afetem o título. A consequência é que o terceiro adquirente, ainda que de boa-fé, não está garantido com o registro, pois não se pode deixar de sujeitá-lo "à reivindicação, uma vez que, cancelada a transcrição, incumbe a propriedade inegavelmente a quem é beneficiado pelo registro anterior" (Chamoun, 1970, p. 13). O direito brasileiro não acompanha o sistema radical alemão, que pressupõe dois negócios jurídicos, um obrigacional e outro real e abstrato. O segundo negócio jurídico é abstrato, porque não se vincula ao negócio obrigacional (por exemplo, a compra e venda), apesar de originado deste, e tem validade e eficácia jurídicas próprias. Esse é o puro sistema dicotômico de título de adquirir e modo de adquirir. É equivocada, pois, a interpretação de nosso sistema segundo o alemão.

O interessado, seja quem se apresente como real adquirente do imóvel, ou o proprietário anterior, ou terceiro credor, ou titular de direito real sobre o imóvel, pode requerer ao oficial do registro público que retifique ou invalide o registro. De acordo com o art. 212 da Lei n. 6.015/73, se o registro for omisso, impreciso ou não exprimir a verdade, a retificação será feita pelo oficial do registro competente, a requerimento do interessado. Se houver recusa, pode requerê-lo judicialmente, pois a opção pelo procedimento administrativo não exclui a prestação jurisdicional. Desde que inexista oposição de terceiros interessados, a jurisprudência é pacífica no sentido de se admitir a possibilidade de alteração do registro por meio do procedimento administrativo, sendo desnecessário o ajuizamento de ação, ainda que a modificação implique aumento da área (STJ, REsp 625.606).

Se o registro for cancelado, o registro anterior deve ser considerado válido, podendo o respectivo titular reivindicar o imóvel de quem o detenha. A reivindicação não pode ser obstada pela existência de título translativo ou de boa-fé de quem teve o registro cancelado. O cancelamento do registro, total ou parcial, será procedido em cumprimento de decisão judicial, ou a requerimento do interessado munido de instrumento hábil, ou da Fazenda Pública, na hipótese de resolução do título de domínio e de concessão de direito real de uso de imóvel rural, expedido para fins de regularização fundiária. Por força do art. 214 da Lei de Registros Públicos, com a redação dada pela Lei n. 10.931/2004, a nulidade não poderá ser decretada se atingir o terceiro adquirente de boa-fé que já tiver preenchido as condições de usucapião do imóvel; refere a lei à usucapião ordinária, com prazo de dez anos, pois o título do adquirente qualifica-se como justo título. Nessa hipótese, a usucapião é oposta como matéria de defesa ao pedido de registro.

Os direitos reais limitados e os direitos reais de garantia dependem, igualmente, do registro público dos títulos que os instituem, para a eficácia do direito das coisas. Não apenas para que produzam efeitos contra terceiros, mas sim para que possam ser tidos como direitos reais. Sem registro do título não há efeitos reais, por exemplo, ao usufruto ou à hipoteca.

Em situações determinadas, a aquisição da propriedade imobiliária se faz em favor do núcleo familiar, que, sociologicamente, tem como referência a mulher. Assim, a Lei n. 12.693/2012, que introduziu o art. 35-A à Lei n. 6.015/73, estabelece que, nas hipóteses de dissolução de união estável, separação ou divórcio, o título de propriedade do imóvel adquirido no âmbito do programa "Minha Casa, Minha Vida", na constância do casamento ou da união estável, com subvenções oriundas de recursos públicos, será registrado em nome da mulher ou a ela transferido, independentemente do regime de bens aplicável. Apenas será registrado em nome do marido ou companheiro, nos casos em que a guarda dos filhos do casal seja atribuída exclusivamente a eles.

A Lei n. 13.465/2017 instituiu a Regularização Fundiária Urbana (Reurb), instaurada por decisão do município a pedido de um dos legitimados previstos na lei (órgãos públicos, entidades, MP, Defensoria Pública, pessoas beneficiárias) e destinada à incorporação dos núcleos urbanos informais e à titulação de seus ocupantes. Os documentos emitidos pelo poder público são considerados aptos para registro imobiliário de legitimação fundiária, de legitimação de posse e sua conversão em título de propriedade, desde que respeitado o limite de até 70m^2

para a primeira construção, com isenção de custas e emolumentos. A legitimação fundiária é considerada forma originária de aquisição do direito real de propriedade conferido por ato do poder público, no âmbito da Reurb. A legitimação de posse é título concedido pelo poder público para reconhecimento da posse de imóvel incluído na Reurb, que poderá ser transferida por *causa mortis* ou por ato *inter vivos*. A legitimação da posse, após sua conversão em título de propriedade, constitui forma de aquisição originária, sendo registrada livre de qualquer ônus, direitos reais anteriores ou garantias reais incidentes sobre o registro anterior. A Lei n. 13.465 considera: núcleo urbano o assentamento de unidades imobiliárias com uso e características urbanos, ainda que situadas em área rural; legitimação da posse o ato do Poder Público destinado a conferir título de reconhecimento da posse de imóvel objeto do Reurb; legitimação fundiária o mecanismo de reconhecimento da aquisição originária do direito real sobre unidade imobiliária objeto do Reurb; ocupante aquele que mantenha poder dato sobre imóvel ou fração ideal de imóvel público ou privado em núcleos informais. Poderão requerer a instauração da Reurb a União, os municípios, os beneficiários (por si ou por cooperativas, associações, fundações, organizações sociais), os proprietários e incorporadores, a defensoria pública, o Ministério Público.

O sistema brasileiro, que depende do registro do contrato para que produza efeitos reais, difere da experiência da maioria dos outros povos, que adotam o sistema de registro declarativo, para efeito de publicidade *erga omnes* ou contra terceiros. Nesse outro sistema, o título translativo é válido e tem eficácia imediata de transmissão da propriedade para o adquirente, quando ele é celebrado entre as partes, tal como foi no Brasil, durante a vigência das Ordenações. A transmissão se opera desde que se perfez o contrato. O sistema brasileiro também é distinto do alemão, onde se inspirou, pois deste não acompanhou a distinção escarpada entre dois negócios jurídicos, o de alienação da propriedade (título translativo) e o de transmissão da propriedade (registro); a invalidade do título translativo não gera a invalidade do registro, dado que este é autônomo e abstrato (o título não é sua causa).

Por força do art. 76 da Lei n. 13.465/2017 foi criado o Sistema de Registro Eletrônico de Imóveis (SREI), operado em âmbito nacional pelo Operador Nacional do sistema (ONR), organizado como pessoa jurídica sem fins lucrativos. Todos os registros imobiliários ficam a ele vinculados. Os serviços eletrônicos devem ser disponibilizados, sem ônus, ao Poder Judiciário, aos entes públicos, ao Ministério Público e aos órgãos de investigação criminal. Pela primeira vez, no Brasil, haverá unificação desses dados, até então dispersos nos variados ofícios de registro imobiliário. A mesma lei (art. 101) instituiu o Código Nacional de Matrícula – CNM, que corresponde à numeração única de matrículas imobiliárias em âmbito nacional, de modo que viabilize o sistema.

Capítulo VII

Aquisição da Propriedade Móvel e Descoberta de Coisa Alheia Perdida

7.1. Modalidades Legais

O direito brasileiro, em longa tradição, considera como modalidades de aquisição da propriedade mobiliária: (1) originárias: a usucapião, a ocupação, o achado do tesouro; (2) derivadas: a tradição, a especificação, a confusão, a comistão e a adjunção. O CC/2002 excluiu as referências havidas na legislação anterior à caça e à pesca, pois os animais deixaram de ser concebidos como coisas sem dono e em razão do advento da legislação de proteção da natureza. A descoberta de coisa alheia móvel perdida também pode gerar aquisição da propriedade, razão por que a incluímos nessas modalidades legais.

Refletindo a pouca importância que o direito tem dedicado à regulação das coisas móveis, o Código Civil pouco alterou o que dispunha o Código Civil anterior. A aquisição derivada das coisas móveis por excelência, a tradição, recebeu atualização contemporânea, mantendo sua natureza causal, em relação ao negócio jurídico de alienação da coisa. Continua a dispensa de registro público para aquisição das coisas móveis, com algumas exceções, o que contribui, com a informalidade resultante, para maior dinamização das transações.

Além das modalidades expressamente referidas, a coisa móvel é adquirida pela sucessão hereditária, pela incidência do regime de bens adotado pelos cônjuges ou companheiros, pela posse de boa-fé e aparência de alienante, pelo possuidor de boa-fé em relação aos frutos percebidos, pela separação de partes integrantes de coisas imóveis. A arrematação de coisa móvel em hasta pública é considerada aquisição originária, inexistindo relação jurídica entre o arrematante e o anterior proprietário (STJ, AgRg no AgIn 1.225.813). Tendo em vista que o direito à sucessão hereditária aberta é considerado bem imóvel para fins legais, enquanto perdurar (CC, art. 80), a aquisição da coisa móvel nele incluída dá-se com sua conclusão, mediante a partilha.

7.2. Usucapião

Pela usucapião da coisa móvel, adquire-se originalmente a propriedade, cumpridos os requisitos legais, notadamente a posse continuada e o tempo. Não há qualquer relação jurídica com o proprietário anterior. Não há qualquer sucessão. Um direito nasce ao mesmo tempo em que outro o perde. Como o direito brasileiro não adota a regra prática do Código Civil francês de *en fait de meubles, possession vaut titre*, pela qual a posse da coisa móvel gera a presunção legal da propriedade, avulta de importância a usucapião desses bens – caminho mais longo e difícil, dependente de provas e controvérsias.

A usucapião ordinária de coisas móveis tem como nota relevante o tempo reduzido de três anos de posse contínua. São requisitos cumulativos: (1) coisa móvel; (2) posse contínua e incontestável; (3) tempo mínimo de três anos; (4) justo título; (5) boa-fé. A posse há de ser própria, como poder de fato sobre a coisa. Pode existir a posse própria, sem justo título ou boa-fé, o que obsta a aquisição da propriedade nessa modalidade de usucapião, de tempo mais curto. O justo título e a boa-fé são elementos fáticos para reduzir o tempo para a usucapião.

A continuidade da posse implica a fluência do tempo sem interrupção. A lei exige, além disso, que não tenha sido contestada validamente, ou seja, que não tenha sido objeto de pretensão possessória ajuizada. O justo título é o que diz respeito à posse justa, a saber, que não tenha sido violenta, clandestina ou precária, que presume a existência de negócio jurídico verbal de alienação da coisa. A coisa móvel, ordinariamente, se adquire sem existência de negócio jurídico expresso com finalidade de transferência. Utilizam-se, para coisas móveis adquiridas em empresas comerciais, documentos de natureza fiscal (nota fiscal), que têm esta finalidade e não a de expressar negócio jurídico bilateral de alienação, pois sua edição é unilateral; porém, para fins da usucapião ordinária de coisa móvel, pode ser entendido como justo título.

A boa-fé exigível é na modalidade subjetiva, isto é, a de convicção de deter posse própria e da correspondente ignorância da existência de outro possuidor de boa-fé sobre a mesma coisa. É, também, a crença de ser o dono da coisa móvel, sem o ser, desde que ela não seja fundada em absurdo ou contrária a todas as evidências, segundo o comportamento médio das pessoas, em condições assemelhadas.

A usucapião extraordinária de coisa móvel dispensa os requisitos da usucapião ordinária, concentrando-se na posse contínua de cinco anos. Não há exigência, sequer, de sua incontestabilidade. Tal como ocorre com a usucapião de coisa imóvel, a posse de má-fé é juridicamente tutelada. Interessa para o direito a utilidade e o uso que se deu à coisa, que realiza a função social da propriedade, ainda que às expensas da boa-fé e do justo título.

Pode propor ação de usucapião extraordinária aquele que tem a posse por mais de cinco anos, com a propriedade de veículo registrada em nome de terceiros nos Departamentos Estaduais de Trânsito competentes (STJ, REsp 1.582.177).

A usucapião opera pelo cumprimento dos requisitos, independentemente de sentença judicial, pois esta tem efeito declarativo. Assim, não se pode afirmar que a usucapião de coisa móvel seja rara; é o que mais acontece no mundo da vida em relação, pelo simples decurso do tempo legal, na maioria das situações, ainda que os titulares não tenham ajuizado qualquer ação. Concretizando-se o suporte fático hipotético (posse própria + tempo ou posse própria + tempo + boa-fé + justo título), a norma jurídica incide, convertendo aquele em fato jurídico: aquisição do direito de propriedade da coisa móvel.

A *acessio possessionis* também é aplicável à usucapião das coisas móveis. O possuidor, tanto na usucapião ordinária quanto na extraordinária, pode somar à sua a posse de seu antecessor, desde que não tenha havido interrupção e todas as posses somadas tenham sido pacíficas. A soma é faculdade do possuidor, que pode dispensá-la, se preferir considerar apenas sua posse. A posse de antecessor é aproveitada tal como era, contaminando a natureza da sucessora. Para a usucapião ordinária, as posses que se somam hão de preencher, igualmente, os requisitos exigíveis. A má-fé do antecessor prejudica a usucapião ordinária, mas não impede que o atual possuidor adquira a propriedade da coisa móvel, cumpridos os cinco anos somados.

A *acessio possessionis* também ocorre quando o possuidor falece, transferindo-se automaticamente a posse a seus herdeiros. A transmissão da posse, na sucessão hereditária, é por força de lei (CC, art. 1.784). Não se faculta a recusa da posse do antecessor, diferentemente da sucessão da posse em vida. Se o possuidor falecido tinha a posse no momento de seu falecimento, o herdeiro a tem, sem precisar saber da abertura da sucessão ou de aceitar a herança. Se a posse era de má-fé o herdeiro a herda com essa característica, apenas admitindo-se a usucapião extraordinária. Porém, o herdeiro de boa-fé pode dar início a um novo cômputo do tempo, valendo-se da usucapião ordinária, pois seu título de herdeiro é justo título.

As coisas móveis que sejam bens dominicais da União, dos Estados-membros, dos Municípios e de suas entidades de direito público não podem ser adquiridas por usucapião, em qualquer de suas espécies, de acordo com a Súmula 340 do STF. O STJ (REsp 844.098) decidiu que, na alienação fiduciária em garantia, o comprador da coisa, após seu inadimplemento, passa de titular de posse justa para o de posse injusta, não podendo valer-se da usucapião após o tempo desta; e que (REsp 881.270), a transferência a terceiro do veículo alienado fiduciariamente, à revelia da credora financeira, titular do domínio, impede para aquele a aquisição pela usucapião. Ambas as decisões desconsideram a natureza da posse, no Brasil, como poder fático sobre a coisa, independentemente da posse indireta do credor fiduciário, a qual não pode prevalecer sobre aquele.

De acordo com a orientação que adotamos, não é possível a usucapião de bens imateriais, incorpóreos ou de direitos, que não configurem coisas. Todavia, em período de escassez de oferta de telefonia fixa, o STJ consolidou entendimento no sentido de que o "direito de uso de linha telefônica pode ser adquirido por usucapião" (Súmula 193). Mas o direito de uso de linha telefônica é direito pessoal, o qual é insuscetível de usucapião, no sistema jurídico brasileiro, até porque fundado em obrigação, cujo inadimplemento leva à cessação do uso.

Sobre as coisas móveis furtadas, acompanhamos Pontes de Miranda (2013, v. 15, p. 231), para quem a usucapião é possível em favor do ladrão. O terceiro também usucape, de boa-fé ou má-fé, a coisa furtada. Se a lei penal ainda pode ser aplicada e tem a pena de entrega da coisa, há perdimento por aplicação da norma jurídica penal, que prevalece. Em sentido contrário, o STJ (REsp 247.345): "Não se adquire por usucapião ordinário veículo furtado"; tal entendimento, contudo, não exclui a possibilidade da usucapião extraordinária, se demonstrada a posse própria.

7.3. Ocupação

A ocupação é a aquisição originária de coisa móvel, que não esteja na posse ou propriedade de qualquer pessoa, ou tenha sido abandonada pelo respectivo titular. Essa modalidade aproxima-se da regra adotada pelo direito francês para qualquer tipo de aquisição de coisa móvel, a qual enuncia que, em se tratando de móvel, a posse vale como título de propriedade.

Na classificação dos fatos jurídicos, a ocupação é ato-fato jurídico: não é, pois, negócio jurídico, nem ato jurídico em sentido estrito ou não negocial (Pontes de Miranda, 2012, v. 15, p. 110). Assim é, porque interessa o fato da ocupação e não a conduta intencional do ocupante. Clóvis Beviláqua (1958, p. 109) indicava três pressupostos para a ocupação: (1) agente capaz; (2) objeto sem dono; (3) ato de apreensão reconhecido como forma adequada de aquisição da propriedade. Porém, como bem esclarece Pontes de Miranda, não se pode exigir capacidade do agente, pois o direito brasileiro abstraiu o *animus* para a tomada da posse e para a ocupação.

O Código Civil alude a "coisa sem dono" (*res nullius*), mas raras são as coisas na natureza, atualmente, que possam ser livremente apropriáveis, porque ou são escassos ou são legalmente protegidos. Os recursos minerais, inclusive os do subsolo, são bens públicos da União (CF, art. 20, IX) e suas extração e exploração dependem de concessão pública.

A Lei n. 5.197/1967 determinou a proibição da caça, salvo, em razão de peculiaridades regionais, desde que haja permissão estabelecida em ato regulamentar do Poder Público Federal. Estabelece o art. 1º dessa lei que: "Os animais de quaisquer espécies, em qualquer fase do seu desenvolvimento e que vivem naturalmente fora do cativeiro, constituindo a fauna silvestre, bem como seus ninhos, abrigos e criadouros naturais são propriedades do Estado, sendo proibida a sua utilização, perseguição, destruição, caça ou apanha". Se são propriedade do Estado (União), os animais não podem ser considerados *res nullius*, o que impede a aquisição pela ocupação. A Lei n. 7.653/1988 elevou a caça ou apanha das espécies da fauna silvestre à categoria de crime federal. Todavia, tem decidido o STJ (AgRg no AREsp 345.926) que essa norma deve ser mitigada quando o animal silvestre estiver adaptado ao cativeiro doméstico, após longo período, devendo continuar sob a guarda do particular, apesar de ser propriedade do Estado, podendo o juiz deixar de aplicar a pena de crime contra a fauna, com fundamento na Lei n. 9.605/1998.

Nas fontes romanas, o jurisconsulto Gaio (1997, L. II, 67, p. 241) dizia que era livre apropriar-se das "bestas-feras" e das aves; todavia, quando esses animais recobrassem a liberdade natural, deixavam de ser propriedade do titular e qualquer outra pessoa podia deles se apropriar, pela ocupação. Essa orientação, que varou séculos, não é mais compatível com o direito brasileiro.

Adquire-se a coisa pela tomada da posse, em nome próprio, desde que a aquisição não seja proibida em lei, como se dá com a vedação de pesca nos períodos de reprodução e crescimento de certos tipos de peixes e outros seres marinhos, para se evitar a extinção. O direito brasileiro não admite a ocupação de coisa imóvel. Tampouco a de coisa móvel que integre o domínio público, salvo (Clóvis Beviláqua, 1956, p. 226) a apropriação parcial de coisas comuns a todos, a exemplo de alguém que colhe água de um rio e faz sua a porção colhida.

A posse, que dá origem à aquisição da coisa móvel pela ocupação, observa a natureza objetiva, que o direito brasileiro adota. Assim, como poder de fato, não interessa a intenção do ocupante. Tanto adquire a posse-propriedade a pessoa que teve a intenção de obtê-la quanto o absolutamente incapaz, porque quem pode ter posse própria pode ocupar e adquirir a propriedade mobiliária.

O Código Civil excluiu a referência à coisa abandonada, havida na legislação anterior, mas é abrangida pela alusão genérica a coisa sem dono, para fins da ocupação. Para o abandono da coisa, deve ser incontroversa a intenção real ou presumida de abandoná-la. Nesse sentido, diz Gustavo Tepedino (2011b, p. 426), o elemento intencional assume especial relevância no âmbito dos contratos de prestação de serviços, que contêm cláusula de perda do objeto entregue (o sapato, o vestido) se não forem retirados em certo prazo, que podem ser vendidos para a cobertura das despesas com o serviço; a previsão de prazo incompatível com a exteriorização da vontade de abandono pode caracterizar cláusula abusiva, nos termos do art. 51, IV, do Código de Defesa do Consumidor.

7.4. Achado do Tesouro

O achado do tesouro é modalidade de aquisição da propriedade mobiliária, por força de lei, conferida a quem o acha. Sob a denominação tesouro estão quaisquer coisas preciosas, cuja existência não tenha conhecimento o dono do imóvel onde sejam achadas por outrem. A falta de memória da existência dessas coisas e de quem fora dono e a antiguidade da ocultação são circunstâncias levadas em conta pelo direito, para considerar que desapareceu qualquer relação jurídica de propriedade, por ausência de titular. Apesar da crítica doutrinária à manutenção na lei dessa modalidade de aquisição de propriedade, há quem sustente sua atualidade (Guedes; Rodrigues Junior, 2012, p. 193), considerando-se exemplos recentes de perseguidos políticos ou de habitantes em territórios ocupados por forças estrangeiras.

Se forem achadas pelo próprio dono do imóvel, a elas estende-se sua titularidade, em virtude do art. 1.265 do Código Civil, ainda que o achado seja mediante terceiro por ele contratado para realização de pesquisa com essa finalidade. Nesta hipótese, descobridor é quem contratou os serviços. As coisas achadas, qualificadas como tesouro, não são partes do imóvel em que foram encontradas. O direito de propriedade é atribuído ao dono do imóvel, não em razão deste, mas sim da lei, que, em determinadas situações, atribui ao Estado.

Se a pessoa contratada pelo dono do imóvel, ou seu empregado, encontrar coisa preciosa por acaso, isto é, enquanto executava tarefa diversa da busca do tesouro, caber-lhe-á metade de seu valor, nos termos do art. 1.264 do Código Civil (Tepedino, 2011b, p. 436).

São requisitos para aquisição em virtude do achado do tesouro, por terceiro: (1) coisas preciosas; (2) depósito oculto e antigo dessas coisas em imóvel particular; (3) achado casual delas por pessoa que não seja o dono do imóvel; (4) divisão das coisas preciosas, por igual entre quem as achar e o dono do imóvel.

A lei não exige que as coisas estejam enterradas, mas sim que estejam ocultas aos que habitam o imóvel; podem estar em partes escondidas de antigos móveis ou armários, por exemplo. A intenção de esconder ou ocultar não é relevante; basta que tenha sido esquecida em algum desvão ou parte não frequentada do imóvel. Não há tempo determinado para a antiguidade da ocultação.

O achado do tesouro, na classificação dos fatos jurídicos, é ato-fato jurídico, pois o fato resultante ressalta, para o direito, mais que a ação humana originária. Diz Pontes de Miranda (2012, v. 15, p. 191) que não há outro elemento a mais que o torne ato jurídico, donde se tira que o descobridor pode ser absolutamente incapaz, como pode ser absolutamente incapaz o proprietário que adquire a metade.

A casualidade do achado é requisito imprescindível para que o descobridor possa ser legitimado à aquisição da propriedade de metade das coisas preciosas. Esse é o sentido legal específico da boa-fé. O conhecimento da existência do tesouro impede a aquisição, que é assegurada inteiramente ao dono do imóvel. Tampouco adquire a propriedade da meação terceiro que não tenha sido autorizado pelo dono do imóvel; essa restrição tem sentido de inibir que pessoas ingressem em propriedade alheia, em busca de tesouro, que suponha ali estar oculto.

A Constituição determina que os sítios arqueológicos e pré-históricos são bens da União, o que abrange as coisas móveis achadas. O achado de coisas que tiverem natureza ou interesse arqueológico, pré-histórico, histórico, artístico ou numismático, de acordo com a Lei n. 3.924/61, deverá ser imediatamente comunicado aos órgãos oficiais autorizados, pelo autor do achado ou pelo proprietário do local onde tiver ocorrido. O proprietário ou ocupante do imóvel onde se tiver verificado o achado é responsável pela conservação provisória da coisa descoberta, até pronunciamento e deliberação do Patrimônio Histórico e Artístico Nacional. O autor do achado e o proprietário são responsáveis pelos danos que vierem a causar ao Patrimônio Nacional, em decorrência da omissão. Também pertencem à União, por força da Lei n. 7.542/86, as coisas móveis afundadas, submersas, encalhadas ou perdidas em águas sob jurisdição nacional, em terrenos de marinha ou acrescidos de marinha, cujo ocorrência se deu há mais de vinte anos do início de vigência da lei.

7.5. Tradição

A tradição é a entrega material pelo alienante e o recebimento efetivo pelo adquirente da coisa móvel. O negócio jurídico de alienação da coisa móvel, por si só, não transfere a propriedade, gerando apenas efeitos obrigacionais e, na hipótese de não entrega da coisa, resolvendo-se em perdas e danos. Além do negócio jurídico, o direito brasileiro, tal como ocorre com a transferência do imóvel, exige a tradição. Antes da tradição, o negócio jurídico de alienação da coisa móvel não produz efeitos reais; não pode o adquirente reivindicar a coisa, mas apenas executar a obrigação. Pelo negócio jurídico obriga-se a transferir; não se transfere ainda. Esse é o modelo dual, que persiste no CC/2002 (art. 1.267), diferentemente da maioria dos países de nosso trato cultural (inclusive Portugal), que atribuem ao negócio jurídico o efeito real de transferência da coisa, sendo irrelevante a tradição, para o adquirente.

A tradição não exige qualquer ato solene ou formal para que se perfaça. Não se exige que se conclua com um registro público, que é considerado (equivocadamente) tradição ficta na transmissão da coisa imóvel. Não se exige, igualmente, que se expresse em acordo de transferência, segundo o modelo alemão, o qual atribui efeitos distintos ao título de aquisição (negócio jurídico) e ao modo de aquisição (tradição). Por isso, a tradição real, para o direito brasileiro, classifica-se como ato-fato jurídico; o resultado da entrega efetiva encobre a vontade de fazê-lo, isto é, a tradição dispensa qualquer acordo de transmissão. Não há, nela, qualquer manifestação ou declaração de vontade. A tradição (ao contrário do modelo abstrato alemão do modo de aquisição) é causal e vincula-se permanentemente ao negócio jurídico de origem, sofrendo as vicissitudes deste; se o negócio jurídico for declarado inválido, a tradição será tida como ineficaz.

Admite-se, igualmente, a tradição convencional, como ato jurídico em sentido estrito ou como negócio jurídico bilateral (constituto possessório). Para o Código Civil, há três espécies de tradição convencional:

(1) Constituto possessório, quando o alienante continua como possuidor direto da coisa, cuja propriedade transferiu ao adquirente (exemplo: o alienante transfere a propriedade da coisa, passando a detê-la na qualidade de locatário do adquirente). O adquirente obtém a propriedade e investe-se na posse indireta da coisa. Com significado próximo é a denominada *clausula constituti*, da praxe notarial e frequentemente inserida em escrituras públicas, mediante a qual considera-se promovida a tradição da coisa, embora continue a ser detida pelo antigo possuidor.

(2) Tradição *longa manu*, ou de mão longa, quando o alienante transfere ao adquirente a propriedade e apenas posse indireta, mas com cessão do direito de exigir a restituição da coisa, que se encontra na posse direta de terceiro (exemplo: venda e aquisição de automóvel que está alugado a terceiro). Nas fontes romanas e no direito medieval (Alves, 1987, p. 384), significava a tradição que se dava mostrando-se o bem à distância.

(3) Tradição *brevi manu*, ou de mão curta, quando o próprio adquirente já é o possuidor direto da coisa, cuja propriedade lhe foi transferida pelo alienante (exemplo: o adquirente é locatário do equipamento, que posteriormente adquiriu do alienante); nesta espécie, o adquirente já detinha a posse direta e faz-se também possuidor indireto.

A tradição convencional substitui, por determinação legal, a tradição efetiva. Simplifica as transações, porque, se ela não fosse admitida, a coisa somente seria adquirida se retornasse ao alienante, para que procedesse a entrega material ao adquirente. Imagine-se o absurdo formal de, no constituto possessório, o alienante promover a entrega material da coisa ao adquirente, para depois recebê-la de volta. No momento da transmissão da propriedade da coisa móvel, ou se dá a tradição real ou a tradição convencional.

O constituto possessório deve ser explicitamente enunciado nos contratos de alienação de coisas móveis, para que haja retenção da posse direta pelo alienante; mas a doutrina admite que esteja implícito quando a alienante, ao mesmo tempo em que transfere a propriedade e a posse, se faz possuidor direto. Antiga decisão do STF (RE 24.708), em voto condutor de Orozimbo Nonato, reconhece que o constituto possessório, dado seu caráter excepcional, deve se mostrar induvidoso, não se presumindo, mas dispensa termos sacramentais e "basta que seja estabelecido no contexto do contrato, por via de quaisquer palavras, desde que não se adensem de dúvidas e perplexidades". Não há constituto possessório se, no momento da transferência da propriedade, o alienante não detenha a posse direta. A aquisição da posse pelo constituto possessório autoriza o manejo dos embargos de terceiro (STJ, REsp 860.044). Em termos práticos, salienta Gustavo Tepedino (2011b, p. 443), apesar da ausência de contato físico com a coisa adquirida, o adquirente passa a exercer plenamente a posse desde o momento da celebração do negócio jurídico no qual está presente o constituto possessório, daí decorrendo a percepção de frutos e a proteção possessória.

Na tradição *longa manu*, o adquirente, por se achar a coisa alienada em poder de terceiro, recebe do alienante a cessão do direito para exigir sua restituição; o adquirente deve fazer prova da cessão, pois o terceiro necessita ter certeza de que é titular dos poderes para receber a coisa, que ele deveria restituir ao alienante.

Pontes de Miranda (2012, v. 15, p. 389) também cogita da possibilidade de o adquirente não obter com a aquisição a posse imediata, quando informa ao alienante a pessoa a quem há de entregar a coisa e esta a recebe como possuidor imediato, por exemplo, o depositário.

A tradição apenas pode ser feita pelo proprietário, ou seu representante, ou beneficiário do constituto possessório. A tradição, fora dessas hipóteses, não se efetiva e não provoca a aquisição da propriedade da coisa móvel. A lei permite que a tradição seja substituída pela transferência operada pelo leiloeiro, ou pelo estabelecimento comercial, ao adquirente ou consumidor. As atividades de leiloeiro e de comerciante importam natural publicidade, que é também o fim social da tradição real, levando à confiança do adquirente que a titularidade aparente é real.

Revela-se a importância da proteção do adquirente de boa-fé e da aparência. Boa-fé é a crença na propriedade da coisa do alienante. A aparência de dono da coisa que ostente o alienante, ou de seu representante ou preposto, é suficiente para assegurar a validade e eficácia da tradição ao adquirente de boa-fé. Os autores sustentam que a aparência deve resultar de erro escusável, apreciado segundo a situação pessoal de quem nele incorreu.

Ainda em razão da proteção da boa-fé, a tradição opera sua eficácia, até mesmo quando, em sua data, o alienante não seja ainda dono ou possuidor da coisa; se esta apenas foi adquirida pelo alienante, posteriormente, o momento da tradição é o que importa, se o adquirente estiver de boa-fé. Trata-se de pós-eficácia da tradição. A boa-fé é a do momento da tradição, sendo irrelevante a má-fé superveniente. Essa é a hipótese de quem detém a posse, mas ainda não a propriedade, quando aliena a coisa a terceiro de boa-fé, que cria ser o alienante proprietário. Tem a posse, mas não a propriedade, quem ainda não completou o tempo legalmente exigível para aquisição da coisa pela usucapião; se aliena e faz entrega da coisa, o momento desta prevalece para o adquirente de boa-fé, mesmo que o tempo da usucapião se conclua depois. Antes, o negócio jurídico não podia obrigar a tradição.

O negócio jurídico nulo compromete e inviabiliza a tradição. Tendo em vista o modelo dual brasileiro, a tradição não tem força própria, pois não se desvincula da sorte do título de aquisição. A tradição em si mesma não é nula em virtude da nulidade do negócio jurídico, mas perde sua eficácia. O que leva à ineficácia da tradição é a invalidade em seu grau máximo, a nulidade, tendo em vista a presunção de interesse público. As situações que o direito considera geradoras de nulidade violam não apenas os interesses particulares das pessoas prejudicadas, mas também interesses e valores sociais ou públicos. No direito brasileiro, as hipóteses de nulidade são taxativamente enumeradas: incapacidade absoluta da parte, ilicitude do objeto ou do motivo determinante, preterição da forma prescrita em lei ou de solenidade essencial, fraude à lei, nulidade expressa em lei. A anulabilidade do negócio jurídico, que apenas interessa às partes, alienante e adquirente, não opera a ineficácia da tradição. Ao contrário das situações de nulidade, a anulabilidade apenas pode ser suscitada pelos diretamente interessados.

A tutela legal é apenas posta à disposição dos interessados e não da coletividade; apenas eles podem se valer dela, ou não.

A tradição é elemento essencial de várias situações jurídicas, destacando-se: (a) na obrigação de dar coisa certa, se a coisa se perder, sem culpa do devedor, antes da tradição, ou pendente a condição suspensiva, fica resolvida a obrigação para ambas as partes; (b) até a tradição, pertence ao devedor a coisa, com os seus melhoramentos e acrescidos, pelos quais poderá exigir aumento no preço; (c) se a obrigação for de restituir coisa certa, e esta, sem culpa do devedor, se perder antes da tradição, sofrerá o credor a perda, e a obrigação se resolverá; (d) até o momento da tradição, os riscos da coisa correm por conta do vendedor, e os do preço por conta do comprador; (e) na venda sobre documentos, a tradição da coisa é substituída pela entrega do seu título representativo e dos outros documentos exigidos pelo contrato ou, no silêncio deste, pelos usos; (f) a doação verbal será válida, se, versando sobre bens móveis e de pequeno valor, se lhe seguir incontinenti a tradição.

7.6. Especificação

Especificação, para o direito civil, tem o significado de ato pelo qual uma pessoa (especificador), no uso de suas próprias habilidades, transforma uma matéria-prima em coisa nova. Ou espécie nova; daí o termo especificação. A especificação é a própria transformação, decorrente do engenho humano, ainda que utilize ferramentas, máquinas, energia ou outros elementos. A matéria-prima pode ser própria ou alheia. Exemplifique-se com o escultor, que transforma o bloco de mármore em escultura, ou do restaurante, que transforma alimentos em refeições elaboradas. A especificação ocorre, principalmente, na indústria, no artesanato, nas artes e nos trabalhos manuais em geral. Especificadora é a empresa que emprega trabalhadores ou prestadores de serviços, os quais efetivam a transformação da matéria-prima em coisa nova. A especificação gera o deslocamento da propriedade da matéria-prima para a espécie nova, por força de lei.

Após a especificação, o valor da coisa resultante é superior, pois agregou criação, quase sempre inestimável, à matéria originária, de valor menor. Entende-se, igualmente, que a especificação resulta em extinção ou perda da propriedade originária, ante o advento da coisa nova. Essas circunstâncias provocam a intervenção do direito, no sentido de atribuir a titularidade a quem transformou a coisa, ainda que esta não lhe pertença. Mesmo que a matéria-prima seja alheia, o especificador adquire a propriedade da coisa transformada ou especificada, que é coisa nova produzida.

São requisitos para aquisição da coisa especificada: (1) Transformação de matéria-prima alheia em coisa nova; (2) Impossibilidade de se restituir à forma anterior; (3) Estar o especificador em boa-fé; (4) Indenização do valor da matéria-prima ao respectivo proprietário. A especificação é ato-fato jurídico, pois o direito capta o resultado da transformação operada pelo homem, independentemente da capacidade civil deste, ou de considerações de nulidades ou anulabilidades; há especificação no trabalho artístico do deficiente mental.

A especificação é no sentido econômico, para efeito da valorização da coisa nova, apesar do intuito de outra natureza (estético, científico, industrial, tecnológico). A agregação do valor do trabalho pode ser inferior ao valor da própria matéria-prima, como o do ourives, que se utiliza de ouro e pedras preciosas. Se o trabalho é de preço inferior ao da matéria-prima ou das matérias-primas, diz Pontes de Miranda (2012, v. 15, p. 342), há nova espécie, sem que haja especificação que autorize a aquisição da propriedade: o proprietário da matéria-prima é o proprietário da espécie nova. Se o trabalho é de preço consideravelmente superior ao valor da matéria-prima, o especificador adquire a propriedade da espécie nova, o que se presume nas criações culturais e artísticas, como a pintura, a escultura, a escrita.

A especificação apenas se configura, para fins de aquisição da propriedade da coisa transformada, se esta não puder ser restituída à forma precedente. Os pressupostos legais (CC, art. 1.270) são a irredutibilidade e a boa-fé, que passam à frente do valor da matéria-prima e do valor do trabalho. A obra especificada será, no entanto, do proprietário originário da matéria-prima se for possível a redução à forma precedente, ou se tiver o especificador agido de má-fé. Presume-se que não se agregou valor suficiente à coisa, ou que a transformação foi superficial, se é possível retornar-se à forma precedente, o que afasta a tutela jurídica específica. Se é possível a redução, a propriedade continua a mesma. Considera-se de má-fé quem se utilizou de matéria-prima, que tinha clara ciência de pertencer a outrem; houve a especificação, pois a espécie é nova e irredutível, mas a propriedade continua com o titular da matéria-prima, como sanção à má-fé. Em contrapartida, agiu em boa-fé o especificador se supunha ser sua a matéria-prima ou se ela lhe foi cedida conscientemente pelo proprietário.

Todavia, ainda que o especificador tenha agido de má-fé, a coisa especificada lhe pertencerá se seu valor ultrapassar consideravelmente o da matéria-prima. Quase sempre isso ocorre, com as obras de arte. Dificilmente o valor de uma tela é inferior ao da pintura que lhe foi lançada, ou a escultura em relação à matéria-prima utilizada. A obra de criação artística não se mede pelo suporte em que se expressa, sendo como é, incorpórea. Seu valor resulta de imponderáveis fatores de apreciação.

Seja como for, em homenagem ao princípio da vedação do enriquecimento sem causa, essa expropriação de natureza privada, admitida pelo direito, há de ser compensada pela indenização do dano sofrido pelo proprietário da matéria-prima. Essa indenização não tem como causa ato ilícito ou contrariedade a direito, mas a perda da matéria-prima, operando como compensação. A indenização é devida, ainda que o especificador tenha agido de boa-fé. A indenização tem como base de cálculo a coisa originária e o valor que se lhe atribuiria, se não tivesse sido transformada. Assim, o valor da tela ou da peça de mármore. A prescrição da pretensão indenizatória é a mesma para a reparação civil (três anos; CC, art. 206, § 3º, V).

Se o especificador tiver agido de má-fé e for irredutível a espécie nova, o proprietário da matéria-prima tem pretensão de reparação civil, sob o fundamento de dano àquela e de ilicitude do ato (CC, art. 186), máxime quando não lhe interessar o resultado da especificação, ou quando esta valer menos que aquela.

7.7. Confusão, Comistão, Adjunção

Confusão é a mistura de coisas, principalmente líquidas, as quais, depois desse processo, formam coisa única e distinta das coisas originárias. Dá-se igualmente confusão quando corpos sólidos se dissolvem juntos, em forma líquida em altas temperaturas, ainda que retornem unidas ao estado sólido (peças de vidro, por exemplo). As coisas assim misturadas não podem mais ser separadas, sem perda de sua utilidade. É um dos modos de acessão e consequente aquisição de coisas móveis. As coisas líquidas podem ser homogêneas ou heterogêneas. Distingue-se do termo confusão, empregado no direito obrigacional, que é o modo de extinção da obrigação que se dá quando se reúnem em uma única pessoa o credor e o devedor da mesma dívida; o credor passa a ser também o devedor, ou o devedor passa a ser também o credor.

A confusão pode ser efeito da vontade ou do acaso. Exemplo de confusão voluntária de coisas líquidas homogêneas tem-se na conhecida técnica de vinicultura da *assemblage*, que é a mistura de diferentes tipos de uva no processo de produção de um vinho, ao contrário do que ocorre com os varietais, nos quais se utiliza uma única cepa.

Comistão é a mistura de coisas móveis, do gênero seco, homogêneas ou heterogêneas, sem perda da integridade corporal. O Código Civil denominou-a equivocadamente de comissão, que é instituto distinto, do direito obrigacional. De acordo com a terminologia jurídica, comistão deriva do latim *commixtio*, do verbo *commiscere*, com significado de misturar e mesclar. Já o termo comissão é empregado no direito privado com o significado de encargo que uma pessoa confere a outra (comissário), para que esta o execute, em seu próprio nome e sob sua responsabilidade, embora por conta de quem o autorizou. Em sentido restrito, comissão é a remuneração que se paga ao comissário. O próprio Código Civil (art. 693) disciplinou a comissão como contrato específico, que tem por objeto a aquisição ou a venda de bens pelo comissário, em seu próprio nome, à conta do comitente. Portanto, comistão e comissão são dois conceitos distintos, que não podem ser confundidos.

A adjunção é o ajuntamento de uma coisa em outra, de espécies diversas, para que se forme um todo unitário. As coisas adjuntadas ou ajuntadas não podem mais ser separadas, sem prejuízo do todo. Tome-se o exemplo da mobília: no sofá ajuntam-se, para formar o todo, partes de madeiras, ou outros materiais de sustentação, tecidos ou couros, estofamento. A adjunção também ocorre em relação aos materiais que foram empregados na reforma ou restauração de outra coisa móvel.

O Código Civil deu tratamento uniforme às três espécies de aquisição da propriedade móvel, ou de acessão de coisa móvel a coisa móvel. A acessão supõe união das coisas e não junção acidental ou justaposição. Ocorrendo qualquer delas, a propriedade das coisas, que se tornaram partes integrantes de outra nova, desaparece, se não for possível a restauração ao estado anterior, "sem deterioração", como estabelece a lei (CC, art. 1.272). A confusão, a comistão (mistura) e a adjunção somente se caracterizam e entram no mundo jurídico como fato jurídico em sentido estrito (Pontes de Miranda, 2012, v. 12, p. 283) se não for possível separarem-se as coisas; não cabe qualquer raciocínio que considere o ato humano, salvo para as consequências da má-fé. Não cabe apuração da capacidade civil ou cogitação de invalidade, inclusive vício de vontade.

Quando forem donos diversos das coisas confundidas, misturadas ou ajuntadas, o direito assim atribui a propriedade delas:

(1) Permanece com os donos das coisas, se não tiverem consentido e se for possível a separação delas, sem prejuízo às suas integridades. O ônus da separação é de quem promoveu a unidade. O dono de cada coisa separável pode reivindicá-la contra quem a uniu a outra. No rigor dos termos, essa hipótese não configura nova aquisição da propriedade móvel;

(2) Cada dono passa a ser titular de uma parte ideal, proporcional ao valor da coisa original correspondente, se não for possível a separação, sem deteriorá-las, ou se for possível, mas com custo elevado e desarrazoado. Nessa hipótese, nenhuma coisa unida pode ser considerada principal;

(3) Fica concentrada no dono da coisa que puder ser considerada principal, quando não puder ser separada, assumindo o ônus de indenizar os donos das demais coisas, nos valores correspondentes. Coisa principal é a que determina a função da coisa total ou unida ou seu valor final;

(4) Se quem operou a mistura, ou confusão, ou adjunção tiver havido má-fé, a outra parte tem o direito potestativo de escolher entre receber a indenização correspondente ao valor de sua coisa originária, renunciando à propriedade (direito potestativo extintivo), ou adquirir a coisa toda, pagando ao que agiu de má-fé o valor da coisa originária deste, mas abatendo a indenização do prejuízo que sofreu (direito potestativo gerador).

A indenização é devida em virtude da perda da propriedade, determinada pela lei. Tem por objeto compensar a diminuição patrimonial. Não tem qualquer relação com dano ou ilicitude. A aquisição da propriedade não depende do pagamento da indenização, mas sim da união fática das coisas.

7.8. Descoberta de Coisa Alheia Perdida

A descoberta de coisa alheia perdida não gera aquisição da propriedade ou da posse para o descobridor, salvo em hipóteses especiais. "A descoberta não é diretamente modo de aquisição da propriedade porque obriga o descobridor a fazer achar o verdadeiro proprietário ou possuidor" (Penteado, 2014, p. 319). Pelas peculiaridades definidas na lei (CC, art. 1.233), apenas aplica-se a coisa móvel, pois não se perdem terrenos ou edifícios. Impõe a lei o dever, a quem achá-la, de restituição ao dono ou possuidor, se souber quem o seja. Se não souber quem é o possuidor ou dono, deverá promover as diligências necessárias para encontrá-lo. Se não obtiver êxito, deverá, enfim, entregar a coisa à autoridade judiciária ou policial, que procederá a arrecadação e lavratura do respectivo auto, se o dono ou possuidor não for encontrado. A descoberta é ato-fato jurídico, pois qualquer pessoa pode encontrar coisa perdida, inclusive os civilmente incapazes.

Sobre a terminologia, Gustavo Tepedino (2011b, p. 288) deplora a preferência pelo CC/2002 do termo "descoberta", que nem sempre é sinônimo de "invenção", termo empregado na legislação brasileira anterior, afastando-se o Código atual da tradição semântica dos ordenamentos da família romano-germânica, sem que fosse indicada uma boa razão que justificasse a alteração.

Pontes de Miranda (2012, v. 15, p. 323) chama atenção para que não se confundam coisas perdidas e coisas esquecidas: estas são as que se puseram em lugar escolhido, ou não, ou se achavam em determinado lugar e não mais se sabe onde era; perdidas são as de que se ignora o lugar em que foram parar, ou em que ficaram. As circunstâncias decidem sobre se ter de considerar como uma ou outra.

É jurídico o dever do descobridor de entregar a coisa; não é dever apenas moral. Se não o fizer, responde civil e criminalmente. O descobridor também se libera do dever se fizer a entrega nos setores de achados e perdidos de repartições públicas ou de empresas, aos quais incumbe o dever de diligenciar para encontrar o dono ou entregá-la à autoridade competente, assumindo os deveres atribuídos ao descobridor.

No que respeita à autoridade esta deverá dar conhecimento da descoberta pela imprensa ou outros meios de informação, compatíveis com a natureza da coisa, somente mandando expedir editais se o valor da coisa comportar. Após sessenta dias da divulgação da notícia, sem o dono ou possuidor se apresentar, comprovando sua titularidade por qualquer meio, a coisa será vendida em hasta pública, cujo valor será destinado ao Município em que foi achada, deduzindo-se o percentual da recompensa do descobridor.

A coisa perdida não se confunde com a coisa abandonada. Nesta, o descobridor é investido na titularidade da posse, legitimamente. O que difere uma da outra é a intencionalidade do dono ou possuidor em se liberar da coisa, que existe no abandono, mas não na coisa perdida.

O descobridor da coisa perdida faz jus à recompensa não inferior a cinco por cento do valor estimado da coisa, além da indenização pelas despesas que efetuou, para achar o dono ou possuidor, para entrega à autoridade, para conservação da coisa e para o transporte dela. A lei estabelece como parâmetros ou limites para a fixação da recompensa, com intuito de se evitar abuso por parte do descobridor, o esforço por este despendido, as possibilidades de encontrar a coisa e a situação econômica dele e do dono. O descobridor é investido do direito de retenção da coisa, se não receber a recompensa.

O descobridor também responde pelos prejuízos causados à coisa, apenas quando tiver procedido com dolo, compensando-se a indenização respectiva com o valor da recompensa. O dolo caracteriza-se pela recusa do descobridor em devolver a coisa, por sua destruição intencional ou pela alienação (Santos, 1956, p. 242). Se o descobridor esconde a coisa, ou deixa-a no lugar para dela se apropriar mais tarde, incorre em ilícito criminal (furto).

O dono, ainda que encontrado, poderá optar pelo abandono da coisa. Nessa hipótese, o descobridor não poderá exigir indenização pelas despesas que efetuou, ficando com a coisa, ou também abandonando-a. O abandono transforma a coisa em *res derelictae*, facultando ao achador adquiri-la. O Município, também, poderá abandonar a coisa em favor do descobridor, quando considerar que seu valor é diminuto, não compensando a venda em hasta pública.

Em juízo, estabelece o art. 746 do CPC que o juiz, ao receber do descobridor coisa alheia perdida, mandará lavrar o respectivo auto. Se for recebida por autoridade policial, esta a remeterá em seguida ao juiz competente.

Capítulo VIII

Perda, Extinção e Resolução da Propriedade

8.1. Espécies de Extinção ou Perda da Propriedade

O Código Civil enumera as espécies de extinção ou perda da propriedade: por alienação, pela renúncia, por abandono, por perecimento da coisa e por desapropriação. Essa enumeração não é fechada, pois há outras espécies de perda da propriedade que também são consideradas pela lei, como a propriedade resolúvel. As espécies enumeradas são comuns às coisas móveis e coisas imóveis. Outras há que são específicas dos imóveis ou dos móveis. O conceito de perda, para os fins legais, inclui o de extinção da propriedade.

José de Oliveira Ascensão (1973, p. 355) distingue a perda da propriedade em absoluta e relativa. A perda absoluta seria aquela que acarreta a supressão do direito do mundo jurídico; em consequência da renúncia do superficiário, por exemplo, o direito de superfície extingue-se absolutamente. A perda relativa é a que implica supressão do direito para um titular, tendo como contrapartida uma aquisição por outrem, a exemplo da alienação.

Algumas espécies de perda da propriedade são decorrências de determinadas convenções, como a retrovenda. A retrovenda é a cláusula especial do contrato de compra e venda, integrada pelos contratantes, mediante a qual se assegura o direito ao vendedor de comprar para si o imóvel vendido e sujeita o comprador ao dever de vendê-la àquele, dentro do prazo fixado. Deriva da alienação pela compra e venda, mas tem autonomia própria, mediante o exercício de direito potestativo gerador, dentro do prazo preclusivo de três anos. No contrato de compra e venda, sujeito a cláusula especial de retrovenda, o comprador-credor adquire a propriedade resolúvel sobre o imóvel, pois o vendedor somente a recobrará se lhe devolver o valor correspondente ao preço que pagou.

A propriedade resolúvel é outra modalidade de perda, dependente de exercício de direito potestativo extintivo, ou de advento de termo ou condição. Quando qualquer dessas circunstâncias ocorre, a propriedade se extingue, em relação ao titular atual, retornando ao titular anterior, ou convolando-se na propriedade de outro titular, segundo o que contiver o título aquisitivo.

Pode haver perda da propriedade em razão do exercício de direito potestativo do anterior titular. Exemplifique-se com as hipóteses de revogação da doação, por ingratidão do donatário (CC, arts. 555-7). A revogação legitima o doador à restituição do bem que fora doado. Podem ser revogadas por ingratidão as doações se o donatário atentou contra a vida do doador ou cometeu crime de homicídio doloso contra ele; se cometeu contra ele ofensa física; se o injuriou gravemente ou o caluniou; se, podendo ministrá-los, recusou ao doador os alimentos de que este necessitava.

A execução forçada é outra espécie de perda da propriedade não referida explicitamente no Código Civil. O Estado, por decisão judicial, diante do exercício da pretensão executiva, faz passar compulsoriamente ao patrimônio do autor da ação a coisa que se achava no patrimônio do devedor, para ulterior alienação em hasta pública. A função do Estado é diferente da que ele tem quando desapropria, pois não transfere para o domínio público o bem retirado.

Alinham-se, com causas da perda da propriedade a acessão, a especificação, a usucapião, que são modos de aquisição para uns e de perda consequente para outros. O não uso é hipótese contemplada de perda do direito real de servidão; esta se extingue pelo não uso durante dez anos contínuos (CC, art. 1.389). O não uso é também causa de perda do direito real de usufruto (CC, art. 1.410, VIII).

A sucessão hereditária não é causa de perda de propriedade, di-lo Pontes de Miranda (2012, v. 14, p. 486). Com razão, pois o sistema jurídico brasileiro, que adota a transferência automática dos bens do *de cujus* a seus sucessores, no exato momento da morte, sem qualquer intervalo temporal, é de substituição do titular da propriedade, mas esta permanece. O titular desaparece; outro entra em seu lugar na relação jurídica. O herdeiro ou legatário é posto no lugar do morto, até mesmo quando desconhece que tenha morrido. A doutrina tradicional, sem atenção às peculiaridades do direito sucessório brasileiro da *saisine* plena, que dispensa a aceitação para que se dê a sucessão, entendia que a morte era situação típica de perda da propriedade. Anote-se, ainda, que quem faz testamento não transmite; estipula o que será transmitido e a quem será transmitido, pois o testamento, para fins sucessórios, só tem efeito com a morte do testador.

8.2. Alienação

Configura a alienação, para fins de perda da propriedade, o negócio jurídico de transferência de uma coisa de uma pessoa para outra, entre vivos. Outro sujeito ativo (adquirente) passa a figurar na relação jurídica de propriedade. Assim, a compra e venda, a troca ou permuta, a dação em pagamento, a doação, a promessa de recompensa.

O direito brasileiro, além do negócio jurídico de transferência, exige, para que a perda de propriedade (e a aquisição derivada) se dê, o registro, quando o objeto for coisa imóvel, e a tradição, quando for móvel. O que transfere é o registro, para os imóveis, e a tradição, para os móveis. Sem o registro imobiliário ou a tradição não se opera a transferência do direito real, sendo esse, como é, criação da lei. Quem aliena, não transfere apenas por ato de vontade. A perda e aquisição operam ao mesmo tempo. Não há momento intercalar entre a perda da propriedade pelo alienante e a aquisição pelo adquirente.

Quem aliena apenas promete e acorda a transmissão que se dará posteriormente (se se der), com o registro ou a tradição. Quem obteve o negócio jurídico de alienação, mas não procedeu ao registro ou à tradição não adquire a propriedade; se outro negócio jurídico se fizer com terceiro e este obtiver a transmissão (registro ou tradição), opera-se a perda, resolvendo-se o primeiro negócio jurídico no âmbito das obrigações, inclusive perdas e danos. Se houve o negócio jurídico de alienação, sem registro ou tradição, transcorrendo tempo suficiente para usucapião, é esta e não aquela que operou a perda da propriedade. Somente há perda da propriedade imobiliária quando se procede o registro, com efeitos a partir da prenotação (protocolo). Assim, apenas por metalinguagem, pode-se dizer que a alienação gera a perda da propriedade.

Enquadra-se no conceito de alienação, para fins de perda da propriedade, a concessão de direito real de uso, prevista no art. 1.225, XII, do Código Civil e no Decreto-Lei n. 271/67, com a redação da Lei n. 11.481/2007, por tempo certo ou indeterminado, como direito real resolúvel, para fins específicos de regularização fundiária de interesse social, urbanização, industrialização, edificação, cultivo da terra, aproveitamento sustentável das várzeas, preservação das comunidades tradicionais e seus meios de subsistência ou outras modalidades de interesse social em áreas urbanas. A concessão de uso poderá ser contratada, por instrumento público ou particular, ou por simples termo administrativo, e será inscrita e cancelada em livro especial. A peculiaridade desse direito real é que tem natureza resolúvel para o titular concessionário, quando o tempo da concessão chegar ao termo final, ou, antes deste, se ele der ao imóvel destinação diversa da estabelecida no contrato ou termo, ou descumpra cláusula resolutória do ajuste, perdendo, neste caso, as benfeitorias de qualquer natureza.

Considera-se alienação para fins de perda da propriedade, igualmente, a concessão de uso especial para fins de moradia, prevista na Medida Provisória n. 2.220, de 2001, com as alterações da Lei n. 13.465/2017, com força de direito real limitado (CC, art. 1.225, XI), voltada à população de baixa renda, com limitação de área de terreno até 250m², em caso de posse de mais de cinco anos, até 22 de dezembro de 2016, sobre imóvel público. O título de concessão de uso especial para fins de moradia é obtido pela via administrativa perante o órgão competente da Administração Pública ou, em caso de recusa ou omissão deste, pela via judicial, mediante sentença, servindo um ou outra para efeito de registro no cartório de registro de imóveis. A partir do registro imobiliário dá-se a perda da propriedade, inclusive se o imóvel for da União ou do Estado-membro.

Com relação aos imóveis públicos, apenas podem ser objeto de concessão de uso especial os considerados bens. Assim é porque não podem ser objeto de alienação os bens públicos de uso comum ou os de uso especial (CC, art. 99), enquanto conservarem essa destinação (STJ, AR 1.157). A Lei n. 8.666/1993 dispensa da licitação a alienação gratuita ou onerosa de bens públicos para fins de programas de habitação e regularização fundiária de interesse social, que pode ser feita mediante contrato de venda ou contrato de doação, celebrado diretamente com o possuidor, desde que feita avaliação prévia e obtida autorização legislativa competente.

8.3. Renúncia

O renunciante perde a propriedade sem que outrem a adquira, diferentemente do que ocorre com a alienação. É ato puro de abdicação do direito de propriedade. Por força da renúncia, o direito de propriedade sobre a coisa sai do patrimônio do renunciante, porém não entra no de outrem. A consequência é que a coisa fica sem titular, *res nullius*, podendo qualquer um dela tomar posse, adquirindo ulteriormente a propriedade, mediante usucapião. Na classificação dos fatos jurídicos, considera-se negócio jurídico unilateral.

Cogita-se de duas espécies de renúncia, a abdicativa e a translativa. A renúncia translativa tem por fito beneficiar alguém, com tal ato, a exemplo dos herdeiros que renunciam com intuito de concentrar a herança em apenas um deles, que não renuncia. A renúncia não pode ter finalidade translativa em favor de alguém, razão por que os autores consideram como verdadeira apenas a renúncia abdicativa. Os efeitos desta são os mesmos da renúncia translativa, cujos fins pretendidos de transmissão da coisa a alguém são desconsiderados pelo direito, que apenas recolhe a abdicação do direito.

Afirma Pontes de Miranda (2012, v. 14, p. 241) que a renúncia à propriedade imóvel é fato raríssimo na vida econômica de qualquer país. Não tanto, pois ocorre com frequência entre herdeiros, ainda que sob o disfarce de renúncia translativa, para beneficiar herdeiro com menores condições econômicas, quando não se utiliza o instrumento bilateral da cessão de direitos hereditários.

A renúncia, como negócio jurídico unilateral que é, tem de ser receptível. Tem de ser conhecida e reconhecível para que possa produzir seus efeitos perante terceiros. Não configura renúncia a declaração genérica de que não se quer mais o direito ou não se quer exercê-lo. Daí exigir-se, na hipótese de imóvel, que se faça mediante escritura pública, quando, para a alienação, também se exija a escritura pública, em razão da regra do art. 108 do Código Civil, para o qual, não dispondo a lei em contrário, a escritura pública é essencial à validade dos negócios jurídicos que visem à renúncia de direitos reais sobre imóveis. Além disso, para que se conclua, impõe-se o registro imobiliário. Para a coisa móvel, basta uma prova inequívoca da declaração de vontade de renunciar, sem necessidade de registro, da mesma forma como este não é exigível para a aquisição da propriedade.

Na hipótese da herança, se o inventário for judicial, a renúncia pode ser feita por termo nos autos ou por instrumento público. Porém, quando o herdeiro prejudicar os seus credores, renunciando à herança, poderão eles, com autorização do juiz, aceitá-la em nome do renunciante (CC, art. 1.813), tornando ineficaz a renúncia.

A renúncia tem por efeito tornar o bem sem dono. Deste modo, perde a titularidade subjetiva, convertendo-se em bem vago que, preenchidos os pressupostos, poderá ser arrecadado pelo Estado (Penteado, 2012, p. 362), salvo eventual posse de terceiro.

A renúncia ao direito de propriedade não se presume. Todavia, é possível a presunção de perda de outro direito real. O Código Civil (art. 1.436) expressamente admite a presunção da renúncia do credor do direito real de penhor, quando restituir a posse da coisa empenhada ao devedor, ou quando anuir à sua substituição por outra garantia, ou quando consentir na venda particular do penhor sem reserva de preço.

Frequentemente, o proprietário que deseja renunciar à posse e à propriedade da coisa acaba por abandoná-la e, na hipótese de imóvel, sem formalizar sua intenção por escritura pública. Porém, diz Gustavo Tepedino (2011b, p. 470), nesse caso, não há renúncia, senão abandono, ou seja, o não uso com a intenção de não preservar a propriedade, embora sem manifestação declarada de disposição do bem, pois, para que se configure a renúncia, mostra-se imprescindível o elemento formal.

A renúncia, se feita regularmente em declaração expressa e comprovadamente recebida, além do registro, se imóvel a coisa, é irrevogável e irretratável. Não pode o renunciante renunciar à renúncia. Alcançado seu requisito de recepção e publicidade perante terceiros, não pode mais ser desfeita.

O negócio jurídico unilateral de renúncia interpreta-se restritivamente (CC, art. 114). Na dúvida não se pode entender que o renunciante renunciou mais do que se depreende literalmente da declaração.

As coisas ou bens afundados, submersos, encalhados e perdidos em águas sob jurisdição nacional, em terrenos de marinha e seus acrescidos e em terrenos marginais, em decorrência de sinistro, alijamento ou fortuna do mar serão considerados como perdidos, na forma da Lei n. 7.542/1986, quando o seu responsável declarar à Autoridade Naval que o considera perdido, ou não for conhecido, estiver ausente ou não manifestar sua disposição de providenciar, de imediato, a flutuação ou recuperação da coisa ou bem, mediante operação de assistência e salvamento. Decorrido o prazo de 5 (cinco) anos, a contar da data do sinistro, alijamento ou fortuna do mar, sem que o responsável pelas coisas tenha solicitado licença para sua remoção ou demolição, será considerado como presunção legal de renúncia à propriedade, passando as coisas ou os bens ao domínio da União. Esta é exceção à regra de a renúncia não poder ser presumida.

8.4. Abandono

O abandono é ato de despojamento, desligamento ou desfazimento definitivo da coisa, sem a transmitir a quem quer que seja. Quando a coisa é abandonada pelo titular da propriedade ela se converte em *res derelictae*, que pode ser objeto de tomada de posse por terceiro ou de arrecadação pelo Estado. Por isso é também denominado derrelicção. Diferentemente da renúncia, o abandono não exige declaração unilateral, explícita e formal de vontade, não se enquadrando como espécie de negócio jurídico. É ato-fato jurídico, pois a vontade ou a intenção, que está em sua gênese, é desconsiderada pelo direito, que apenas apanha o resultado material do abandono.

Por suas peculiaridades e informalidade, o abandono é uma causa de perda da propriedade envolta em grandes disputas teóricas, pois se entende que ele compreende um ato material de desfazimento da coisa e um ato anímico que expressaria e qualificaria o desejo de se aliviar da coisa (Guedes; Rodrigues Jr., em notas de atualização a Pontes de Miranda, 2012, v. 14, p. 212). Para Clóvis Beviláqua (1958, p. 103), o abandono resulta de condutas que o indicam de maneira positiva, enquanto para Serpa Lopes (1964, p. 569) é o elemento material da renúncia.

O ato-fato do abandono interpreta-se segundo as condutas que o tornam indiscutível. Se, por exemplo, uma pessoa que, após ler uma revista, larga-a sobre o banco de jardim, expressa com essa conduta o abandono, podendo ser apropriada por quem a encontra. Diferentemente ocorre se o que ele deixou for um aparelho ou equipamento de uso permanente (por exemplo, um telefone móvel); certamente, qualquer pessoa que o encontre não suporá que houve abandono, mas sim esquecimento.

No direito brasileiro, o abandono de coisa imóvel não depende do registro imobiliário. Sua eficácia é imediata. Mas há efeitos derivados, que dependem do registro, como a responsabilidade do proprietário em face dos que não sabem do abandono e se conduziram de acordo com o que consta do registro de imóveis. O abandono da propriedade imóvel só produzirá eficácia total perante terceiros se for acompanhado de baixa no registro. Contudo, a arrecadação não depende do registro para sua constituição.

Nesse sentido, decidiu o STJ (REsp 1.176.013) que, quisesse o legislador exigir que o titular do bem imóvel, para abandoná-lo, formalizasse tal desiderato perante o registro, tê-lo-ia feito expressamente, mas, se assim fizesse, "diferença alguma pairaria sobre a renúncia e o abandono de bem imóvel". Tem-se, portanto, que alteração do registro, em razão do abandono da propriedade, não tem o condão de desconstituir a propriedade do titular, mas, sim, declarar a perda da propriedade daquele. O mesmo Tribunal julgou caso (REsp 75.659) de abandono de terrenos de loteamento que não chegou a ser concretamente implantado, e que foi paulatinamente favelizado ao longo do tempo, com a desfiguração das frações e arruamento originariamente previstos, tendo sido consolidada, no local, uma nova realidade urbanística, entendendo que se consubstanciava a hipótese legal de perda da propriedade por abandono. Essas decisões ressaltam o fato do abandono, de maneira objetiva e positiva, para o que é irrelevante ou limitada a intenção abdicativa do proprietário.

O Código Civil estabeleceu regras próprias para a arrecadação pelo Município ou Distrito Federal do imóvel abandonado pelo proprietário, considerado bem vago. Após três anos da arrecadação feita pelo Município ou Distrito Federal, o imóvel passa para o domínio público do ente federativo. Se o imóvel estiver localizado na zona rural, a arrecadação e a aquisição da propriedade serão da União.

A arrecadação é procedimento para transferência do imóvel abandonado para o domínio público, mas não é requisito para se configurar o abandono. Durante o período dos três anos, adverte Gustavo Tepedino (2011b, p. 484), existe tão somente expectativa de direito para a pessoa jurídica de direito público; embora tenha havido perda da propriedade para o titular que abandonou a coisa, esta ainda não ingressou no patrimônio público. Diferentemente, entendia Clóvis Beviláqua (1958, p. 103) que o proprietário originário ainda manteria seu domínio sobre a coisa, podendo, durante o referido período, arrepender-se, o que nos parece a orientação mais convincente, pois não há propriedade sem titular, ainda que a pessoa jurídica de direito público já seja possuidora.

A arrecadação depende de não haver posse de outra pessoa sobre o imóvel, antes do início da arrecadação. A posse obsta a arrecadação. O Código Civil condiciona a arrecadação ao fato de o imóvel "se não encontrar na posse de outrem". Se, ao ser iniciada a arrecadação, constatar-se a existência de possuidor, deve ser respeitada a posse. Não será considerada a posse que tiver início após a arrecadação, porque a arrecadação significou tomada de posse pelo Estado. Diz Pontes de Miranda (2012, v. 14, p. 257) que a posse anterior à arrecadação não se torna de má-fé por ter sobrevindo a arrecadação e o possuidor tem, em tal espécie, legitimação para alegar o que perante quem arrecadou e para propor a ação declaratória positiva da posse. Assim, para Pontes de Miranda, apenas a posse com início anterior ao procedimento de arrecadação é idônea para impedir a transferência ao patrimônio público. Por outro lado, o tempo para usucapir pode já ter sido completado, convertendo a posse contínua em propriedade, cessando os efeitos do abandono.

Difundiu-se na literatura jurídica brasileira o entendimento de que o não uso não significa necessariamente abandono, o que revela compreensão absolutista da propriedade; igualmente, que o abandono não se presumiria. É certo que o não uso nem sempre apreende-se como abandono. Todavia, a função social da propriedade pressupõe utilidade e uso. É incompatível com o sistema constitucional a tutela da inércia do proprietário, para fins especulativos, notadamente nos centros urbanos. Por consequência, o abandono se presume.

A presunção do abandono foi reforçada com o advento do § 2º do art. 1.276 do Código Civil, que a tem "de modo absoluto" quando cessados os atos de posse, deixar o proprietário do imóvel de satisfazer os ônus fiscais. São, portanto, dois os requisitos: (1) cessação da posse, pelo proprietário; (2) não pagamento dos ônus fiscais incidentes sobre o imóvel. São ambos de natureza objetiva, e assim aferíveis, não importando as condições pessoais ou a vontade do proprietário, pois a posse é poder de fato sobre a coisa e o pagamento do tributo se prova documentalmente. Se o proprietário abandonar a posse do imóvel e deixar de pagar os tributos, e se terceiro não tiver tomado posse em seu lugar, então dar-se-á a arrecadação, que não é faculdade, mas dever legal da unidade federativa. Como se trata de perda de direito subjetivo, deve a unidade federativa, após iniciado o procedimento de arrecadação, notificar o proprietário facultando-lhe provar que sua posse de fato não cessou e que pagou os tributos.

As Jornadas de Direito Civil, patrocinadas pelo CJF/STJ, aprovaram o enunciado 243, segundo o qual a presunção de que trata o § 2º do art. 1.276 não pode ser interpretada de modo a contrariar a norma princípio do art. 150, IV, da CF, que veda utilizar tributo com efeito de confisco. Entendemos, contrariamente, que a norma do Código Civil não tem por fito a cobrança indireta de tributo, mas apenas explicitar o não pagamento de tributos incidentes sobre o imóvel como um dos requisitos da presunção legal de abandono do imóvel, razão por que é inadequada a invocação do princípio constitucional. O objetivo do procedimento da arrecadação não é a da cobrança de tributos, mas sim a de transferência da titularidade do imóvel abandonado para o domínio público. Nada tem a ver com confisco.

Consideram-se abandonados dinheiros e objetos de valor depositados nos estabelecimentos bancários e comerciais, na forma da Lei n. 370/37, e da Lei n. 2.313/54, quando a conta tiver ficado sem movimento e os objetos não houverem sido reclamados durante vinte e cinco anos, contados do depósito.

O Código Civil, no art. 1.479, prevê hipótese especial de abandono do imóvel, quando o adquirente de imóvel hipotecado desejar exonerar-se dos encargos da hipoteca. Permite a norma que o adquirente, não devedor, libere-se dos encargos decorrentes da hipoteca, abandonando o imóvel ao credor, para que a dívida que não contraiu seja solvida. Exige-se que notifique o vendedor e o credor, para que recebam a posse do imóvel, ou, em caso de recusa, para o depósito em juízo.

Paralelamente ao Código Civil (art. 1.276), a Lei n. 13.465/2017 disciplinou a arrecadação de imóveis urbanos privados abandonados, que pode ser promovida pelo município ou Distrito Federal, os quais passam à condição de "bem vago", quando ficar caracterizada a intenção de seus titulares em não os conservar em seu patrimônio. A presunção legal de intenção de abandono se configura quando o proprietário cessa os atos reconhecidos faticamente como posse, além de não adimplir os encargos fiscais incidentes sobre o imóvel por cinco anos. Essa conduta viola o dever de função social que o titular do imóvel urbano deve cumprir.

O procedimento de arrecadação do imóvel urbano depende de abertura de processo administrativo específico, de comprovação do tempo de abandono e do inadimplemento fiscal, de notificação de trinta dias ao proprietário para que possa impugná-lo, se quiser. O silêncio do proprietário é considerado como concordância com a arrecadação, segundo a lei.

Mantém-se o prazo do art. 1.276 do Código Civil de três anos durante o qual, após a arrecadação e posse provisória pelo poder público, possa o proprietário reivindicar a posse do imóvel, desde que promova o ressarcimento prévio e em valor atualizado das benfeitorias realizadas pelo município e dos encargos fiscais em atraso.

Os imóveis arrecadados serão preferencialmente destinados aos programas habitacionais, à prestação de serviços públicos, ou objeto de concessão de direito real de uso a entidades civis de fins filantrópicos, assistenciais, educativos ou esportivos.

8.5. Perecimento da Coisa

O direito subjetivo de propriedade se perde, quando a coisa perece. O perecimento é a única causa objetiva de extinção do direito de propriedade, entre as cinco indicadas no art. 1.275 do Código Civil, que se qualifica como fato jurídico em sentido estrito. É objetiva, ainda que haja participação humana, como o incêndio provocado. O sentido do termo perecimento é mais amplo do que o da linguagem comum (findar, deixar de existir, morrer). Para o direito das coisas, perecimento abrange o desaparecimento, ainda que a coisa ainda exista, desde que seja inacessível ou improvável sua localização. Assim, um objeto de valor que caia de um navio de passageiros, em alto-mar, considera-se perecido.

O Código Civil de 1916, em norma (art. 78) não reproduzida pelo Código Civil atual, mas que permanece com força exemplificativa, entendia que perece o objeto do direito quando perde as qualidades essenciais, ou o valor econômico; quando se confunde com outro, de modo que se não possa distinguir; quando fica em lugar de onde não pode ser retirado.

É mais frequente o perecimento de coisas móveis. Mas o imóvel também desaparece. O apartamento, que é propriedade autônoma, desaparece quando o edifício desaba; remanesce a parte ideal sobre o terreno, mas a propriedade da edificação se extinguiu. Até mesmo a propriedade do terreno pode desaparecer, em virtude de fatos naturais, como terremotos ou elevação definitiva do nível das marés, ou de fatos do homem, como grandes barragens para hidroelétricas, cujos lagos formados inundam até cidades inteiras. A avulsão é exemplo de perda total da extensão do imóvel por ela alcançada, quando irrecuperável.

Diz Pontes de Miranda (2012, v. 14, p. 439) que a perda dos direitos sobre bens imóveis reflete, profundamente, a concepção da vida de cada era da história jurídica. Para povos que têm a riqueza imobiliária ligada à estirpe de cada um, o direito é como pele da pessoa que é dele titular, e a propriedade é perpétua e imutável, em sua substância de direito patrimonial. Muitas vezes de tal perpetuidade se serve a política dos grupos sociais "para se assegurar a indeformabilidade da estrutura social, a simetria de planos da economia, ou a posição das famílias e das castas".

A perda da propriedade em virtude da perda da coisa também alcança outros direitos, em virtude de seus estreitos vínculos com a existência da coisa, tais como os direitos reais sobre coisa alheia de usufruto, uso, habitação, superfície, de direito de promitente comprador, concessão de direito real de uso; os direitos reais de garantia de hipoteca, penhor e anticrese; a sucessão testamentária, notadamente pela caducidade dos legados; os direitos contratuais, como a locação de coisa, o comodato, o depósito.

O sentido de perecimento, referido na lei, é de perda total da coisa. Quando a perda é parcial, permanece o direito de propriedade sobre a parte remanescente. Na locação de imóvel, permanece o direito do locatário sobre o imóvel remanescente, se ainda útil, podendo o locatário pedir redução proporcional do aluguel (CC, art. 567).

A Constituição (art. 5º, XLV e XLVI) prevê a sanção criminal de perdimento de bens, que pode ser estendida aos sucessores do condenado, até o limite do valor do patrimônio sucedido. A legislação infraconstitucional estabelece as hipóteses em que se dá o perdimento de bens, com reflexos no âmbito civil. O perdimento de bens, que não se confunde com o confisco puro e simples, leva à perda do direito de propriedade do particular, em virtude de cometimento de determinado ilícito penal (contravenção ou crime), como o contrabando ou importação irregular de mercadorias, o narcotráfico, a "lavagem" ou ocultação de bens e valores. A Lei de Improbidade Administrativa (Lei n. 8.429/92) prevê o perdimento dos bens decorrente de enriquecimento ilícito em razão do cargo, função ou emprego público.

8.6. Perda pela Desapropriação

Desapropriação é o ato da administração pública que subtrai compulsoriamente a titularidade de domínio de particular sobre uma coisa, transferindo-a para pessoa jurídica de direito público ou para outros particulares. O ato de desapropriação é precedido de outro ato de direito público que declara o bem de utilidade ou necessidade pública ou de interesse social. A desapropriação pode ser amigável ou judicial. A desapropriação é amigável quando, após o ato declaratório, a entidade expropriante e o expropriado concordam com o preço, dispensando o processo judicial e concluindo-a mediante contrato ou escritura pública. Não há nesses atos jurídicos contrato de compra e venda, ante sua natureza compulsória. O expropriado não pode repelir a desapropriação, restando-lhe o espaço de determinação da "justa e prévia indenização em dinheiro" (art. 5º, XXIV, da Constituição Federal), que será paga pela entidade expropriante.

Esclarece Pontes de Miranda (2012, v. 14, p. 275) que a desapropriação, como instituto e como fato jurídico, na espécie ato jurídico *stricto sensu*, é de direito público, e só de direito público, constitucional, administrativo e processual. O que é de direito civil é um dos seus efeitos, o principal deles, que é a perda da propriedade.

A entidade expropriante é, originalmente, a União, o Estado-membro ou o Município. A desapropriação para fins de reforma agrária, regulamentada pela Lei Complementar n. 76, de 1993, é de competência exclusiva da União, mas o STJ afirmou a competência do Estado-membro para efetuar desapropriação de imóvel rural para implantação de colônias ou cooperativas de povoamento e trabalho agrícola (RMS 13.959). A legislação admite que os concessionários de serviços públicos, ou as entidades públicas, ou as entidades que exerçam funções delegadas de poder público, ou o contratado pelo Poder Público para fins de execução de obras e serviços de engenharia, possam promover desapropriações por necessidade ou utilidade pública, mediante autorização expressa, constante de lei ou contrato. Podem desapropriar os entes da administração indireta, se receberem autorização legal para isso. Por exemplo, a ANEEL – Agência Nacional de Energia Elétrica, por força do art. 10 da Lei n. 9.074/95, pode desapropriar as áreas necessárias à implantação de instalações de concessionários, permissionários e autorizados de energia elétrica, de qualquer modalidade (hidroelétrica, térmica, solar, eólica).

A desapropriação por necessidade ou utilidade pública, regida principalmente pelo Decreto-Lei n. 3.365/41, constitui o modo clássico de desapropriação de bens particulares, para que a Administração Pública os utilize na realização de suas finalidades. Não pode o expropriado discutir a adequação da necessidade ou utilidade públicas, que se presumem. A desapropriação por utilidade ou necessidade pública deve ser efetivada, amigável ou judicialmente, no prazo máximo de cinco anos da publicação do ato, findo o qual este caducará. Se o expropriante alegar urgência e depositar quantia arbitrada de conformidade com a legislação processual, o juiz mandará imiti-lo provisoriamente na posse dos bens.

Na desapropriação por interesse social, prevista na Constituição Federal nos arts. 182, § 3º, para os imóveis urbanos, e 184, para os imóveis rurais, e nas Leis n. 4.132/62, e n. 8.629/93, a coisa desapropriada não é transferida para o domínio público mas para o domínio particular, em situações específicas, tais como de reforma agrária, ou de habitação e manutenção de posseiros em terrenos urbanos, ou de utilização para o desenvolvimento de atividades turísticas. Nesse tipo de desapropriação, os bens expropriados são objeto de venda, locação ou concessão de uso. No caso da reforma agrária, os títulos são inegociáveis pelo prazo de dez anos (art. 189 da Constituição Federal). A desapropriação por interesse social deve ser efetivada no prazo de dois anos, a partir da publicação do ato expropriatório.

Dependendo do tipo de desapropriação, a indenização poderá ser em dinheiro ou em títulos de dívida pública, resgatáveis em vários anos (na hipótese de desapropriação para fins de reforma agrária, o prazo é de até vinte anos).

Poderá haver, em caráter excepcional, a perda da propriedade por desapropriação sem pagamento de qualquer tipo de indenização, quando a perda tem natureza sancionatória ou de penalidade, nas hipóteses previstas na Constituição. É espécie de confisco. Assim, prevê o art. 243 da Constituição que as propriedades rurais e urbanas de qualquer região do País onde forem localizadas culturas ilegais de plantas psicotrópicas ou a exploração de trabalho escravo na forma da lei serão expropriadas e destinadas à reforma agrária e a programas de habitação popular, sem qualquer indenização ao proprietário e sem prejuízo de outras sanções previstas em lei.

Decidiu o STF (RE 635.336) que a redação dada ao art. 243 pela Emenda Constitucional n. 81/2014, além de incluir a exploração de trabalho escravo como nova hipótese de cabimento do confisco, suprimiu a previsão de que a expropriação seria imediata e inseriu a observância dos direitos fundamentais previstos no art. 5º, no que couber. Assim, a expropriação sem indenização pode ser afastada, desde que o proprietário comprove que não incorreu em culpa, ainda que *in vigilando* ou *in eligendo*. No caso concreto, o Tribunal decidiu, por maioria, que a decisão recorrida pela expropriação deveria ser mantida, por estar demonstrada a participação dos proprietários, ainda que por omissão, pela cultura ilegal de plantas psicotrópicas. A minoria entendia que a responsabilidade era totalmente objetiva.

Pode haver perda da propriedade por confisco de qualquer bem móvel, de valor econômico, apreendido em decorrência do tráfico ilícito de entorpecentes e drogas afins e da exploração de trabalho escravo. Esses bens e valores serão confiscados e reverterão a fundo especial com destinação específica, na forma da lei.

As hipóteses referidas de desapropriação sujeitam-se ao exercício do direito de preferência, também denominado de retrocessão, previsto no art. 519 do Código Civil. Esse direito de preferência é anômalo, pois não tutela a primazia do titular contra terceiro que deseje adquirir a coisa, mas a pretensão de retomada, em virtude de não cumprimento da finalidade expropriatória. Há o dever da entidade estatal de oferecer o bem ao expropriado, para que exerça ou não o direito de preferência, quando não der ao referido bem destinação pública.

Ao contrário da regra equivalente do anterior Código Civil, a regra atual estabelece que a retrocessão dar-se-á "pelo preço atual da coisa". Preço atual não significa preço de mercado, que flutua em razão de vários fatores, para mais ou para menos. Para os fins da norma, significa preço atualizado, aplicando-se índices oficiais e reconhecidos, a partir do valor da indenização paga e mais os prejuízos que porventura tenham decorrido da desapropriação e imissão de posse do expropriante. A solução de preço de mercado poderia redundar em enriquecimento sem causa do expropriado.

Não se aplicam a esse tipo diferenciado de preferência os prazos decadenciais previstos no art. 513. Em virtude de ausência de prazo determinado, que caracterize decadência, segundo a lógica do CC/2002, deve ser observado o prazo de prescrição geral, isto é, dez anos (art. 205). O STF firmou entendimento de não se aplicar à retrocessão a prescrição quinquenal prevista no Decreto n. 20.910/32 (ERE 104.591-4-AgRg).

Não há desvio de finalidade, no caso de desapropriação por necessidade ou utilidade pública, sendo incabível o direito de preferência ou retrocessão, quando o bem expropriado tiver destinação diferente do ato de desapropriação, mas permanecendo de utilidade pública. Essa orientação foi adotada pelo STJ (REsp 7.683).

Ocorre desvio de finalidade da desapropriação, admitindo-se a retrocessão, quando o expropriante aliena o bem, ou cede o uso a qualquer título, a pessoa ou instituição particular de qualquer natureza, ainda que tenha finalidade não lucrativa. Essa era a orientação do STF (a respeito, RE 88.699) que permanece.

Outras decisões dos tribunais demonstram controvérsia quanto à eficácia real ou pessoal da retrocessão. Com razão os que têm fundamento na eficácia meramente pessoal, resolvida em perdas e danos (por exemplo, STF, RE 93.073). A tradição do direito brasileiro é de atribuir apenas eficácia pessoal ao direito de preferência, seja de que espécie for, ao contrário do direito alemão. Consequentemente, não detém o expropriado o poder de reivindicar a coisa, mas apenas pretensão indenizatória, como estabelece o art. 35 do Decreto-lei n. 3.365/41. Como disse Ebert Chamoun (1959, p. 32), a proteção constitucional da propriedade beneficia o poder expropriante, que é o novo titular da propriedade, cujo direito é igualmente digno de salvaguarda; havendo o expropriado perdido o seu domínio, não se lhe pode reconhecer a possibilidade de promover a reivindicação. O STF e o STJ têm oscilado entre a natureza real e a natureza pessoal da retrocessão.

A desapropriação pode alcançar as coisas imóveis, ou móveis, corpóreas, incorpóreas, a propriedade plena, os direitos reais limitados, a posse, ações de sociedade anônima. De acordo com a Súmula 479 do STF não podem ser desapropriadas, porque já de domínio público, as margens dos rios navegáveis.

Além das espécies de desapropriação legalmente previstas, construiu-se outra pela doutrina e jurisprudência, denominada desapropriação indireta. Assim é entendida a desapropriação de fato, que não é antecedida de ato de desapropriação, de sua publicação e dos procedimentos para fixação e pagamento da indenização. Ante a irreversibilidade da obra, a presunção do interesse público e o prejuízo para a Fazenda Pública, se fosse admitido o esbulho possessório, entendeu-se pela perda definitiva da propriedade e o consequentemente cabimento da indenização pelas perdas e danos. Para Teori Zavascki (2002, p. 856), olhada sob o prisma do interesse público e da destinação social do bem, pode-se legitimar constitucionalmente a solução judicial; não teria sentido algum, com efeito, em nome do direito de propriedade, comprometer a obra pública já realizada e incorporada a uma destinação comunitária. Aqui, o princípio da função social, tomado no sentido amplo, deve ser privilegiado em face do estrito interesse particular do proprietário.

8.7. Propriedade Resolúvel

A propriedade resolúvel é aquela que perdura enquanto não houver o implemento da condição ou o advento do termo, determinados em lei ou no contrato, extinguindo-se quando eles ocorrerem. A resolução, em virtude de um desses fatores, opera a extinção simultânea da propriedade para o titular atual e a aquisição para quem ela favorece. A realização da condição ou o advento do termo opera, por força de lei, a substituição subjetiva. Resolve-se não apenas em benefício do titular anterior, mas também de titular novo que tenha sido designado por aquele. O adquirente, favorecido com a resolução poderá reivindicar a coisa do poder de quem a possua, se esta não lhe for entregue. Segundo Caio Mário da Silva Pereira (2004, p. 81), ao reconhecer ao proprietário o poder reivindicatório da coisa, o Código, por via de consequência, faz abstração daqueles direitos constituídos na constância da condição ou do termo, e, assim, pronuncia-se pelo efeito retro-operante.

Não faz sentido a controvérsia doutrinária se a propriedade resolúvel é modalidade especial de propriedade ou propriedade submetida aos princípios dos negócios jurídicos. O Código Civil entende a propriedade resolúvel como espécie de propriedade. Talvez essa controvérsia devesse à estipulação da condição resolutiva ou do termo, mediante a autonomia privada.

Orlando Gomes (2004, p. 267) afirma que é necessária a declaração de vontade para a cláusula informativa da condição ou do termo. "Do contrário, não será propriedade resolúvel, como, por exemplo, se a revogação decorre de causa superveniente". Todavia, o Código Civil (art. 1.360) considera, ainda, propriedade resolúvel quando houver causa superveniente, portanto não prevista pelas partes. Nessa hipótese, o possuidor da coisa, atingido pela resolução superveniente, que tenha adquirido a coisa antes dela, será considerado "proprietário perfeito". Aquele que seria favorecido com a resolução terá de promover ação judicial para haver a própria coisa ou o seu valor. O enunciado 509 das Jornadas de Direito Civil do CJF/STJ distingue os efeitos dos dois tipos de resolução da propriedade: quando for determinada originariamente, na lei ou no contrato, são *ex tunc* e *erga omnes*; quando decorrer de causa superveniente, são *ex nunc* e *inter partes*.

Segundo Pontes de Miranda, o direito que tem a pessoa a que se atribuiu a propriedade depois de alguma condição ou termo, de cujo advento resulte resilição, é direito expectativo, registrável, subjetivo, real; é direito adquirido, penhorável, arrestável, sequestrável (2012, v. 14, p. 236). O direito expectativo, assim configurado, não se confunde com a simples expectativa de direito. O direito que tem uma pessoa, a que se atribui a propriedade depois de alguma condição ou termo, é direito expectativo, que já ingressa em seu patrimônio jurídico, porque já constituído.

A distinção entre fideicomisso e propriedade resolúvel em nosso sistema jurídico se impõe. O fideicomisso estabelece a sucessão no direito de propriedade, mas atribui, desde logo, a propriedade, sem entrega de bens, ao fideicomissário, e propriedade plena ao fiduciário, enquanto na propriedade resolúvel, advindo o termo, ou realizando-se a condição, a propriedade deixa de ser do atual titular para ser de outro, pois o sistema jurídico brasileiro concebeu a superposição de propriedades no tempo. No fideicomisso, o fideicomissário não substitui o fiduciário, porque ambos são herdeiros do *de cujus* ou legatários. O fideicomissário sucede diretamente o *de cujus*, da mesma forma que o fiduciário. São direitos paralelos, justapostos, razão por que não é correta a expressão "substituição fideicomissária". No fideicomisso, há o elemento fidúcia, ou confiança em que o fiduciário conservará o bem para ser entregue ao seu destinatário principal. Na propriedade resolúvel, diferentemente, o primeiro titular é substituído pelo segundo titular, que podem, inclusive, ser designados em testamento, "pelo implemento da condição ou pelo advento do termo" (CC, art. 1.359), ficando resolvidos os direitos ao primeiro concedidos. Não há o elemento fidúcia, pois cada titular, no seu tempo sucessivo, exercerá plenamente seu direito e no seu próprio interesse.

Capítulo IX

Direitos de Vizinhança

Sumário: 9.1. Conteúdo e abrangência. 9.2. Uso anormal da propriedade. 9.3. Árvores limítrofes. 9.4. Passagem forçada. 9.5. Passagem de cabos e tubulações. 9.6. Águas e vizinhança. 9.7. Limites entre prédios e direito de cercar ou murar. 9.8. Direito de construir.

9.1. Conteúdo e Abrangência

Os direitos de vizinhança compreendem o conjunto de normas de convivência entre os titulares de direito de propriedade ou de posse de imóveis localizados próximos uns aos outros. Para efeitos legais, vizinhos não são necessariamente os contíguos, mas todos os que possam ser afetados pelo uso do imóvel. As normas de regência dos direitos de vizinhança são preferentemente cogentes, porque os conflitos nessa matéria tendem ao litígio e ao aguçamento de ânimos. Na dimensão positiva, vizinhos são os que devem viver harmonicamente no mesmo espaço, respeitando reciprocamente os direitos e deveres comuns. Vizinhos são não apenas os que estão ao lado, mas os que habitam imóveis acima ou abaixo, daí por que as normas dos direitos de vizinhança aplicam-se conjugadamente com as do condomínio edilício.

Para o direito brasileiro, os direitos de vizinhança são autônomos e concebidos como limitações ao direito de propriedade. Algumas legislações inserem os conflitos de vizinhança nas servidões legais, como direito real de servidão. Os direitos de vizinhança constituem as mais antigas limitações ao direito de propriedade individual, no mundo luso-brasileiro. As limitações são de natureza majoritariamente negativa e preventiva. Mas há, igualmente, limitações positivas, das quais emergem deveres positivos aos que se qualificam juridicamente como vizinhos. "Antes de a desavença se estabelecer, princípios e preceitos governam a situação jurídica da vizinhança, capazes de mantê-la sob arquétipo que se emoldura no regime jurídico codificado" (Fachin, 2003, p. 38).

As situações em que se classificam os direitos de vizinhança são as mais comuns na vida social, a merecer maior atenção do legislador. Segundo Pontes de Miranda (2012, v. 13, p. 449), a técnica legislativa, a esse respeito, representa a elaboração de alguns séculos, na qual muito se deve aos costumes. Para Orlando Gomes (2004, p. 221), o critério regulador das relações de vizinhança é dado por três teorias principais: (1) a da proibição dos atos de emulação (utilidade ou inutilidade do ato do proprietário); (2) a do uso normal da coisa própria; (3) a do uso necessário (os atos do proprietário são lícitos se motivados pela necessidade). O CC/2002 perfilhou a teoria do uso normal da coisa própria, preconizada por Ihering, que procura estabelecer a linha demarcatória entre as interferências lícitas e ilícitas, com apoio na ideia de que o exercício do direito de propriedade não deve exceder as necessidades normais da vida cotidiana.

O Código Civil reformulou os tópicos cuja disciplina anterior era considerada insuficiente, pela doutrina. Destacam-se as alterações e inovações relativas ao uso anormal da propriedade, à passagem forçada, à passagem de cabos e tubulações, às águas e ao direito de construir, que procuraram resolver demandas contemporâneas.

Os direitos de vizinhança atêm-se às relações jurídicas intersubjetivas que emergem da convivência em determinado espaço territorial. Paralelamente, incidem as normas de direito administrativo, notadamente as de caráter urbanístico, emanadas do legislador federal (Estatuto da Cidade, Lei n. 10.257/2001) e do legislador municipal, relativamente às edificações e aos limites de tolerância entre vizinhos. São igualmente incidentes as normas de direito ambiental. Os limites ao uso dos imóveis, entre vizinhos, são tanto de direito privado, onde recebem a denominação de direitos de vizinhança, quanto de direito público. Há outras normas de direito privado correlatas que regulam a convivência entre vizinhos, em determinadas circunstâncias, como a Lei do Parcelamento do Solo Urbano (Lei n. 6.766/79), a Lei do Inquilinato (Lei n. 8.245/91) e as normas do Código Civil sobre condomínio edilício.

Quando em conflito, os interesses coletivos prevalecem sobre os interesses particulares. De acordo com San Tiago Dantas (1972, p. 264), há casos em que os conflitos entre vizinhos se compõem pela atribuição de um dever e de um direito fundados no princípio da coexistência. Há outros em que se compõem pela atribuição de um dever e um direito fundados no princípio da supremacia do interesse público. Os direitos de vizinhança, fundados no primeiro princípio, são gratuitos, e os ônus do proprietário são encargos ordinários da propriedade. Os fundados no segundo princípio são onerosos e quem o suporta tem direito de ser indenizado.

9.2. Uso Anormal da Propriedade

O uso anormal da propriedade, ou da posse, é o que colide com os padrões comuns de conduta, adotado na comunidade onde ela se insere, ou com as normas legais cogentes. O parâmetro a ser observado nessa matéria é o da razoabilidade, ou da conduta razoável. Conduta normal ou razoável é a que corresponde ao tipo médio de uso do imóvel, de acordo com o consenso da comunidade (cidade, bairro, vila, rua), que permite convivência harmônica, sem prejuízos ou incômodos evitáveis para o outro ou os outros. O conceito é indeterminado, a reclamar a análise de cada caso, mas segundo os parâmetros de razoabilidade.

As expressões utilizadas na legislação anterior de "uso nocivo" e, principalmente, "mau uso" revelaram-se inadequadas, porque restritivas, tendendo-se ao abuso do direito da propriedade. Segundo Ebert Chamoun (1970, p. 22), parte geral do direito de vizinhança sofreu total remodelação. Impunha-se a reforma, por causa da falta de critérios firmes de solução dos variados e graves conflitos de vizinhança, que têm ensejado grandes dificuldades para os juízes. Louva-se na teoria desenvolvida por San Tiago Dantas que conjuga a teoria do uso normal e a da necessidade, que é o estatuto da vizinhança comum, e o princípio da supremacia do interesse público. Devem sempre cessar as interferências anormais que podem ser evitadas ou comprometem a habitação dos imóveis adjacentes.

A doutrina enfatiza o caráter de responsabilidade *ex re* ou objetiva do uso anormal da coisa, não se perquirindo acerca da boa ou má-fé ou de culpa do proprietário ou possuidor. O critério legal de normalidade dispensa considerações de natureza psicológica. Havendo ou não culpa ou boa-fé, responde o titular da coisa pelo uso anormal.

O uso da coisa é anormal quando repercute no uso normal da outra, em relação às pessoas que a habitam. Inclui-se no conceito legal de uso anormal o não uso, quando provoca interferências no vizinho (por exemplo, em casa fechada, água não tratada de piscina na qual proliferam mosquitos transmissores de doença). O uso anormal não é apenas de imóvel, mas de coisas móveis, que possam provocar tais interferências em quem habita um imóvel. Por exemplo, o barulho excessivo de escapes abertos de veículos automotores. Os que sofrem são os que habitam o imóvel, e por ser imóvel não podem deslocá-lo para distanciá-lo dessas interferências prejudiciais.

Em princípio, o uso anormal não se confunde com o abuso do direito (CC, art. 187), mas este também pode decorrer dos conflitos de vizinhança, quando são praticados atos emulativos. Estabelece o CC, art. 1.228, § 2º, que são proibidos "os atos que não trazem ao proprietário qualquer comodidade, ou utilidade e sejam animados pela intenção de prejudicar outrem". Pode ser lesado por ato emulativo um outro sujeito não proprietário nem possuidor (Penteado, 2014, p. 408).

As interferências são as que causam ou podem causar prejuízos à saúde, ao sossego ou à segurança dessas pessoas, provocadas pelo uso de propriedade vizinha. Não há necessidade se provar que o prejuízo já ocorreu, pois basta a ameaça ou o risco de ofensa à saúde, ao sossego ou à segurança. Como diz Orlando Gomes (2004, p. 224), o conceito não se condiciona à intenção do ato praticado pelo proprietário; o propósito de prejudicar, ou incomodar, pode não existir e haver uso anormal da propriedade.

Ao vizinho prejudicado legitimam-se as pretensões para prestação tanto negativa, principalmente para cessação dos fatores de perturbação dos direitos de vizinhança, quanto positivas, para prevenir a interferência ou o dano. Legitima-se, igual e cumulativamente, a pretensão à indenização por danos materiais ou danos morais. Estes últimos são pressupostos, *in re ipsa*, pois violam direitos da personalidade, principalmente a integridade psíquica, a intimidade e a vida privada do vizinho prejudicado pela interferência.

Não se exige a cessação de todas as interferências, razão por que a lei refere aos "limites ordinários de tolerância dos moradores da vizinhança". A lei leva em conta certa tolerância indispensável para a viabilidade da vida contemporânea, especialmente nos espaços urbanos. Os limites ordinários de tolerância são os que resultam do uso normal da propriedade, segundo o tipo médio e razoável, além dos quais o prejuízo não deve ser suportado. Por exemplo, a realização de uma festa eventual ou episódica, com grande movimentação de pessoas no imóvel, animadores e músicas está dentro dos limites ordinários de tolerância; mas estes são excedidos quando feitas com muita frequência ou quando prejudicam o descanso noturno dos vizinhos. É normal que, eventualmente, sejam modificadas as posições dos móveis, porque os moradores desejam alterar a ambientação do apartamento; mas é anormal que todos os dias sejam arrastados móveis, repercutindo o barulho nos vizinhos contíguos. Não há uso anormal da propriedade se a interferência resultar de fato natural, não imputável ao titular do imóvel.

Não se inclui nos limites ordinários de tolerância a existência anterior do uso anormal; no direito brasileiro não prevalece o modo de uso anterior ou da pré-ocupação, porque tal conduta não configura direito adquirido. Assim, as atividades poluentes, que existiam antes de a urbanização delas se aproximar ou cercá-las (por exemplo, depósito de cal e cimento), não podem prevalecer sobre os direitos dos novos vizinhos, uma vez que passaram a causar interferências na saúde, na segurança e no sossego dos que habitam em suas proximidades. O STJ decidiu que determinado Município se abstivesse de utilizar antiga pedreira como depósito de lixo, pois o "interesse de poucos não podia prevalecer sobre o interesse de muitos" (REsp 163.483). Por igual, o novo proprietário ou possuidor é responsável pelo uso anormal praticado pelo anterior, pois os direitos de vizinhança constituem obrigações *propter rem*, vinculando-se ao imóvel e responsabilizando quem detenha sua titularidade.

Segundo Pontes de Miranda (2012, v. 13, p. 470), o fato de permitirem as leis de direito público que se instalem indústrias ou serviços em lugar em que não os havia, ou eram proibidos, de modo nenhum basta para se entender que cessou o direito de proibição, pois a permissão somente pode entender-se para eficácia no plano do direito público. Por essa razão, o art. 1.278 do Código Civil estabelece que, se as interferências forem justificadas pelo interesse público, o causador delas terá de pagar ao vizinho, ou vizinhos, indenização cabal.

A tolerância às interferências, imposta por decisão judicial, não suprime do vizinho afetado a totalidade do exercício dos direitos de vizinhança. Se o juiz se convencer que a situação é de interferência que deva ser tolerada, considerando que o prejuízo à saúde, ou ao sossego, ou à segurança é fato, o vizinho afetado tem direito de exigir sua redução ou eliminação, quando estas se tornarem possíveis, a qualquer tempo. Cabe-lhe o ônus de provar tal possibilidade, o que demonstra que a decisão judicial não é definitiva, mas sim alterável *rebus sic stantibus*, de acordo com as circunstâncias supervenientes.

É imensa a casuística dos tribunais sobre o que se considera uso anormal da propriedade: a fumaça que invade os imóveis vizinhos, a queima de material inflamável, o badalar de sinos de igrejas sem necessidade de culto, a poluição das águas, os odores fortes, o canto alto de aves, as águas não tratadas que facilitam a proliferação de mosquitos transmissores de doenças, a pulverização com inseticidas, a manutenção de fossa junto ao prédio de outrem, o barulho excessivo em bares, festas e cultos religiosos, a prostituição em imóveis residenciais, a guarda e manuseio de explosivos, produtos químicos e agrotóxicos. No caso dos cultos religiosos, a liberdade de religião há de se harmonizar com os direitos de vizinhança.

O uso anormal não é somente o mau uso material ou físico; é também o moral, como se o vizinho transforma a casa em bordel, salão de jogo, ou a emprega em atividades que tornam frequentes as visitas ou batidas policiais; não é preciso que os prédios sejam contíguos, nem que haja culpa (Pontes de Miranda, 2012, v. 11, p. 81). Tudo se passa como fatos de responsabilidade objetiva, não tendo o juiz arbítrio na apreciação.

Saúde é direito fundamental, constitucionalmente tutelado, abrangente do físico ou da mente. A saúde psicofísica não pode ser prejudicada, por conduta de terceiro vizinho, quando a conduta é evitável. A saúde é de quem habita ou tem de frequentar o imóvel. Segurança é material e moral, tanto do imóvel quanto de quem o habita. Sossego é a tranquilidade normal que a pessoa tem como legítima expectativa de usufruir em sua habitação. Sossego não é ausência de barulho, mas convivência com barulho por todos tolerável, de acordo com as circunstâncias. O barulho que se tolera de dia não é tolerável à noite. O sossego é comprometido não apenas pelo som insuportável, mas também pela luz, pelos odores e por outros motivos de inquietação. Segundo antiga lição (Carvalho Santos, 1956, p. 12), o sossego que a lei ampara é também o sossego relativo, aquele se pode exigir em determinadas condições, sem prejuízo da atividade dos outros; é a tranquilidade a que tem direito toda pessoa, tanto nas horas de repouso como para o exercício útil de sua atividade profissional.

O barulho é, certamente, o maior problema decorrente dos crescentes adensamentos populacionais em áreas urbanas. Os prédios, cada vez mais altos e próximos, e os apartamentos cada vez menores desafiam os limites da suportação dos sons provocados pela utilização das propriedades vizinhas. O barulho adoece e compromete a qualidade de vida. De acordo com estudos referidos pela revista médica *The Lancet* (v. 383, p. 1.270, abr. 2014) o barulho pode provocar irritação e perturbação do sono, aumentando a prevalência de estresse, doença cardiovascular e mortalidade nos grupos expostos. Em crianças, o ruído ambiental também pode afetar negativamente os resultados de aprendizagem e o desempenho cognitivo. Segundo os estudos, mesmo quando não é forte, o ruído pode perturbar o sono, desencadeando reações no organismo, como aceleração dos batimentos cardíacos.

Em emblemática decisão, o STJ (REsp 1.051.306) entendeu que a poluição sonora não se confina nos direitos de vizinhança, nos conflitos interindividuais, atingindo a coletividade por lesão ao meio ambiente, o que legitima ajuizamento de ações coletivas, por titulares como o Ministério Público. Lê-se na ementa do Acórdão: "A poluição sonora, mesmo em área urbana, mostra-se tão nefasta aos seres humanos e ao meio ambiente como outras atividades que atingem a 'sadia qualidade de vida', referida no art. 225, caput, da Constituição Federal. O direito ao silêncio é uma das manifestações jurídicas mais atuais da pós-modernidade e da vida em sociedade, inclusive nos grandes centros urbanos. O fato de as cidades, em todo o mundo, serem associadas à ubiquidade de ruídos de toda ordem e de vivermos no país do carnaval e de inumeráveis manifestações musicais não retira de cada brasileiro o direito de descansar e dormir, duas das expressões do direito ao silêncio, que encontram justificativa não apenas ética, mas sobretudo fisiológica. Nos termos da Lei n. 6.938/1981 (Lei da Política Nacional do Meio Ambiente), também é poluição a atividade que lance, no meio ambiente, 'energia em desacordo com os padrões ambientais estabelecidos' (art. 3º, III, e, grifei), exatamente a hipótese do som e ruídos. Por isso mesmo, inafastável a aplicação do art. 14, § 1º, da mesma Lei, que confere legitimação para agir ao Ministério Público".

O Código Civil assegura ao proprietário ou possuidor direto do imóvel o direito e a pretensão a que o dono do imóvel vizinho promova a demolição ou a reparação necessária deste, quando haja ameaça de ruína. Pode, conjuntamente, exigir caução pelo dano que julga iminente, também conhecida como caução de dano infecto. A caução tem como pressupostos a grande probabilidade do dano e antecipação da indenização. O vizinho, a quem cabe demolir ou reparar, não pode definir quais as medidas que julgar adequadas.

Também pode o proprietário ou possuidor do imóvel exigir do vizinho, que esteja a promover construção nova em terreno deste, garantias contra prejuízo eventual, em caso de dano iminente ou provável. Pouco importa que a obra tenha recebido autorização da administração pública competente, ou alvará de construção, ou que o vizinho comprove que observa o projeto assim aprovado, ou que não teve culpa. Se ficar constatada a probabilidade de dano iminente, é lícito ao vizinho, sob risco, exigir garantias, que podem ser fiança pessoal, caução em dinheiro, penhor, hipoteca, seguro ou fiança bancária. Não se obsta a obra, mas a garantia tem por fito prevenir sua segurança. No caso de recusa à prestação de garantia, cabe ação judicial para sua obtenção. Enquanto não se constrói a obra, o direito do vizinho pode ser exercido para que se abstenha. Se já construiu, constatado o dano iminente, a pretensão é para a demolição ou reparação necessária antes de qualquer dano.

A pretensão ou exigibilidade, no âmbito extrajudicial, e a ação judicial pelo uso anormal da propriedade podem ser dirigidas contra o proprietário do imóvel, fonte das interferências prejudiciais, ainda que o causador seja locatário ou outro possuidor direto (por exemplo, usufrutuário, usuário, comodatário). Do mesmo modo, a pretensão e a ação judicial podem ser dirigidas ao possuidor direto, pois a obrigação de não causar interferências não é apenas do proprietário, mas de quem esteja na qualidade de vizinho. A legitimidade passiva expandida, na ação judicial, tem sido admitida pelos tribunais (STJ, REsp 480.621 e REsp 622.203).

O uso é também anormal quando viola princípios fundamentais da Constituição, tais como a garantia da vida privada, da intimidade, da inviolabilidade da moradia e da proteção do meio ambiente. O Código Florestal (Lei n. 12.651/2012) considera que, na utilização e exploração da vegetação, as ações ou omissões contrárias às suas disposições são consideradas uso irregular da propriedade, conceito análogo ao do uso anormal, passíveis, além de responsabilidade civil, de sanções de caráter administrativo, civil e penal. As obrigações previstas na Lei n. 12.651 têm natureza real e são transmitidas ao sucessor, de qualquer natureza, no caso de transferência de domínio ou posse do imóvel rural, ou seja, não podem ser afastadas por ato de autonomia privada.

O Estatuto da Cidade, arts. 36 a 38, prevê o Estudo de Impacto da Vizinhança (EIV), que pode ser considerado pelo juiz para persuasão da ocorrência ou não da interferência, em virtude da avaliação prévia e aprovação da municipalidade. O EIV consiste em relatório que aponte os efeitos que nova construção imporá aos habitantes das redondezas, de acordo com os critérios urbanísticos adotados pelo município, no plano diretor ou em legislação específica. A interlocução entre o direito administrativo municipal e a legislação civil é prevista no parágrafo único do CC, art. 1.777, para a análise do uso anormal.

9.3. Árvores Limítrofes

As árvores integram o imóvel, quando localizadas dentro de seus limites. O direito distribui as titularidades, quando as árvores têm seu tronco na linha divisória, quando as raízes e galhos de árvores ultrapassam os limites e alcançam o imóvel vizinho e quando os frutos estão pendentes ou caídos no imóvel vizinho, que são fontes permanentes de conflitos. Essa matéria não diz respeito apenas ao conflito entre particulares, mas também à proteção do meio ambiente, que sobre aquele prevalece.

Há presunção legal de pertencimento da árvore a ambos os titulares de imóveis vizinhos, quando o tronco situa-se na linha divisória entre eles, tendo em vista sua função de marco divisório. Pouco importa que o tronco esteja mais em um imóvel que em outro. O tronco, para ser considerado comum, deve estar na linha divisória em sua parte mais próxima da raiz. Cada vizinho é dono de metade, em parte indivisível. Não é comum a árvore se o tronco enraíza-se inteiramente em um imóvel e inclina-se sobre o outro. A lei (CC, art. 1.282) alude a tronco de árvore, mas há plantas que não são árvores, como as palmeiras, principalmente os coqueiros, cujas plantações são comuns no litoral tropical brasileiro. Não são consideradas árvores porque estas se caracterizam pelo crescimento do diâmetro do seu caule para a formação do tronco, que produz a madeira e tal não acontece com as palmeiras. Para os fins da lei, no entanto, as palmeiras se enquadram no conceito genérico de árvore. Quando a árvore cresce, pode vergar-se para um dos lados, podendo, inclusive, ultrapassar a linha divisória, no espaço aéreo; ainda assim, pertence exclusivamente ao titular do imóvel onde estão suas raízes. Quando a árvore inclina seu tronco sobre o imóvel vizinho, causando-lhe prejuízos (por exemplo, quedas dos frutos ou palhas do coqueiro sobre telhado), o titular prejudicado tem pretensão à indenização. A pretensão ao corte da árvore depende de parecer favorável das autoridades ambientais, quanto ao risco de tombar, causando prejuízo aos que forem por ela alcançados, ou de decisão judicial.

O Código Civil mantém antiga regra, anterior ao advento do direito ambiental, autorizativa do corte das raízes e ramos de árvores que ultrapassem o limite do imóvel, pressupondo-se a existência de dano ou risco de dano para o imóvel vizinho. O corte da raiz ou das raízes, que assim ultrapassam os limites, pelo titular do terreno invadido, pode acarretar a morte do vegetal, mas essa é uma possível consequência que a lei desconsidera. A norma legal alude a ramos e raízes, não se admitindo o corte do tronco ou parte do tronco. O vizinho tem direito de se apropriar dos galhos e raízes que cortar, sem necessidade de justificar ou alegar dano. Tem sido decidido ser dispensável o pedido de autorização judicial para fazer o corte, que já é dada por lei. O direito ao corte dos galhos e raízes não é admitido por algumas legislações estrangeiras e outras o condicionam à prova de que são prejudiciais.

Com relação aos frutos, os que estão pendentes não podem ser colhidos pelo titular do terreno sobre o qual parte da árvore se projeta; o dono da árvore pode colhê-los, se for possível fazê-lo a partir de seu próprio imóvel. Porém, os frutos que caírem sobre o terreno vizinho passam a pertencer ao titular deste, que livremente os pode recolher e dar o destino que pretender. O fato do pertencimento é a queda sobre o terreno do vizinho. Nesse sentido, Pontes de Miranda (2012, v. 13, p. 485): o direito de propriedade, no caso dos frutos caídos, não é oriundo do direito de apropriação, mas de fato jurídico *stricto sensu*, tal como acontece com a propriedade dos frutos da árvore que caem. A queda dos frutos é natural, não pode ser provocada, tal como sacudir os galhos ou a árvore.

Para Serpa Lopes (1992, p. 526) a solução do direito brasileiro é contrária à doutrina romanista, consistente em manter no dono da árvore a propriedade dos frutos, mesmo quando caídos além dos limites de sua propriedade. Os romanos entendiam que o dono da árvore tinha o direito de colher e recolher os frutos que se encontrassem no terreno do vizinho. O Código Civil português prevê, igualmente, o direito à apanha dos frutos, que pode ser exigível contra o vizinho, sendo responsável pelo prejuízo que causar. A norma do Código Civil brasileiro alude apenas ao vizinho particular; assim, se os frutos caírem em terreno pertencente ao domínio público, eles continuam na titularidade do dono da árvore, que os pode recolher. Essa norma, que repete à do Código Civil anterior, é justificada por Carvalho Santos (1956, p. 21) com o argumento de que, se o dono da árvore pudesse apanhar os frutos no imóvel de vizinho particular, abrir-se-ia a porta para contendas.

9.4. Passagem Forçada

Todo aquele que é titular de imóvel encravado em outro ou que tenha necessariamente de passar por outro imóvel para alcançar as vias públicas de circulação ou os espaços públicos, ou para se chegar à fonte de água, tem direito à passagem forçada. Esse direito não se confunde com a servidão de passagem, pois esta pode ser instituída ainda que não seja caminho necessário. A passagem forçada, típico direito de vizinhança, é limitação ao direito de propriedade. Funda-se, segundo Caio Mário da Silva Pereira (2009, p. 186), no princípio da solidariedade social, com origem no direito medieval. A pretensão a que o vizinho suporte a passagem é imprescritível. O direito de passagem existe por força de lei, não necessitando de registro para que produza seus efeitos. Os requisitos são: (1) Falta ou perda de acesso a via pública, nascente de água ou porto; (2) constrangimento ao vizinho para que assegure a passagem; (3) pagamento de indenização ao vizinho.

A passagem forçada é suportada pelo imóvel, através do qual o caminho necessariamente se dá, de acordo com condições e cultura do lugar. Ainda que o imóvel beneficiado com a passagem forçada seja circundado por outro ou por outros imóveis, o titular do imóvel que a suporta não pode se valer dessa circunstância para negá-la, pois o critério é o que a lei determina: sofre o constrangimento o vizinho cujo imóvel mais natural e facilmente se prestar à passagem. É o critério da utilidade e do menor custo para ambas as partes. Se o caminho ainda não existe, terá seu rumo fixado pelo juiz, que se valerá, se preciso for, de perícia. A oposição ou a dificuldade postas pelo vizinho caracterizam ilícito, qualificado como abuso do direito, fazendo nascer a ação. Por ser limitação legal ao direito de propriedade, mister se faz a prova de sua necessidade.

Numa era em que a técnica da engenharia dominou as dificuldades da natureza, a noção de imóvel encravado já não existe em termos absolutos e deve ser inspirada pela motivação do instituto da passagem forçada, que deita raízes na supremacia do interesse público; juridicamente, encravado é o imóvel cujo acesso por meios terrestres exige do respectivo proprietário despesas excessivas para que cumpra a função social sem inutilizar o terreno do vizinho, que em qualquer caso será indenizado pela só limitação do domínio (STJ, REsp 316.336). O CC/2002 abandonou o requisito do imóvel encravado no outro, optando pela inexistência ou perda de acesso a via pública, nascente ou porto.

O direito de passagem forçada também é garantido nos casos em que o acesso à via pública for insuficiente ou inadequado, consideradas, inclusive, as necessidades de exploração econômica (enunciado 88 das Jornadas de Direito

Civil do CJF/STJ). Na mesma direção, tem sido decidido que cabe a passagem forçada quando o acesso à via pública seja perigoso ou insuficiente. Essa interpretação extensiva da norma legal é a que melhor realiza a função social da propriedade. Porém, se o proprietário ou possuidor tem servidão de caminho por outro imóvel, presume-se não precisar do acesso forçado. Tampouco basta, para se reconhecer o direito de passagem forçada, a comodidade em se encurtar a distância entre o imóvel e a via pública, ou a mera tolerância do vizinho; a necessidade há de ser provada.

Se a perda de acesso resultar de alienação parcial e divisão de um imóvel, constranger-se-á à passagem uma das suas partes, sem agravamento para a situação de terceiros. O titular da parte que ficou com o acesso será constrangido a permitir a passagem ao titular ou possuidor da parte que o perdeu. Essa situação ocorre, com frequência, quando se extingue condomínio comum, pela divisão entre os ex-condôminos; nem sempre é possível divisão cômoda que permita o acesso a via pública a todas as partes resultantes. Se não houver explicitação da passagem, esta será determinada judicialmente.

O imóvel (primeiro), cuja parte foi alienada a terceiro, pode já utilizar passagem forçada sobre terreno do vizinho (segundo). A alienação da parte do primeiro imóvel não pode agravar a situação do segundo imóvel, que já suportava a passagem forçada. O titular do segundo imóvel não está obrigado a tolerar nova passagem forçada. O rumo permanecerá o mesmo, ainda que o adquirente tenha de passar, também, pela parte restante do primeiro imóvel.

É admissível que o caminho tradicionalmente utilizado pelo titular do imóvel como passagem forçada possa ser modificado, se não causar prejuízo ou agravar a passagem. Tal ocorre quando o titular do imóvel, que suporta a passagem forçada, necessita ocupar o rumo utilizado, ou parte dele, para construção de obras ou para expansão de suas atividades. A mudança do rumo deve contemplar idênticas condições de passagem para se alcançar a via pública.

O direito à passagem forçada pode ser acidental e temporário, quando o acesso a via pública é obstruído, sem culpa do titular do imóvel. Exemplifique-se com inundação de rio ou queda de barreira, impedindo o acesso tradicionalmente utilizado. O direito de passagem perdurará até que o acesso originário possa ser reutilizado, em condições normais.

O direito à passagem forçada não é gratuito. O que a obtiver deverá indenizar o titular do imóvel que tiver de suportá-la. Não é indenização para expropriação, pois o trecho utilizado não se transfere para a titularidade de quem a utiliza. É indenização pela limitação da propriedade. A hipótese é de responsabilidade pela indenização do uso. A indenização será fixada por acordo mútuo ou pelo juiz, podendo ser paga de uma só vez, ou em parcelas ou mediante renda. Ainda que a perda do acesso tenha causa que possa ser imputável ao titular do próprio imóvel, persiste o direito de passagem forçada. O CC/2002 não reproduziu norma da legislação anterior, que previa o pagamento em dobro da indenização, se a perda fosse por culpa do interessado. O exercício da pretensão à passagem forçada não depende de prévia oferta do valor da indenização, pois esta é um direito do vizinho que suporta a limitação, podendo exercê-lo ou não.

9.5. Passagem de Cabos e Tubulações

Além do trânsito ou passagem forçada de pessoas, a lei prevê tipo específico de passagem permanente de cabos, tubulações e outros condutos subterrâneos por imóveis, para fins de transmissão de energia, gás ou meios de comunicação. As relações jurídicas decorrentes não são exclusivamente de direito civil, pois há interferências do direito público administrativo. São requisitos: (1) Dever de tolerância da passagem das instalações pelos imóveis particulares; (2) Utilidade pública dos serviços que os utilizam; (3) Demonstração de que a transmissão fora do imóvel é impossível ou excessivamente onerosa; (4) Indenização.

Superada a fase da concepção absolutista da propriedade, tem-se como indeclinável o dever de tolerar que sobre o imóvel passem meios de transmissão de fontes e serviços essenciais à vida social contemporânea. As instalações podem passar pelo espaço aéreo, ou sobre o solo ou pelo subterrâneo do imóvel, não se contendo nas instalações subterrâneas, pois a alusão a estas feita pelo Código Civil não as restringe.

Trata-se de limitação à propriedade, que não se confunde com desapropriação. O imóvel permanece sob a titularidade do proprietário, mas sujeito a restrição de uso, que é o de suportar a passagem das instalações e de não criar dificuldades ou riscos a suas finalidades. Algumas, como os cabos aéreos de transmissão de energia, não impedem que atividades agrícolas continuem sob eles; outros trazem potencial de risco maior, com vedação de edificações, como os condutos de gás.

As empresas titulares dos meios de transmissão, ainda que regidas pelo direito privado, prestam serviços públicos autorizados, fiscalizados ou concedidos pela administração pública. Os trajetos pelos imóveis são definidos pela administração pública competente, ou pela própria empresa, quando recebe delegação de competência para isso. Não pode o proprietário contestá-los ou indicar outros rumos, que julgue mais convenientes. Pode, no entanto, demonstrar em juízo que a passagem fora de seu imóvel se faz possível e menos onerosa, pois a lei (CC, art. 1.286) abriu essa possibilidade, quando alude que o dever de tolerância é exigível "quando de outro modo for impossível ou excessivamente onerosa". Pode, igualmente, exigir que a instalação seja feita de modo menos gravoso no imóvel, se possível for e assim demonstrar. Depois de feitas as instalações, pode exigir que sejam removidas para outro local do imóvel, ficando sob seu encargo as despesas correspondentes. Pode, por fim, exigir obras de segurança, se as instalações oferecerem grave risco, tais como cercados, redes de proteção, construção de coberturas.

Embora não haja desapropriação da área a ser utilizada, o dever de utilizar a passagem das instalações e a restrição ao uso correspondente do imóvel importam o pagamento de indenização compatível. O valor da indenização deve levar em conta a desvalorização que sofrerá o imóvel, como um todo, as limitações e restrições ao uso e o dano emergente no local da passagem. As instalações apenas poderão ser feitas após o pagamento da indenização, fixada amigável ou judicialmente, segundo os critérios adotados para desapropriação.

9.6. Águas e Vizinhança

As águas, potáveis ou servidas, que atravessam imóveis vizinhos impõem disciplina que previnam ou resolvam conflitos entre os respectivos titulares, proprietários ou possuidores. Não se trata de servidão, mas sim de direito de vizinhança, direito dependente, contido no direito de propriedade, correspondente à limitação que sofre, em seu conteúdo, o direito de propriedade do imóvel vizinho (Pontes de Miranda, 2012, v. 13, p. 504). A lei (CC, art. 1.288) pressupõe a existência de desníveis de solos, porque as águas seguem a gravidade, qualificando-se os imóveis vizinhos em superiores e inferiores. Interessa saber até que ponto os titulares dos imóveis inferiores e, eventualmente, superiores têm de suportar o curso dessas águas ou, ante a crescente escassez, a falta ou redução delas, por fatos imputáveis aos titulares dos demais imóveis. O dever de não impedir o curso natural é dever de vizinhança.

Em matéria de águas, as intercessões entre o direito privado e o direito público são intensas. As águas integram o domínio da União ou dos Estados-membros (CF, arts. 20 e 26), não sendo reguladas pelo direito civil. A Constituição deixou pouco para o domínio privado das águas, pois o art. 26 inclui entre os bens dos Estados-membros "as águas superficiais ou subterrâneas, fluentes, emergentes e em depósito, ressalvadas, neste caso, na forma da lei, as decorrentes de obras da União". A regulação do uso das águas particulares ou das águas públicas pelos particulares, além das normas de direito civil, compreende o que dispõe o Código de Águas (Decreto n. 24.643/34, com força de lei) e a Lei n. 9.433/97, sobre a outorga de uso dos recursos hídricos. Esta última lei estabelece (art. 1º) que a água é um bem público de uso comum, sem qualquer ressalva, o que importa dizer que ninguém pode se apropriar de águas nascentes, correntes ou subterrâneas para seu uso exclusivo e privativo, sem outorga pública.

O titular do imóvel superior não pode realizar obras ou serviços que impeçam ou reduzam, injustificadamente, o fluxo das águas, em prejuízo do titular do imóvel inferior, que delas também necessita. Se fizer obras para facilitar o escoamento, deverá proceder de modo que não piore a condição anterior do outro. Não pode o titular do imóvel superior desviar as águas que corriam para dois ou mais imóveis e as deixar correr para um ou alguns, nem mudar a direção agravando a situação do imóvel inferior.

O titular do imóvel inferior não pode impedir ou reduzir, injustificadamente, o fluxo natural das águas que descem do imóvel superior, sejam elas pluviais ou de nascentes. Não pode construir obras que façam com que as águas retornem ao imóvel superior, tais como barragens com esse propósito, ou fazê-las voltar para a parte mais baixa do imóvel superior, além de estar obrigado a permitir que o titular do imóvel superior entre em seu imóvel para executar serviços de conservação e manutenção, de modo a que o fluxo natural não seja comprometido. Este é o dever legal de escoamento.

Só há dever de escoamento das águas do fluxo natural; não assim se as águas que descerem forem acumuladas artificialmente pelo titular do imóvel superior, como as provenientes de poços, ou encanadas, ou decorrentes de obras de irrigação, ainda que tenham sido utilizadas para suas atividades ou lazer. O titular do imóvel inferior poderá exigir que essas águas sejam desviadas, além de indenização pelos danos causados. Porém, se este tiver obtido algum beneficiamento das águas assim recebidas, a indenização será reduzida nessa exata medida.

As águas pluviais, ou seja, as que procedem imediatamente das chuvas, de acordo com o Código de Águas, pertencem ao dono do imóvel onde caírem diretamente, mas não lhe é permitido desperdiçá-las em prejuízo dos outros imóveis que delas possam aproveitar, sob pena de indenização aos respectivos proprietários, ou desviá-las de seu curso natural, sem consentimento expresso dos que esperam recebê-las. O direito ao uso das águas pluviais é imprescritível.

Ninguém pode poluir as águas que não consome, com prejuízo de terceiros, máxime quando estes forem possuidores de imóveis inferiores. Segundo o Código de Águas (art. 110), os trabalhos para a salubridade das águas serão executados à custa dos infratores, que, além da responsabilidade criminal, se houver, responderão pelas perdas e danos que causarem e pelas multas que lhes forem impostas nos regulamentos administrativos. Regra conexa do Código Civil (art. 1.291) estabelece que as águas "que poluir" o titular do imóvel superior deverão ser por este recuperadas, ressarcindo os danos sofridos pelos titulares dos imóveis inferiores, se não for possível a recuperação ou o desvio do curso artificial das águas. Não há direito a poluir, em desafio ao art. 225 da Constituição. As duas regras hão de ser interpretadas conjugadamente, ou seja, ninguém pode poluir as águas e se o fizer responde pelos deveres de indenização dos danos materiais e morais causados aos prejudicados, de recuperação das águas e de desvio do curso artificial das águas, além de responder administrativa e criminalmente.

É assegurado ao titular de qualquer imóvel (superior ou inferior) o direito de construir barragens e açudes. As obras podem ter a finalidade de represamento de águas pluviais ou particulares correntes. As barragens e açudes devem conter as águas nos limites do imóvel do titular. Se os ultrapassar, deverá indenizar os danos sofridos pelos vizinhos, deduzindo-se os que estes passaram a ter de efetivo proveito, em homenagem ao princípio da vedação do enriquecimento sem causa. A dedução leva em conta apenas o benefício sob a ótica do titular cujo imóvel foi invadido pelas águas, e não de quem fez o represamento. As águas podem não provocar qualquer benefício, se destruir, por exemplo, plantações. A invasão das águas é fato objetivo, que independe de demonstração de culpa.

A lei assegura "a quem quer que seja" o direito de construir canal ou aqueduto através de imóveis alheios, para receber águas, observados os seguintes requisitos: (1) pagamento de prévia indenização; (2) finalidades de atendimento das primeiras necessidades da vida, ou de escoamento de águas supérfluas, ou de drenagem de seu terreno; (3) não causar prejuízos consideráveis à agricultura ou à indústria dos titulares dos imóveis onde deva passar o canal.

Sem a prévia indenização ao ou aos proprietários prejudicados, não pode iniciar a construção do canal. A indenização deve ser ajustada entre as partes; se não houver acordo, decidirá o juiz sobre o valor. O pagamento da indenização não tem finalidade expropriatória, mas sim de compensação pela limitação da propriedade; a faixa do imóvel por onde passar o canal continuará sob titularidade do dono respectivo. Para Pontes de Miranda, rigorosamente não é de indenização que se trata, mas sim de composição de interesses, diante da inevitabilidade do entrechoque dos direitos (2012, v. 13, p. 517). Primeiras necessidades dizem respeito ao consumo humano dos que vivem e trabalham no imóvel interessado e à manutenção básica das atividades pecuárias ou agrícolas. As águas supérfluas são as de captação natural que excedem as necessidades das atividades desenvolvidas no imóvel; não são assim consideradas as águas servidas, que devem ser absorvidas no próprio terreno ou canalizadas para a rede pública de coleta e saneamento, quando houver. A drenagem do terreno pantanoso ou alagadiço só autoriza a canalização pelo terreno vizinho se não for possível ser feita e absorvida a água no mesmo terreno, ou não forem viáveis processos de enxugo, além de estar em conformidade com a legislação ambiental. O proprietário de uma nascente não pode desviar-lhe o curso, se esta servir para abastecimento da população (Código de Águas, art. 94). O usuário do canal ou aqueduto tem o direito e o dever de conservá-los e mantê-los em condições adequadas, para suas finalidades e para evitar riscos de danos aos proprietários em cujos imóveis atravessem.

O prejuízo do proprietário em cujo imóvel atravessa o canal é objetivo e pressuposto. "Isso não significa prescindir da demonstração probatória, mas corresponde, isto sim, à possibilidade de superação dos meandros subjetivos circunscritos à culpa ou ao dolo" (Fachin, 2003, p. 116).

Ao proprietário prejudicado com o canal ou aqueduto cabe, além da indenização prévia: (1) direito ao ressarcimento pelos danos futuros, em virtude de infiltração ou irrupção das águas, independentemente da conservação da obra, ou de sua deterioração; (2) direito de exigir do proprietário beneficiário que a canalização seja subterrânea, quando atravessar áreas edificadas, pátios, hortas, jardins e quintais. Pode, por exclusão, ser superficial quando atravessar áreas agrícolas; (3) direito de compensação pela desvalorização da área remanescente, notadamente quando se tornar inaproveitável; (4) direito de exigir que a canalização seja feita de modo menos gravoso no imóvel onde deva atravessar; (5) direito de remoção da canalização para outro lugar, assumindo as despesas decorrentes; (6) direito de exigir obras de segurança, se a canalização oferecer grave risco.

O direito ao canal ou aqueduto, em virtude de sua natureza de limitação à propriedade para satisfação de interesses particulares, apenas existe para as finalidades explicitadas na lei, não sendo admissível para outras, inclusive para fins de expansão de atividades. A lei (CC, art. 1.293) não alude às finalidades de agricultura ou indústria. Há entendimento, todavia, estampado no enunciado 245 das Jornadas de Direito Civil do CJF/STJ, de que a norma legal não exclui a possibilidade de canalização forçada pelo vizinho, com prévia indenização aos proprietários prejudicados.

Terceiros podem se utilizar das águas canalizadas, que sejam consideradas desnecessárias às finalidades do beneficiário. Nessa hipótese, será devida indenização a ser compartilhada pelo proprietário beneficiário e o proprietário prejudicado. Estabeleceu a lei, como parâmetro, a importância equivalente às despesas que seriam necessárias para condução das águas retiradas por terceiros, se elas chegassem ao destino. A preferência para utilização das águas supérfluas é a do proprietário ou possuidor prejudicado pela canalização.

9.7. Limites entre Prédios e Direito de Cercar ou Murar

O proprietário ou possuidor pode demarcar e cercar o imóvel, nos seus limites com os dos vizinhos confinantes. O fim social da norma legal é prevenir os conflitos que as incertezas dos limites provocam e de estabelecer critérios para a solução desses conflitos. Cerca é conceito amplo, abrangente de outros termos utilizados pela lei, como muro, vala, valado, tapagem, sebe, intervalos, banquetas, além de outras expressões regionais. O Código Civil alude a "tapagem", termo de escasso uso linguístico, e que, segundo os antigos, significava exatamente cerca. Nas Ordenações Filipinas (Liv. II, Tít. 48, § 4º) há referência a "tapamento de suas herdades", com significado de cerca. O direito de cercar assenta-se na necessidade, não sendo cabível para fins de maior comodidade ou de estética.

A demarcação tem por finalidade evitar a confusão de limites, ou pôr fim à confusão já ocorrida. Como diz Pontes de Miranda (2012, v. 13, p. 526), quando se avivam limites, demarca-se, mas também é demarcar encontrar solução que estabeleça, em vez da confusão de limites, limites novos que talvez sejam os mesmos que antes havia e talvez outros. São legitimados a promover e a responder a ação, que é declaratória, o proprietário, ou o possuidor, ou o titular de direito real limitado, pois a lei (CC, art. 1.297) alude a confinante.

O direito à demarcação importa o de constrangimento aos vizinhos confinantes de procedê-la amigável ou judicialmente, quando os rumos ou marcos estejam destruídos, apagados ou confusos. Intenta-se, com a demarcação, aviventar e tornar indiscutíveis os marcos e rumos. As despesas da demarcação amigável ou judicial, inclusive com os serviços de técnicos ou peritos, são repartidas entre os vizinhos confrontantes. O direito de cercar é dependente da definição precisa dos limites, operada pela demarcação. A lei (CC, art. 1.298) estabelece três critérios sucessivos para a demarcação, quando os limites estiverem confusos e os marcos indefinidos ou desaparecidos: (1) Prevalecimento da posse justa (não violenta, precária ou clandestina e em conformidade com a função social) do confinante que a tenha; (2) Se ambos os confinantes forem titulares de posses justas, a parte contestada será dividida por igual entre os confinantes, passando a linha divisória no meio dela; (3) Se a divisão pelo meio não puder ser feita, a parte contestada será adjudicada a um dos confinantes, que deverá indenizar o outro.

No caso do imóvel ter como limite um rio, o confrontante legitimado a se manifestar sobre a demarcação é o respectivo titular. Após a Constituição de 1988, todos os rios, navegáveis ou não, passaram ao domínio público da União ou do Estado-membro. Deixou de existir a classificação do Código de Águas entre águas de domínio público e águas particulares. Qualquer rio limítrofe a um imóvel é necessariamente público.

As cercas já existentes, em qualquer de suas modalidades (muros de alvenaria ou concreto, sebes vivas, cercas de arame ou madeira, valas) têm a presunção legal de pertencerem em comum aos vizinhos confinantes. A presunção de condomínio é relativa (*juris tantum*), pois podem ter sido feitas por um dos vizinhos dentro dos limites de seu imóvel, pertencendo-lhe inteiramente. Podem ter sido feitas sobre a precisa linha divisória por um dos vizinhos, com seus próprios recursos; nesta hipótese, pode cobrar do outro vizinho a meação das despesas, uma vez que a cerca passa à titularidade de ambos. Disse Darci Bessone (1996, p. 254), que cercar é direito e não obrigação, "razão por que pode o proprietário abster-se de tapar, cercar, ou murar o seu imóvel". Porém, a obrigação do confinante de concorrer com as despesas de construção e conservação das divisórias resulta diretamente da lei, não se condicionando a que haja prévio consentimento; cumpre a quem as realize demonstrar que se faziam necessárias, no momento em que foram efetuadas. É direito e dever de vizinhança decorrente da limitação ao conteúdo do direito de propriedade: cada confinante é obrigado a concorrer em partes iguais para as despesas de construção e conservação. Essa obrigação, de natureza objetiva, prevaleceu nos tribunais, antes mesmo do CC/2002, a exemplo do STJ (REsp 20.315 e REsp 238.559). Qual o meio que vai ser empregado (tipo de cerca, muro, sebe) depende dos usos locais, ou da natureza da construção limítrofe.

A demarcação é cabível, mesmo quando definidos os limites divisórios, quando ainda restem dúvidas sobre sua precisão, notadamente havendo divergência entre o título de propriedade e as divisas. Nesse sentido, decidiu o STJ (REsp 759.018) que havendo divergência entre a verdadeira linha de confrontação dos imóveis e os correspondentes limites fixados no título dominial, é cabível a ação demarcatória para eventual estabelecimento de novos limites.

Em áreas rurais, é comum constar em escrituras públicas e registros imobiliários determinadas plantas, especialmente árvores e sebes vivas, como marcos naturais divisórios dos imóveis, quando não há cerca, ou quando o rumo desta é questionado. Cada uma dessas plantas não pode ser cortada ou arrancada, salvo se houver acordo de ambos os confinantes. Se for arrancada por um deles, o outro poderá provar em juízo sua exata localização, prevalecendo esta contra a que indicar o que arrancou a planta, por pesar-lhe a ilicitude da conduta.

Excepcionalmente, há dever e obrigação de cercar do proprietário de animais. Não está obrigado a concorrer com as despesas o proprietário vizinho, que exigir a realização de cerca especial para impedir a passagem de animais ao seu imóvel. A cerca é especial em razão dos tipos de animais. Assim, a cerca para animais de maior porte, como gado vacum, é distinta da que se exige para animais de pequeno porte, como os galináceos. As despesas são de responsabilidade do proprietário desses animais, os quais provocaram a necessidade de cerca especial.

9.8. Direito de Construir

Sob o título "direito de construir" tem-se a regulação do direito do possuidor e do proprietário de edificar em seu terreno, observados os limites em relação aos vizinhos, que também estão a ela sujeitos, e as normas instituídas pela administração pública, principalmente o plano diretor, nas áreas urbanas. O direito de construir diz respeito não apenas à edificação nova, como a reforma ou reconstrução de edificações antigas. O direito de construir é relativo, dado que condicionado à função social da propriedade, na forma da Constituição (STF, RE 178.836).

O direito de construir não se confina ao direito civil, sendo matéria com incidência transversal não apenas do direito urbanístico, como do direito ambiental, do direito de defesa do patrimônio histórico, artístico, paisagístico, turístico e cultural, do direito aeronáutico e outros direitos assemelhados, de ordem pública. Exemplo de limitação administrativa ao direito de construir encontra-se na Súmula 142 do antigo Tribunal Federal de Recursos, segundo a qual a faixa *non aedificandi* imposta aos terrenos marginais das estradas de rodagem, em zona rural, não afeta o domínio do proprietário, nem obriga a qualquer indenização. Com efeito, o proprietário pode plantar nessa faixa, mas não pode edificar, em razão da segurança das pessoas nessas vias. Para além das normas de direito público, interessam ao direito civil as interferências do direito de construir nas relações de vizinhança.

Seguindo a tradição arquitetônica portuguesa, as casas e sobrados construídos em áreas centrais das cidades brasileiras eram contíguos ou com recuos estreitos. Daí que se justifique a permanência da regra do art. 1.300 do Código Civil, segundo a qual o proprietário construirá de maneira que o seu prédio não despeje águas diretamente no imóvel vizinho, que se incluía na *actio de effusis et dejectis* dos romanos. Ou do Código de Águas (art. 105), de que o proprietário edificará de maneira que o beiral de seu telhado não despeje sobre o prédio vizinho, deixando entre este e o beiral, quando por outro modo não o possa evitar, um intervalo de 10 centímetros, quando menos, de modo que as águas se escoem. Quando a legislação municipal admitir que a edificação possa ir até o limite do terreno, terá de ser feita de modo a que as águas pluviais, correntes ou servidas não vertam ou sejam despejadas no imóvel vizinho.

As janelas, os terraços cobertos ou descobertos, as sacadas, as varandas, as portas devem distar, ao menos, um metro e meio da linha divisória dos terrenos. Essa regra tem por fito a preservação mínima do direito à privacidade do vizinho, que é constitucionalmente garantida (CF, art. 5º, X) e alcança qualquer abertura superior a dez por vinte centímetros. Admite-se que as janelas ou terraços que não se abram com visão direta do imóvel vizinho, mas sim para dentro do próprio imóvel, possam ser feitos com a distância de setenta e cinco centímetros da linha divisória dos terrenos, o que corresponde à metade da distância anterior, tendo o Código Civil tornado sem efeito a Súmula 414 do STF que não distinguia a visão direta da indireta ou oblíqua. Estima-se que essa redução não prejudicará a privacidade do vizinho, pois a linha de visão não é direta. Entretanto, há decisão do STJ (REsp 1.531.094) no sentido de que a proibição do CC, art. 1.301, "não se limita à visão e engloba outras espécies de invasão (auditiva, olfativa e principalmente física)".

Na zona rural, amplia-se a distância para três metros, até a linha divisória. O conceito adotado pelo Código Civil é o de zona (urbana ou rural), e não o de destinação, que é preferido pelo direito agrário; assim, ao imóvel com destinação agrícola ou pecuária, mas situado dentro do perímetro urbano fixado pelo Município, aplica-se o recuo menor de metro e meio.

O vizinho tem o prazo de um ano e dia, após a conclusão da obra, para exigir que se desfaça a janela, ou o terraço, ou a varanda, ou a sacada, construídos com distância menor que um metro e meio da linha divisória, se tiverem visão direta sobre seu imóvel, ou de três metros se na zona rural, ou de setenta centímetros da linha divisória, se não tiverem visão direta sobre seu imóvel, ou do despejo de águas sobre seu imóvel. No âmbito processual, esse embargo é denominado *nunciação de obra nova*. Esse prazo é preclusivo ou decadencial, não podendo ser interrompido ou suspenso. Considera-se conclusão da obra, para fins de contagem do prazo, a data do habite-se concedido pelo Município, salvo se o vizinho construtor tiver como provar a data efetiva da conclusão e sua ciência ao vizinho. Conta-se a partir da conclusão de toda a obra e não da construção da janela ou outra abertura. Não se exige a comprovação do devassamento, bastando a construção da janela – terraço, sacada ou varanda – com distância menor que a legal.

Se o prazo se escoar, sem ajuizamento da ação pelo vizinho prejudicado, este terá de suportar a obra invasiva, não podendo mais impedir ou dificultar o uso do prédio beneficiado, inclusive o escoamento das águas. O vizinho prejudicado terá, por sua vez, de recuar sua construção nova, de modo a que se mantenha o recuo de um metro e meio (ou três metros, na zona rural); supondo-se que a janela foi aberta com a distância de cinquenta centímetros da linha divisória, na zona urbana, o vizinho prejudicado terá que recuar a parede da edificação nova até um metro dentro de seu próprio terreno, na largura da janela, de modo a que esta mantenha um metro e meio de espaço aberto. O recuo calcula-se a partir da janela ou outra abertura e não da linha divisória. Essa orientação legal foi introduzida na segunda parte do art. 1.302 do Código Civil, contrariando o entendimento jurisprudencial que antes se tinha consolidado, no sentido de o proprietário prejudicado não poder exigir o fechamento, após o escoamento do prazo, mas não estando impedido de construir edificação vedando a abertura. A norma do Código Civil contempla a função social da propriedade, ao contrário do entendimento jurisprudencial anterior, que fazia prevalecer o interesse individual.

A distância de três metros, ou de metro e meio, ou de setenta e cinco centímetros é contada a partir da construção irregular, e não da linha divisória. Segundo orientação doutrinária (Chamoun, 1970, p. 23), constitui-se servidão específica ou direito real sobre coisa alheia; constituída a servidão, alcança-se esse objetivo, em detrimento do imóvel serviente, cujo dono, não tendo embargado oportunamente a construção irregular e não pretendendo, no prazo legal, que se desfizesse, terá de recuar sua própria edificação. Entendemos, todavia, não se tratar de servidão, mas sim de limitação à propriedade, que é o fundamento dos direitos de vizinhança, que independem, inclusive, de registro imobiliário. Também assim entende Pontes de Miranda (2012, v. 13, p. 546 e 569), para quem não nasce, com isso, servidão, pois o vizinho apenas perdeu a pretensão ao desfazimento da obra e o dono desta foi beneficiado pela inércia do titular da pretensão contrária a ela.

Permite-se que sejam feitas aberturas para luz ou ventilação, com dimensões pequenas, sem respeitar qualquer distância com a linha divisória dos terrenos. Diferentemente das janelas, terraços e varandas que facultam devassar o imóvel vizinho, essas pequenas aberturas não comprometeriam a privacidade dos que o habitam. Permite-se, assim, a iluminação ou a ventilação e, ao mesmo tempo, preserva-se o vizinho do devassamento. A metragem admitida para a abertura é de, no máximo, dez centímetros por vinte centímetros, desde que seja construída a partir da altura de dois metros do chão de cada piso, que supera a altura da quase totalidade das pessoas humanas e impede a visão sobre o vizinho. Não há impedimento para que sejam várias aberturas, para o lado ou para cima. A tecnologia da construção desenvolveu o que denomina de elementos vasados, de cerâmica, concreto, vidro ou madeira, alguns com visão indireta ou impedida, o que melhor contempla os fins sociais da lei. A Súmula 120 do STF já previa que os tijolos de vidro translúcido podiam ser levantados a menos de metro e meio do imóvel vizinho. Também não há impedimento que as aberturas sejam construídas em paredes limítrofes, o que tem sido objeto de conflitos.

As aberturas de luz ou ventilação, contudo, não geram limitação permanente ao direito de propriedade do vizinho, ao contrário da construção de janelas, varandas e terraços. Ainda que tais aberturas existam por muito tempo, para além de ano e dia, pode o vizinho levantar edificação que as vede, uma vez que não há previsão legal de prazo preclusivo. Não pode o vizinho pretender a demolição ou fechamento de aberturas ou vãos de luz em parede limítrofe, mas ele não está impedido de construir parede que as vede, sempre que desejar, sem justificação. Escola mantida por instituição considerada de utilidade pública abriu em parede limítrofe vãos de luz e ventilação, em duas salas de aula, utilizando elementos vasados, sem objeção dos vizinhos. Estes, após dez anos, resolveram edificar parede vedando os vãos, tendo a escola ingressado em juízo para impedi-los. Em grau de recurso extraordinário, decidiu o STF (RE 211.385-9) que a garantia da função social da propriedade (CF, art. 5º, XXIII) não afeta as normas de composição do conflito de vizinhança previstas no Código Civil, "não se podendo impor gratuitamente, ao proprietário, a ingerência de outro particular em seu poder de uso, pela circunstância de exercer este último atividade reconhecida como de utilidade pública".

Parece-nos, no entanto, que a regra permissiva do art. 1.302, parágrafo único, do Código Civil, da desconsideração das aberturas de luz e ventilação, há de ser interpretada em harmonia com o art. 1.278 do Código Civil, o qual estabelece que, se as interferências prejudiciais ao vizinho forem justificadas por interesse público o causador pagar-lhe-á indenização cabal; essa prescrição é geral, não estando adstrita às situações específicas do uso anormal da propriedade. Assim, justificando-se o interesse público, que é o caso da escola referida na decisão do STF, anterior ao início da vigência do atual Código Civil, não pode prevalecer o interesse particular do vizinho. Interesse público, para os fins da norma legal, não é o estatal, mas o social, expressado no direito dos alunos de utilizar adequadamente as salas de aula. Para compensar o dever de suportar a interferência, confere-se ao titular do imóvel o direito, a pretensão e a ação da indenização cabal, harmonizando-se direito de propriedade e função social.

O CC/2002 manteve as regras advindas da legislação anterior sobre o uso pelos vizinhos da mesma parede divisória, ou o condomínio da parede-meia, em homenagem às edificações de casas conjugadas, vindas das tradições coloniais, ainda existentes em muitas cidades brasileiras, de acordo com as respectivas legislações urbanísticas. A matéria retomou sua importância com a proliferação dos condomínios edilícios, em cujos pisos ou andares as paredes divisórias são comuns das unidades imobiliárias. As regras podem ser assim ordenadas:

(1) O proprietário ou possuidor tem direito de utilizar a parede divisória, se ela suportar a nova edificação ou reforma, reembolsando ao vizinho metade do valor da parede e do chão correspondente. O vizinho pode travejar na parede-meia, cuja metade foi edificada em seu imóvel, pois por metade é sua, mas antes há de pagar o meio valor dela. Se o proprietário faz a sua parede só no seu terreno, toda ela é sua. Para Orlando Gomes (2004, p. 232), o direito de madeirar ou travejar condiciona-se à conjugação dos seguintes requisitos: a) que o prédio seja urbano; b) que esteja sujeito a alinhamento; c) que a parede divisória pertença ao vizinho; d) que aguente a nova construção; e) que o dono do terreno vago pague meio valor da parede divisória;

(2) Quem primeiro construir a parede divisória tem direito de fazê-la por sobre a linha que divide os dois imóveis, ocupando meia espessura do terreno contíguo. O vizinho não perde a titularidade sobre a parte ocupada pela parede, mas, se também a utilizar em edificação sua, terá de pagar a metade do valor da parede ao que a construiu. Segundo Pontes de Miranda (2012, v. 13, p. 577), o vizinho não paga para ser dono dela, pois ele já o é; paga porque a adquiriu sem pagar, devendo fazê-lo no momento em que a utilizar. Não haveria mais direito de vizinhança, mas direito de propriedade completa, ainda que limitado;

(3) O vizinho apenas poderá utilizar a parede se ela suportar a nova edificação; se dúvida ou risco houver, poderá quem a construiu exigir do outro que preste garantia;

(4) Qualquer dos dois condôminos da parede-meia tem o dever de informar ao outro das obras que desejar fazer, e o dever de segurança, de modo a não pôr em risco a parede, com tais obras;

(5) Qualquer dos condôminos de parede-meia não pode, sem o consentimento do outro, utilizar a parede para armários ou assemelhados, ou encostar chaminés, fogões (salvo os fogões de cozinha, desde que não sejam prejudiciais ao vizinho), fornos ou aparelhos que possam produzir infiltrações ou interferências prejudiciais. O consentimento não necessita de ser expresso, bastando a aquiescência duradoura ou renúncia do direito. A infiltração ou interferência gera dever de indenizar sem culpa, podendo o prejudicado, ainda, exigir a demolição. Se o dano é provável e iminente, cabe caução de dano infecto;

(6) O condômino pode alterar a parede divisória, desde que não prejudique o vizinho e assuma as despesas correspondentes, salvo se o vizinho adquirir meação, com utilização da parte acrescida.

Não há condomínio de parede-meia quando a parede é própria do confinante, que a levantou justaposta à do vizinho. Nessa hipótese, salienta Hely Lopes Meirelles (1992, p. 49), não há limitação ao seu uso e nela podem ser embutidos ou encostados quaisquer aparelhos que o proprietário desejar, sem possibilidade de embargo ou caução prévia para prosseguimento das obras. Somente *a posteriori* poderá o confrontante obter a demolição e a reparação dos danos que tais obras lhe venham a causar, como resultado do uso anormal da propriedade.

Com relação às águas de poço e de nascente, proíbe-se que a construção seja causa de sua poluição, se (CC, art. 1.309) forem a ela preexistentes. Esclareça-se que não se extrai dessa norma que haja um *bill of indemnity*, um poder para poluir, se o poço ou a fonte do vizinho forem posteriores à construção, pois, de acordo com o § 3º do art. 225 da Constituição, as condutas e atividades consideradas lesivas ao meio ambiente, em qualquer dimensão, sujeitarão os infratores a sanções penais e administrativas, independentemente da obrigação de reparar os danos causados, cuja responsabilidade civil é objetiva. Além da indenização pelos danos, o causador tem o dever legal de demolir a edificação ou a parte dela que os tiver provocado.

Igualmente, são proibidas as obras que tirem ao poço ou à nascente a água indispensável às suas necessidades normais. O direito de vizinhança, por parte do que tem a água para suas necessidades, consiste em que ela não seja tirada ou reduzida, de modo a torná-la insuficiente para o uso normal. Vizinho não é necessariamente o contíguo, pois se há o mesmo lençol de água em vários imóveis, todos são legitimados. Note-se, todavia, que o particular tem, apenas, o direito de exploração das águas subterrâneas mediante autorização do Poder Público, cobrada a devida contraprestação, na forma da Lei n. 9.433/97; se não houver autorização, não terá direito contra quem a tenha obtido. Como lembrou o STJ (REsp 1.276.689), a necessidade de outorga para a extração da água do subterrâneo é justificada pela problemática mundial de escassez da água e se coaduna com o advento da Constituição, que passou a considerar a água um recurso limitado, de domínio público.

São proibidas as obras que possam provocar desmoronamento ou deslocação de terra, ou que comprometam a segurança dos imóveis vizinhos. Nesses casos, a construção depende da realização de obras acautelatórias, que possam reduzir ou impedir, substancialmente, os riscos de danos. Se, apesar das obras acautelatórias, os danos ocorrerem, o vizinho prejudicado poderá exigir indenização correspondente. A responsabilidade do dono da edificação é objetiva, independentemente de culpa, não sendo atenuantes ou compensatórias as providências que tiver adotado para evitar os danos. É ainda responsável pela demolição da construção, naquilo que tiver provocado os danos. Até à conclusão da obra, cabe a nunciação de obra nova; após a conclusão, é cabível a ação demolitória, dentro do prazo de um ano e dia.

A responsabilidade do direito de vizinhança não decorre da ilicitude do ato de construir, e sim da lesividade da construção. Em consequência, investe-se no direito de regresso contra o empreiteiro, projetista, ou construtor que tenha contratado para execução da obra. Nesse sentido, decidiu o STJ (AgRg no REsp 473.107) que o contrato firmado entre o proprietário da obra e o empreiteiro, quanto à responsabilidade por eventuais danos, não produz efeitos contra terceiros, entretanto assegura o direito de regresso contra o empreiteiro.

Não há lesividade da construção, quando esta provocar redução da comodidade do vizinho. O STF (RE 145.023) julgou caso, no qual o proprietário do prédio vizinho ajuizou embargo de obra de terceiro, fundado no direito de propriedade e em suposta violação de posturas municipais, porque a edificação lhe tolhia a vista que desfrutava a partir de seu imóvel; entendeu o STF que o proprietário não ostentava direito de impedir a obra, porque a garantia constitucional da propriedade não tinha semelhante alcance.

O possuidor ou o proprietário tem o dever de tolerância do ingresso em seu imóvel do vizinho, quando este, após comunicação prévia, necessitar reparar, manter, limpar ou reconstruir o prédio, ou instalações deste, ou cerca divisória de qualquer espécie. O ingresso é devido quando for indispensável para tais providências, que não poderão ser executadas a partir do próprio imóvel, salvo com custos muito elevados. Nos condomínios edilícios, por exemplo, as instalações hidrossanitárias, situadas por baixo do piso, na maioria dos casos, apenas podem ser consertadas a partir do teto da unidade anterior. O direito de ingresso é também assegurado quando o proprietário ou possuidor necessitar retirar suas coisas e animais, que eventualmente tenham ido ou caído no imóvel vizinho. O direito de ingresso não é indiscriminado e deve ser exercido de modo mais cômodo possível, preferentemente em horários combinados, ou fora dos horários de repouso e alimentação habituais. O direito de ingresso pode ser impedido se o vizinho tomar a iniciativa de entregar as coisas buscadas, pois não se admite o abuso do direito subjetivo. Em qualquer hipótese, se o exercício do direito de ingresso causar danos ao vizinho, este tem pretensão à indenização correspondente.

A higiene e o expurgo compreendem-se no direito de ingresso, pois também se aplica aos casos de limpeza em geral ou reparação de esgotos, goteiras, aparelhos de asseado, poços e nascentes e ao aparar, adelgaçar, alisar ou desbastar de cerca viva (Fachin, 2003, p. 1.313).

O direito de ingresso, em qualquer circunstância, é dependente de consentimento de quem habite o imóvel onde as obras devam ser feitas ou onde as coisas devam ser retiradas. Se houver recusa, o ingresso dependerá de decisão judicial. Assim é, porque a Constituição (art. 5º, XI) assegura que "a casa é asilo inviolável do indivíduo, ninguém nela podendo penetrar sem consentimento do morador, salvo em caso de flagrante delito ou desastre, ou para prestar socorro, ou, durante o dia, por determinação judicial".

Capítulo X

Condomínio Geral

Sumário: 10.1. Conceito e espécies. 10.2. Administração do condomínio. 10.3. Direitos e deveres dos condôminos. 10.4. Condomínio necessário. 10.5. Direito de preferência na alienação da parte ideal de coisa indivisível. 10.6. Divisão e extinção do condomínio.

10.1. Conceito e Espécies

Condomínio é a propriedade de dois ou mais titulares sobre a mesma coisa, denominados condôminos. O condômino é titular de parte ideal, ou seja, sem determinação na coisa comum. A proporção da parte ideal é fundamental para determinação futura, na divisão ou extinção do condomínio, ou para o direito de preferência à aquisição da parte ideal de outro condômino, ou para aquisição dos frutos, ou para tomada de decisões sobre a coisa comum.

A chave para resolver o enigma do condomínio (unidade objetiva e pluralidade subjetiva) foi encontrada no conceito de *quota*, entendida como parte aritmeticamente determinada, mas fisicamente indistinta da coisa comum, isto é, como parte ideal do todo (Pugliatti, 1964, p. 160).

Além da propriedade, pode haver condomínio de outros direitos reais, como o usufruto, o uso e a habitação. Desde os antigos, há restrição em se admitir o condomínio de servidão – por exemplo, de passagem – pois não pode ser objeto de divisão.

No direito brasileiro, o condomínio pode ser: a) *pro indiviso*, quando dois ou mais sujeitos detêm partes ideais, iguais ou desiguais, sobre a mesma coisa, a qual pode ser jurídica ou materialmente indivisível ou divisível. Na coisa divisível, o condomínio perdura enquanto não houver a divisão. É o que o Código Civil denomina de condomínio geral; b) *pro diviso*, quando a coisa já está material e juridicamente dividida entre os condôminos, mas permanecem em comum partes dela. É o que o Código Civil denomina de condomínio edilício, no qual coexistem o domínio particular sobre cada unidade e o condomínio sobre as áreas comuns.

A doutrina autorizada distingue o condomínio do regime matrimonial de comunhão de bens, que não investe cada cônjuge ou companheiro de parte ideal, voltando-se mais para o uso e fruição da coisa comum. Cogita-se, ainda, do antigo instituto germânico da comunhão por mão comum, de origem feudal, que podia se formar de várias maneiras fora do casamento, com uso e fruição comuns sem partes ideais, o qual inexiste em nosso direito atual.

O objeto do direito do condômino, no condomínio geral, é a parte ideal e não a coisa toda. Se, por exemplo, são três os condôminos, cada um é titular da parte ideal equivalente a um terço. Essa parte ideal não é determinável, enquanto perdurar o condomínio. Cada condômino, consequentemente, não pode se assenhorear de toda a coisa, ou usá-la, fruí-la e aliená-la com exclusividade. Em virtude de sua indeterminação, o condômino, para defender a parte ideal em relação a terceiros, é obrigado a defender a coisa toda. A parte ideal pode ser objeto de alienação, de hipoteca (condomínio de imóvel), de usufruto, de uso, de habitação.

As partes ideais não são necessariamente iguais; mas se estas não forem explícitas, consideram-se iguais. Se o contrato de doação ou o testamento nada dizem acerca das proporções, presumem-se iguais as partes ideais. A igualdade das partes ideais é presunção legal (CC, art. 1.315, parágrafo único); presunção *juris tantum*. Pontes de Miranda (2012, v. 12, p. 81) criticava a presunção, denominando-a princípio da igualdade dos condôminos, como regra jurídica dispositiva ou interpretativa, que está na base da construção jurídica do condomínio, relativamente a quota, duração e direitos e deveres dos condôminos. O ônus de afirmar e provar a desigualdade das partes ideais é de quem interessa essa desigualdade. O Código Civil introduziu regra de superação da presunção da igualdade, ao determinar que, havendo dúvida sobre as proporções das partes ideais, estas serão objeto de avaliação judicial.

As concepções que enxergam sujeito de direito no condomínio geral devem ser repelidas. O condomínio geral, diferentemente do condomínio edilício, não é dotado, sequer, de capacidade processual. Sua natureza é de simples pluralidade de direitos reais, cada um deles com seu titular, de acordo com a respectiva parte ideal. O direito real já é atual, não depende de qualquer condição ou evento futuro, ainda que seja sobre parte ideal, ou não determinada da coisa. Com a divisão ou extinção do condomínio, a parte ideal deixa de existir e se converte em coisa unitária, passando a receber matrícula exclusiva no registro imobiliário; o titular, consequentemente, deixa de ser condômino para ter-se como titular exclusivo.

O condomínio geral origina-se na vontade das partes ou em norma legal cogente. Duas ou mais pessoas podem, por consenso, adquirir em conjunto uma mesma coisa ou conjugar duas ou mais coisas, especialmente imóveis, para formar uma. Diz-se condomínio voluntário o que se forma por vontade livre das pessoas, que investem-se em titularidades de partes ideais da coisa assim adquirida ou juntada. O condomínio voluntário pode ter origem em liberalidades ou testamento. O doador, por exemplo, doa uma coisa indivisível a mais de uma pessoa. O testador deixa um apartamento para mais de um herdeiro ou legatários. É também condomínio voluntário o que resulta de aquisição originária, mediante usucapião de mais de uma pessoa sobre a mesma coisa.

Há condomínio por força de lei quando, em determinadas situações, a lei determina a formação de condomínio. Exemplo é a herança, a qual, enquanto não se der a partilha, considera-se condomínio e é regida por suas normas (CC, art. 1.791, parágrafo único). Ante as controvérsias doutrinárias sobre a natureza da herança ou da comunhão hereditária, o CC/2002 tomou posição expressa pelo condomínio. A indivisibilidade e a universalidade da herança regulam-se pelas normas relativas ao condomínio, até a partilha e com esta se extingue. Os herdeiros legais e testamentários são titulares de partes ideais. A composse é exclusiva dos herdeiros, não incluindo o legatário, cuja titularidade se equipara à nua-propriedade até a partilha, ou antes desta se lhe for deferido o pedido de legado. Outra modalidade de condomínio que se instaura por força de lei é o condomínio necessário (exemplo, o condomínio de parede divisória de dois terrenos), o qual, diferentemente dos demais, é permanente, enquanto perdurar o fator que lhe deu causa.

Na hipótese de usucapião coletiva de áreas urbanas com mais de duzentos e cinquenta metros quadrados, ocupadas por população de baixa renda, o Estatuto da Cidade (Lei n. 10.257/2001) instituiu condomínio especial, tornando indivisível o imóvel. Na sentença, o juiz atribui igual fração ideal de terreno a cada possuidor, independentemente da dimensão do terreno ocupado. O condomínio é insuscetível de extinção ou divisão, salvo se estas forem deliberadas por dois terços dos condôminos.

O CC/2002 não mais prevê o compáscuo, que era regulado pelo art. 646 do CC/1916. Deram-se as costas à boa tradição das Ordenações sobre os "baldios" que eram protegidos, até mesmo de concessões de sesmarias. Mas isso não significa que tenham deixado de existir, pois continuam tuteladas pela mesma proteção jurídica da posse, como poder de fato comum de todos que usam o mesmo pasto para seus rebanhos, sem espaços determinados.

Tocando o modelo legal de condomínio, há situações próximas, como a edificação multifamiliar. Nesta, em um mesmo terreno são construídas habitações distintas, por integrantes de uma mesma família, com passagem comum.

Ou, sobre um mesmo terreno são construídas unidades superpostas, servindo a laje de teto para o piso da superior, em comunidade de superfícies.

Gustavo Tepedino (1993, p. 82) chama a atenção para algumas figuras jurídicas que guardam simetria com o condomínio e que se têm formado com fundamento na autonomia privada, como os *shopping centers*, a multipropriedade imobiliária (tempo compartilhado, *time sharing*), a utilização de espaços em cemitérios e os condomínios de fato.

10.2. Administração do Condomínio

A administração do condomínio é atribuída a todos os condôminos em conjunto, mas pode ser entregue a um deles ou a terceiro, de acordo com a decisão majoritária deles. Os condôminos têm de se reunir para deliberar a respeito. Não há critério de preferência para ser administrador, podendo ser, inclusive, o que detiver menor parte ideal. Os deveres do administrador são os que a lei atribui ao mandatário, com poderes para administração em geral, por analogia. Cabe-lhe, principalmente, repartir entre os condôminos os resultados econômicos da coisa (frutos e rendimentos), fazer as despesas necessárias para conservação e manutenção, representar os demais condôminos em juízo ou fora dele (por exemplo, alugar a coisa), salvo para os atos que exijam poderes especiais (por exemplo, alienar e gravar de direito real) e prestar contas aos demais condôminos.

Pode haver a administração de fato da coisa por algum dos condôminos, situação que é validada pela lei, pois esta presume que, não havendo oposição dos demais, ele é o representante comum, perante terceiros, inclusive credores do condomínio. A presunção é fundada no consentimento tácito dos condôminos, inclusive por sua inércia, pois a lei não permitiu ao condômino que assumisse a administração arbitrariamente. O ônus de que não houve consentimento, ainda que tácito, cabe ao condômino que o alegar.

As deliberações são tomadas pela maioria dos condôminos e obrigam a todos. Para aferição da maioria não se leva em conta o número dos condôminos, mas sim as proporções das partes ideais. Assim, um condômino pode ser considerado maioria, para fins de deliberação, se for titular de parte ideal superior a cinquenta por cento da coisa comum. No condomínio geral, diferentemente do condomínio edilício, não se considera a maioria de presentes, mas sim a maioria absoluta das partes ideais (metade mais um). Para que obrigue a todos os condôminos, exige-se formalização da deliberação da maioria, em documento que a expresse, ou de ata da reunião, se esta tiver sido convocada para tal fim.

Do mesmo modo para a distribuição de resultados e vantagens. Se os condôminos não obtiverem maioria para as deliberações, em virtude da fragmentação dos votos, caberá ao juiz, atendendo a pedido de qualquer deles, decidir, depois de ouvir as razões de todos. Se a dúvida consistir nos valores das partes ideais, o juiz não poderá decidir, mas sim determinar a avaliação.

Os deveres e obrigações decorrentes são *propter rem*, em razão da coisa e não das pessoas dos condôminos. Assim, se o condômino aliena a parte ideal, o adquirente está por eles obrigado, sem poder dela se eximir por não ter tomado parte da deliberação. Na obrigação *propter rem*, a prestação não deriva da vontade do devedor, mas sim de sua mera condição de titular do direito real.

A coisa comum pode ser alugada a terceiro ou a um dos condôminos, por deliberação da maioria. No caso do aluguel a condômino, assiste-se à convivência da posse direta deste e da posse indireta dos demais. O mesmo ocorre se ficou deliberado que a administração da coisa comum seja atribuída a um dos condôminos. Se a locação for apenas de parte do imóvel, os condôminos, inclusive o locatário, permanecem com a posse plena sobre o restante da coisa comum.

No que respeita aos frutos naturais ou civis da coisa, inclusive aluguéis, a lei estabelece norma de caráter dispositivo (CC, art. 1.326), no sentido de que são partilhados na proporção das partes ideais. Se não for deliberado quem recebe ou colhe os frutos, o condômino que o fizer deve proceder a distribuição segundo a proporção das partes ideais. Essa norma, pela sua natureza dispositiva, pode ser afastada pelos condôminos, de comum acordo, ou pelo testador, de modo a que a partilha ou distribuição observem outro critério. Admite-se, também (Fachin, 2003, p. 215), que o critério da proporção das partes ideais seja afastado por comportamento tácito e reiterado dos condôminos.

Pontes de Miranda (2012, v. 12, p. 66) entende que as deliberações, para que possam irradiar efeitos reais, hão de constar do registro imobiliário. Antes do registro, qualquer deliberação ou regulação é vinculante apenas no plano dos direitos pessoais. O sucessor do condômino pode, contudo, invocar a deliberação não registrada, se ela lhe for favorável. Esse é, igualmente, o entendimento do STJ (REsp 254.875), para o qual o acordo entre os condôminos (compromisso de cessão dos direitos) produz efeitos apenas pessoais, se não for objeto de registro público.

A administração do condomínio resultante de usucapião especial coletiva de áreas urbanas ocupadas por famílias de baixa renda, de acordo com o Estatuto da Cidade (art. 10, § 5º), depende de deliberação da maioria dos votos dos condôminos presentes à reunião. Essa deliberação também gera deveres *propter rem*, obrigando os demais, discordantes ou ausentes.

10.3. Direitos e Deveres dos Condôminos

Cada condômino tem os direitos da propriedade sobre a parte ideal, de usar, fruir e dispor, como ocorre com o titular da propriedade exclusiva da coisa. Pode doar, permutar, dar em pagamento, gravar de ônus real a parte ideal, ou deixá-la em testamento, e, observado o direito de preferência dos demais condôminos, aliená-la a terceiros. A faculdade legal é ampla (CC, art. 1.314), podendo o condômino usar da coisa conforme sua destinação, exercer todos os direitos compatíveis, reivindicar a coisa toda de terceiros, não apenas sua parte ideal, defender sua posse, alienar e gravar. A reivindicação da coisa toda contra terceiro não necessita de consentimento dos demais condôminos, mas entende-se (STJ, REsp 1.015.652) que se limita a coisa julgada apenas ao condômino que intentar a ação, não inibindo futura ação reivindicatória pelos demais. Cada parte ideal transfere-se aos herdeiros do titular, quando for aberta a sucessão hereditária deste, sem qualquer preferência para os demais condôminos.

O exercício do uso ou da fruição por condômino ou condôminos importa regulações estabelecidas pela lei, ou por deliberação dos condôminos, ou por negócio jurídico gratuito ou oneroso celebrado entre eles. Dessas regulações ou acordos resultam direitos e deveres. A situação específica do condomínio impõe deveres, principalmente em face dos demais condôminos, como o de não dar posse, uso ou fruição a terceiro, sem o consenso dos demais. Essa restrição legal tem sido mitigada pela doutrina contemporânea, admitindo-se (Fachin, 2003, p. 175) que o condômino possa praticar: a) atos puramente conservatórios; b) atos que não alterem a destinação da coisa.

A lei permite que o condômino possa gravar sua parte ideal. Gravar está no sentido de constituir direito real limitado (usufruto, uso, habitação, hipoteca, anticrese, penhor, direito de promitente comprador). Porém, essa faculdade depende da destinação da coisa. O usufruto, por exemplo, é possível, pois o que o condômino usa e frui também pode fazê-lo o usufrutuário da parte ideal. Contudo, o uso e a habitação podem ter dificuldade de exercício, a depender da proporção da parte ideal e do consenso dos demais condôminos.

O condômino não está obrigado a manter relações com os demais condôminos, nem mesmo a usar ou fruir a coisa. Esclarece Pontes de Miranda (2012, v. 12, p. 109) que o não uso da coisa comum por alguns dos condôminos não lhes dá direito de cobrar aluguel de quem o usa, como se fosse compensação pelo seu não uso. Nesse sentido, decidiu o STJ (REsp 622.472) que o "condômino que habita o imóvel comum engendra exercício regular de direito, somente encetando 'abuso de direito' se impede os demais do manejo de qualquer dos poderes inerentes ao domínio". No caso decidido pelo Tribunal, houve desinteresse total dos demais condôminos em relação ao imóvel, não lhes sendo lícito cobrar aluguéis de quem o ocupava, podendo, no entanto, postular a alienação judicial do bem, em face da indivisão. Com efeito, se algum ou alguns condôminos se desinteressam da posse e exercício dos direitos de condomínio, os demais podem livremente usar e fruir a coisa, em razão da função social da propriedade e da posse. Todavia, não há exercício regular de direito, admitindo-se cobrança de aluguel do condômino ocupante, se houver resistência ou oposição por outro condômino.

Os frutos, naturais ou civis, percebidos pelo condômino, devem ser rateados pelos demais condôminos na proporção das partes ideais. Cada condômino responde perante os demais quanto aos ganhos e às perdas e danos. Dá-se a comunhão e a divisão dos cômodos e dos incômodos, em proporção às partes ideais. A distribuição é do líquido, positivo ou negativo. O condômino que receber os frutos deve fazer a distribuição de acordo com as partes ideais ou em conformidade com o que deliberado pelos condôminos. Cada condômino tem ação contra terceiro devedor de frutos (exemplo, aluguéis).

Como regra geral, não pode o condômino fazer o que comprometa a utilização da coisa comum pelos condôminos, salvo se destes houver consentimento expresso ou tácito. Se a destinação é residencial não pode o imóvel ser utilizado para fins não residenciais. O exercício irregular é em si mesmo, sem necessidade de se apurar culpa.

O principal dever do condômino é o de conservação da coisa, concorrendo com as despesas, de acordo com a proporção de sua parte ideal. O dever de concorrência com as despesas não diz respeito apenas à conservação, pois abrange as que se fizerem com a alienação da coisa. Segundo o STJ (REsp 983.450), o dever dos condôminos de concorrer com a manutenção da coisa, na proporção de cada parte, inclui: a) os gastos com a regularização do imóvel; b) os tributos incidentes; c) os encargos que onerem a coisa; d) a promoção da venda da coisa, a fim de que se ultime a partilha, nos termos do que foi acordado entre as partes. São consideradas despesas necessárias as feitas com benfeitorias necessárias, com conservação e manutenção da coisa, os tributos incidentes sobre a coisa, licenças administrativas, custas judiciais.

A obrigação pelas despesas do condomínio é *propter rem*, ou seja, quem adquirir a parte ideal assume-a necessariamente, pois o sucessor do condômino o sucede nos direitos e deveres. Todavia, o STJ (REsp 865.462) isentou o arrematante dessa responsabilidade, por não haver ressalva no edital de praça. Essa ressalva inovou o direito, a nosso ver indevidamente, pois a lei não a faz, e a natureza *propter rem* dessas despesas vincula-as indelevelmente à coisa.

Pode acontecer que o condômino não tenha interesse em efetuar o pagamento das despesas, relativas à sua parte ideal. O Código Civil inovou, ao permitir a faculdade, que assiste ao condômino, de se exonerar do pagamento das despesas e dívidas do condomínio, renunciando a sua parte ideal (Chamoun, 1970, p. 21). A renúncia há de ser por declaração expressa e, quando a coisa for imóvel, sujeita a registro público. O exercício dessa faculdade de renúncia (CC, art. 1.316), que é direito potestativo, aproveita aos demais condôminos na proporção dos pagamentos que fizeram. Se não há condômino que faça o pagamento da parte do renunciante, proceder-se-á a divisão da coisa comum, extinguindo-se o condomínio. Durante a regência da legislação anterior, que não a reconhecia, a doutrina entendia que a renúncia convertia a parte ideal em *res nullius*, ou domínio do Estado. Se o condômino não pagar as despesas nem renunciar à parte ideal, poderá ser cobrado pelos que as efetuarem, amigável ou judicialmente.

As dívidas, no interesse e proveito do condomínio, podem ter sido contraídas por um ou por todos os condôminos. Quando forem contraídas por um dos condôminos, apenas este por elas se obriga, não podendo o credor cobrá-las dos demais; contudo, o condômino, após adimpli-las, e comprovando o proveito para o condomínio, tem direito de regresso contra um, ou alguns, contra os outros, pois estes são solidariamente responsáveis (CC, art. 275). Quando forem contraídas por todos os condôminos, cada um é obrigado na proporção de sua parte ideal, dentro desse limite, salvo se tiver havido expressa estipulação de solidariedade passiva ou delimitação da responsabilidade de cada um.

Não pode o condômino modificar a destinação da coisa comum, sem o consentimento dos demais. A alusão que a lei faz ao "consentimento dos demais" (CC, art. 1.314, parágrafo único) remete-o ao critério comum da deliberação, ou seja, da maioria absoluta das partes ideais; a lei não exige unanimidade. Essa regra diz respeito às titulações de cada um e também à estrutura material da coisa, neste caso em relação à sua substância. A pretensão do condômino contra o outro prescreve em dez anos (prazo geral), salvo se for por reparação por danos, cujo prazo é de três anos. Não se consideram alterações ou modificações substanciais os consertos e manutenções da coisa, ainda que inovem a coisa. As inovações que não alteram a substância da coisa nem prejudicam os demais condôminos são permitidas. "As obras que melhorem a utilizabilidade por todos, ou a comodidade, ou o embelezamento, ou a segurança, são, de regra, permitidas, salvo se violam regra legal, ou pacto, ou o que se impôs o negócio jurídico unilateral básico" (Pontes de Miranda, 2012, v. 12, p. 156). A reconstrução, por seu turno, exige o consentimento dos demais, em virtude do compartilhamento da dívida resultante; sem o consentimento, o condômino assume inteiramente a responsabilidade da dívida.

A parte ideal pode ser objeto de penhora, arresto ou sequestro ou outra medida preventiva determinada judicialmente, em razão de dívida individual do condômino respectivo. O condômino pode garantir sua dívida com a hipoteca da parte ideal do condomínio imobiliário, uma vez que a hipoteca não importa entrega física da coisa ao credor e somente a parte ideal responde pela dívida e não a coisa toda. O condômino pode dar em garantia a parte ideal sem necessidade de consentimento dos demais condôminos, pois o Código Civil atual não reproduziu a restrição que havia na legislação anterior; a exigência de consentimento apenas existe para a garantia real da totalidade da coisa (CC, art. 1.420, § 2º).

O condômino pode usucapir contra os demais condôminos, quando tomar posse exclusiva da coisa ou de parte dela. A posse exclusiva fica caracterizada quando o condômino passa a administrar a coisa sem prestar contas aos demais condôminos e sem oposição destes. Não pode ser objeto de usucapião a posse exclusiva que decorrer de negócio jurídico havido entre o condômino possuidor e os demais, como o contrato de locação ou de comodato. A usucapião é extraordinária, independentemente de boa-fé, consumando-se a aquisição da propriedade contra os demais, quando a posse contínua atingir quinze anos. A possibilidade da usucapião pelo condômino é pacífica na jurisprudência dos tribunais (por exemplo, o STJ, AgRg 731.971). A usucapião pode ser, eventualmente, ordinária, quando o condômino for possuidor exclusivo em virtude de contrato não registrado, que se qualifica como justo título, como a promessa de compra e venda havida entre ele e os demais. Antes de se consumar o prazo da usucapião, qualquer condômino pode exercer contra quem se utilizar de modo exclusivo a coisa comum a proteção possessória, caracterizando a turbação ou o esbulho, ou a reivindicação da propriedade de sua parte ideal.

10.4. Condomínio Necessário

Condomínio necessário é o que se constitui por força de lei, em determinadas circunstâncias, que aproveitam as pessoas que a ele ficam vinculados. Esse condomínio é *propter rem*, pois independe da vontade dos que eventualmente se invistam na condição de condôminos.

Nos limites do imóvel o proprietário pode mandar fazer ou edificar cercas ou muros que não ultrapassem os confins daquele. Todavia, se forem feitos de modo a que ocupem, igualmente, os confins de ambos os imóveis, ficando cada meação em um dos imóveis limítrofes, há condomínio necessário, ainda que apenas um dos proprietários confinantes tenha assumido as despesas correspondentes.

A lei (CC, art. 1.327) denomina-os condomínios por meação de paredes, cercas, muros e valas. O direito de murar ou cercar é assegurado ao proprietário, que pode constranger o vizinho a proceder a demarcação, repartindo-se as despesas correspondentes. Se um assumi-las inteiramente, poderá cobrar judicialmente a metade do outro, pois lhe é assegurado o direito ao reembolso.

A tradição da arquitetura colonial, em áreas urbanas históricas, nos legou o costume da construção de paredes comuns entre dois prédios, o que impõe, por igual, o condomínio necessário, ao lado das estritas regras e limites do direito de vizinhança.

As despesas de construção ou de manutenção do que se faça ou se edifique nos limites dos imóveis devem ser partilhadas entre os condôminos necessários. Se houver discordância quanto ao preço da obra, este será objeto de arbitramento por perito designado pelo juiz. Arbitrado o preço, deve ser pago por ambos os confinantes, cada um até a metade.

O confinante que não pagar sua meação, além de poder ser cobrado judicialmente pelo que pagar integralmente o preço, não poderá exercer qualquer direito sobre a obra divisória. Não poderá usá-la em nenhuma hipótese.

10.5. Direito de Preferência na Alienação da Parte Ideal de Coisa Indivisível

O direito de preferência é o direito que tem o condômino a que, se outro quiser alienar sua parte ideal, adquiri-la para si, nas mesmas condições negociadas com terceiro. O direito de preferência é de origem legal e tem a natureza de direito potestativo ou de direito formativo gerador, como propugna Pontes de Miranda, tendo por finalidade a formação de nova relação jurídica, no lugar da existente.

Se a coisa for considerada indivisível (material, jurídica ou econômico-jurídica), o condômino não poderá vender a respectiva parte ideal a terceiro, se houver interesse de outro condômino em adquiri-la. Excluindo-se as partes comuns no condomínio edilício, a unidade imobiliária (por exemplo, o apartamento) pode estar sob a copropriedade de duas ou mais pessoas, cuja venda de parte ideal também está subordinada à regra da preferência do outro condômino. A indivisibilidade é de direito quando houver norma jurídica que a determine, como a que estabelece o Estatuto da Terra para imóvel rural igual ou inferior ao módulo rural. Por construção jurisprudencial, reconhecida pelo STF (RE 9.884) admite-se a indivisibilidade econômico-jurídica quando a divisão implicar a retirada de todo o valor à fração da coisa *per si stante*, ainda que não haja indivisibilidade material ou intelectual; essa orientação foi acolhida pelo CC/2002, cujo art. 87 prevê que há indivisibilidade da coisa quando a divisão resultar em "diminuição considerável de valor, ou prejuízo do uso a que se destinem".

O direito de preferência não se aplica apenas à coisa indivisível, mas também à que se encontrar em estado de indivisão, ainda que seja divisível. Esse foi o entendimento que prevaleceu no STJ, cuja Segunda Seção (REsp 489.860) decidiu que se a coisa se encontrar em estado de indivisão "o condômino que desejar alienar sua fração ideal do condomínio deve obrigatoriamente notificar os demais condôminos para que possam exercer o direito de preferência na aquisição, nos termos da lei".

A venda a terceiro é admissível apenas quando: a) for comunicada previamente aos demais condôminos; b) for dada preferência aos demais condôminos para aquisição da parte ideal, pelo mesmo valor que o terceiro ofereceu, "tanto por tanto"; c) os demais condôminos não exercitarem a preferência dentro do prazo legal. A comunicação pode ser feita pelo condômino, interessado em vender sua parte ideal, por meios extrajudiciais e judiciais. Não há forma determinada para a comunicação extrajudicial, mas terá de ser expressa, para ressalva de direitos, ainda que se trate de bem móvel. Poderão ser utilizados carta, telegrama, mensagem eletrônica, notificação de oficial de títulos e documentos, todos com recebimento comprovado. A comunicação deverá mencionar as condições de preço e pagamento para a venda, negociadas com o estranho. Os demais condôminos têm o direito de exigir que as condições sejam expressadas em documento firmado pelo terceiro, para confrontá-las com as que efetivamente vierem a ser estipuladas no contrato com o terceiro, porque será considerada sem comunicação a venda com preço e modalidades de pagamento inferiores ou diferenciados.

O direito de preferência dos condôminos não é meramente obrigacional, cuja violação resolve-se em perdas e danos. Ele atinge a eficácia real, pois ainda que o registro público tenha sido realizado, na hipótese de coisas imóveis, serão desfeitos o contrato e o registro, se outro condômino depositar o preço, havendo para si a parte vendida. O exercício da preferência depende da assunção do pagamento do valor "tanto por tanto". Não o exerce o condômino que faz contraproposta diferente da que ofereceu o estranho.

Se os demais condôminos não responderem à comunicação feita pelo condômino vendedor e houver por parte deste fundada convicção de não haver interesse em exercerem a preferência, ainda assim terá de ser aguardado o término do prazo para resposta. O Código Civil não diz qual é o prazo de resposta, mas não pode ser o que for fixado pelo condômino vendedor, pois consistiria em condição potestativa proibida (art. 122). Entendemos que o prazo deva ser o mesmo fixado no parágrafo único do art. 504 para decadência quando não houver comunicação, ou seja, de seis meses.

Os condôminos que não tiverem seus direitos de preferência respeitados pelo interessado em vender sua parte ideal poderão haver a coisa para si. Cabe-lhes o ônus de alegar e comprovar que o alienante foi omisso, o que não lhes permitiu exercer a preferência. O exercício do direito dar-se-á mediante ação judicial em que seja requerido o depósito do preço, nas condições do contrato de compra e venda com terceiro, e decisão no sentido da ineficácia deste e de transferência da titularidade para o depositante. Na hipótese de imóvel, o condômino depositante juntará a escritura pública de compra e venda e, sendo móvel, o contrato escrito se houver ou, se não houver, fará prova de sua existência, inclusive por meio de testemunhas.

O depósito judicial será em dinheiro, por se tratar de compra e venda, salvo se o preço pago pelo comprador tiver sido parcialmente em dação de coisa. O condômino depositante poderá optar em realizar dação equivalente ou pagar a totalidade do preço em dinheiro.

O prazo para exercer o direito de preferência é de cento e oitenta dias, contados da data da tradição da coisa móvel ou do registro imobiliário e não do contrato, em virtude de sua natureza real. A falta de registro ou de tradição da coisa obsta a fluência do prazo decadencial.

Quando a coisa for indivisível, sendo mais de um condômino interessado na aquisição da parte ideal, deve ser observada a seguinte ordem de preferência: a) em primeiro lugar prefere o que tiver feito benfeitorias no imóvel, pouco importando o tempo em que as fez, e ainda que não esteja na administração do imóvel. O critério é o de maior valor das benfeitorias. Assim, não importa a natureza das benfeitorias, se necessárias, úteis ou voluptuárias. No conflito de interesses entre o condômino que realizou benfeitorias voluptuárias de maior valor econômico e o que fez benfeitorias necessárias de menor valor, aquele preferirá a este; b) em segundo lugar, em não havendo benfeitorias realizadas, prefere o condômino que for titular da parte ideal maior. Nem sempre as partes ideais são iguais. Esse critério também favorece a extinção do condomínio, em virtude da concentração no que detiver maior titularidade.

Não havendo benfeitorias e desigualdade das partes ideais, cessa a preferência. O Código Civil de 1916 não previu solução para essa hipótese. Clóvis Beviláqua opinou no sentido de que, nesse caso, "o direito igual dos condôminos anula-se reciprocamente, e a coisa será vendida ao estranho", o que vale dizer que, esgotados os critérios legais, a preferência se desfazia. Segundo Ebert Chamoun (1970, p. 21), a comissão elaboradora do anteprojeto do Código Civil de 2002 julgou mais acertada a tese desenvolvida em parecer de Epitácio Pessoa (*Arquivo judiciário*, v. 8, p. 58), a qual fornece o critério subsidiário e definitivo para o exercício do direito impostergável do condômino à preferência ante o estranho: os condôminos não intervêm na licitação para disputar com os estranhos, mas, ultimadas as ofertas destes, verificar-se-á, dentre os condôminos, quem oferece maior lanço. Ao condômino, que oferecer maior lanço, e superior, ou igual, ao do estranho, adjudicar-se-á o imóvel. Essa orientação, adotada pelo parágrafo único do art. 1.322 do Código Civil, implica duas licitações, uma entre estranhos e outra entre os condôminos, para que estes ofereçam lanço igual ou maior ao do estranho vencedor. A preferência aos condôminos se desdobra no direito à segunda licitação e no direito do condômino que oferecer, entre eles, o melhor lanço.

O STJ (REsp 645.672) reconheceu que o direito de preferência assegurado ao condômino pressupõe o estado de indivisão, não podendo ser garantido se o imóvel comporta divisão cômoda. No caso, houve arrematação do imóvel, sem ter sido intimado o condômino que alegou a preferência, validando-se a praça.

10.6. Divisão e Extinção do Condomínio

O condomínio se extingue não apenas em razão da indivisibilidade da coisa, mas também, sendo divisível, quando não puder ser utilizada em comum por todos os condôminos, porque não se preste a isso, ou pela falta de consenso entre eles sobre sua administração ou uso, ou, até mesmo, por conveniência de qualquer deles.

No condomínio geral, a indivisibilidade não é permanente, perdurando até que seja extinto. O legislador estimula a extinção para facilitar o tráfico jurídico e evitar os litígios tão comuns nesses casos. O Código Civil confere ao condômino a faculdade de exigir a divisão da coisa comum e não permite que a indivisão estabelecida pelo doador ou pelo testador permaneça por mais de cinco anos. O art. 504 do Código Civil facilita a venda das partes ideais, para que o condomínio sobre a coisa indivisível seja terminado ou reduzido. As despesas com a divisão são rateadas pelos condôminos, de acordo com a parte ideal de cada um, inclusive pelo que não concorde com a divisão.

O direito à divisão é assegurado a qualquer condômino, ainda que a maioria dos condôminos não queira a divisão. Todavia, pode a divisão ficar impedida de ser feita pelo prazo de cinco anos, por acordo de todos os condôminos que assim estipulem a indivisibilidade temporária da coisa. Esse prazo pode ser prorrogado, por tempo igual ou inferior, também por acordo unânime dos condôminos. A lei não veda que a prorrogação se faça mais de uma vez. Os condôminos não podem, todavia, prorrogar o prazo máximo de cinco anos, quando a indivisibilidade tiver sido estabelecida pelo doador ou pelo testador, sendo que estes, por seu turno, não podem estabelecer prazo superior àquele. Em sendo divisível a coisa comum, não pode o condômino exigir sua alienação e sim sua divisão (STJ, REsp 791.147).

O condomínio pode ser extinto se a coisa for divisível ou partível. A divisibilidade ou indivisibilidade da coisa são físicas ou jurídicas. A divisibilidade é ditada por circunstâncias naturais ou econômicas. Assim, uma casa é, materialmente, divisível, mas economicamente pode não o ser, quando houver redução considerável do valor de cada parte ou comprometimento de sua finalidade (por exemplo, as partes não se prestam para duas residências). Coisas juridicamente indivisíveis são as que assim se tornaram por força da vontade das partes contratantes ou da lei, ainda que possam ser naturalmente divididas.

A divisão do condomínio de coisa divisível, que opera a extinção, realiza-se mediante escritura pública ou ação judicial específica, promovida por um ou vários condôminos. A divisão de fato, por consentimento tácito dos condôminos, não gera a extinção do condomínio; os efeitos são meramente pessoais entre os condôminos.

Também se extingue o condomínio geral quando os condôminos alienam, totalmente, a coisa a terceiro. Se os direitos passam à mesma pessoa, extingue-se a comunhão, sem necessidade de divisão ou de qualquer ato formal extintivo.

É direito potestativo do condômino de bem imóvel indivisível promover a extinção do condomínio, mediante alienação judicial da coisa, de acordo com o art. 1.322 do Código Civil. Segundo o STJ (REsp 655.787) tal direito não fica comprometido com a aquisição, por arrecadação de herança jacente, de parte ideal do imóvel por pessoa jurídica de direito público. Mesmo sendo pessoa jurídica de direito público a proprietária de fração ideal do bem imóvel indivisível, "é legítima a sua alienação pela forma da extinção de condomínio, por provocação de outro condômino". Nesse caso, a autorização legislativa para a alienação da fração ideal pertencente ao domínio público é dispensável, porque inerente ao regime da propriedade condominial.

À divisão do condomínio são aplicáveis as mesmas regras da partilha da herança. Essa diretriz decorre da interligação que o Código Civil estabelece entre o condomínio e a herança, pois a esta são aplicáveis supletivamente as regras daquele. Partilha é o procedimento que ultima o condomínio indivisível e individualiza os bens ou partes de bens que ficarão sob a titularidade de cada condômino, podendo ser amigável, mediante escritura pública, ou judicial, quando não houver consenso entre os condôminos. A partilha deve observar a maior igualdade possível, em relação a valor, natureza e qualidade das porções da coisa, de acordo com a parte ideal de cada condômino. A comodidade dos condôminos há de ser atendida, sendo exemplos mais frequentes os de vizinhança de imóveis já de propriedade do condômino, ou quando o condômino já habita o imóvel ou nele tem negócios, ou no caso de coisas ou negócios do mesmo gênero que um dos condôminos explora.

A partilha pode ocorrer sem que tenha havido a extinção do condomínio. É o que Pontes de Miranda denomina de partilha precária (2012, v. 12, p. 136), em atenção aos costumes, que tem origem no consentimento de todos os condôminos, ainda pelo silêncio, permitindo que cada condômino ou os condôminos ocupem partes provisoriamente localizadas. O ônus da alegação e da prova é comum ao que propõe a ação para continuar a ocupar e ao que propõe para haver perdas e danos.

A Lei de Falências (art. 123, § 2º) estabelece que, se o falido participar de condomínio indivisível, o bem será vendido e deduzir-se-á do valor arrecadado o que for devido aos outros condôminos, facultado a estes a compra da parte ideal do falido, nos termos da melhor proposta obtida, o que importa extinção forçada do condomínio.

Capítulo XI

Condomínio Edilício

11.1. Conceito e Âmbito de Regência

O condomínio edilício conjuga as titularidades de todos os condôminos sobre as partes comuns da coisa e a titularidade de cada condômino sobre a unidade imobiliária (casa, apartamento, escritório, loja, sala, abrigo para veículo). Tendo em vista suas peculiaridades, agrupando indivisibilidade e divisibilidade, qualifica-se como condomínio *pro diviso*, que é, em conformidade com Pontes de Miranda (2012, v. 12, p. 242), abreviação de "comunhão no terreno e nas partes indivisas do edifício e mais dependências e não comunhão nas partes *pro diviso*". O que é diviso é o que não está incluído na indivisão. O condomínio edilício se constrói sobre terreno, que se torna indiviso.

Segundo José de Oliveira Ascensão (1973, p. 498) "a propriedade horizontal é efetivamente um novo direito real. Mas não é um direito real simples, pois não traduz uma nova maneira de afetar uma coisa em termos reais. É antes um direito real complexo, pois combina figuras preexistentes de direitos reais".

O condomínio edilício se constitui por negócio jurídico entre vivos ou por testamento, após seu registro no registro imobiliário. Para sua constituição é necessário (1) que sejam discriminadas as unidades de titularidade exclusiva, com suas confrontações com as demais e com as partes comuns; (2) que seja fixada a fração ideal de cada unidade, sobre o terreno e as partes comuns; (3) a destinação do edifício, se residencial, ou não residencial, ou mista. A constituição do condomínio edilício, por negócio jurídico entre vivos, segundo a doutrina (Guedes; Rodrigues Junior, 2012, p. 415), pode ser feita por meio de destinação de propriedade de edifícios, incorporação imobiliária, constituição do regime por vários herdeiros, arrematação em hasta pública, doação ou compra de frações do edifício. Para as edificações novas, a incorporação é o meio mais utilizado.

O condomínio edilício cresceu de importância jurídica com a verticalização das edificações nas cidades, especialmente após o século XX, em virtude das concentrações urbanas e do desenvolvimento de tecnologias de construção, que permitiram a elevação dos prédios com segurança. Já era aludido, sem a força que tomou na contemporaneidade, nas Ordenações Filipinas, que diziam (Liv. I, Tít. 68, § 38): "E se uma casa for de dois senhorios, de maneira que de um deles seja o sótão, e de outro o sobrado, não poderá aquele, cujo for o sobrado, fazer janela sobre o portal daquele, cujo for o sótão, ou loja, nem outro edifício nenhum". Também havia previsão na Consolidação das Leis Civis, elaborada por Teixeira de Freitas, cujo art. 946 atualizou a regra das Ordenações.

O Código Civil regulou inteiramente as matérias relativas ao condomínio edilício, derrogando a Lei n. 4.591/64, que apenas permanece vigente sobre a regulação da incorporação imobiliária, que é a principal modalidade de construção de edifícios de unidades autônomas, de onde promanam os condomínios edilícios. Nesse mesmo sentido, Luiz Edson Fachin (2003, p. 226) e Rodrigo Toscano de Brito (2002, p. 60). Assim pretendeu explicitamente a comissão elaboradora do anteprojeto do Código Civil (Chamoun, 1970, p. 17), para a qual as incorporações deveriam continuar sendo regidas exclusivamente por lei especial. A incorporação imobiliária é legalmente definida (Lei n. 4.591/64, art. 28) como "a atividade exercida com o intuito de promover e realizar a construção, para alienação total ou parcial, de edificações ou conjunto de edificações compostas de unidades autônomas", podendo ser o construtor do edifício ou não. É, portanto, atividade negocial ou empresarial e não relação de direito real, razão por que é matéria estranha ao direito das coisas. A incorporação pode adotar um dos seguintes regimes de construção: (a) por empreitada, a preço fixo, ou reajustável; (b) por administração ou a preço de custo; (c) por contratação direta entre adquirentes e o construtor.

Há controvérsias sobre a correta denominação desse específico condomínio. Na doutrina e na legislação encontram-se: condomínio horizontal, condomínio especial, condomínio de unidades autônomas, condomínio de edifício, condomínio em edificações. Prevaleceu no CC/2002 a expressão condomínio edilício, que sofreu crítica acentuada, principalmente de Caio Mário da Silva Pereira, que foi o autor do anteprojeto da Lei n. 4.591/64, que regulamentava a matéria. Nesta, preferiu-se condomínio em edificações. Rebatendo a crítica, Miguel Reale (1986, p. 104), na exposição de motivos do anteprojeto, afirma que não pode ser apodado de "barbarismo inútil", pois "vem de puríssima fonte latina, e é o que melhor corresponde à natureza do instituto, mal caracterizado pelas expressões condomínio horizontal, condomínio especial, ou condomínio em edifício". Para ele é um condomínio que se constitui, objetivamente, como resultado do ato de edificação, sendo, por tais motivos, denominado "edilício". Argumenta que essa palavra vem de *aedilici*, que não se refere apenas ao edil, mas, também às suas atribuições, sendo de uso corrente na linguagem jurídica italiana.

Também há condomínio edilício, sem elevação de prédios, nos empreendimentos de construção de casas ou moradias isoladas no mesmo terreno, nos quais são comuns os implementos urbanos e de utilidade coletiva (ruas, praças, energia elétrica, portaria, áreas de lazer e esporte, cercas e muros). Diferentemente de um edifício de vários andares, o terreno onde está edificada a unidade a esta integra, porque ela é isolada, não podendo ser considerado comum. No condomínio de casas há finalidade de edificação, de acordo com plano aprovado de construção.

O condomínio de casas difere de um simples loteamento, regulado pela Lei n. 6.766/79, pois este (inclusive o fechado) tem por objeto o parcelamento do solo urbano, com intuito de alienação dos lotes, sem constituição de áreas comuns (vias e implementos urbanos), uma vez que estas são transferidas para o domínio público tão logo se procede ao registro público do empreendimento.

Sobre áreas comuns, o condomínio edilício assemelha-se ao condomínio geral, uma vez que o titular da unidade imobiliária é também titular da parte ideal correspondente das áreas comuns. Difere do condomínio geral porque as áreas comuns são permanentemente indivisíveis e não podem ser objeto de uso individual de qualquer dos condôminos ou de partilha entre eles. O condomínio é meio para o fim que são as unidades imobiliárias. Existe em razão destas. Tem, portanto, natureza objetiva, diferentemente do condomínio geral, que se forma e se extingue em razão das pessoas dos condôminos. As áreas comuns são de dois tipos: a) áreas comuns de uso comum dos condôminos (por exemplo, acessos às vias públicas, elevadores, escadas); e b) áreas comuns de uso restrito por condôminos (exemplo, salão de festas dependente de pagamento pelo uso ou de reserva prévia) ou pela administração (exemplo, portaria).

No condomínio edilício são comuns as áreas, partes do edifício e equipamentos necessários ou úteis para o conjunto edificado ou para utilização dos condôminos. Consideram-se comuns: o terreno, as fundações do edifício, as fachadas, a cobertura, os elevadores, as escadas, as áreas de circulação e recreação, as estruturas do edifício – ainda que atravessando as unidades –, os salões de festas, as portarias, o *hall*, os acessos às vias públicas, as redes de distribuição de água, telefonia, gás, energia, os muros cercantes do terreno, as dependências utilizadas pelos empregados do condomínio. É comum tudo que esteja para além das portas de acesso das unidades imobiliárias. Também é comum, por ser elemento estrutural do edifício, a laje que serve de piso para uma unidade e de teto para outra, não podendo ser alterada ou removida, salvo com a anuência do condomínio.

As coisas comuns, por serem inalienáveis, separadamente das coisas indivisas nos condomínios edilícios, não podem ser objeto de penhora, como por exemplo, em caso julgado pelo STJ (REsp 259.994), o elevador, porquanto se encontra incorporado à estrutura do prédio, constituindo condomínio de todos e sendo insuscetível de divisão, de alienação em separado ou de utilização exclusiva por qualquer condômino. Qualquer condômino tem legitimidade para propor ação demolitória contra outro condômino que realiza obra invasora de área comum, notadamente em caso de omissão do síndico (STJ, REsp 114.462).

Integram a unidade imobiliária os espaços internos a ela destinados e descritos no título de propriedade ou de direito real, as vagas de garagens a ela vinculadas e assim registradas e a parte ideal indisponível sobre as áreas e partes comuns. Quanto ao elevador, pode ser considerado privativo, se apenas serve a uma unidade.

As vagas de garagens, integrantes ou não das unidades ou autônomas, não podem ser alugadas ou alienadas a estranhos ao condomínio, salvo se houver autorização expressa na convenção do condomínio, de acordo com a Lei n. 12.607/2012. Essa norma teve por finalidade pôr cobro aos conflitos de interesses que ocorriam com a utilização desses espaços por pessoas estranhas ao condomínio, com risco para sua segurança. Hábito comum das construtoras, que passou a ser vedado pela lei, era a reserva de vagas de garagens para alienação a terceiros.

Há vaga de garagem que não integra qualquer unidade, considerando-se ela própria unidade autônoma. Em conformidade com a Súmula 449 do STJ, a vaga de garagem autônoma, que possui matrícula própria no registro de imóveis, não constitui bem de família, podendo ser penhorada. Mas a vaga de garagem vinculada a uma unidade, ainda que seja acessória desta, pode ser alienada a condômino de outra unidade do mesmo edifício, com a retificação do registro civil (REsp 954.861).

As relações entre o condomínio e os condôminos não são de consumo, não se lhes aplicando a legislação de proteção do consumidor. O condomínio não realiza atividade de fornecimento à coletividade de produtos ou serviços. Suas atividades são de meio, no interesse dos próprios condôminos e não atividades-fim. Portanto, o condomínio não se qualifica como fornecedor, segundo a delimitação posta no art. 2º do CDC (Lei n. 8.078/90). Diferentemente ocorre com o incorporador, que realiza atividade-fim típica, que se enquadra na relação de consumo, sendo disciplinada não apenas pela lei de regência da incorporação (Lei n. 4.591/64), mas também pela legislação de defesa do consumidor. Porém, essa atividade antecede a constituição do condomínio. No sentido da aplicação concorrente do CDC ao incorporador, decidiu o STJ (REsp 747.768), que também invocou os princípios da justiça contratual, da equivalência das prestações e da boa-fé objetiva.

11.1.1. Condomínio de Fato

As associações de moradores constituídas espontaneamente pelos residentes de determinadas ruas, quadras ou blocos, para defesa de interesses comuns, prática frequente nas cidades brasileiras, não configuram condomínio edilício e não ficam sob a tutela da legislação específica. São condomínios de fato, segundo denominação encontrada na doutrina.

Prevalece o entendimento de não se poder exigir aos não associados que contribuam com as despesas, ainda que beneficiados pelas atividades desenvolvidas, tendo em vista a liberdade constitucional de associação. Há decisão do STF (RE 432.106) segundo a qual moradores de vilas criadas com o fechamento de ruas não são obrigados a pagar taxas de condomínio. Essa matéria também foi pacificada no âmbito da Segunda Seção do STJ (Recurso Repetitivo, Tema 882), em face das decisões divergentes dos tribunais, com o seguinte enunciado: "As taxas de manutenção criadas por associações de moradores não obrigam os não associados ou que a elas não anuíram".

Todavia, sob outro fundamento, é possível a aplicação das regras do enriquecimento sem causa (CC, arts. 884 a 886), pois aquele que se enriquecer à custa de outrem está obrigado a restituir o indevidamente auferido.

A Lei n. 13.465/2017 (art. 78) modificou inteiramente a orientação anterior, ao considerar que essas associações desenvolvem atividades equivalentes de administração de imóveis, sujeitando os titulares dos imóveis e moradores em loteamentos ou empreendimentos assemelhados "à normatização e à disciplina constantes de seus atos constitutivos, cotizando-se na forma desses atos para suportar a consecução dos seus objetivos".

Indiretamente, a Lei n. 13.465 reconheceu o condomínio de fato, fazendo prevalecer o interesse coletivo (solidariedade de interesses na administração, conservação, manutenção, disciplina de utilização e convivência) sobre o interesse individual de cada morador, que se beneficia, como reconhece a lei, da valorização dos imóveis que compõem o empreendimento. A liberdade de associação é respeitada, porém determina o compartilhamento do ônus pelos benefícios obtidos, fazendo valer, ainda, a função social da propriedade.

11.2. O Condomínio Edilício como Sujeito de Direitos

O condomínio edilício não é pessoa jurídica, mas é sujeito de direitos. No direito contemporâneo não se resume à personalização jurídica a possibilidade de exercício de direitos e deveres, tanto no âmbito do direito material quanto no âmbito do direito processual. O condomínio, mediante sua administração, pode adquirir para si mesmo e não em nome dos condôminos coisas móveis e imóveis, pode firmar negócios jurídicos para prestação de serviços ou realização de obras em benefício da coisa comum, pode admitir, gerir e demitir empregados e tem legitimidade para agir em juízo, dita capacidade processual.

Sujeito de direito é categoria mais ampla que abrange a pessoa física, a pessoa jurídica e o sujeito de direito não personalizado. O condomínio edilício é sujeito de direito não personalizado, ao lado de tantas entidades assim investidas pelo direito: a herança, a massa falida, a sociedade em comum, a sociedade em conta de participação, o grupo de empresas, o consórcio de empresas (*joint venture*) ou o consórcio para aquisição de bens administrados por terceiro.

O Código Civil, no art. 1.348, II, estabelece que o condomínio em unidades imobiliárias pode praticar "em juízo ou fora dele, os atos necessários à defesa dos interesses comuns", inclusive contra os condôminos, impor multas, adquirir bens que serão considerados comuns, além de relações jurídicas com terceiros (ex.: empregados, empreiteiros, fornecedores de materiais), podendo adquirir unidade autônoma do mesmo edifício em seu nome. "Conquanto o condomínio não possua personalidade jurídica, é inviável deixar de reconhecer que deve exprimir sua vontade para deliberar sobre seu direcionamento" (STJ, REsp 1.120.140), o que se realiza com o reconhecimento de sua qualidade de sujeito de direito não personalizado.

Superada está a doutrina tradicional, para a qual sujeito de direito só pode ser quem o direito considere pessoa. Segundo essa doutrina, se essas entidades não são pessoas, então não seriam sujeitos de direito, desqualificando a capacidade de direito que ostentam, ainda que limitada, como de caráter meramente processual, ou como simples legitimação, ou como parte de ofício. Todavia, sujeito de direito é todo aquele que seja portador ou titular de direito – não necessariamente pessoa física ou jurídica –, que possa contrair obrigações autonomamente, ou que possa por si ir a juízo, tenha ou não personalidade jurídica própria.

Como sujeito de direitos não personalizado, o condomínio, analogicamente à pessoa jurídica, de cujo modelo legal mais se aproxima, é dotado de órgãos. O Código Civil prevê dois órgãos obrigatórios e necessários, que devem estar disciplinados na convenção do condomínio: a assembleia dos condôminos e o síndico. Pode a convenção prever outros órgãos, como o conselho fiscal, mas são facultativos.

O condomínio, por meio do síndico, tem legitimidade para promover, em juízo ou fora dele, a defesa dos interesses comuns. Todavia, é parte ilegítima (STJ, REsp 1.177.862) para pleitear pedido de compensação por danos morais em nome dos condôminos. Com efeito, essas matérias se inscrevem nos interesses individuais dos condôminos, pois o resultado só a estes aproveita.

11.3. Convenção do Condomínio

A convenção do condomínio é o estatuto regulamentar das relações entre os condôminos e destes com o condomínio, fixando direitos e deveres correspondentes. A estrutura básica da convenção é dada pela lei, mediante normas cogentes de observância obrigatória. Mas há largo espaço para a autonomia dos condôminos estabelecer o que estes julgam conveniente e oportuno como regras de convivência, o que termina por tornar singular cada convenção. A forma da convenção é por escritura pública ou por instrumento particular, por livre escolha dos condôminos ou do instituidor do condomínio.

Para que a convenção do condomínio possa produzir seus efeitos são necessários: (1) aprovação pelos condôminos; (2) registro no cartório de registro de imóveis, onde o condomínio tenha sido registrado. Para a aprovação, exige-se que seja subscrita por, no mínimo, dois terços dos titulares das unidades imobiliárias. Não é quórum de assembleia, mas sim número mínimo de assinaturas. O número é relativo às unidades e não aos condôminos, pois um condômino pode ser titular de duas ou mais unidades no mesmo condomínio, o que é muito comum quando o incorporador adquire o imóvel original permutando-o por unidades futuras, quando a construção for concluída. Equiparam-se aos titulares das unidades imobiliárias, para fins de subscrição da convenção, os promitentes compradores e os cessionários das promessas de compra e venda.

O registro não é necessário para que o condomínio passe a produzir imediatamente seus efeitos jurídicos, obrigando os condôminos, tão logo se alcance o número mínimo de assinaturas. Nesse sentido a Súmula 260 do STJ: "A convenção de condomínio aprovada, ainda que sem registro, é eficaz para regular as relações entre os condôminos". Mas o registro (Lei n. 6.015/73, art. 167, I, 17) é indispensável para ser oponível contra terceiros, na defesa judicial ou extrajudicial dos interesses do condomínio.

Quando o instituidor do condomínio for único (testador ou incorporador), a convenção do condomínio pode ser por ele elaborada, para fins do registro imobiliário. Nesta hipótese, como prevê o enunciado n. 504 das Jornadas de Direito Civil do CJF/STJ, "a escritura declaratória de instituição e convenção firmada pelo titular único da edificação composta por unidades autônomas é título hábil para registro". Cabe à assembleia dos condôminos, após a entrega das unidades, mantê-la, ou substituí-la, ou modificá-la.

Ainda que a convenção do condomínio seja fruto da autonomia privada, sua natureza não é contratual e sim estatutária. Equivale ao estatuto de pessoa jurídica, quando a lei o exige (por exemplo, fundação). Sendo assim, como teve de explicitar o STJ (REsp 195.450), é inadmissível ao condômino invocar a exceção do contrato não cumprido para escusar-se ao pagamento das cotas condominiais.

A convenção deve conter, no mínimo: (1) a definição da quota ou taxa condominial, para cobertura das despesas ordinárias e extraordinárias do condomínio, com a periodicidade – normalmente mensal –, vencimento, forma de pagamento e o modo de sua alteração ou revisão; (2) a forma de administração do condomínio, que pode ser direta ou com a participação de empresa especializada e o modo de escolha e substituição do síndico e subsíndicos, se houver; (3) a assembleia geral – suas competências, formas de convocação e quóruns para deliberação; (4) a existência ou não de conselho fiscal, com suas competências, composição e modos de eleição e substituição; (5) as modalidades de sanções que serão aplicadas aos moradores, condôminos ou locatários, e os órgãos encarregados de aplicá-las; (6) o regimento interno. Para além dessas matérias básicas, a convenção pode ser livremente definida pelos condôminos.

A destinação (residencial, não residencial, ou mista) é definida no ato de instituição do condomínio edilício, levado ao registro imobiliário. Tão importante é a destinação, que somente pode ser alterada pela unanimidade dos condôminos (CC, art. 1.351). Se a destinação é residencial, não pode o titular da unidade utilizá-la para fins profissionais, com recepção de público externo, pois envolve circulação de pessoas estranhas, sobrecarregando os serviços de portaria, de segurança, de limpeza e dos meios de circulação, como escadas e elevadores. Ademais (Rizzardo, 2003, p. 638), o constante ingresso e movimento de pessoas desconhecidas nos vários recintos, de difícil controle, gera acréscimo de riscos à segurança interna, sem contar com a quebra da privacidade, o barulho, os distúrbios.

Na vigência do Código Civil anterior, o STJ (REsp 38.006) considerou que a substituição de área ajardinada, de lazer, por quadra poliesportiva não caracterizava alteração substancial da destinação da coisa, razão por que não havia necessidade de quórum necessário para a deliberação, ou consenso unânime dos condôminos. No Código Civil atual, a destinação não pode ter tal abrangência (substituição de utilização de áreas comuns), contendo-se nas finalidades últimas do condomínio (residencial, empresarial ou mista), em virtude dos precisos termos do inciso III do art. 1.331 do Código Civil ("o fim a que as unidades se destinam") e da exigência de unanimidade dos condôminos para sua alteração. Fim das unidades não se confunde com utilização das partes comuns. Não há, pois, que se referir a alteração substancial da coisa, mas sim de alteração pura e simples da destinação que foi atribuída às unidades, no ato de instituição do condomínio edilício, objeto do registro imobiliário.

Quanto ao regimento interno, não se exige que ele esteja contido na convenção do condomínio. Se assim fosse, não se distinguiriam os dois tipos de regulações. A convenção é regulação geral do condomínio, enquanto o regimento interno tem por objeto seu detalhamento. É o regulamento da convenção. Nesta devem estar explicitados o modo de deliberação e reforma e as matérias de sua competência. Para o registro da convenção não é necessário que o regimento interno já tenha sido aprovado, até porque este não necessita de registro para ser válido e eficaz. O quórum da assembleia dos condôminos para aprovação ou reforma do regimento interno é livremente fixado na convenção, pois a lei não o determina. Se não for fixado, será o quórum comum, ou seja, de metade mais um dos presentes. O momento para a reforma do regimento interno é a assembleia ordinária anual dos condôminos, não precisando o ato de convocação explicitá-lo, pois a inserção é determinada em lei (CC, art. 1.350). Não há óbice legal a que a alteração do regimento interno seja feita em assembleia extraordinária, para o que deve constar expressamente do ato de convocação.

A adoção de nova convenção do condomínio ou a reforma e alteração da já existente dependem de aprovação em assembleia dos condôminos. Não basta a subscrição destes, no documento que as expresse. O quórum para deliberação é de dois terços dos votos dos condôminos. O voto do condômino, referido na norma legal (CC, art. 1.351), não é pessoal, pois não excepciona o modo de conferência, que é objetivo, ou seja, de acordo com o número de unidades, ou frações ideais pertencentes a cada condômino.

11.4. Assembleia dos Condôminos

A assembleia dos condôminos é o órgão máximo do condomínio. Algumas matérias são de sua competência exclusiva. Outras a ela chegam em virtude de sua inclusão no ato de convocação. A assembleia é, também, órgão revisor e recursal dos atos da administração do condomínio. O modo de convocação da assembleia é regulado na convenção do condomínio.

a assembleia é ordinária ou extraordinária. a assembleia ordinária se reúne obrigatoriamente uma vez por ano, devendo ser convocada pelo síndico, tendo por finalidade a aprovação do orçamento das despesas do ano seguinte, a deliberação sobre a prestação de contas do síndico e, se for o caso, a fixação ou alteração da contribuição ordinária dos condôminos, a alteração do regimento interno e a substituição do síndico. como essas matérias são determinadas em lei, não há necessidade de serem expressas no ato de convocação. ainda que o ato de convocação não refira a alteração do regimento interno, qualquer condômino presente poderá propô-la. a substituição do síndico depende de estar com seu mandato concluído ou se a convenção determinar o término coincidente com a data da assembleia ordinária. a assembleia ordinária não é o momento oportuno para destituição do síndico, pois esta é dependente de convocação expressa e de se lhe assegurar o devido processo e o direito de defesa. se o síndico não a convocar, poderá fazê-lo ao menos um quarto dos condôminos, de acordo com suas frações ideais. como a assembleia ordinária é obrigatória, se a convocação não for feita pelo síndico ou pelo grupo de condôminos, caberá ao juiz decidir sobre as matérias, a requerimento de qualquer condômino.

A assembleia extraordinária pode ser convocada em qualquer tempo, para deliberação sobre matérias estranhas à assembleia ordinária. As matérias devem estar expressas no ato de convocação e somente sobre elas pode haver deliberação. Cabe ao síndico convocá-la ou ao menos um quarto dos condôminos, de acordo com suas frações ideais. O grupo de condôminos pode se dirigir ao síndico para a convocação ou fazê-la diretamente aos demais condôminos. A assembleia extraordinária pode ser convocada por qualquer condômino, isoladamente, para autorização de despesas com obras consideradas necessárias, porém não urgentes (CC, art. 1.341, § 3º), se o síndico se omitir em convocá-la.

A convenção do condomínio ou o regimento interno definem quem preside a assembleia, o local, o horário preferencial, a ordem dos trabalhos, o modo de discussão das matérias, a votação. Não há exigência legal de a votação ser secreta ou por utilização de cédulas. Basta o levantamento da mão para expressar o voto favorável ou contrário, ou a manifestação individual, declinando-se o número de cada unidade.

Apenas podem participar das assembleias e votar os condôminos que estejam quites com suas obrigações com o condomínio. Os votos não são pessoais, mas proporcionais às frações ideais de cada condômino. A lei brasileira adota o critério da fração ideal e o princípio da inseparabilidade que rege as unidades imobiliárias em relação às frações ideais. "O cálculo das frações ideais precede, pois, ao lançamento da incorporação, e é exigência para que o incorporador possa negociar as unidades" (Pereira, 1999, p. 105). Admite a lei, no entanto, que a convenção do condomínio disponha de forma diferente (não o regimento interno, pois diz respeito ao exercício do direito). A convenção pode estabelecer que o voto seja pessoal, ou seja, cada condômino presente significa um voto, ou que a titularidade de cada unidade valha voto igual, ainda que as unidades tenham frações ideais diferentes, pois o condomínio pode ser composto de unidades com áreas distintas (por exemplo, o prédio pode ter apartamentos com tamanhos e dependências maiores e menores). Os condôminos podem ser representados por procurador, condômino ou estranho, salvo se a convenção não o admitir. A Lei n. 4.591/64, admitia o voto do locatário, mas essa norma permissiva não foi reproduzida no Código Civil, que revogou a legislação anterior, prevalecendo o que dispuser a convenção; entendimento pela sua continuidade implica repristinação, o que nosso direito rejeita.

A distribuição dos poderes de voto, de modo diferente ao do modelo legal supletivo da proporção às frações ideais, pode se refletir na fixação da contribuição condominial. A assembleia pode deliberar que, independentemente do tamanho das unidades, a contribuição de cada condômino será igual. Essa deliberação é frequente em situações de condomínios de casas ou de condomínios com grandes áreas de lazer e jardins, pois a utilização e as despesas de manutenção destas são iguais, independentemente das áreas internas das unidades.

Os quóruns são de presença e de deliberação. Os quóruns de deliberação nas assembleias ordinárias e extraordinárias são variados, dependentes das matérias (sempre considerando a proporção às frações ideais, salvo disposição diferente na convenção do condomínio), podendo ser ordenados, do mais simples ao mais complexo:

(1) Maioria dos presentes, isto é, metade mais um, em segunda convocação, salvo quando exigido quórum especial para determinada matéria. Não há quórum de presença. A segunda convocação já pode estar contida no ato de convocação, como é costume se fazer, fixando-se outro horário no mesmo dia, caso não se consiga alcançar o quórum, no primeiro horário, de pelo menos metade das frações ideais.

(2) Maioria dos presentes, no horário da primeira convocação, salvo quando exigido quórum especial. O quórum de presença exigível deve corresponder pelo menos à metade das frações ideais.

(3) Metade mais um dos condôminos, proporcionalmente às frações ideais, para: a) autorização de obras úteis ao condomínio (não necessárias); b) reconstrução ou venda do imóvel, em caso de destruição da edificação, por fatos estranhos à deliberação dos condôminos.

(4) Dois terços dos condôminos para: a) deliberar sobre o percentual da multa a ser cobrada do condômino inadimplente, quando a convenção não a tiver previsto; b) realização de obras no condomínio, consideradas benfeitorias voluptuárias; c) realização de obras novas em partes comuns, acrescentadas à construção original, para facilitar ou aumentar a utilização pelos condôminos; d) alteração da convenção do condomínio. O STJ (REsp 1.230.916) admitiu que a convenção do condomínio possa estabelecer quórum mais elevado para essas deliberações.

(5) Três quartos dos condôminos, excluído desse cálculo o condômino inadimplente, para: a) deliberar sobre o pagamento por este de multa correspondente até ao quíntuplo do valor atribuído à contribuição condominial; b) deliberar sobre a imposição de multa, correspondente ao décuplo do valor atribuído à convenção condominial, ao condômino antissocial. Há entendimento (TJSP, Acórdão 6549920) no sentido de a convenção poder adotar quórum menor, porque a norma do art. 1.377 do Código Civil não seria de ordem pública (como a que fixa o limite máximo da multa), mas sim de ordem privada.

(6) Unanimidade dos condôminos para: a) mudança da destinação ou finalidade do edifício ou da unidade (residencial, empresarial ou mista); b) construção de outro pavimento no edifício já construído, ou para construção de outro edifício no terreno comum, destinado a conter novas unidades imobiliárias; c) alteração das frações ideais. A unanimidade dificilmente se obtém em um grupo de pessoas, pois a divergência pode ocorrer. Por essa razão, apenas essas hipóteses excepcionais, que dizem respeito à essência do condomínio, a exigem. A falta de unanimidade, ainda que por razões inconfessadas ou por motivos desarrazoados de algum condômino, não pode ser suprida pelo Poder Judiciário, pois configura direito potestativo.

O art. 1.351 do Código Civil, quando prescreve a unanimidade, alude a "mudança de destinação do edifício", que deve ser interpretado em harmonia com as expressões "o fim a que as unidades se destinam", previstas no art. 1.332, III, como requisito para a instituição do condomínio edilício, pois este também existe quando as unidades autônomas são isoladas (condomínio de casas ou de quadra). Segundo Ebert Chamoun (1970, p. 18) a comissão elaboradora do anteprojeto do Código Civil optou pela exigência da unanimidade dos condôminos para a construção de nova unidade imobiliária, ainda mesmo quando realizada no terraço de cobertura particular; mas, obras de acréscimo pode o condômino aí empreender, subordinadas inclusive à condição de não erguer mais de um pavimento no edifício. A lei brasileira segue orientação distinta da faculdade contida no art. 1.127 do Código Civil italiano, de o condômino do último andar poder elevar outros andares, salvo se houver impedimento no título, ou a estrutura do edifício não permitir. A alteração da fração ideal, pela construção de novas unidades "necessita de aprovação unânime de todos os condôminos, que inexistindo impede a sua efetivação" (STF, RE 96.409).

Se a convenção de condomínio tiver previsto um conselho fiscal, cuja criação é facultada pelo art. 1.356 do Código Civil, deverá ser composto de três membros efetivos. Além dos membros efetivos, pode a convenção do condomínio incluir suplentes. Compete ao conselho fiscal dar parecer sobre as contas do síndico, como subsídio para deliberação da assembleia dos condôminos. A escolha dos membros do conselho fiscal é feita mediante eleição em assembleia dos condôminos. A apreciação das contas do síndico não se resume aos aspectos contábeis, mas também à regularidade e à necessidade das despesas, inclusive se dependiam ou não de prévia autorização da assembleia dos condôminos.

11.5. Gestão e Responsabilidade do Condomínio

A gestão ou administração do condomínio compete ao síndico, eleito em assembleia dos condôminos, que a esta deve prestação de contas. O síndico é o órgão executivo do condomínio. O síndico é eleito entre os condôminos, mas pode ser escolhido estranho, se nenhum desejar assumir a gestão ou não conseguir ser eleito. Para Caio Mário da Silva Pereira, a função de síndico pode ser dada a uma pessoa jurídica (1999, item 98). Nesse sentido permite a lei que a assembleia invista outra pessoa com poderes de representação. O prazo do mandato do síndico não pode ultrapassar de dois anos, de acordo com o que estabelecer a convenção do condomínio. A lei (CC, art. 1.347) permite que o prazo do mandato possa ser renovado, pela assembleia dos condôminos. Não há limite para as renovações, deixando-se a critério dos condôminos, que, eventualmente, prefiram manter o síndico enquanto lhes satisfizer.

Dependendo do número de unidades, a convenção do condomínio pode prever a figura de subsíndico ou de vários subsíndicos. Quando o condomínio é composto de vários edifícios de unidades imobiliárias, cada um pode contar com um subsíndico, cabendo ao síndico a tarefa de coordenação. Nas relações com terceiros apenas o síndico tem poderes de atuar em nome do condomínio, mas pode haver distribuição de poderes na convenção ou delegação deles feita pelo síndico.

O síndico ou subsíndico podem ser remunerados, de forma direta ou indireta, neste caso com dispensa de pagamento das contribuições condominiais ou outra modalidade, tudo de acordo com o que tiver previsto a convenção. Ambos respondem pelos prejuízos que causar ao condomínio, pelo desempenho inexato de suas atribuições.

Em condomínio de muitas unidades, a gestão é tarefa complexa, que demanda necessidade de terceirizar as atividades, com a contratação de empresas especializadas em administração de condomínio. São necessários serviços de cobranças, de serviços de advocacia e de contabilidade, de gestão de contratos com prestadores de serviços permanentes de manutenção, de gestão de pessoal empregado no condomínio, de controle de material, de contratação e acompanhamento de obras e serviços. Dependendo de aprovação da assembleia dos condôminos, pode o síndico transferir poderes de representação judicial ou extrajudicial do condomínio a outra pessoa física ou jurídica, salvo se a convenção não o permitir.

O síndico atua pelo condomínio edilício, em juízo ou fora dele. O Código Civil diz que compete a ele "representar, ativa e passivamente" o condomínio. Mas o síndico é órgão do condomínio e órgão não representa e sim "presenta". A entidade se exterioriza pela atuação do órgão, segundo o modelo dos órgãos da pessoa física: o cérebro ou a mão, por exemplo, integram-na. Diferentemente, a representação é externa à pessoa ou entidade; outra pessoa ou entidade atuam em nome da representada.

Os poderes do síndico são os mais amplos possíveis para atuar pelo condomínio perante os condôminos e terceiros, suficientes à "defesa dos interesses comuns" (CC, art. 1.348, II). Cabe ao síndico receber citações do Poder Judiciário, nas ações que se fundem em deliberação da assembleia, ou que envolvam responsabilidade do condomínio. O síndico que excede de seus poderes, ou age contra as deliberações da assembleia dos condôminos, é mero gestor de negócios em relação a esses atos (CC, art. 861), salvo se os condôminos os ratificarem.

O condomínio, por seu síndico e mediante representação judicial outorgada a advogado, pode ajuizar ações contra os titulares das unidades, principalmente para cobrança dos débitos destes com contribuições condominiais, inclusive com penhora da unidade. O STJ (REsp 1.100.087), interpretando extensivamente e por analogia o art. 3º, IV, da Lei n. 8.009/90, passou a admitir a penhora da unidade residencial, que se qualifica como bem de família, em execução movida pelo condomínio edilício para cobrança das despesas condominiais. Para o STF

(RE 439.003), "o pagamento da contribuição condominial [obrigação *propter rem*] é essencial à conservação da propriedade, vale dizer, à garantia da subsistência individual e familiar", não havendo razão para cogitar-se de impenhorabilidade.

Além dos poderes gerais de administração e atuação, o síndico é investido de competências específicas, pela lei e pela convenção do condomínio. Essas competências têm o significado de atribuições, configurando mais deveres que faculdades. Compete-lhe cumprir e fazer cumprir a convenção, o regimento interno e as deliberações da assembleia; convocar as assembleias ordinárias e extraordinárias; informar os condôminos de fatos que lhes interessem e os que lhes possam acarretar encargos; conservar, guardar e manter as coisas comuns; cobrar dos condôminos as contribuições condominiais e multas; prestar contas à assembleia e realizar seguro das edificações.

As obras a serem feitas no condomínio classificam-se, como as benfeitorias, em necessárias, úteis e voluptuárias. As necessárias são as indispensáveis ao condomínio, que pode ficar comprometido em sua segurança ou ser depreciado se não forem feitas. Têm por finalidade a conservação, a manutenção, a segurança e a integridade das partes comuns. As obras e reparações necessárias impõem-se por si mesmas, não dependendo de autorização dos condôminos e podem ser realizadas pelo síndico, cujas despesas serão apreciadas pela assembleia ordinária subsequente, no conjunto da prestação de contas. A omissão do síndico, em virtude da urgência e do risco de prejuízo ao condomínio, faculta a qualquer condômino a realizá-las, se tiver condições financeiras para isso.

As obras necessárias, ainda que urgentes, que importarem valores elevados ou excessivos, após iniciadas, devem ser comunicadas aos condôminos, com a convocação de assembleia, para que esta decida se: são necessárias, são urgentes e se os valores podem ser suportados. O quórum para deliberação é simples (maioria dos presentes). Porém, se as obras não forem urgentes e acarretarem despesas excessivas somente poderão ser iniciadas após autorização da assembleia extraordinária, convocada para esse fim pelo síndico ou, se este não fizer, por qualquer condômino, também com quórum simples de deliberação. Não necessitarão de autorização da assembleia as despesas não excessivas com obras necessárias não urgentes. Consideram-se excessivas as despesas que ultrapassem os limites das receitas ordinárias do condomínio e impliquem rateio entre os condôminos de contribuições extraordinárias.

As obras e reparos úteis ampliam as possibilidades de uso, utilidade e conforto das partes comuns, no interesse dos condôminos. Não são necessárias, mas agregam valor econômico ao condomínio. São assim: a ampliação do salão de festas, a construção de piscina, a criação de salão de jogos, a abertura de outro acesso. Às vezes, de acordo com as circunstâncias, as obras úteis podem ser consideradas necessárias. Em locais de elevado risco, sistemas eletrônicos de segurança podem ser considerados necessários. As obras úteis para que possam ser iniciadas pela administração do condomínio dependem de aprovação em assembleia extraordinária, para a qual se exige o quórum especial de votação (e não de presença) da maioria dos condôminos, proporcionalmente às frações ideais.

As obras voluptuárias são as que têm finalidades estéticas. Não são necessárias nem úteis, mas agregam valor, pois é da natureza humana a apreciação da beleza e do que é agradável à contemplação. São assim: as esculturas nos ambientes de circulação do condomínio; os jardins (são úteis, no entanto, quando têm por finalidade a melhoria da temperatura dos ambientes comuns); a ornamentação em geral; a pintura de artista plástico conhecido. As obras voluptuárias, por não serem necessárias ou mesmo úteis, necessitam da aprovação de dois terços dos condôminos, proporcionalmente às frações ideais.

A responsabilidade civil do condomínio por danos ocorridos dentro ou fora de suas instalações é equivalente à atribuída à pessoa jurídica. Por exemplo, há responsabilidade do condomínio pelos danos causados a terceiros por seus empregados ou pessoas a seu serviço, no exercício de suas atividades, notadamente quando ocorrer de condução ou manejo de equipamentos ou veículos a ele pertencentes. Já está assentado no STJ (EDiv no REsp 268.669) que "o condomínio só responde por furtos ocorridos nas suas áreas comuns se isso estiver expressamente previsto na respectiva convenção", e que (REsp 1.036.917) o condomínio não responde pelos danos morais sofridos por condômino "em virtude de lesão corporal provocada por outro condômino, em áreas comuns", salvo se o dever de agir contra tal conduta tiver sido previsto na convenção.

Os titulares das unidades imobiliárias são responsáveis pelos danos causados pelos respectivos moradores, nas áreas comuns, ou em decorrência de objetos caídos delas. Assim, aplicando-se o art. 938 do Código Civil, é do titular da unidade e não do condomínio a responsabilidade pelo dano proveniente de coisas que dele caírem ou forem lançadas em local indevido. A responsabilidade é do condomínio se o dano provier da falta de reparos na fachada do prédio, porque esta é coisa comum.

Há dever para o condomínio edilício de realizar seguro de toda a edificação contra o risco de incêndio ou destruição parcial ou total. O fim da norma legal (CC, art. 1.346) é de possibilitar a reconstrução da edificação, com a indenização recebida, de acordo com a apólice do seguro. Independentemente desse seguro geral, de caráter obrigatório, pode cada condômino contrair idêntico seguro especificamente para sua unidade.

A responsabilidade por defeitos de execução da obra é do incorporador. De acordo com o STJ (REsp 884.367), ao incorporador, nos termos da Lei n. 4.591/64, cabe a contratação da edificação do imóvel construído de unidades imobiliárias e "é exatamente por lhe caber essa tarefa que responde pela má ou defeituosa execução da obra, traduzida, na sua ruína ou ameaça de ruína, exigindo reparações de vulto ou reconstrução". Quase sempre a empresa construtora é também a incorporadora.

11.6. Contribuição Condominial

O pagamento da contribuição condominial pelo condômino, para cobertura das despesas ordinárias ou extraordinárias, é indispensável para que o condomínio possa cumprir suas finalidades e os condôminos possam utilizar suas unidades. O condomínio pode fixar a periodicidade, cuja preferência é a mensal. O não pagamento acarreta a incidência de juros moratórios que forem fixados pela assembleia dos condôminos.

Se não houver previsão dos juros, prevalecerá a taxa legal (CC, art. 1.336, § 1º) de um por cento ao mês, sobre cada contribuição vencida. "Após o advento do Código Civil de 2002, é possível fixar na convenção do condomínio juros moratórios acima de 1% (um por cento) ao mês em caso de inadimplemento das taxas condominiais" (STJ, REsp 1.002.525). Não é possível a capitalização dos juros moratórios, ou seja, o cálculo destes não incidirá sobre o débito e os juros não pagos de outras parcelas. Na execução de crédito relativo a cotas condominiais, este tem preferência sobre o hipotecário (Súmula 478-STJ); o crédito é privilegiado, superando os créditos comuns e até mesmo o hipotecário, porque diz respeito a necessidades imediatas, de custeio corrente.

Além dos juros moratórios, poderá o condomínio cobrar multa de até dois por cento do débito, excluído deste o cálculo dos juros moratórios. O limite legal da multa tem sido criticado, porque, por seu reduzido percentual, pode estimular atrasos, em prejuízo da vida do condomínio. É nula a estipulação que, dissimulando ou embutindo multa acima de dois por cento, confere suposto desconto de pontualidade no pagamento de taxa condominial, pois configura fraude à lei e não redução por merecimento (enunciado 505 das Jornadas de Direito Civil, do CJF/STJ). O desconto para pagamento antecipado ou para pagamento até ao vencimento, que é prática comum, não se qualifica como multa invertida, ou penalidade, mas estímulo correto ao adimplemento; quando muito, seria sanção premial ou positiva.

O critério legal de proporção das partes ideais, para cálculo das contribuições condominiais, não é absoluto, pois a convenção pode estabelecer de modo diferente, ou modificar o critério anterior. Pode, por exemplo, fixar valor único para as contribuições periódicas, frequentemente mensais, independentemente das áreas ou das proporções de frações ideais das unidades, máxime quando haja disponibilidade de áreas e equipamentos comuns, de elevada manutenção. A redação originária do art. 1.336 do Código Civil impunha o critério exclusivo da proporção das frações ideais, mas a Lei n. 10.931/2004, transformou-o de cogente em supletivo.

Tem sido objeto de conflito a cobrança diferenciada de contribuição condominial, quando a unidade tem área expressivamente maior, a exemplo dos apartamentos de cobertura. Nada impede, contudo, que o condomínio adote a opção igualitária, até porque os custos condominiais não são proporcionais ao tamanho das unidades, mas sim relativos à manutenção das áreas comuns e ao custeio das despesas correntes, inclusive dos empregados. Nesse sentido, o entendimento do STJ no REsp 541.317: "O rateio igualitário das despesas condominiais não implica, por si só, enriquecimento sem causa dos proprietários de maior fração ideal".

A jurisprudência dos tribunais tem reafirmado a responsabilidade da empresa incorporadora ou construtora pelo pagamento das contribuições condominiais, relativamente às unidades ainda não vendidas. Assim, decidiu o STJ pela invalidade, porque abusiva, da cláusula de convenção condominial que isenta a construtora e incorporadora do empreendimento do pagamento das contribuições dessas unidades (REsp 151.758), ou pela ineficácia de cláusula exoneratória de responsabilidade dos alienantes (REsp 282.740). Também é responsável pelo pagamento dos débitos condominiais o locatário do imóvel, contra o qual pode ser ajuizada a ação de cobrança, juntamente com o proprietário, ainda que não haja solidariedade passiva entre eles (STJ, REsp 1.704.498).

Não pode o condômino, para eximir-se ou exigir redução proporcional do valor da contribuição condominial, renunciar ao uso de partes comuns. Independentemente do uso, a contribuição é devida. Esse tema foi debatido pelo STF, no RE 75.951, como se extrai do voto do Min. Aldir Passarinho, que indaga se um condômino que resolver fechar sua porta de serviço deixaria de pagar as despesas de manutenção do elevador do *hall* de serviço: "Deveriam os demais condôminos suportar as despesas relativas àquele condômino sobre a utilização que ele deixou de fazer do elevador e do *hall* de serviço? Por certo que não".

O condômino inadimplente contumaz, isto é, o que reiteradamente deixa de pagar as contribuições condominiais não pode ser tratado como um devedor comum, pois sua conduta causa prejuízo aos demais condôminos, que devem suportar as despesas necessárias à manutenção do condomínio. Não é simples relação de crédito e débito que se resolve entre as partes. Tal comportamento torna insuportável a convivência e até mesmo a utilização das suas unidades pelos outros condôminos. Por essa razão, a lei confere ao condomínio, por deliberação de três quartos dos demais condôminos, a faculdade de impor sanção de multa de até cinco vezes do valor da contribuição condominial. Essa multa não é compensatória, pois o condomínio poderá cobrar-lhe, ainda, as perdas e danos que tenham sido causados pela inadimplência reiterada. Mas, não pode o condomínio suspender serviços essenciais ou proibir acesso a qualquer área comum para punir condômino devedor (STJ, REsp 1.564.030).

Pode, ainda, o condomínio valer-se de outros meios legais para compelir o condômino ao pagamento das contribuições condominiais, juros e multas, quando a sanção pecuniária não gera o efeito pretendido. Por decisão simples da assembleia dos condôminos, pode o débito do inadimplente ser inscrito no serviço de proteção ao crédito ou equivalente, que se tem revelado mais eficiente que a multa ordinária de dois por cento.

É de cinco anos a prescrição da pretensão de cobrança das contribuições condominiais, com fundamento no CC, art. 206, § 5º, I (dívidas líquidas constantes de instrumento público ou particular). Há, todavia, os que defendem a aplicação do prazo decenal geral, previsto no CC, art. 205. Os meios de comunicação atuais dispensam prazo mais largo, além de o prazo de cinco anos contemplar a boa-fé objetiva do administrador do condomínio, o interesse dos condôminos e a função social do condomínio. A 2ª Seção do STJ no REsp 1.483.930, em que se discutia o prazo prescricional aplicável à cobrança de taxas condominiais, no âmbito de recursos repetitivos, acolheu os argumentos em prol dos cinco anos, fixando a seguinte tese: "Na vigência do Código Civil de 2002, é quinquenal o prazo prescricional para que o condomínio geral ou edifício (horizontal ou vertical) exercite a pretensão de cobrança da taxa condominial ordinária ou extraordinária constante em instrumento público ou particular, a contar do dia seguinte ao vencimento da prestação".

Em juízo, o crédito referente às contribuições condominiais, ordinárias ou extraordinárias, desde que documentalmente comprovado, é considerado título executivo extrajudicial (CPC, art. 784, X).

11.7. Direitos e Deveres dos Condôminos

Os condôminos podem livremente usar, fruir e dispor de suas unidades imobiliárias, porque sobre elas há direito de propriedade exclusiva. Todavia, ante as peculiaridades do condomínio edilício, tornam-se mais exigentes os direitos de vizinhança e as regras de convivência estabelecidas na convenção do condomínio e no regimento interno.

Com relação ao que não integra a unidade autônoma, o condômino pode usar as partes comuns, de modo comum, ou seja, não excluindo o mesmo uso por parte dos outros condôminos. Evidentemente, o uso está condicionado à destinação dada pelo condomínio às partes ou áreas comuns. Assim, as áreas e equipamentos destinados às crianças não podem ser utilizados para diversão de adultos.

Permite-se ao condômino alienar parte acessória da sua unidade (por exemplo, sua vaga de garagem) a outro condômino. Apenas é permitido a alienação a terceiro se houver prévia autorização no ato de constituição do condomínio. Todavia, ainda que a faculdade para alienação a terceiro seja assim prevista, poderá a assembleia dos condôminos deliberar por sua proibição.

A preferência é ao condômino na locação, por outro condômino, da parte acessória, com objetivo de prevenir os conflitos que frequentemente causam a admissão e a circulação de estranhos nessas áreas. Se nenhum condômino se interessar, poderá ser alugada a estranho. Contudo, pelas mesmas razões de vedação de alienação, pode a convenção do condomínio ou a assembleia dos condôminos proibir que se alugue a estranho. A lei (CC, art. 1.338) não assegura direito irrestrito à locação da vaga de garagem, mas sim estabelece restrição, quando faculta a outro condômino o direito de preferência. Sua interpretação é no sentido de ser permitida a locação a estranho, se outro condômino não a quiser e se não houver proibição na convenção ou por deliberação da assembleia dos condôminos.

Pode o condômino, que discordar de determinada verba ou questionar a necessidade dela ser despendida, ingressar em juízo contra o condomínio, quando deste não obtiver prestação de contas satisfatória. O síndico tem de prestar contas de sua gestão, perante a assembleia ordinária dos condôminos, ou quando demandado por condômino. Ao cobrar as despesas, o síndico assume plenamente a obrigação de prestar contas, uma vez que administra e gere valores e interesses alheios. A exigência legal (CC, art. 1.350, § 1º) de um quarto dos condôminos é relativa à convocação da assembleia, quando não a faz o síndico, mas não é requisito para o exercício do direito de o condômino, isoladamente, pedir prestação de contas ou questionar despesas. A legitimidade do condômino assenta no fato de ter de assumir, proporcionalmente, o pagamento de despesas, que não concorda ou cujo esclarecimento não obteve. Nesse sentido, decidiu o STJ (REsp 535.696) que é razoável a interpretação de que o condômino tem legitimidade para, em nome próprio, pedir prestação de contas ao síndico quando este não as tenha prestado por ausência de convocação de assembleia de condôminos e impossibilidade de obtenção de quórum para convocação de assembleia extraordinária.

As áreas de uso comum não podem ser destinadas para uso exclusivo de alguns condôminos, "como se lhes pertencesse como propriedade particular" (STJ, REsp 710.845). Nesse caso, houve cessão pela incorporadora a alguns condôminos de área sobre pilotis. Mas essa regra não é absoluta e tem sido mitigada, ante situações específicas, pela jurisprudência dos tribunais. O próprio STJ já decidiu (REsp 214.680) caso de área destinada a corredor, que perdeu sua finalidade com a alteração do projeto e veio a ser ocupada com exclusividade por alguns condôminos, com a concordância dos demais. "Consolidada a situação há mais de vinte anos sobre área não indispensável à existência do condomínio, é de ser mantido o *statu quo*. Aplicação do princípio da boa-fé (*supressio*)". No mesmo sentido, aplicando o princípio da boa-fé objetiva, o REsp 356.821, no caso dos proprietários de duas unidades condominiais que faziam uso exclusivo de área comum, sendo os únicos com acesso a esta, há mais de trinta anos e autorizados pela assembleia do condomínio.

A concorrência de uso exclusivo das unidades imobiliárias e de uso comum das partes comuns, no mesmo espaço, impõe a fixação de deveres aos condôminos, para que a convivência seja a mais harmônica possível. São deveres gerais de conduta, derivados diretamente da lei e não da autonomia privada, gerando obrigações não autônomas. O condomínio edilício, como adverte Pontes de Miranda (2012, v. 12, p. 241), não é relação obrigacional autônoma, quer dizer, por si só não se forma no domínio do direito das obrigações, ainda que os princípios deste sirvam supletivamente.

Cada condômino deve pagar as contribuições condominiais, ordinárias e extraordinárias, que sejam fixadas em assembleia, na proporção das partes ideais, salvo se assembleia aprovar outro critério. O critério legal da proporção das partes ideais é o mesmo utilizado para a computação dos votos em assembleia.

No que concerne ao consumo de água corrente pelos condôminos, a Lei n. 13.312/2016 determinou, para as edificações condominiais feitas a partir de sua vigência, a medição individualizada do consumo hídrico por unidade imobiliária, entre outros padrões de sustentabilidade ambiental.

Não pode o condômino realizar obras em sua unidade autônoma que comprometa a segurança do prédio, edificado em andares sucessivos. O condômino pode realizar modificações internas na unidade, para ambientá-lo ao seu gosto, atendo-se às partes livremente removíveis, com observância ao que estiver disposto na convenção do condomínio. Mas não pode modificar ou mesmo afetar as partes estruturais do prédio, tais como vigas, colunas e até mesmo paredes, quando estas sejam estruturais ou de sustentação. Tragédias ocorreram quando reformas de unidades comprometeram as partes estruturais dos prédios, que desabaram. Não há impedimento legal para a abertura de acessos entre unidades contínuas, do mesmo titular, se não acarretar comprometimento às partes estruturais da edificação; assim, com abertura de portas ou vãos livres entre apartamentos contíguos no mesmo andar, ou com escada de comunicação entre apartamentos contíguos em dois andares.

De acordo com o art. 1.308 do Código Civil, não pode o condômino encostar à parede divisória das unidades, inclusive em sacadas ou varandas, chaminés, fogões, fornos, churrasqueiras ou quaisquer aparelhos ou depósitos suscetíveis de produzir infiltrações ou interferências prejudiciais. Se o fizer, pode o prejudicado pedir em juízo o desfazimento ou cessação da obra.

Não pode o condômino modificar a cor, a forma e os materiais originalmente utilizados para as fachadas. Tampouco pode modificar os modelos e especificações das esquadrias das fachadas, em suas unidades. Esse é um problema constante, para o qual nenhuma concessão pode ser admitida, salvo expressa disposição na convenção, pois a falta de uniformidade compromete a valorização do imóvel, como um todo, prejudicando os demais condôminos. Para Caio Mário da Silva Pereira, nenhum condômino tem o direito de mudar a forma da fachada externa ou decorar as paredes e esquadrias externas com tonalidades ou cores diversas das empregadas no conjunto do edifício (1999, p. 155). É uma forma de restrição ao direito de propriedade, no interesse da coletividade dos condôminos. A restrição nos condomínios residenciais é total, mas nos condomínios empresariais tem sido mitigada, quando a convenção do condomínio é omissa, admitindo-se a colocação de cartazes ou letreiros que não comprometam a estética do edifício. Não se considera modificação de fachada a instalação de telas ou grades de proteção em varandas e janelas, no caso de morador com filho menor. O envidraçamento de sacadas é permitido, se houver aprovação da assembleia e de acordo com as especificações por ela definidas, para que haja uniformidade, ficando sob encargo financeiro exclusivo do condômino interessado, uma vez que é obra em área comum de uso particular (CC, art. 1.340); por se tratar de obra classificada como voluptuária (CC, art. 1.341, I), sua realização depende do voto de dois terços dos condôminos.

Não pode o condômino dar à sua unidade destinação diferente da que tem a edificação. Se for residencial, não pode destiná-la para objetivos profissionais ou não residenciais. Todavia, ante a grande transformação que está a ocorrer nas atividades profissionais, esse dever negativo deve ser interpretado com mitigação, pois a revolução da informática passou a permitir que as pessoas utilizassem seus ambientes domésticos também para trabalho. O fim social da norma é impedir que os titulares das unidades residenciais desenvolvam atividades que impliquem atendimento ao público. Se quem realiza a atividade é o próprio morador; se a atividade não provoca fluxo de pessoas estranhas, nem o emprego de trabalho de terceiros, no ambiente da unidade, salvo os trabalhadores domésticos, não há mudança de destinação. Parece-nos que a convenção do condomínio que proibisse ao morador qualquer atividade profissional violaria a garantia do livre exercício de trabalho, ofício ou profissão (CF, art. 5º, XIII). Pontes de Miranda (2012, v. 12, p. 390) já antevia essa modulação, assegurando que "se no apartamento o dono ou locatário mora e exerce a sua profissão, sem empregados que fabriquem, a lei não lho proíbe, porque não se transformou o apartamento em apartamento não residencial", salvo se a residência é somente simulada, para se evitar que se classifique como mudança de destinação. A lei argentina não considera desvio do uso residencial a prática de atividade meramente artesanal ou de indústria doméstica, no apartamento, desde que não sejam utilizados empregados, nem haja afluência de público no local. Tem sido decidido que, se exercidas sem qualquer anormalidade ou abuso, pode o condômino ministrar aulas particulares em seu apartamento (*RT* 397/174).

Não pode o condômino utilizar a unidade de modo prejudicial à saúde, ao sossego e à segurança dos demais condôminos da edificação. Essa regra é mais restrita que as regras gerais dos direitos de vizinhança. Sons, ruídos, odores e utilização de produtos prejudiciais devem observar as regras estabelecidas na convenção, que é lei entre os condôminos. Animais são sempre causadores de conflitos entre condôminos e não podem ser permitidos se causarem incômodos aos condôminos, ainda que a convenção seja omissa, ante a incidência das regras dos direitos de vizinhança. Se houver previsão expressa na convenção, a vedação de animais nas unidades não pode ser desafiada sob o argumento da garantia genérica do direito de propriedade, pois esta não é absoluta e não pode prevalecer sobre o interesse do conjunto dos condôminos. "A propósito de animal em apartamento, deve prevalecer o que os condôminos ajustaram na convenção" (STJ, REsp 161.737).

Os barulhos constantes emanados da unidade não devem ser suportados pelos demais condôminos (por exemplo, sons musicais muito altos), independentemente do horário. Os barulhos episódicos, como os decorrentes de reformas na unidade, devem observar os períodos de repouso tradicionais, incluindo os destinados às refeições; as convenções de condomínios costumam estabelecer o horário comercial para tais serviços. Essas condutas, ainda que não disciplinadas na convenção do condomínio, sofrem a incidência das normas de regência dos direitos de vizinhança (CC, art. 1.277) em virtude do uso anormal da propriedade, pois qualquer condômino, proprietário ou possuidor de unidade, tem o direito de fazer cessar as interferências prejudiciais à segurança, ao sossego e à saúde dos que a habitam, provocadas pela utilização de unidades vizinhas.

Para Pontes de Miranda (2012, v. 12, p. 462), as relações entre o dono do apartamento de cima e o dono do apartamento de baixo, no que se refere ao teto-e-soalho, são relações de vizinhança e não relações de condomínio. Eles são condôminos das partes comuns a todos, não do teto-e-assoalho, porque, respeito a essa laje, estão na mesma situação que os confinantes de casas têm com as paredes comuns. Com efeito, são aplicáveis as regras do art. 1.306 do CC/2002, sobre parede-meia. Não pode, por exemplo, perfurar a laje para além de sua metade. Se o apartamento superior provoca umidade no inferior, ou se prejudica a segurança e a saúde dos que habitam no debaixo, há violação dos direitos de vizinhança.

Os bons costumes devem ser observados pelo condômino. Trata-se de conceito indeterminado, cujo conteúdo apenas a situação concreta pode permitir preencher. De modo geral, os bons costumes são os que a comunidade, onde se localiza a edificação, observa de modo espontâneo, consolidados no tempo. Não são bons costumes os valores, ainda que majoritários, que expressem preconceitos e desrespeito às diferenças, principalmente culturais, das pessoas e de grupos sociais minoritários, em violação aos direitos fundamentais assegurados pela Constituição.

Caberá sanção de multa ao condômino que realizar obras que comprometam a estrutura da edificação ou que alterar a fachada desta. A multa deverá ser prevista na convenção do condomínio e poderá ser fixada em até cinco por cento do valor das contribuições mensais. Essa sanção depende de comprovação do fato e de ser assegurada a garantia de defesa ao condômino, após notificação encaminhada pelo síndico. Se for omissa a convenção, a assembleia dos condôminos poderá fixar o percentual da multa até àquele limite, por deliberação de no mínimo dois terços dos condôminos, na proporção de suas frações ideais. Além da multa, o condomínio poderá cobrar as perdas e danos causados pela conduta do condômino.

Sanção de multa de até dez vezes do valor da contribuição mensal pode ser aplicada a condômino que tenha comportamento considerado antissocial, que gera incompatibilidade de convivência com os demais condôminos. Cabe à assembleia deliberar pela imposição da multa mensal, no caso de conduta continuada, ou para cada conduta, por deliberação de três quartos dos condôminos, a qual persistirá "até ulterior deliberação da assembleia" (CC, art. 1.337, parágrafo único). Além da imposição da multa, cabe a incidência das normas dos direitos de vizinhança (CC, arts. 1.277 e s.). A multa é instrumento de autotutela, devendo ser aplicada pelo próprio condomínio, sem necessidade de intervenção judicial.

Legislações estrangeiras chegam a cominar ao condômino antissocial a perda da unidade, mediante venda forçada, ou a sanção da privação do uso. A lei brasileira preferiu a sanção pecuniária, que, de acordo com Ebert Chamoun (1970, p. 18), por sua gravidade, pode levar o recalcitrante a mudar-se, devolvendo à tranquilidade a convivência entre os moradores. Todavia, entende-se que (enunciado 508 das Jornadas de Direito Civil do CJF/STJ) devem ser aplicados o princípio da função social, previsto no art. 5º, XXIII, da Constituição, e a vedação do abuso do direito (CC, art. 187), quando se verificar que a sanção pecuniária é ineficaz, para se promover a exclusão do condômino antissocial, mediante ação judicial, deliberada em assembleia e garantido o devido processo legal ao condômino. O TJPR (AC 957.743-1) decidiu pela legalidade da limitação do direito de uso e habitação de condômino com conduta antissocial contumaz que, apesar de ser notificado de deliberação da assembleia e da aplicação da multa pecuniária, continuou com o mesmo procedimento; o condômino aliciava candidatas a emprego de domésticas com salários acima do mercado, mantendo-as presas e incomunicáveis na unidade condominial, com graves indícios de crimes contra a liberdade sexual, agressões físicas e redução a condição análoga a de escravas.

Sustenta-se que a multa por comportamento antissocial pode ser aplicada em caso de inadimplência contumaz e abusiva; o inadimplemento reiterado se mostra tão antissocial quanto os outros comportamentos assim qualificados, mas há de ser considerada medida extrema e somente aplicável segundo ordem de precedência, isto é, depois de imposta a multa prevista no art. 1.337 do Código Civil (Delgado, 2008, p. 289). Esse entendimento foi adotado pelo STJ (REsp 1.247.020), decidindo-se que o condômino inadimplente contumaz pode ser obrigado a pagar multa de até dez vezes o valor atribuído à contribuição condominial, cumulativamente com a multa moratória de 2%.

A Lei das Locações (Lei n. 8.245/91) estabelece que o condômino locador é obrigado a pagar as despesas extraordinárias de condomínio. Por despesas extraordinárias de condomínio se entendem aquelas que não se refiram aos gastos rotineiros de manutenção do edifício, especialmente obras de reformas ou acréscimos que interessem à estrutura integral do imóvel; pintura das fachadas, empenas, poços de aeração e iluminação, bem como das esquadrias externas; obras destinadas a repor as condições de habitabilidade do edifício; indenizações trabalhistas e previdenciárias pela dispensa de empregados, ocorridas em data anterior ao início da locação; instalação de equipamento de segurança e de incêndio, de telefonia, de intercomunicação, de esporte e de lazer; despesas de decoração e paisagismo nas partes de uso comum; constituição de fundo de reserva. Essas despesas são meramente enunciativas ou exemplificativas. Ao locatário ou inquilino incumbe o pagamento das despesas ordinárias de condomínio, necessárias à administração deste, notadamente as contribuições condominiais e às contribuições extraordinárias que digam respeito à manutenção do condomínio. O locatário pode exigir a qualquer tempo a comprovação dessas despesas.

As despesas condominiais constituem obrigações *propter rem*, ou seja, vinculam-se à unidade. Assim, se, apesar do contrato de locação, o locatário não pagar as contribuições condominiais, é responsável o condômino, que, após pagá-las, terá direito de regresso contra aquele. Igualmente, o promissário comprador que se imitiu na posse do imóvel, ainda que em caráter precário, e de cuja imissão o condomínio teve conhecimento, deve responder pelas despesas condominiais no período em que exerceu essa posse, mostrando-se irrelevante o fato de o contrato ter sido ou não registrado.

Pode o condomínio, em relatórios periódicos de informação de suas contas, dar conhecimento aos condôminos da situação dos inadimplentes, indicando os números das unidades e respectivos valores. Esse procedimento não pode ser considerado cobrança vexatória, porque essa informação é direito dos condôminos, uma vez que os débitos repercutem no patrimônio jurídico destes, que têm de assegurar a manutenção do condomínio, com majoração das contribuições condominiais. Tem sido entendido, no entanto, que a veiculação do nome do condômino moroso caracterizaria dano moral, sujeito o condomínio à responsabilidade civil.

O STJ (REsp 1.486.478) considerou que a penhora de bens dos condôminos, para pagamento de dívida do condomínio do edifício, deve ser considerada medida excepcional, que somente pode ser admitida após o esgotamento de todas as possibilidades de satisfazer o crédito. Para o Tribunal, os condôminos já contribuem para as despesas condominiais, não devendo ser onerados duplamente.

11.8. Extinção do Condomínio Edilício

O condomínio edilício, como qualquer obra humana, pode ser extinto. A extinção pode ter causa natural ou humana.

Extingue-se o condomínio quando a edificação for totalmente destruída ou se houver destruição parcial que comprometa sua substância e suas finalidades. A destruição pode ter origem em fatos da natureza, tais como terremotos, maremotos, inundações. Pode ter sido originada de atos humanos, como a reforma de unidade que comprometeu a estrutura do prédio, levando-o ao desabamento ou o comprometimento irremediável de fundações, que recomendam a destruição. Nessas situações, os condôminos poderão deliberar pela reconstrução ou venda, sendo que o quórum exigível é de metade mais uma das frações ideais.

O condômino que não concordar com a deliberação pela reconstrução, poderá alienar a outro condômino sua parte ideal, ou aos demais condôminos, neste caso mediante avaliação judicial. Se a deliberação majoritária for pela venda, terá preferência o condômino ou grupo de condôminos que oferecerem o mesmo valor ofertado por terceiro. O resultado da venda será repartido entre os condôminos, na proporção do valor das suas unidades imobiliárias, que excepciona o critério da proporção das frações ideais, porque o preço leva em conta a valorização, decorrente dos investimentos e melhoramentos feitos em cada unidade. O preço não é matemático, mas estimativo, razão por que não pode levar em conta apenas a área de cada unidade. Várias circunstâncias contribuem para a fixação do valor de cada unidade, especialmente sua localização nos andares: os da frente no mesmo andar e os dos andares mais elevados são mais caros, ainda que tenham a mesma área útil.

No caso de desapropriação de toda a edificação, o valor da indenização, ajustada amigavelmente entre a autoridade expropriante e os condôminos, ou determinada em juízo, será também repartido proporcionalmente ao valor das unidades imobiliárias. Na hipótese de desapropriação de parte do condomínio edilício, cogita-se doutrinariamente (Geraige Neto, 2004, p. 154) das seguintes soluções: a) se a desapropriação recair apenas sobre parte das áreas comuns, haverá repartição proporcional entre os condôminos; b) se recair sobre algumas unidades, os titulares serão indenizados, observada a proporção das frações ideais; c) se recair sobre parte das áreas comuns (por exemplo, redução do recuo do prédio para fins de alargamento de via pública), os condôminos poderão pleitear, além do valor da área atingida, também a indenização a ser fixada.

Extingue-se, também, o condomínio quando os condôminos deliberarem, por unanimidade, por sua venda conjunta a terceiro, ou pela derrubada do imóvel, para ser nele construído outro edifício, mediante incorporação, permutando com futuras unidades.

11.9. Condomínio de Lotes

Modalidade específica de condomínio edilício foi introduzida pela Lei n. 13.465/2017 (CC, art. 1.358-A), denominada condomínio de lotes. As normas do condomínio edilício são-lhe aplicáveis no que couber. Essa modalidade amplia a regulamentação contida na legislação sobre loteamentos urbanos, desde o Decreto-Lei n. 58/37, e sobre o parcelamento do solo urbano (Lei n. 6.766/1979). O que lhe singulariza é a contemplação de partes comuns, não previstas na legislação anterior, no interesse de todos os titulares, para além dos lotes individuais e das partes destinadas ao domínio público (ruas, praças, implementos urbanos). O lote poderá ser constituído sob a forma de imóvel autônomo, segundo o padrão tradicional de loteamento, ou de unidade imobiliária integrante de condomínio de lotes.

As partes comuns não integram o domínio público destinado pelo empreendimento (loteamento), sendo destinadas ao uso dos titulares dos lotes, em comum. Exemplo é a parte destinada para instalação de equipamentos desportivos ou a edificação de sede da associação dos moradores.

Da mesma forma como ocorre com o condomínio edilício, cada condômino das partes comuns (titulares dos lotes individuais) é titular de uma fração ideal, proporcional à área do solo de cada lote, salvo se o ato de instituição do condomínio de lotes estipular de modo diferente (por exemplo, igualdade, independentemente da área do lote).

Na hipótese de incorporação imobiliária, toda a infraestrutura necessária para implantação das partes comuns ficará a cargo do empreendedor, por força de lei. Essa regra é cogente, incorporada ao valor global do empreendimento, não podendo ser atribuída aos adquirentes dos lotes.

Os condomínios de lotes, ainda que sejam fechados, poderão sofrer limitações administrativas em benefício do poder público, da população em geral e da proteção da paisagem urbana, "tais como servidões de passagem, usufrutos e restrições à construção de muros" (art. 4º, § 4º, da Lei n. 6.766/1979, com a redação dada pela Lei n. 13.465/2017).

11.10. Condomínio Urbano Simples

A Lei n. 13.465/2017 passou a reconhecer o que denominou condomínio urbano simples, para contemplar as situações fáticas de edificações autônomas (casas ou cômodos) que se fizeram em um mesmo terreno, quase sempre para contemplar membros de uma mesma família. É imposição da realidade possessória, incluindo a servidão de passagem ou a garantia legal de acesso a essas unidades. Aplicam-se-lhe, supletivamente, as normas do condomínio edilício, previstas no Código Civil.

Essa modalidade de condomínio não diz respeito apenas às habitações de baixa renda. Exemplo é a edificação de unidades para filhos e parentes em sítios urbanos ou em terrenos de maiores proporções, utilizados para lazer da família, no campo ou praia.

Não se exige, para fins de registro público, a constituição de condomínio semelhante à do condomínio edilício, nem convenção, ou regimentos, ou eleição de síndico. Basta apenas o memorial descritivo e respectivo projeto, aprovados pelo município, que indiquem as unidades e seus acessos a logradouros públicos, para o registro, e a gestão convencionada entre os condôminos, para que produza os efeitos assegurados na lei.

Cada unidade que assim foi construída terá uma matrícula distinta da atribuída à totalidade do imóvel, discriminando-se sua parte exclusiva e as áreas que constituem passagens para as vias públicas ou entre as demais unidades. A unidade, assim registrada, pode ser objeto de alienação a terceiro.

O Decreto n. 9310/2018, que regulamentou a Lei n. 13.465/2017, exclui dos condomínios urbanos simples o direito real de laje, as edificações de um ou mais pavimentos, construídas como unidades isoladas entre si (Lei n. 4.561/1964), os condomínios cujas unidades autônomas tenham acesso direto aos logradouros públicos e os condomínios que tenham sistema viário interno próprio.

Capítulo XII

Direitos Reais Limitados

Sumário: 12.1. Conceito, conteúdo, espécies e aquisição. 12.2. Direito real de superfície. 12.3. Servidões. 12.4. Usufruto. 12.5. Direito real de uso. 12.6. Direito real de habitação. 12.7. Direito do promitente comprador do imóvel. 12.8. Concessão de uso especial para fins de moradia e concessão de direito real de uso. 12.9. Direito real de laje.

12.1. Conceito, Conteúdo, Espécies e Aquisição

Os direitos reais limitados incidem sobre as coisas alheias, retirando ou restringindo algum ou alguns elementos da propriedade. Podem retirar apenas o uso, como o direito real de uso e a servidão, ou o uso e os frutos, como no direito real de usufruto, ou restringir a disposição, como nos direitos reais de garantia (hipoteca, penhor, anticrese). Mesmo nos direitos reais de garantia, é a coisa que interessa e não o valor desta. Os direitos reais limitados dão sentido ao princípio da elasticidade da propriedade.

Os direitos reais limitados podem ser classificados entre os direitos reais de utilização, os direitos reais de aquisição e os direitos reais de realização de valor. Os direitos reais de utilização, que permitem o uso imediato da coisa, são: a superfície, o usufruto, as servidões, o uso, a habitação, a concessão de uso especial para fins de moradia e a concessão de direito real de uso. O direito real de aquisição é o direito do promitente comprador; também se incluem nessa classe, ainda que o Código Civil não os insira entre os direitos reais limitados, o direito expectativo na propriedade resolúvel (art. 1.359) e na propriedade fiduciária, em relação ao devedor fiduciante (art. 1.361). Os direitos reais de realização de valor são o penhor, a hipoteca e a anticrese.

O CC/2002 excluiu a enfiteuse ou aforamento, exceto para situações já constituídas entre particulares, até suas extinções, em virtude da faculdade de resgate conferida ao titular do domínio útil contra o titular do domínio direto, pagando a este o percentual do laudêmio. O art. 2.038 é incisivo: "Fica proibida a constituição de enfiteuses e subenfiteuses", desde o início da vigência do

Código. As remanescentes continuam regidas pelas regras sobreviventes do CC/1916, que passaram a ter função de normas transitórias. O laudêmio (percentual pago ao titular do domínio direto pela alienação do domínio útil ou pelo resgate), devido ao titular do domínio direto, não poderá incidir sobre o valor da construção ou da plantação, mas apenas sobre o valor da terra nua; antes, era sobre o preço da alienação ou o valor da propriedade plena. Permanece a enfiteuse, exclusivamente, para os terrenos de marinha e acrescidos de marinha, cujo titular do domínio direto é a União, regida por legislação de direito público específica.

A enfiteuse sempre foi objeto de reação negativa da maioria dos autores, por ser um instituto tipicamente medieval, segundo a cultura da época de superposição de titularidades, para remuneração do senhorio feudal parasitário, que reservava para si o domínio direto perpétuo da coisa. De acordo com San Tiago Dantas (1979, p. 104) os glosadores medievais manipularam conceitualmente o sentido da *vindicatio utilis* e da *vindicatio direta*, para construir a ideia de domínio útil e domínio direto, em conformidade com a estrutura do feudalismo, incompatível com o verdadeiro conceito romano de domínio. Na literatura jurídica brasileira, há quem propugne pela revitalização da enfiteuse (Aronne, 2001, p. 246), enxergando na contraprestação do foreiro para o senhorio a funcionalização do bem e não o foro, ou seja, as muitas terras em mãos de poucos poderiam ser funcionalizadas por essa via, cumprindo-se o dever de função social da propriedade.

Outro direito real limitado extinto pelo CC/2002 foi o das rendas constituídas sobre imóveis. Já tinha desaparecido da prática social e jurídica. Consistia no gravame que recaía sobre o titular do imóvel em pagar ao credor renda durante determinado tempo. A espécie era mais adequada ao direito das obrigações, como estabelece o Código Civil português ("consignações de rendimentos"), e não ao direito das coisas.

A relação jurídica do direito real limitado, tal qual a da propriedade, dá-se entre o titular e todos os outros, segundo a concepção dominante do sujeito passivo total. Os direitos reais limitados são direitos absolutos, no sentido de oponibilidade a todos. Há, todavia, uma nuança, caracterizada pela existência de relação imediata entre o titular do direito real limitado e o titular da propriedade ou outro direito real. Por exemplo, o titular do imóvel beneficiado pela servidão (dominante) relaciona-se imediatamente com o titular do imóvel sujeito à servidão (serviente); o titular do usufruto relaciona-se imediatamente com o titular da nua-propriedade; o titular do penhor relaciona-se imediatamente com o titular da propriedade da coisa empenhada. Mas a relação jurídica não se esgota nesse vínculo imediato, pois o titular de direito real limitado detém oponibilidade contra quaisquer terceiros, ou contra todos, para que se abstenham de violá-lo.

Os direitos reais limitados constituem-se a partir de algum ou alguns dos elementos formadores da propriedade, como gozar, fruir, dispor, reaver. Os direitos reais limitados são assim denominados porque se limitam a elementos do amplo conteúdo do direito de propriedade, necessários a suas finalidades. Nenhum direito real limitado ultrapassa o conteúdo do direito de propriedade. Assim, o direito de superfície limita-se à parte edificada ou plantada, não incluindo o solo; o titular do penhor não pode fruir a coisa empenhada. O conteúdo do direito de propriedade não é reduzido, mas sim restringido em seu exercício total, em virtude do exercício de algum ou alguns de seus elementos pelo titular do direito real limitado. Não há perda de conteúdo da propriedade, mas de exercício de parte dele.

Tem razão Pontes de Miranda (2012, v. 18, p. 67-87) quando diz ser de sérias consequências a confusão entre limitação e restrição, no direito das coisas. Lembra que os direitos de vizinhança são direitos que correspondem a limitações do conteúdo do direito de propriedade, ao contrário dos direitos reais limitados que os restringem. A limitação apenas pode ser por lei, enquanto a restrição pode ser por ato dos particulares ou do Estado, ou por lei. Muito diferente é o que acontece quando, em vez de diminuir o conteúdo, se restringe o conteúdo, quanto ao exercício, para se compor o objeto de alguma relação jurídica, que se considera direito real limitado. Com efeito, não se trata apenas de terminologia, mas de distinção de natureza, pois uma coisa é a limitação negativa (não se vai além desse ponto) e outra coisa é a restrição do próprio conteúdo do direito de propriedade (não pode ser exercido inteiramente).

O que varia de intensidade e conteúdo, nos direitos reais limitados, é a posse, o elemento comum deles. O exercício da posse distingue-se em virtude da finalidade de cada direito real limitado. O usufrutuário exerce amplamente a posse; enquanto perdurar seu direito, pode opô-la até mesmo ao titular da nua-propriedade; a posse do titular do penhor restringe-se à guarda da coisa; o titular da hipoteca não detém posse sobre a coisa.

Os direitos reais adquirem-se de vários modos: por força de lei ou em virtude de negócios jurídicos contratuais, testamentos, usucapião, sucessão legítima, divisão ou partilha e, até mesmo, de execução forçada. Alguns direitos reais limitados existem em razão do titular, não podendo ser transmitidos por sucessão hereditária, como o usufruto vitalício. A aquisição de origem negocial dos direitos reais limitados sobre imóveis configura-se com o registro imobiliário e bem assim sua extinção, mediante averbação do cancelamento do registro (Lei n. 6.015/73, art. 167, II, 2). Como a Lei de Registros Públicos universalizou o sistema de matrícula única para cada imóvel, tanto a aquisição quanto a extinção dos direitos reais limitados dão-se por averbação nela. A aquisição por sucessão hereditária ou por usucapião dos direitos reais limitados, assim das coisas móveis como de imóveis, opera-se por força de lei, não tendo o registro público natureza constitutiva.

12.2. Direito Real de Superfície

Superfície, para o direito das coisas, é o direito real de construir ou plantar em imóvel alheio, durante determinado tempo, assumindo o superficiário a posse própria e podendo usá-lo e fruí-lo livremente. No sentido comum, designa o plano superior e visível do solo. No sentido jurídico, designa tudo aquilo que será feito sobre o plano do solo, isto é, as plantações e as construções que se levantam sobre ele. O étimo latino superfície era formado pela reunião de *super* e de *facere*; incluía o que era construído sobre o solo. O direito de superfície contrasta com o tradicional princípio de direito das coisas *superficies solo cedit*, que já não tem a mesma importância passada. Distinguindo-o da acessão, José de Oliveira Ascenção diz que "só cai na superfície o que escapar à acessão" (1978, p. 147). Na doutrina italiana (Allara, 1984, p. 38) fala-se em "propriedade de porção do espaço".

São elementos do direito de superfície o solo e a edificação, ou plantação. Não pode ser constituído sobre imóveis diversos, impondo-se sua individualização. Destina-se à realização de obras permanentes ou plantações, não podendo ser utilizado para edificações de caráter transitório. Por constituir direito real específico, não cabe falar de propriedade superficiária. No Brasil, o direito de superfície não pode ter por objeto edificação já existente (Lima, 2005, p. 10).

Esse direito real já existia no antigo direito romano, em virtude do crescimento populacional de Roma. Mas não detinha caráter real, sendo de natureza meramente pessoal, ao menos até antes de Justiniano (Alves, 1986, p. 424). Em sua longa história, o direito de superfície está ligado à concentração urbana e à expansão das cidades, não só em Roma como na Idade Média, principalmente nas cidades italianas. Os juristas medievais, como Bártolo e Baldo, referiam-se ao instituto sob a denominação "enfiteuse urbana". A codificação civil moderna rejeitou o instituto, como se vê na regra paradigmática do Código Civil napoleônico (art. 552): a propriedade do solo compreende o que está acima e abaixo dele (*La proprieté du sol emporte la proprieté du dessus et du dessous*).

No Brasil, a legislação, desde a Colônia, não previu o direito de superfície, exceto quanto ao pau-brasil (Regimento de 12 de dezembro de 1605). Porém, como lembra Pontes de Miranda (2012, v. 11, p. 110), o povo concebia a propriedade dos coqueiros, em algumas regiões do norte do Brasil, como direito de superfície, o que não foi levado em conta pelo CC/1916. Somente no início do século XXI, com o Estatuto da Cidade (Lei n. 10.257/2001) e o CC/2002, o instituto passou a ter reconhecimento legal.

O retorno e desenvolvimento dessa divisão da propriedade imobiliária em volumes autônomos, após a Primeira Guerra Mundial, resultam do crescimento da população e da falta de espaços urbanos (Bouly, 2012, p. 23).

O coordenador geral da comissão elaboradora do anteprojeto do atual Código Civil, Miguel Reale (1986, p. 52), justificou a introdução do direito de superfície como instrumento de mobilização e de dinamização da propriedade. "Porque não podemos esquecer que enquanto a sociedade antiga do tipo agro-patriarcal era baseada nos direitos imobiliários, a sociedade contemporânea é marcadamente fundada nos valores mobiliários. Assim sendo, através do direito de superfície, nós damos, por assim dizer, uma certa expressão de mobilidade ao direito de propriedade, a fim de que possa haver uma série de soluções entre indivíduos ou entre indivíduos e o Estado".

Na doutrina estrangeira, o ressurgimento da superfície é bem recebido. Segundo Enneccerus, Kipp e Wolff (1971, p. 2), a importância prática da superfície se manifesta especialmente pelo serviço que presta ao problema da pequena moradia; várias cidades e alguns Estados alemães concedem sistematicamente terrenos públicos para edificação em superfície temporária, em lugar de aliená-los, o que tem a vantagem de evitar a especulação com edifícios e terrenos, de facilitar o aumento de valor do solo, de permitir-lhes exercer influência sobre a maneira de construir e propiciar às classes trabalhadoras e médias a posse de casas próprias.

O ressurgimento desse antigo direito real tem sido, igualmente, justificado pelo dever do titular de usar a propriedade, se este uso é necessário para a coletividade, além do dever de função social constitucionalmente determinada, prestando-se a superfície a tal mudança de concepção.

Antes da entrada em vigor do CC/2002, o Estatuto da Cidade (arts. 21 a 24) já o previra, como instrumento de política urbanística. Os dois modelos não se excluem. Como destacou Ricardo Pereira Lira (2003, p. 554), as disposições constantes do CC/2002, relativas ao direito de superfície, não revogaram aquelas já em vigor e que foram editadas com o Estatuto da Cidade, porque o modelo deste é voltado para as necessidades do desenvolvimento urbano, enquanto o do Código Civil tem por fito os interesses e necessidades privadas.

As normas do Código Civil aplicam-se não somente aos imóveis urbanos, mas também aos imóveis rurais; assim, diferentemente do Estatuto da Cidade, que não a prevê, é admissível o direito de superfície para plantação em área urbana, de acordo com o Código Civil, máxime quando se expande a agricultura doméstica em pequenas áreas.

A superfície, como direito real limitado, constitui-se mediante escritura pública entre o proprietário e o superficiário, que deve ser registrada no cartório de registro de imóveis, para que possa produzir seus efeitos. De acordo com o que ajustarem as partes, a concessão da superfície pode ser gratuita, ou dependente de pagamento pelo superficiário de determinada importância (renda, cânon, *solarium*) ao proprietário, à vista ou em parcelas.

O objeto do direito de superfície é definido pelas partes, podendo ser para plantação sobre o terreno ou para construção de imóvel residencial, ou não residencial. O direito de superfície, a depender de seu objeto, abrange o direito de utilizar o solo, o subsolo e o espaço aéreo relativo ao terreno. O Código Civil apenas admite obra no subsolo se for inerente ao objeto do direito de superfície (por exemplo, garagem no subsolo da edificação). O direito de superfície urbanístico, regido pelo Estatuto da Cidade, todavia, pode incluir o subsolo; assim, a municipalidade pode conceder a alguém o subsolo, a título de superfície, para a construção de um estacionamento, e o solo a outrem, para construção de estádio poliesportivo (Lira, 2003, p. 554).

O direito de superfície é temporário ou resolúvel; sua natureza é incompatível com a perpetuidade. Durante o tempo ajustado, o exercício da propriedade é suspenso, em benefício do superficiário. Somente com a extinção da superfície, retomará o proprietário a plenitude de seu direito, independentemente de indenização do que se construiu ou plantou. Não há limite legal para o tempo da superfície, que pode ser ajustado livremente pelas partes. Não é lícita a aplicação analógica do parágrafo único do art. 473 do Código Civil, porque este, que prevê a resilição unilateral do contrato, não incide em direito real constituído, de natureza resolúvel. Apenas se resolve o direito de superfície, antes de seu termo final, se o superficiário der ao imóvel destinação diversa da prevista no ato constitutivo.

O direito de transferência é inerente à superfície. Pode o superficiário transferir o direito de superfície, sem afetar o direito de propriedade do respectivo titular, a terceiro, de modo gratuito (exemplo, doação), ou onerosa, por qualquer modo de alienação. O proprietário não faz jus a qualquer pagamento pela transação e transferência do direito real; se pudesse fazê-lo, se converteria, ilicitamente, em enfiteuse, cuja constituição não é mais admitida no direito das coisas brasileiro.

Na hipótese de alienação do direito de superfície para terceiro, o proprietário tem direito de preferência, tanto por tanto; igual direito de preferência tem o superficiário, se o proprietário pretender alienar o imóvel a terceiro. A regra do art. 1.373 do Código Civil volta-se, essencialmente, para a compra e venda a terceiro, mas também se aplica à permuta e à doação, dado a que alude a "alienação do imóvel ou do direito de superfície". No sentido geral, preferência é o direito que assiste à pessoa para que seja considerada em primeiro lugar na satisfação de seus direitos, quando confrontada com outros interesses que pretendam disputar a primazia. Quando a alienação for na modalidade de compra e venda, aplicam-se as regras dos arts. 513 a 520 do Código Civil. Para que o proprietário ou superficiário possa exercer a preferência, necessário se faz o conhecimento do preço e das condições de pagamento ajustados com o terceiro. Não haverá direito de preferência se a coisa for vendida em hasta pública, em decorrência de execução forçada, ou se for vendida pelo síndico de massa falida, com autorização judicial. O direito de preferência deve ser exercido no prazo de dois meses, da data da notificação; se não tiver havido notificação, o prazo é de dois anos para desfazimento da alienação. Responderá por perdas e danos o titular, se alienar a coisa sem ter dado ao outro ciência do preço e das vantagens que por ela lhe oferecem. Responderá solidariamente o adquirente, se tiver procedido de má-fé.

São do superficiário os deveres de conservação da coisa, de pagamento dos encargos e tributos que incidirem sobre ela, além de manter a destinação do direito de superfície. Os encargos e tributos podem ser rateados entre os titulares, por acordo mútuo. Se houver alteração da destinação do direito de superfície, ainda que no curso de seu prazo, considerar-se-á extinto. O proprietário está impedido de realizar obras na superfície ou de embaraçar o uso pelo superficiário, mas não está impedido de gravar o direito de propriedade com hipoteca.

O Código Civil alude ao direito do superficiário de construir ou plantar, o que suscita dúvidas quanto à possibilidade de apenas realizar benfeitorias. Parte da doutrina tem sustentado essa possibilidade (Gagliano, 2004, p. 24), pois a realização de benfeitorias inclui-se entre as finalidades do instituto, permitindo a funcionalização do uso da coisa.

Extingue-se o direito de superfície pelo advento do termo final do prazo, ou pelo descumprimento dos deveres do superficiário, ou pela desapropriação, ou pela reunião na mesma pessoa das qualificações de proprietário e superficiário, ou pelo não uso ou não conclusão da obra ou plantação objeto do contrato, ou pelo abandono, ou pela renúncia, ou pela destruição da coisa com impossibilidade de sua restauração, ou por acordo mútuo. A extinção, para sua eficácia, deverá ser averbada no registro imobiliário. Na hipótese de desapropriação, há sub-rogação no valor da indenização, na proporção do direito real de cada um, considerando o valor do terreno, o valor da construção ou plantação e o tempo que falta para extinção do direito de superfície.

Com a extinção do direito de superfície, o proprietário adquire a propriedade de tudo o que o superficiário construiu ou plantou sobre o terreno, sem necessidade de indenização, salvo se esta tiver sido prevista no ato de constituição. Nada obsta que as partes estabeleçam a forma de cálculo da indenização.

Há entendimento de que o direito de superfície pode ser objeto de garantia hipotecária, desde que o prazo desta não exceda a duração daquele (enunciado 249, das Jornadas de Direito Civil do CJF/STJ). Não apenas de constituição de hipoteca, mas de outros direitos reais limitados de fruição, como o usufruto, o uso, a habitação, o direito de promitente comprador, sempre observado o termo final do direito de superfície.

12.3. Servidões

As servidões, por certo os mais longevos direitos reais limitados, na experiência dos povos, têm por objetivo assegurar que o titular ou possuidor de um imóvel possa se utilizar de imóvel de terceiro para fins determinados. Constitui-se apenas sobre imóveis. É o direito real que permite aumentar as utilidades que um direito real de gozo sobre um imóvel proporciona, mediante uma restrição correlativa de um direito de gozo sobre outro imóvel (Ascensão, 1973, p. 461). O imóvel que serve ao outro é o serviente e o que se beneficia é o dominante. Os imóveis devem pertencer a titulares diferentes. De acordo com sua natureza de direito absoluto, todos têm o dever de respeitar a servidão, ainda que a obrigação já nasça para o titular do imóvel serviente desde a constituição daquela. Além das servidões de direito civil, há as servidões administrativas, regidas pelo direito público.

A servidão, em qualquer de suas espécies, depende do requisito de utilidade. Não se exige que seja necessária, pois pode ter finalidade de simples deleite ou comodidade. Esse requisito não é pessoal, ou seja, aplica-se a qualquer titular do imóvel dominante e não apenas para o atual. A servidão diz respeito ao imóvel dominante, independentemente de quem seja seu dono. A utilidade é objetivamente atribuída, tendo em conta a vantagem para o imóvel e sua destinação (residencial, cultural, empresarial). A vantagem tem de ser duradoura, não podendo ser ocasional ou no exclusivo interesse de titular momentâneo, desde que assegure melhor utilização para o imóvel dominante. A servidão sem vantagem é inconcebível, cogitando Pontes de Miranda (2012, v. 18, p. 324) de registro inexato, por falta de pressuposto legal, sendo nulo o negócio jurídico originário, por falta de objeto possível.

A servidão atribui ao titular do imóvel dominante direito de exercício de algum ou alguns dos elementos da propriedade do imóvel serviente, restritos e imediatos. A servidão sofre limitações no tempo e na extensão. Diferentemente de outros direitos reais, que existem em razão do titular, como o usufruto, o uso, a habitação, a servidão é objetivamente real, pois existe independentemente de quem seja o titular do imóvel dominante. Por isso, Orlando Gomes diz que o gravame não é imposto a uma pessoa, mas a um imóvel, suportando-o quem tenha sua posse, seja a que título for (2004, p. 319). Constituída em determinado momento, persiste se o titular atual é outro, em razão de negócio jurídico de alienação ou de sucessão hereditária. Sua natureza é incompatível em ser útil apenas a determinada pessoa.

No que concerne ao tempo, a servidão, dependendo de sua finalidade, pode ser indeterminada, enquanto perdurar sua utilidade, o que não significa perpetuidade, que outrora integrou sua natureza. Não há necessidade que os imóveis sejam vizinhos, bastando que um possa servir ao outro, pois a servidão não é direito de vizinhança; por exemplo, na servidão de ir buscar água, os imóveis podem estar distantes. Quando há alienação do imóvel em que há servidão, esta é também transferida; o adquirente do imóvel dominante recebe a propriedade e a posse do imóvel e o direito real e a posse da servidão que grava o outro imóvel.

No direito brasileiro, a servidão não se presume, tendo em vista sua natureza de restrição ao direito de propriedade; quem a alega tem de prová-la. Não é servidão o que se configura como mera tolerância do titular do outro imóvel (STJ, REsp 117.308), pois esse fato também impede a aquisição da posse; os atos que o vizinho pratica não são necessariamente de servidão. Por essa mesma razão, a interpretação é estrita. E, também por sua natureza restritiva, o exercício pelo titular do imóvel dominante não pode agravar a situação do imóvel serviente. A servidão, por estar vinculada ao imóvel dominante, não pode ser cedida ou locada separadamente a terceiro. Somente pode ser transferida juntamente com o imóvel dominante.

Constituição da servidão

A servidão é constituída por variados modos: (1) Declaração negocial expressa de ambos os titulares, o do imóvel serviente e o do imóvel dominante, devendo ser averbada no registro imobiliário. A servidão pode derivar de divisão do imóvel, pelo mesmo dono, quando estipula que uma parte fica gravada com servidão em favor da outra; essa circunstância demonstra que, para a constituição da servidão, não se faz necessária a existência de dois donos; (2) Testamento deixado pelo titular do imóvel serviente, em benefício de titular do imóvel dominante, que também deve ser averbado no registro imobiliário. A averbação tem eficácia declarativa, tendo em vista que o modo de aquisição por causa da morte é por força de lei, em virtude da *saisine*; (3) Usucapião, pelo exercício durante dez anos, sem contestação judicial do titular do imóvel serviente, da servidão aparente, havendo justo título e boa-fé; ou pelo exercício durante vinte anos de servidão aparente, ainda que sem justo título e boa-fé. Apenas é admitida usucapião de servidão aparente. Esse prazo de vinte anos, previsto expressamente no art. 1.379 do Código Civil, é desafiado pelo enunciado 251 das Jornadas de Direito Civil do CJF/STJ, para o qual o prazo máximo da usucapião extraordinária da servidão deve ser de quinze anos, estabelecido no art. 1.238 para a usucapião em geral; entendemos, no entanto, que o art. 1.379 é norma especial que prevalece sobre aquele.

Durante o tempo exigível para a usucapião, há de se provar o exercício da servidão, sem mudança de seu conteúdo. O adquirente da servidão, pela usucapião, pode ser o próprio povo e não pessoa ou pessoas determinadas. Assim, decidiu o STF (*RF*, 116/120) que "esse uso permanente, sem intervenção do proprietário, torna pública a estrada, não em favor de determinadas pessoas, mas de todos, indistintamente, que nela transitem".

A exigência de registro imobiliário, constitutivo ou declarativo, se impôs pela necessidade de publicidade da servidão, principalmente em relação a terceiros. A publicidade fática, que havia antes no direito brasileiro, revelou-se insuficiente. Os adquirentes de imóveis, sem o registro, ficavam inseguros sobre se havia servidões que os gravassem. Os maiores problemas surgiam com as servidões negativas ou de não fazer.

Espécies

Não há enumeração taxativa (*numerus clausus*) para as servidões, podendo as partes as criarem, de acordo com as normas gerais e com a autonomia privada. A servidão mais comum é a de trânsito, que legitima a passagem pelo imóvel serviente dos titulares ou dos que necessitem transitar em direção ao imóvel dominante. Pode ser temporária, como a que se fez para exploração de jazida mineral. Não se confunde a servidão de trânsito com o direito de vizinhança de passagem forçada, por ser restrição de exercício do direito de propriedade e não limitação deste. A Súmula 415 do STF enuncia que servidão de trânsito não titulada, mas tornada permanente, sobretudo pela natureza das obras realizadas, considera-se aparente, conferindo direito à proteção possessória. Essa súmula afastou o entendimento que antes se tinha de que as servidões de trânsito seriam necessariamente não aparentes. Há, também, servidões de água (aqueduto ou de apanhá-la), de luz, de vista, de floresta.

O Código de Águas (Decreto n. 24.643/34) prevê diversos tipos de servidões legais, inclusive a servidão de aqueduto; o art. 117 estabelece que se pode estabelecer coativamente servidão de aqueduto, se as águas forem para as primeiras necessidades da vida, ou para os serviços de agricultura ou indústria, ou para escoamento das águas superabundantes, ou para enxugo de terreno. A servidão de aqueduto pode ser também objeto de negócio jurídico bilateral entre os interessados. O Código de Mineração (Decreto-Lei n. 227/67) estabelece a servidão, mediante indenização, para fins de pesquisa ou lavras, do solo e do subsolo de propriedade onde se localizar a jazida e das propriedades limítrofes; incluem-se nessa servidão as áreas necessárias para as instalações, vias de transporte, linhas de comunicação, captação, condução e escoamento de água e transmissão de energia elétrica.

Se existe condomínio sobre o imóvel dominante, são titulares todos os condôminos. A servidão é em favor de todos os condôminos, que podem exercê-la totalmente, não podendo se cogitar de partes ideais de exercício. Diferentemente ocorre quando são vários os imóveis dominantes em relação ao imóvel serviente: a titularidade é exclusiva de cada dono.

Na classificação das servidões, não há pertinência, para o direito brasileiro, da dicotomia servidões pessoais e servidões reais, que a doutrina antiga aludia, com fundamento no direito romano. As servidões podem ser positivas ou negativas. A servidão de trânsito é positiva, porque transitar é ação positiva e impõe o dever de tolerância ao titular do imóvel serviente. A servidão de vista é negativa, porque impõe o dever de omissão, de não fazer. Outra classe de servidões compreende as contínuas e as descontínuas. É contínua a servidão cujo exercício não sofre descontinuidade ou interrupção no tempo e no espaço, que se exerce independentemente de ação humana (ex.: aqueduto). Na descontínua há exercícios episódicos, dependentes de atos humanos (ex.: apanha de água no imóvel serviente). As servidões negativas são necessariamente contínuas. Podem, ainda, as servidões ser aparentes e não aparentes. As servidões aparentes podem ser objeto de usucapião, mas as não aparentes dependem do registro público para sua constituição. Estabelece o art. 1.213 do Código Civil que as servidões não aparentes não recebem a proteção possessória, salvo se os atos de suas constituições provierem do próprio titular do imóvel serviente. Exemplifique-se a servidão não aparente com a rede de esgoto subterrânea, cuja existência não se presume.

A proteção jurídica é voltada, principalmente, para a servidão contínua e aparente. A servidão aparente implica os requisitos de visibilidade e atividade, pois a aparência é objetiva e a atividade expressa o exercício. Não existe, no direito brasileiro, servidões legais, que mais bem se caracterizam como limitações ao direito de propriedade, principalmente os direitos de vizinhança. É impróprio o uso corrente de servidão legal.

Os autores cogitam de servidão "de futuro" (Pontes de Miranda, 2012, v. 18, p. 331). Consiste em ser destinada para edificação ou construção a serem feitas. Já existe a servidão desde o dia em que foi registrada, apenas aguardando a construção, quando poderá ser exercida. Por exemplo, na servidão de vista, a construção terá de observá-la, de modo a que o imóvel dominante não a perca.

A indivisibilidade é uma das características da servidão. Se o imóvel dominante for dividido, a servidão continua beneficiando cada parte resultante, de modo integral. A divisão do imóvel dominante não atinge a existência ou o conteúdo da servidão. Se a divisão ocorrer no imóvel serviente, a servidão não se altera e continua a gravar cada parte do prédio serviente, salvo se ela apenas se aplicar a uma ou algumas das partes. Pense-se na servidão de trânsito: se o rumo da servidão passar fora de uma das partes resultantes, esta não sofrerá o encargo.

Exercício

O exercício da servidão positiva supõe o direito e, sobretudo, o dever do titular de fazer as obras e reparos necessários para sua manutenção. O dever de conservação integra o conteúdo da servidão. As despesas feitas no imóvel serviente incumbem ao titular do imóvel dominante, ou dos titulares, se vários forem os imóveis dominantes; nesta hipótese, devem ser rateadas entre eles, de acordo com a utilização da servidão, ou na conformidade do ato constitutivo desta, se tiver assim estipulado. Na dúvida, devem ser rateadas de modo igual. Ainda que o titular do imóvel serviente também utilize os meios e instalações da servidão, as despesas de conservação são inteiramente do titular do imóvel dominante, salvo se o ato constitutivo dispuser em contrário. As obras de conservação constituem deveres do titular do imóvel dominante e não faculdades. Se os serviços de conservação causarem prejuízo ao titular do imóvel serviente, tem este direito à indenização correspondente.

Quando o ônus de conservação incumbir ao próprio titular do imóvel serviente, por força do ato constitutivo da servidão, para que possa se eximir delas, terá de abdicar da parte do imóvel gravado com a servidão, abandonando-a ao titular do imóvel dominante; ou o imóvel, se o gravame da servidão recair sobre todo ele. Mas o abandono somente produz efeito extintivo se tiver havido o cancelamento do registro da servidão (Lei n. 6.015/73, art. 252).

O exercício da servidão deve ficar adstrito à efetiva utilidade do titular do imóvel dominante. Não pode estendê-la a outras pessoas. O limite da servidão é sua efetiva utilidade ao imóvel dominante. Em nenhuma outra hipótese o exercício da servidão pode agravar o encargo que deva suportar o imóvel serviente, ainda que seja para atender ao aumento de atividades do titular do imóvel dominante. Assim, a servidão de água para uma chácara não pode se converter em servidão para um condomínio nela construído. Tampouco pode a servidão ter mudada sua finalidade ou destinação; se era servidão de trânsito de pessoas, não pode ser utilizada para trânsito de manada. Há exceção quanto à servidão de trânsito, uma vez que a de maior gravame inclui a de menor gravame, mas não o inverso (ex.: a servidão de trânsito de automóvel inclui a de trânsito de pedestre ou ciclista). Outra exceção legal é quando se comprovar que as necessidades de cultura agrícola ou de indústria do imóvel dominante impuserem maior largueza, sem mudança de destinação; o titular do imóvel serviente é obrigado a suportá-la, mas tem direito à indenização pelo excesso.

A possibilidade do agravamento da servidão, em prejuízo do titular do imóvel serviente, há de ser verificada caso a caso. A extensão e o modo do exercício podem mudar em virtude das circunstâncias supervenientes, aplicando-se-lhes a regra *rebus sic stantibus*, desde que não se agrave, injustificadamente, a servidão. Decidiu o TJGO (*RT* 855/342), negativamente, sobre alegação de titular de imóvel serviente contra o trânsito de máquinas pesadas em propriedade particular, danificando currais, cercas e porteiras, pois os depoimentos das partes e testemunhas demonstraram que a passagem vinha sendo utilizada por vários usuários há muitos anos, não se verificando prejuízo maior. O STJ (REsp 1.370.210) admitiu que a servidão de passagem, em benefício de pessoa idosa, incluía a de seu acompanhante, não sendo cabível indenização ao titular do imóvel serviente, com invocação do princípio da solidariedade.

O titular do imóvel serviente tem o dever de assegurar o exercício legítimo da servidão. Na dúvida sobre a extensão ou modo de seu exercício, há de ser entendida como pode satisfazer as necessidades do imóvel dominante e o mínimo de restrições aos poderes que há de ter o titular do imóvel serviente (Pontes de Miranda, 2012, v. 18, p. 555). Se houver obstáculo, o titular do imóvel dominante, por ser possuidor, tem direito a ser mantido ou reintegrado, ou segurado de violência iminente, se tiver justo receio de ser molestado (CC, art. 1.210).

O titular do imóvel serviente não é apenas sujeito de deveres, mas por igual de direitos, sendo-lhe assegurada a faculdade de remover a servidão, de um local para outro, desde que: a) se houver aumento da utilidade para ele, que possa ser demonstrada e provada; b) assuma diretamente as despesas com a remoção; c) não resulte a remoção em prejuízo à utilização da servidão, pelo titular do imóvel dominante. Essa faculdade é direito potestativo formador, cujo exercício não depende de ajuizamento de ação, nem de justificação da mudança. Pode, inclusive, mudar a servidão para outro imóvel, observados os critérios legais; nessa hipótese, cancela-se a servidão do imóvel anterior e se registra outra no novo imóvel serviente.

Ainda que a lei não seja explícita a respeito, é admissível o direito do titular do imóvel dominante de remoção da servidão para outro local do imóvel serviente. Não é, contudo, direito potestativo. Depende de pedido ao juiz para que determine a mudança, desde que demonstre que há necessidade para o imóvel dominante, que não há prejuízo para o imóvel serviente e que assume as despesas decorrentes.

O STJ (REsp 935.474), em caso de conflito sobre a construção de muro lindeiro e tendo em vista o acordo, homologado judicialmente, havido entre as partes para a preservação da vista da paisagem, entendeu que deve haver distinção entre servidão legal e servidão convencional, ambas merecedoras de tutela. A primeira "corresponde aos direitos de vizinhança, tendo como fonte direta a própria lei, incidindo independentemente da vontade das partes", enquanto a segunda "não está prevista em lei, decorrendo do consentimento das partes", a qual origina, no mínimo, "obrigação a ser respeitada pelos signatários do acordo e seus herdeiros". No caso, uma das partes, ainda que não construindo muro de alvenaria, plantou árvores que impediram a vista da paisagem. Como temos argumentado, não há "servidão legal" nos direitos de vizinhança, pois estes limitam o direito de propriedade, enquanto a servidão restringe o exercício desse direito.

Extinção

A extinção da servidão depende do cancelamento de seu registro imobiliário. Ainda que a servidão tenha sido, de fato, abandonada, seus efeitos jurídicos perduram até ao cancelamento do registro. Se o imóvel dominante estiver hipotecado, também será necessário o consentimento do credor para o cancelamento.

As servidões extinguem-se: (1) pela renúncia da servidão, pelo titular do imóvel dominante; (2) pela cessação da utilidade da servidão, considerando a destinação à qual foi constituída; (3) pelo resgate da servidão, mediante negócio jurídico bilateral, pagando o titular do imóvel serviente o devido ao titular do imóvel dominante; (4) pela reunião dos imóveis dominante e serviente sob a propriedade de uma mesma pessoa; (5) pela supressão convencional das obras, mediante contrato entre os titulares; (6) pelo não uso, durante dez anos contínuos.

A enumeração legal não é taxativa, como tem salientado a doutrina, inclusive estrangeira (Weill; Terré; Simler, 1985, p. 797). Tem sido admitida a extinção da servidão, além das hipóteses previstas em lei, quando um dos prédios vem a ser definitivamente destruído (por exemplo, avanço definitivo do mar), ou quando o título de propriedade de quem instituiu ou constituiu a servidão vem a ser invalidado, ou quando a servidão é desapropriada, ou por se ter realizada a condição ou pelo decurso do prazo fixado.

Em todas as hipóteses, faz-se necessário o cancelamento, salvo a de desapropriação. Nas hipóteses (1) a (3) o titular do imóvel serviente pode requerer em juízo o cancelamento, se houver resistência do outro. Nas hipóteses (4) a (6), o titular do imóvel serviente pode requerer o cancelamento diretamente ao registro de imóveis, fazendo prova do fato. A renúncia é ato unilateral expresso, seguida do cancelamento, para eficácia contra o titular e terceiros, podendo o cancelamento ser requerido pelo renunciante ou pelo titular do imóvel serviente. Cessa a utilidade quando o objeto da servidão pode ser alcançado por outros meios, como a abertura de estrada pública acessível ao imóvel dominante; a servidão tornou-se supérflua. A extinção por supressão das obras, quando estas são necessárias para o exercício da servidão, importa acordo entre os titulares, por contrato ou outro título expresso, por instrumento particular ou público. Quando os dois imóveis estiverem sob a titularidade de um único dono, desaparece a necessidade e utilidade da relação entre imóvel dominante e imóvel serviente.

O não uso da servidão, por dez anos, faz nascer a *usucapio libertatis*, pela simples inércia do titular do imóvel dominante; não se aplica a regra do art. 1.574º do Código Civil português, que somente a admite quando haja, por parte do titular do imóvel serviente, oposição ao exercício da servidão. O não uso, nas servidões positivas, começa quando cessa o exercício; nas servidões negativas, desde quando o titular do imóvel serviente faz o que não poderia fazer. O prazo de dez anos é preclusivo. Se, dentro do prazo, houver algum uso da servidão, terá de ser reiniciado.

12.4. Usufruto

Usufruto é o mais amplo direito real de uso e fruição sobre coisa alheia. Embora não repetida na legislação atual, continua pertinente a definição do CC/1916: "Constitui usufruto o direito real de fruir as utilidades e frutos de uma coisa, enquanto temporariamente destacado da propriedade". É direito absoluto, porque oponível a todos, ainda que contido na destinação econômica da coisa usufruída. Pode ser temporário ou vitalício. Nunca será perpétuo, pois existe em razão e no benefício do titular. O objeto do usufruto pode ser coisa móvel ou coisa imóvel, ou ambas conjuntamente; tudo que pode ser apropriável economicamente e alienável pode ser objeto de usufruto, inclusive o patrimônio inteiro. Com o usufruto concorrem, sobre a mesma coisa, duas titularidades: a da nua-propriedade e a do usufruto. Quando cessa o usufruto, a propriedade se consolida plenamente.

Os sujeitos titulares denominam-se, respectivamente, nu-proprietário, que exerce a posse indireta, e usufrutuário, que exerce a posse direta da coisa, podendo ambos ser pessoas físicas ou jurídicas. Por força do art. 2º do Código Civil, o nascituro pode figurar como usufrutuário. Também pode ser usufrutuária a pessoa jurídica ou entidade não personificada, como a sociedade em comum (CC, art. 986). Pode haver constituição de usufruto em favor de duas ou mais pessoas (usufruto conjuntivo). O usufruto pode entrar em comunhão com o cônjuge ou companheiro, quando de sua aquisição, a depender do regime de bens adotado.

A nua-propriedade não é uma propriedade condicional ou resolúvel, mas sim plena. O usufruto, como qualquer direito real limitado, importa restrição do exercício do conteúdo da propriedade, mas não a reduz. O nu-proprietário sofre a restrição do uso e da fruição da coisa, mas é seu o direito de propriedade, que pode alienar, com tais gravames.

Constituição do usufruto

Constitui-se o usufruto por negócio jurídico entre vivos ou a causa da morte, ou por usucapião. Pode ser mediante contrato de doação, quando o doador destina a coisa a uma pessoa física ou jurídica, mas deseja contemplar outra pessoa com o usufruto temporário ou vitalício. Pode, inclusive, reservar para si o usufruto vitalício de seus bens, que é conduta frequente em partilha em vida, dividindo o patrimônio entre os futuros herdeiros, cuja posse direta obterão automaticamente com seu falecimento (usufruto por dedução). A aquisição do direito real de usufruto de coisa imóvel, na modalidade contratual, depende do registro público, para que possa produzir todos os seus efeitos. A constituição do usufruto não pode ser presumida (STJ, REsp 444.928). Constitui-se o usufruto, igualmente, pela usucapião ordinária ou extraordinária, com os mesmos requisitos legais exigíveis para a usucapião da propriedade, inclusive posse contínua e tempo, cuja eficácia independe de registro.

A constituição do direito real de usufruto por causa da morte faz-se pelo testamento, cujos efeitos surgem com a abertura da sucessão, por força de lei (*saisine*), tendo o registro imobiliário natureza declarativa. Igualmente, o usufruto de toda a herança não depende de registro. O legado de usufruto, sem fixação de tempo, entende-se deixado ao legatário por toda a sua vida (CC, art. 1.921). O legado pode ater-se apenas ao usufruto de determinado bem ou direito, sem transferência do domínio ao legatário.

Quando o legado de usufruto for relativo a títulos de créditos, o usufrutuário tem direito a receber os frutos respectivos, notadamente os juros, mas, quando a dívida for saldada pelo devedor, a importância correspondente deverá ser vertida em títulos da mesma natureza, ou em títulos da dívida pública federal, preservando-se, desse modo, a titularidade do nu-proprietário (herdeiro ou outro legatário).

O usufruto pode recair sobre o estabelecimento comercial ou sobre ações de sociedades anônimas. De acordo com o art. 1.144 do Código Civil, o contrato que tenha por objeto o usufruto do estabelecimento só produzirá efeitos quanto a terceiros depois de averbado à margem da inscrição do empresário, ou da sociedade empresária, no Registro Público de Empresas Mercantis, e de publicado na imprensa oficial. A legislação sobre as sociedades anônimas admite que as ações possam ser objeto de usufruto, mas não disciplinam o modo de seu exercício, havendo a incidência supletiva do direito real respectivo, previsto no Código Civil. O art. 114 da Lei n. 6.404/76, faculta ao nu-proprietário e ao usufrutuário que o direito de voto das ações gravadas com usufruto seja exercido mediante acordo entre eles, mas forte corrente doutrinária entende que somente o titular da nua-propriedade está legitimado à plenitude de seu exercício, notadamente quanto ao poder de controle da sociedade.

No usufruto de patrimônio, total ou parcial, cede-se a administração ou gestão dos bens e situações jurídicas ativas e passivas. Ao usufrutuário atribui-se a faculdade de usar e o poder de fruir sobre o ativo, mas, igualmente, os deveres emergentes do passivo. Quando o usufruto recair sobre a totalidade dos bens do nu-proprietário, ou de parte ideal ou percentual deles: (a) o usufrutuário tem direito à metade do tesouro achado casualmente por terceiro e ao valor da meação de cerca ou muro, pago pelo vizinho; (b) o usufrutuário tem o dever de pagar os juros da dívida que onerar o patrimônio ou sua parte, ainda que contraídas antes da constituição do usufruto. O usufrutuário tem de suportar, sobre as coisas do usufruto, a execução das dívidas nascidas antes da constituição do usufruto. Se a dívida for exigível em diferentes momentos, como a de alugueres, o usufrutuário somente tem de suportar as que se venceram antes do usufruto.

Usufruto legal

Além do usufruto comum, há o usufruto legal, que promana de norma jurídica cogente específica, que se constitui por força de lei e não de ato humano. A Constituição de 1988 (art. 231), em respeito aos costumes imemoriais dos povos ameríndios, assegura aos índios o direito de usufruto e a posse "sobre as terras que tradicionalmente ocupam", figurando a União como titular do domínio público sobre elas, equivalente à nua-propriedade. O Código Civil (art. 1.689) atribui o usufruto legal ao pai e à mãe, enquanto no exercício do poder familiar, dos bens dos filhos menores. O usufruto legal dos bens dos filhos menores é corolário da autoridade parental, no direito brasileiro, incluindo-se todos os bens móveis e imóveis que caiam sob a titularidade do menor, independentemente de sua origem, seja por herança, seja por doação, seja por qualquer meio de alienação. O usufruto legal é indisponível, intransmissível e inexpropriável. O usufruto paterno ou materno não necessita ser submetido a registro público, se recair sobre imóvel, porque decorre de imposição legal. Pela mesma razão, não se exige caução aos pais. Excluem-se do usufruto os bens adquiridos pelo filho havido fora do casamento, antes do reconhecimento, os bens havidos pelo filho maior de dezesseis anos, no exercício de atividade profissional, os bens deixados ou doados ao filho, sob a condição de não serem usufruídos, ou administrados, pelos pais e os bens que aos filhos couberem na herança, quando os pais forem excluídos da sucessão.

Não há mais o usufruto em benefício do cônjuge sobrevivente (usufruto vidual), instituído pelo Decreto-Lei n. 3.200/41, e pela Lei n. 4.121/62 – Estatuto da Mulher Casada, que tinha por finalidade garantir ao cônjuge viúvo o usufruto de parte do patrimônio deixado pelo outro, de modo que os herdeiros restariam como nu-proprietários até sua morte. O CC/2002 manteve apenas o direito real à habitação no único imóvel deixado, em virtude de ter instituído o direito do cônjuge de concorrer com os herdeiros, em determinadas hipóteses, o que dispensou o usufruto vidual. Segundo o STJ, o companheiro que tem filhos não pode instituir, em favor da companheira, usufruto sobre a totalidade do seu patrimônio, mas apenas sobre a parte disponível (REsp 175.862). Tem razão o Tribunal, pois o direito real, apesar de limitado, tornaria inócua a legítima dos herdeiros necessários.

Distinções, espécies, abrangência

Durante muito tempo, a distinção entre os efeitos do usufruto e do fideicomisso, instituto do direito das sucessões, levou a intensas controvérsias. A lei brasileira atual (parágrafo único do art. 1.952 do Código Civil) optou por converter o fideicomisso em usufruto, quando o fideicomissário tiver nascido antes da morte do testador, passando o fiduciário a exercer os direitos de usufrutuário e o fideicomissário investindo-se por força de lei em nu-proprietário. O usufruto será vitalício, em favor do fiduciário/usufrutuário, se o testador não tiver estipulado fideicomisso temporário; nesta hipótese, converte-se em usufruto temporário o fideicomisso temporário, de acordo com o limite temporal fixado pelo testador. Para efeito da conversão do fideicomisso em usufruto, importa a data do nascimento do fideicomissário esperado e não a de sua concepção, que é o critério utilizado pela lei para produção dos efeitos integrais do fideicomisso.

A distinção entre as figuras jurídicas do fiduciário e do usufrutuário, tão sublinhada pela doutrina anterior, se esvanece ante a opção do CC/2002 de converter o primeiro no segundo, quando o fideicomissário nascer antes da abertura da sucessão do testador/fideicomitente. Parte-se a propriedade em nua--propriedade do que tinha sido designado fideicomissário e em usufruto do designado fiduciário. Essa conversão é por força de lei, não podendo o testador, valendo-se da autonomia privada, estipular em sentido contrário. As regras, portanto, não são mais dispositivas. Os figurantes, como designados pelo testador, apenas persistem se o fideicomissário for concebido após a abertura da sucessão e até dois anos dessa data, em virtude de ser contemplada apenas a prole eventual; somente nessa hipótese, o fideicomisso se concretiza.

O usufruto sucessivo é possível, como admitem os autores, porque a lei não o proíbe. Dá-se quando o constituinte estipula que o usufruto atual, após a realização de condição resolutiva ou de termo final, se extinga e seja substituído por outro, favorecendo outro usufrutuário. O usufruto sucessivo não pode dissimular fideicomisso proibido, porque seria fraude à lei.

O usufruto é inalienável, tendo em vista que é instituído em benefício do usufrutuário. Não pode ser vendido, doado, dado em pagamento ou permutado. Difere o direito brasileiro de outros ordenamentos jurídicos, como o francês (CC, art. 595), que admite que o usufrutuário possa vender ou ceder gratuitamente o usufruto. Consequentemente, não pode ser objeto de gravame, como penhor ou hipoteca, ou penhora judicial. Porém, o exercício do usufruto pode ser cedido, de modo oneroso ou gratuito, pois integra as faculdades próprias do uso e fruição. Cede-se o exercício, mas não o usufruto mesmo, pois o cessionário não adquire qualquer direito real. Assim, pode a coisa ser alugada ou entregue em comodato. O STJ (REsp 883.085) decidiu que, embora o usufruto não seja penhorável, por ser inalienável, seu exercício, que é alienável, pode ser objeto de penhora, desde que os frutos tenham expressão econômica imediata, como na hipótese de o bem estar locado a terceiro. O exercício não é alienável, no rigor dos termos – alienação implica transferência de domínio –, mas sim cedível, inclusive de modo oneroso. Diferentemente, a impenhorabilidade do usufruto não implica a da nua-propriedade; nesse sentido: "a nua-propriedade pode ser objeto de penhora e alienação em hasta pública, ficando ressalvado o direito real de usufruto, inclusive após a arrematação ou a adjudicação, até que haja sua extinção" (STJ, REsp 925.687), se a dívida for do nu-proprietário. A locação feita pelo usufrutuário não vincula o nu-proprietário, que lhe é estranho; extinto o usufruto, o agora proprietário pleno pode denunciar ou resilir a locação e promover o despejo.

Quanto à sua abrangência, o usufruto compreende também os acessórios da coisa e seus acrescidos. Na hipótese do imóvel, todas as benfeitorias e pertenças nele existentes na data da constituição do usufruto e dos frutos auferíveis a partir desse momento. Para que as pertenças não sejam incluídas, o constituinte deve excluí-las expressamente do usufruto. Os acessórios e acrescidos devem ser restituídos, no estado em que se encontrarem, na data da extinção do usufruto. As coisas consumíveis são do usufrutuário, mas as ainda não consumidas, na data da extinção do usufruto, devem ser entregues ao nu-proprietário. Pontes de Miranda considera o usufruto de coisas consumíveis como usufruto impróprio, porque o usufrutuário passa a ser dono delas; a relação passa a ser entre o constituinte e o usufrutuário, ao passo que, nos outros usufrutos, é entre nu-proprietário e usufrutuário, razão por que as normas do usufruto próprio não se estendem ao usufruto impróprio (2012, v. 19, p. 253). As coisas fungíveis devem ser entregues ou devolvidas ao nu-proprietário, na data da extinção do usufruto, no equivalente em gênero, qualidade e quantidade das recebidas na data da constituição daquele. Pode ocorrer que a coisa consumível não seja fungível; nessa hipótese deve ser prestado o valor em dinheiro da coisa que foi consumida, segundo o valor que teria se ainda estivesse em poder do usufrutuário.

Se o imóvel gravado com usufruto contiver florestas ou minas, devem o nu-proprietário e o usufrutuário definir, de comum acordo, o modo e a extensão de suas explorações e reposições. O usufruto de floresta é do terreno em que esta está contida, pois a floresta é insuscetível de ser objeto de direito real. Se houver recusa por parte do usufrutuário, pode o nu-proprietário requerer que o juiz as determine, para preservação de seus interesses. Acima dos interesses do nu-proprietário e do usufrutuário está o interesse público de proteção ambiental e, especificamente, das florestas.

Direitos e deveres

É extensa a enumeração legal dos direitos do usufrutuário, tendo em vista as peculiaridades desse direito real limitado e sua boa aceitação popular. O usufrutuário tem direito à posse direta da coisa, concorrendo com a posse indireta do nu-proprietário, e, consequentemente, à sua administração e percepção dos frutos, sejam naturais ou civis (por exemplo, aluguéis). Pode usufruir a coisa, pessoalmente, ou cedê-la a terceiro onerosa ou gratuitamente. Não pode, contudo, mudar a destinação econômica do usufruto, sem autorização prévia do nu-proprietário; por exemplo, de pecuária para agricultura, ou de residência para comércio. São do usufrutuário os rendimentos gerados pelo uso e administração da coisa, enquanto perdurar o usufruto.

Os frutos naturais e civis são do usufrutuário, até o termo final do usufruto, se for temporário, ou a morte do usufrutuário, se vitalício. Incluem-se na aquisição os frutos naturais pendentes, ou ainda não colhidos, no momento da constituição do usufruto, ficando dispensado de pagar as despesas com a produção ou plantação. A lei fixou a data da constituição do usufruto como marco, porque supõe que nela seja feita a entrega da posse da coisa. Os frutos civis vencidos na data inicial do usufruto, diferentemente, pertencem ao nu-proprietário. Na data da extinção do usufruto, os frutos naturais ainda pendentes passam a pertencer ao nu-proprietário, não podendo o usufrutuário antecipar sua colheita; quanto aos frutos civis vencidos e não pagos, estes são do usufrutuário.

As crias de animais recebem regra legal específica, independentemente da destinação econômica do usufruto: pertencem ao usufrutuário, nascidas ou geradas, pois a lei não faz distinção, quando cessa o usufruto. Deve o usufrutuário entregar a mesma quantidade de cabeças de gado existentes, quando adquiriu o direito real de usufruto, fazendo dedução das que se acresceram ao rebanho. Se tiver havido decréscimo, deve complementá-las com o equivalente, em natura ou em dinheiro.

O usufruto pode ter por objeto títulos de crédito. O usufrutuário exerce o direito, percebendo os rendimentos desses títulos e podendo cobrar as dívidas em seus respectivos vencimentos. Como os títulos pertencem ao nu-proprietário, o usufrutuário deve aplicar, imediatamente, as importâncias recebidas pelo pagamento de seus valores, exceto os rendimentos, em títulos da dívida pública federal, com cláusula de atualização monetária, adquiridos diretamente do Tesouro Nacional ou mediante agentes financeiros. A aquisição desses títulos é feita em nome do nu-proprietário. Como explicitou Ebert Chamoun, o usufruto de títulos de crédito enseja o problema do usufruto de dinheiro, quando o título vence enquanto perdura o direito do usufrutuário; é certo que tem este o direito, e mesmo o dever, de cobrar, a menos que se exigisse autorização expressa do nu-proprietário a que se lhe fizesse o pagamento; mas, convertendo-se em dinheiro o título de crédito, o usufrutuário transformar-se-ia em proprietário, e o usufruto em mútuo (1970, p. 20). Para que o direito real do nu-proprietário não se desfaça num mero direito de crédito, estabelece a lei, no interesse inclusive do próprio usufrutuário, para que não haja antecipada extinção do usufruto, a imediata sub-rogação desse direito em títulos da dívida pública federal, pois estes não estão sujeitos aos riscos naturais das demais aplicações financeiras.

O usufrutuário tem os deveres gerais de: (1) inventariar a coisa que receber, juntamente com seus acessórios e pertenças; (2) prestar caução ao nu-proprietário de restituição da posse e de conservação da coisa; (3) conservar a coisa; (4) entregar ou restituir a coisa ao nu-proprietário, cessado o usufruto.

O inventário deve ser feito antes de se assumir o usufruto, ou seja, antes da posse da coisa pelo usufrutuário. O inventário é feito em presença do constituinte do usufruto e do usufrutuário. Não é dever absoluto, podendo ser dispensado tanto pelo constituinte do usufruto quanto pelo nu-proprietário. Se o usufrutuário tomar posse da coisa antes do inventário, o dever deste persiste, podendo o nu-proprietário requerer em juízo que ele o faça. O inventário judicial pode ser pedido, igualmente, pelo usufrutuário.

O dever de prestar caução pode ser dispensado, no contrato ou no testamento; se for, o usufrutuário entra imediatamente na posse da coisa. Se a caução for exigida, o usufrutuário apenas terá posse da coisa quando a prestar. A caução pode ser em fiança, em dinheiro, em bens ou em garantia real. No usufruto por dedução, quando se aliena a propriedade e se reserva o usufruto para si, são naturalmente dispensados o inventário e a caução. A caução é inexigível nas hipóteses de usufruto legal. Para Pontes de Miranda (2012, v. 19, p. 225), se o dono entregou o bem sem exigir caução, renunciou à pretensão.

Estabelece a lei (CC, art. 1.401) que se o usufrutuário não quiser ou não puder dar caução suficiente perderá o direito de administrar o usufruto, em favor do nu-proprietário; nessa hipótese, o nu-proprietário fica obrigado a entregar o rendimento da coisa ao usufrutuário, deduzindo as despesas que efetuar com a administração direta ou mediante terceiro. A norma legal não é impositiva, podendo ser modificada pelo constituinte do usufruto, ou pelas partes, de comum acordo.

A lei incumbe ao nu-proprietário as despesas com as reparações extraordinárias da coisa, que não se incluem na conservação ordinária e ultrapassem o custo módico. As reparações necessárias à conservação da coisa são também do nu-proprietário, mas o usufrutuário, ainda que não tenha o dever de reembolsar-lhe o capital investido, deve pagar-lhe os juros compensatórios correspondentes. A taxa de juros é de seis por cento ao ano (Decreto n. 22.626, de 1933), podendo o contrato estabelecer até o dobro. Consideram-se necessárias as reparações sem as quais a coisa sofre risco de ruína ou desaparecimento. O mesmo mandamento aplica-se às reparações que aumentarem o rendimento da coisa usufruída. A interpretação da norma legal exige temperamentos, pois dela emerge a consideração do usufruto temporário, não se aplicando ao usufruto vitalício, pois a morte é elemento imponderável da extinção do usufruto e consolidação da propriedade, tornando-se o dever de reparação em ônus desarrazoado do nu-proprietário. Se o usufrutuário impedir as obras necessárias e extraordinárias, que deva realizar o nu-proprietário, este poderá requerer ao juiz que as deixe fazer. Em contrapartida, se o nu-proprietário não realizar as que sejam de seu encargo, indispensáveis à conservação da coisa, poderá o usufrutuário realizá-las e cobrar daquele o que despendeu, nos limites do indispensável. O dever de pagar despesas extraordinárias pode ser modificado, ou pré-excluído pelo constituinte do usufruto, que pode atribuí-lo ao usufrutuário.

As despesas ordinárias de conservação da coisa incumbem ao usufrutuário. O dever de conservação também se funda no princípio da boa-fé objetiva, de conduta leal. A conservação a que está obrigado o usufrutuário é a necessária para manter a coisa no estado em que a recebeu, durante o exercício do usufruto. O usufrutuário é obrigado às reparações extraordinárias da coisa, que estejam no limite do custo módico, assim entendido o que não ultrapasse dois terços do rendimento líquido anual da coisa; estima-se o rendimento líquido da coisa segundo o valor de mercado do aluguel anual da coisa, deduzido das despesas com tributos incidentes sobre ela. Relativamente aos tributos incidentes sobre a coisa, estes são devidos pelo usufrutuário, enquanto perdurar o usufruto. Em virtude do dever legal dessas despesas, o usufrutuário tem direito de participar e votar em assembleias de condomínios edilícios.

O dever de comunicação é do usufrutuário, cabendo-lhe dar ciência ao nu-proprietário de qualquer lesão ou risco de lesão à coisa, ou à posse dela, ou alegação de direito por parte de terceiro. Deve, também, comunicar tudo o que seja necessário para as despesas consideradas extraordinárias de conservação da coisa, para além do custo módico.

Se o usufrutuário realizar melhoramentos e benfeitorias na coisa, sem a elas ser obrigado, não pode cobrar as despesas correspondentes do nu-proprietário. Esses acréscimos não podem alterar a destinação da coisa. Para fazê-los não precisa de autorização ou anuência do nu-proprietário. Não faz jus a indenização por eles, se subsistirem ao tempo da cessação do usufruto.

O usufrutuário tem o dever de indenizar o nu-proprietário quando descumprir qualquer dos deveres que lhe são impostos, particularmente: a) deixar de comunicar a lesão ou o risco de lesão à coisa ou à posse; b) destruir a coisa; c) deixar de efetuar as despesas ordinárias de conservação; d) mudar o destino do usufruto; e) exceder no uso da coisa; f) não entregar a coisa, cessado o usufruto. Não está obrigado a indenizar as deteriorações ou os desgastes sofridos pela coisa, em virtude do exercício regular do usufruto. Em virtude de o usufrutuário deter a posse da coisa, tem o dever de indenizar os danos a terceiros ocorridos no interior do imóvel, ou a partir deste, ou pelo uso da coisa.

Para o STJ, o usufrutuário – na condição de possuidor direto do bem – pode valer-se das ações possessórias contra o possuidor indireto (nu-proprietário) e – na condição de titular de um direito real limitado (usufruto) – também tem legitimidade/interesse para a propositura de ações de caráter petitório, tal como a reivindicatória, contra o nu-proprietário ou contra terceiros (REsp 1.202.843).

Extinção

A extinção do usufruto dá-se por vários modos: morte do usufrutuário, renúncia do usufrutuário, fim do prazo de duração do usufruto, extinção da pessoa jurídica, cessação do motivo determinante, destruição da coisa, culpa do usufrutuário pela ruína ou falta de conservação da coisa, consolidação na pessoa do usufrutuário, pelo não uso, pela desapropriação.

A extinção do usufruto opera a consolidação da propriedade, que passa ou volta a ser plena, salvo nas hipóteses de transferência da nua-propriedade ao usufrutuário, ou de desaparecimento ou desapropriação da coisa. A transferência de direitos pode ser recíproca, para a consolidação da propriedade: o usufruto pode ser transferido ao nu-proprietário, ou a nua-propriedade pode ser transferida ao usufrutuário. Toda extinção do usufruto de coisa imóvel necessita de ser averbada no registro imobiliário. Extinguindo-se o usufruto, extinguem-se os direitos e obrigações a ele vinculados, como o contrato de locação da coisa em que o usufrutuário figurou como locador. A extinção faz nascer ao titular da nua-propriedade a pretensão à restituição da coisa; extinto o direito real, restou a situação fática de posse, que deve ser restituída, sob pena de esbulho da posse própria do proprietário.

Morto o usufrutuário extingue-se o usufruto temporário ou vitalício, não podendo ser sucedido. Se morrer o nu-proprietário, herdam seus sucessores, sem alteração do direito real do usufruto. Quando o usufruto tiver sido constituído em favor de duas ou mais pessoas (usufruto conjuntivo), a morte de uma delas não o extingue, totalmente; a extinção é proporcional à parte dela, permanecendo o usufruto em relação à proporção dos usufrutuários sobreviventes. Assim, sendo três os usufrutuários, morrendo um, sua parte (um terço) se consolida na propriedade do nu-proprietário, subsistindo o usufruto em dois terços. O ato de constituição do usufruto, todavia, pode estipular que a parte do usufrutuário morto se integre à do sobrevivente (no exemplo citado, cada sobrevivente passaria a deter metade ideal do usufruto).

A extinção da pessoa jurídica usufrutuária é equiparável à morte da pessoa física, para fins de extinção do usufruto. A alteração da pessoa jurídica não afeta o usufruto; mas a fusão da pessoa jurídica em outra caracteriza extinção dela e do usufruto. Como não pode haver usufruto perpétuo, o usufruto em favor de pessoa jurídica é sempre temporário, não podendo ultrapassar trinta anos, contados a partir do início do exercício, ainda que ela continue em atividade. A determinação legal do tempo máximo é impositiva, não podendo ser afastada por estipulação do constituinte ou a sucessão por outra pessoa jurídica ou física. A norma da temporariedade também se aplica às entidades não personificadas usufrutuárias.

O usufruto pode estar submetido a condição resolutiva ou a termo final, quando temporário, que são causas de extinção automática. Se o usufruto for temporário, a morte do usufrutuário também o extingue, pela insuperável intransferibilidade dele.

Se o proprietário renunciar expressamente à propriedade, pode o imóvel ser arrecadado pelo Estado, salvo se o usufrutuário converter a posse do direito real em posse própria plena, para aquisição futura pela usucapião. A renúncia é sempre unilateral, expressa e receptível; não há renúncia bilateral. Não pode haver renúncia ao usufruto legal.

O motivo determinante, cuja cessão leve à extinção do usufruto, é sua causa final e deve ser inserido expressamente no negócio jurídico como cláusula resolutiva; cessado o motivo extingue-se o usufruto, automaticamente, sem necessidade de interpelação. Exemplo: usufruto constituído em razão de graduação universitária; abandonado o curso, cessam o motivo e o usufruto. A cessação do motivo deve ser demonstrada, não podendo ser presumida.

A destruição da coisa que extingue o usufruto é a total, porque este subsiste na parte não atingida por ela. Se a coisa for destruída sem culpa do nu-proprietário ou do usufrutuário, aquele não está obrigado a reconstruí-lo, extinguindo-se o usufruto, mas haverá sub-rogação na indenização paga pelo seguro, se houver; se a coisa for reconstruída com aplicação da indenização, restaurar-se-á o usufruto. O STJ (REsp 317.504) decidiu que, havendo destruição da coisa, com sub-rogação da indenização do valor do seguro, não pode o usufrutuário exigir que se lhe pague sua parte na indenização, em vez da reconstrução da coisa, visto seu direito ser dependente do nu-proprietário. Se o dano for parcial, a sub-rogação real é correspondente. Entende Pontes de Miranda (2012, v. 19, p. 286) que, na alusão que a lei faz a "destruição da coisa", cabem as extinções peculiares ao direito, tais como a renúncia, a remissão, a compensação, o distrato, a resolução ou resilição, a rescisão, a ineficacização.

A desapropriação da coisa ou a responsabilidade por danos também geram a sub-rogação real das indenizações correspondentes, pagas pela autoridade expropriante ou pelo terceiro causador do dano. São duas sub-rogações reais, uma em favor do nu-proprietário e outra em favor do usufrutuário, com partilha dos valores. Na desapropriação, a indenização não pode ser levantada apenas pelo titular do usufruto.

A culpa do usufrutuário, para fins de extinção, é relativa a determinados fatos, enumerados legalmente: alienação indevida da coisa, como se a propriedade fosse sua; ruína da coisa, em virtude de omissão injustificada em sua conservação e manutenção; no usufruto de títulos de crédito, não promover imediatamente a aplicação do capital recebido em títulos públicos. Não se admite a culpa presumida, devendo o nu-proprietário fazer prova do fato ou dos fatos em juízo. Além da pretensão à extinção do usufruto, o nu-proprietário tem pretensão à indenização pelo dano causado.

A penhora, ainda que em execução fiscal por dívidas do nu-proprietário, não pode alcançar o usufruto, pois não se enquadra no rol das hipóteses de extinção desse direito real, máxime "quando, por ocasião da penhora, já havia usufruto instituído em favor de terceiros" (STJ, REsp 832.708). Nem mesmo pelas dívidas do usufrutuário pode haver penhora do usufruto, dada a sua natureza de inalienabilidade.

12.5. Direito Real de Uso

O direito real de uso tem por finalidade o uso direto de coisa móvel ou imóvel pelo usuário, de acordo com suas necessidades pessoais e de sua família. O titular do direito real de uso é a pessoa física e não pessoa jurídica ou entidade não personificada, pois estas não têm família. O vínculo é real, diferentemente do uso pessoal, que ocorre em obrigações negociais, como a locação ou o comodato. Terceiros são sujeitos passivos da relação real de uso, com dever de respeito e abstenção.

O uso real não pode ser cedido a terceiro, porque existe em razão da pessoa do usuário e de seu núcleo familiar, nem pode ser transferido por sucessão hereditária.

Os antigos romanos já diziam que o usuário não podia vender, locar ou conceder gratuitamente o direito que tinha. Para Massimo Bianca (1999, p. 629), o direito de uso é limitado qualitativamente às necessidades do usuário, cujo limite exprime a "função pessoal" do direito, confirmada por sua intransferibilidade.

O uso de imóvel, como direito real, depende do registro imobiliário; o de móvel, da posse direta da coisa. De acordo com o sistema do Código Civil, o direito real de uso adquire-se pela usucapião, de acordo com os mesmos requisitos, inclusive temporais, para aquisição da propriedade pela usucapião. Não se adquire por sucessão hereditária, inclusive se lhe fora fixado tempo para exercício, porque é constituído *intuitu personae*. Pode, no entanto, ser constituído em testamento, cuja eficácia depende da abertura da sucessão.

O direito real de uso tem alcance menor do que o usufruto, pois o uso não pode ser cedido, onerosa ou gratuitamente, a terceiro; o uso não admite a exploração econômica da coisa, ao contrário do usufruto. Tem alcance maior que o direito real de habitação, pois o uso não necessita ser para habitação sua ou de sua família; pode ter por objeto um automóvel, ou uma loja comercial. Todos esses três direitos reais limitados contemplam o uso real da coisa, mas diferem entre si em virtude de sua modalidade, mais ou menos ampla.

O usuário tem direito de perceber os frutos da coisa, nos limites das necessidades suas e de seu núcleo familiar. Não adquire a propriedade dos frutos; apenas os consome, para o atendimento de suas necessidades, diferentemente do usufrutuário, que não sofre tal limitação. Os frutos a serem considerados são os que se destinam ao consumo do usuário e seu núcleo familiar.

As necessidades observam os critérios de condição social do usuário e os valores e costumes do local onde usa a coisa. A qualificação como membro do núcleo familiar vai além da relação de parentesco, pois compreende: o cônjuge ou o companheiro; os filhos solteiros, sejam eles menores ou maiores, civilmente capazes ou incapazes, biológicos ou não biológicos, desde que vivam sob o mesmo teto do usuário; parentes ou pessoas que vivam sob a dependência econômica do usuário; até mesmo os empregados do serviço doméstico. Os membros do núcleo familiar usam a coisa, mas não são titulares dela. Morto o titular, extingue-se o direito real de uso, pois este não é *intuitu familiae*. O uso pelos outros é entendido como uso do próprio titular.

O usuário é, igualmente, titular de posse própria, podendo valer-se da proteção possessória. Contudo, o proprietário pode exercer as pretensões reivindicatórias em relação aos frutos que ultrapassem as necessidades do usuário e de seu núcleo familiar.

Por força do art. 1.413 do Código Civil, que determina a aplicação ao uso das normas do usufruto, onde couber, o usuário tem os deveres: (a) de prestar caução ao proprietário, salvo se for dispensado; (b) de guardar e conservar a coisa; (c) de comunicação ao proprietário dos riscos ou lesões à coisa; (d) de inventário do estado da coisa e seus acessórios, quando a receber; (e) de pagar os tributos incidentes sobre a coisa; (f) de entregar ou restituir a coisa, quando cessar o direito de uso; (g) de indenizar o proprietário pelos danos que causar à coisa. O inadimplemento de qualquer desses deveres dá ensejo ao proprietário de pedir em juízo a extinção do direito de uso.

O uso extingue-se pelas seguintes causas de extinção do usufruto: morte, renúncia, termo final de sua duração, desvio de sua destinação, destruição da coisa, culpa do usuário pela ruína, deterioração ou alienação da coisa, consolidação na mesma pessoa da propriedade e do uso, desapropriação da coisa e não uso da coisa.

O direito real de uso não se confunde com a concessão de uso especial para fins de moradia ou com a concessão de direito real de uso, previstos nos incisos X e XI do art. 1.225 do Código Civil, introduzidos pela Lei n. 11.481/2007, que são modos de intervenção urbanística e de realização da garantia constitucional do direito à moradia.

12.6. Direito Real de Habitação

O direito real de habitação é o uso gratuito pela pessoa que vive ou habita casa alheia, com destinação exclusiva de moradia do titular e seus familiares. A habitação é especialização legal do uso. O conteúdo de habitação é mais amplo que o de residência ou domicílio; pode haver habitação sem ser o domicílio do titular. O habitador tem de habitar a casa alheia. Pode ser coisa urbana ou rural, ou parte de coisa imóvel. A habitação é o mais limitado de todos os três usos reais (usufruto, uso e habitação). Nem todo direito real de uso se confunde com a habitação. Sob o ponto de vista do direito real limitado, quem habita, usa, mas nem todo que usa, habita. Não se pode habitar o móvel, salvo se ele é usado para casa (habitação, sobre roda, rebocável por veículo ou motorizada). A lei refere a casa e não a imóvel, podendo ser qualquer coisa que sirva para moradia ou estada duradoura.

Esse peculiar direito real, segundo o modelo originário do direito das coisas, pode ser temporário ou vitalício, de acordo com seu ato de constituição. Não é direito de aquisição de coisa, mas exclusivamente direito de uso. Consequentemente, não pode ser transferido, entre vivos ou a causa da morte, ou cedido.

Assim, dispõe a lei (CC, art. 1.414) que o habitador não pode alugar, nem emprestar a coisa, podendo apenas ocupá-la com sua família.

Entendem-se como família, para os fins do direito real de habitação, os familiares e parentes que integrem a unidade familiar que com ele ocupem o imóvel, de origem biológica ou socioafetiva. Podem ser os descendentes (filhos e netos) ou até mesmo ascendentes que com ele convivam.

A habitação pode ser constituída em negócio jurídico entre vivos, principalmente doação, ou em testamento. O proprietário instituidor pode reservar para si o direito de habitar a coisa, ou parte dela, durante certo tempo ou vitaliciamente, ou destinar a habitação a terceiro. Se não houver referência a tempo, no ato constitutivo, entende-se como direito vitalício, mas não perpétuo, pois não pode ser objeto de sucessão. Sendo a casa imóvel, a constituição por negócio jurídico entre vivos depende de registro imobiliário.

Pode haver pluralidade de habitadores. O direito a habitação pode ser constituído para favorecer duas ou mais pessoas, conjuntamente, sobre a mesma casa. Nessa hipótese, se apenas um dos habitadores habitar a casa, os demais não podem exigir-lhe pagamento de aluguel ou qualquer modalidade de remuneração. Isso ocorre quando um dos habitadores deixa de habitar a casa. Em contrapartida, não pode impedir que os demais habitem igualmente a casa, sempre que quiserem.

De constituição legal, é assegurado o direito real de habitação ao cônjuge sobrevivente (CC, art. 1.831). Esse direito não depende, para sua constituição, de registro público (STJ, REsp 565.820). Protegido é o cônjuge sobrevivente que tenha sido casado com o *de cujus* tanto sob o regime de separação total quanto o de comunhão universal, de comunhão parcial, de participação final nos aquestos ou de outro livremente escolhido em pacto antenupcial. Esse direito não pode ser previamente excluído em pacto antenupcial ou em escritura de alteração do regime de bens, porque decorre de norma cogente de tutela. O direito real de habitação legal não depende de escritura pública ou de registro público ou de qualquer ato de vontade. Consequentemente, é direito vitalício conferido ao cônjuge sobrevivente, enquanto este utilizar a casa como sua moradia. Enquanto habitar a casa, o direito é vitalício.

Também de constituição legal é o direito real de habitação do companheiro de união estável sobrevivente, de acordo com o art. 7º da Lei n. 9.278/96. Essa norma específica não foi revogada pelo CC/2002, porque com este é compatível. A união estável pode ser heterossexual ou homossexual (STF, ADI 4.277, de 2011). O companheiro sobrevivente tem direito real de habitação sobre o imóvel que ele e o *de cujus* tinham destinado para residência ou moradia da família. Em relação ao idêntico direito conferido pelo Código Civil ao cônjuge, há duas distinções: (1) O direito é resolúvel e não vitalício, pois perdura enquanto o companheiro sobrevivente não casar ou constituir nova união estável. Não há tal restrição para o cônjuge. (2) O direito é assegurado, ainda que o patrimônio comum do *de cujus* e do companheiro sobrevivente conte com outros imóveis residenciais. O que interessa é a destinação para residência da família, que já existia na data do falecimento do *de cujus*. Em contrapartida, para o cônjuge sobrevivente, exige o Código Civil que haja apenas único imóvel residencial na herança e que seja ocupado pela família. O STJ, por decisão de sua Quarta Turma (REsp 1.249.227), aplicou diretamente o art. 1.831 do Código Civil, assegurando ao companheiro a mesma conformação do direito real de habitação atribuído ao cônjuge, desconsiderando a Lei n. 9.278.

O direito real de habitação extingue-se por morte do habitador, renúncia do habitador, termo final de sua duração, desvio de sua destinação, destruição da casa, culpa do habitador pela ruína, deterioração ou alienação da casa, consolidação na mesma pessoa da propriedade e da habitação, desapropriação da casa e não uso da casa. A extinção depende de averbação no registro imobiliário, se a casa for imóvel.

Adverte Pontes de Miranda (2012, v. 19, p. 595), no que respeita tanto ao uso quanto à habitação, que não se pode dar a sub-rogação real permanente na quantia da indenização, em virtude da destruição da coisa; toda indenização pela destruição total ou parcial da coisa gravada de uso ou habitação destina-se à aplicação em coisa de semelhante uso ou habitabilidade.

Sobre o mesmo imóvel, podem incidir os direitos reais de usufruto e de habitação. Se houver renúncia a um deles, subsiste o outro, Nesse sentido, decidiu o STJ (REsp 565.820) que a renúncia ao usufruto não alcança o direito real de habitação, que independe de registro, pois decorre de lei e se destina a proteger o cônjuge sobrevivente, mantendo-o no imóvel destinado à residência da família; consequentemente, admitiu os embargos de terceiro da viúva à execução promovida por terceiro. Ainda sobre a renúncia, entendeu o STJ (REsp 1.098.620) que a renúncia ao uso ou à habitação não pode ser considerada como ato em fraude à execução, dada a impenhorabilidade desses direitos reais.

12.7. Direito do Promitente Comprador do Imóvel

O direito do promitente comprador do imóvel é direito real de aquisição, que tem por finalidade a proteção de quem adquire um imóvel, legalmente presumido como vulnerável, para conclusão do contrato definitivo de compra e venda quando for paga a integralidade do preço, se dividido em parcelas, ou quando se realizar a condição ou termo. Serve, também, como garantia ao promitente vendedor, que apenas estará obrigado a concluir o contrato definitivo se o preço for totalmente pago. Desde seu advento, tornou-se muito popular pela simplificação das transações imobiliárias. Os termos "compromisso", "compromitente" e "compromissário", que ainda se encontram na legislação e na doutrina, são inadequados, pois, no direito privado brasileiro, compromisso tem significado restrito à arbitragem; compromisso é a convenção firmada por duas ou mais pessoas de escolha da arbitragem para solução de suas controvérsias ou conflitos (CC, arts. 851 a 853).

O contrato, em si, não gera efeitos reais, pois estes dependem do registro imobiliário, de acordo com o dualismo do direito brasileiro de contrato obrigacional e registro. Ainda que o promitente comprador não seja o adquirente definitivo, são-lhe asseguradas a posse e as proteções possessórias e os direitos gerais de usar, fruir e dispor da coisa. O direito real específico é o de exigir do promitente vendedor a outorga da escritura definitiva de compra e venda, quando o preço for integralmente pago, e, se houver recusa ou omissão, o de obter a adjudicação compulsória perante o Poder Judiciário, para fins do registro da sentença de aquisição da propriedade.

O direito do promitente comprador do imóvel foi introduzido expressamente na legislação brasileira pelo Decreto-Lei n. 58/37, que, por sua vez, deu início à regulamentação dos loteamentos, no Brasil, com venda de terrenos a prestações. Essa norma estabelecia que a averbação do contrato de promessa de compra e venda de imóvel loteado, no registro imobiliário do loteamento, atribuía ao promitente "direito real oponível a terceiros", quanto à alienação ou oneração posterior. Mais tarde, a Lei n. 649/49, atribuiu ao registro do contrato de promessa de compra e venda de imóveis não loteados idêntico direito real oponível a terceiros, conferindo-lhes o direito de adjudicação compulsória, desde que não houvesse cláusula de arrependimento. A lei atual do desmembramento do solo urbano (Lei n. 6.766/79, com as alterações determinadas pelas Leis n. 9.785/99, e 11.445/2007) reforçou a atribuição de direito real a ambas as hipóteses, convertendo explicitamente o promitente comprador em titular de direito real específico.

O CC/2002 deu sequência à legislação anterior, incorporando explicitamente o direito real do promitente comprador de imóvel, loteado ou não, à enumeração dos direitos reais limitados. Havia, na doutrina jurídica, resistência a conceber o direito do promitente comprador como direito real, formando-se forte opinião no sentido que seriam apenas efeitos de oponibilidade a terceiros, atribuídos por lei ao registro imobiliário do contrato, tal como ocorre com outras hipóteses (exemplo do contrato de locação, para fins do exercício do direito de preferência). Essa controvérsia não faz mais sentido, ante a opção tomada pelo Código Civil. Esclareça-se que o direito do promitente comprador é direito real autônomo, que não se confunde com outra espécie de direito real. Assim, decidiu o STJ (REsp 853.190) que não se outorga "ao promitente comprador uma propriedade resolúvel".

São requisitos para aquisição do direito real: (1) contrato de promessa de compra e venda; (2) inexistência de direito a arrependimento; (3) registro imobiliário. Não é requisito a menção expressa no contrato do direito à adjudicação compulsória do imóvel, pois este é determinação legal, tanto para os imóveis loteados (Lei n. 6.766, art. 27) quanto para os imóveis não loteados (CC, art. 1.418).

O instrumento do contrato de promessa de compra e venda e de sua cessão pode adotar a forma particular ou pública. A prática negocial no Brasil é amplamente favorável ao instrumento particular, por sua óbvia simplicidade, rapidez e redução de custos. Quanto aos imóveis loteados, tendo em vista o princípio da proteção do promitente comprador de lotes de desmembramentos do solo urbano, a Lei n. 6.766, de 1979, admite, para fins de exigir do promitente vendedor a outorga da escritura definitiva ou pedir em juízo a adjudicação compulsória do imóvel, que qualquer documento comprobatório da aquisição sirva como promessa de compra e venda, tais como a promessa de cessão, a proposta de compra assinada com o promitente vendedor ou empresa imobiliária, a reserva do lote, ou outro instrumento, do qual conste a manifestação de vontade das partes, a indicação do lote, o preço, o modo de pagamento e a promessa de contratar. Essa norma legal pode ser aplicada, analogicamente, aos imóveis não loteados.

O direito real do promitente comprador do imóvel abrange o contrato de promessa de compra e venda originário e os decorrentes contratos de cessão e de promessa de cessão, se houver, prevalecendo o último registrado. O contrato particular de promessa de compra e venda de imóvel loteado pode ser transferido por "simples traspasse" (Lei n. 6.766, art. 31), lançado no verso das vias em poder das partes, ou por instrumento separado. Basta, para o traspasse e seu registro, que nele se identifique e qualifique o cessionário, com data e assinatura das partes, cônjuges ou companheiros, o número do registro do loteamento e o valor da cessão. Para os imóveis não loteados, a cessão do contrato deve ser feita em instrumento separado. A cessão não necessita da anuência do promitente vendedor, mas os efeitos apenas se produzem, em relação a ele, quando cientificado. Se não tiver sido cientificado, fá-lo-á o oficial do registro imobiliário, após o registro da cessão.

O direito à adjudicação compulsória do imóvel singulariza o direito real do promitente comprador. O promitente vendedor deve cumprir a obrigação de outorga da escritura definitiva, quando exigível pelo promitente comprador, de acordo com as cláusulas do contrato de promessa de compra e venda, por ele firmado. Não se resolve o inadimplemento ou a recusa do promitente vendedor segundo as regras gerais do inadimplemento contratual, pois a promessa de compra e venda tem por fim exatamente a conclusão do contrato definitivo de compra e venda. Se este não se faz, pela recusa do promitente vendedor, o Estado o substitui, compulsoriamente, mediante a adjudicação compulsória, cuja sentença judicial toma o lugar do contrato definitivo para fins do registro da aquisição da propriedade. Para Caio Mário da Silva Pereira (2009, p. 383), foi instituído para a promessa de compra e venda o *direito de sequela*, vinculando-a ao próprio imóvel, pois o poder de exigir a adjudicação compulsória é oponível não somente ao promitente vendedor mas a seu sucessor, inclusive em virtude de alienação do imóvel; a obrigação de fazer converte-se em obrigação coativa de dar a própria coisa.

O registro do contrato de promessa de compra e venda, particular ou público, é indispensável para obtenção do direito real, notadamente para os efeitos perante terceiros. Porém, para os efeitos entre as partes do contrato, o registro não é imprescindível. Depois de intensas controvérsias, o STJ consolidou o entendimento estampado na Súmula 239 de que o direito à adjudicação compulsória não se condiciona ao registro da promessa de compra e venda no cartório de imóveis. Ou seja, se a promessa não é registrada não há direito real, oponível a terceiros, com risco de ser registrada outra promessa – ou escritura definitiva de compra e venda – posterior a ela, restando ao promitente comprador os efeitos obrigacionais, notadamente o de indenização por perdas e danos. Mas, se a promessa de compra e venda não for registrada e nenhum registro ulterior tiver havido em relação ao imóvel, o promitente comprador poderá exercer o direito de adjudicação compulsória, pedido em juízo, quando houver recusa do promitente vendedor, comprovando a integralidade do pagamento do preço ou a realização da condição ou termo, de acordo com o contrato.

A importância do registro da promessa de compra e venda também é relativizada, para os efeitos da proteção possessória do promitente comprador. Estabelece a Súmula 84 do STJ que é admissível a oposição de embargos de terceiro fundados em alegação de posse advinda de promessa de compra e venda de imóvel, ainda que desprovido de registro. Como se vê, a promessa de compra e venda gera outros efeitos, além dos meramente obrigacionais, em homenagem à realidade da vida social, pois os costumes emprestam esse reconhecimento à posse do promitente comprador, independentemente das formalidades de registro.

Tem sido admitido que a promessa de compra e venda registrada, quando ainda não tenha havido tomada da posse, investe o promitente comprador, como titular de direito real, da faculdade de reivindicar de terceiro o imóvel prometido em venda (enunciado 253 das Jornadas de Direito Civil do CJF/STJ), sem dependência de iniciativa do promitente vendedor.

12.8. Concessão de Uso Especial para Fins de Moradia e Concessão de Direito Real de Uso

A concessão de uso especial para fins de moradia e a concessão de direito real de uso são instrumentos legais utilizados para a promoção de políticas públicas de ocupação do solo, principalmente urbano, e de efetivação do direito constitucional à moradia. Há reflexos no direito das coisas, notadamente por se caracterizarem como direitos reais sobre coisas imóveis alheias, distintos dos demais, o que justificou serem inseridos na enumeração do art. 1.255 do Código Civil, com a redação dada pela Lei n. 11.481/2007.

A concessão de uso especial tem previsão no § 1º do art. 183 da Constituição, o qual estabelece que será concedida ao homem ou à mulher, ou a ambos, independentemente do estado civil, que possuírem como sua área urbana de até duzentos e cinquenta metros quadrados, por cinco anos, utilizando-a para sua moradia ou de sua família. A norma constitucional foi regulamentada pela Medida Provisória n. 2.220, de 2001, denominando-a concessão especial para fins de moradia, em relação ao bem objeto da posse, desde que o interessado não seja proprietário ou concessionário de outro imóvel urbano ou rural, e desde que o tenha possuído como seu, por cinco anos, até 30 de junho de 2001, data esta posteriormente ampliada para 22 de dezembro de 2016 pela Lei n. 13.465/2017. A concessão de uso especial para fins de moradia pode ter por objeto a regularização de ocupação de imóveis de particulares ou de imóveis públicos, com até duzentos e cinquenta metros quadrados, da União, dos Estados, do Distrito Federal e dos Municípios, que estejam situados em área urbana.

A referida Medida Provisória n. 2.220 também admitiu a concessão de uso especial coletiva para os imóveis com mais de duzentos e cinquenta metros quadrados, que, até 30 de junho de 2001 (22 de dezembro de 2017, por força da Lei n. 13.465/2017), estavam ocupados por população de baixa renda para sua moradia, onde não for possível identificar os terrenos ocupados por possuidor, desde que os possuidores não sejam proprietários ou concessionários, a qualquer título, de outro imóvel urbano ou rural. Na concessão de uso especial coletiva, é atribuída igual fração ideal de terreno a cada possuidor, independentemente da dimensão do terreno que cada um ocupe, salvo hipótese de acordo escrito entre os ocupantes, estabelecendo frações ideais diferenciadas, desde que, cada uma, não supere duzentos e cinquenta metros quadrados de área.

O título de concessão de uso especial para fins de moradia é obtido pela via administrativa perante o órgão competente da Administração Pública ou, em caso de recusa ou omissão deste, pela via judicial. Na hipótese de bem imóvel da União ou dos Estados, o interessado deverá instruir o requerimento com certidão expedida pelo Poder Público municipal, que ateste a localização do imóvel em área urbana e a sua destinação para moradia do ocupante ou de sua família. Em caso de ação judicial, a concessão de uso especial para fins de moradia será declarada pelo juiz, mediante sentença. O título conferido por via administrativa ou por sentença declaratória servirá para efeito de registro no cartório de registro de imóveis. O direito de concessão de uso especial para fins de moradia, devidamente registrado, pode ser posteriormente transferido por ato entre vivos ou por sucessão hereditária.

Extingue-se a concessão de uso especial para fins de moradia se o concessionário der ao imóvel destinação diversa da moradia, ou se adquirir a propriedade ou a concessão de uso de outro imóvel urbano ou rural. A extinção será averbada no cartório de registro de imóveis, por meio de declaração do Poder Público concedente.

A concessão de direito real de uso foi introduzida pelo Decreto-Lei n. 271/67, que dispôs sobre parcelamento do solo urbano, e alterada com a redação dada pela Lei n. 11.481/2007. É constituída por tempo determinado ou indeterminado, como direito real resolúvel, para fins específicos de regularização fundiária de interesse social, urbanização, industrialização, edificação, cultivo da terra, aproveitamento sustentável das várzeas, preservação das comunidades tradicionais e seus meios de subsistência ou outras modalidades de interesse social em áreas urbanas. A concessão de uso poderá ser contratada, por instrumento público ou particular, ou por simples termo administrativo, e será registrada e cancelada no registro imobiliário.

O concessionário tem direito de fruir plenamente do terreno para os fins estabelecidos no contrato, como titular desse direito real específico e possuidor direto. Responde por todos os encargos civis, administrativos e tributários que incidam sobre o imóvel e suas rendas. O direito transfere-se por negócio jurídico entre vivos, ou por testamentária, como os demais direitos reais sobre coisas alheias.

Extingue-se a concessão de direito real de uso quando o tempo da concessão chegar ao termo final, ou, antes deste, se o concessionário der ao imóvel destinação diversa da estabelecida no contrato ou termo, ou se o concessionário descumprir cláusula do ajuste, perdendo, neste caso, as benfeitorias de qualquer natureza, que tenha feito no imóvel.

Por força do art. 1.473 do Código Civil, tanto a concessão de uso especial para fins de moradia quanto a concessão do direito real de uso podem ser dadas em garantia hipotecária.

A concessão de direito real de uso assemelha-se ao direito de superfície, e, segundo alguns, seria o próprio direito de superfície. Todavia, no direito de superfície ocorre a suspensão ou interrupção dos efeitos da acessão, isto é, com o incremento da construção, nasce um direito real distinto em favor do superficiário. Na concessão de direito real de uso, ao contrário, pelo princípio da acessão, que permanece, o que for edificado ou plantado pertence ao concedente e não ao concessionário (Lira, 2014, p. 80).

O STJ (REsp 1.494.302) apreciou a possibilidade de partilha dos direitos à concessão de uso para moradia de imóvel público, tendo decidido positivamente, em caso de reconhecimento e dissolução de união estável, considerando que a concessão permite à família o direito privativo ao uso do bem, cuja repercussão patrimonial admite a meação.

12.9. Direito Real de Laje

A partir de 22 de dezembro de 2016 foi alterado o art. 1.255 do Código Civil para acrescentar ao elenco dos direitos reais um novo direito real: “a laje”. Para regulamentá-lo foi introduzido o art. 1.510-A.

A doutrina jurídica já vinha versando sobre esse tema, fruto da realidade brasileira da urbanização à margem dos padrões da ordem jurídica, máxime nas comunidades populares. Ainda que não houvesse previsão expressa, entendia-se que o direito de superfície não era incompatível com a sobrelevação ou superfície de segundo grau (direito de laje), muito comum em comunidades populares. A sobrelevação tem como alicerce a construção alheia já implantada, utilizando-se do gabarito aéreo que não foi totalmente aproveitado, ou seja, do espaço volumétrico que pode ainda ser edificado (Mazzei, 2008, p. 228). Também tinha sido entendido que, depois da construção superficiária, seriam aplicadas à sobrelevação as normas do condomínio edilício, correspondendo a cada unidade uma cota ideal sobre o terreno e as partes comuns, alterando dessa forma as frações ideais já existentes (Lima, 2005, p. 306).

Criticando a opção legal, para Roberto Paulino de Albuquerque Jr. (2017, s. p.), o que caracteriza o direito de superfície e distingue o seu tipo dos demais direitos reais é a possibilidade de constituir um direito tendo por objeto construção ou plantação, separadamente do direito de propriedade sobre o solo. Sendo assim, não seria necessária a constituição de novo direito real, pois já estaria contemplado naquele a possibilidade de sobrelevação.

A laje tem como alicerce a construção alheia já implantada, utilizando-se do gabarito aéreo ou do subsolo que não tenham sido totalmente aproveitados. É o triunfo do costume *contra legem*. Com o advento da MP n. 759/2016 e depois com a Lei n. 13.465/2017, que introduziram no CC os arts. 1.510-A a 1.510-E, a laje adquiriu autonomia como direito real próprio, não sendo mais necessário o recurso de aplicação das normas do direito de superfície ou do condomínio edilício. Segundo essas normas legais, o direito real de laje consiste na possibilidade de coexistência de unidades imobiliárias autônomas de titularidades distintas, não se lhe aplicando o princípio clássico de que o titular do solo é o titular do que sobre ele seja edificado. Assim, o titular do solo é o mesmo da primeira edificação, mas não mais será da edificação que ele próprio ou terceiro realizar sobre a laje que servir de teto àquela, ou em subsolo, em decorrência de negócio jurídico de alienação (compra e venda, doação, permuta).

O requisito legal para a constituição do direito real de laje é que a unidade imobiliária autônoma decorrente possua isolamento funcional e acesso independente, possibilitando a matrícula própria no registro imobiliário. Diferentemente do direito de superfície, o direito real de laje é permanente, podendo ser objeto de alienação a terceiros.

O direito real de laje é completamente independente em relação ao solo. Assim, não há direito a qualquer cota ou fração ideal sobre o terreno ou sobre outras unidades edificadas abaixo ou acima, o que o distancia do condomínio.

O titular da laje poderá ceder a superfície acima ou abaixo de sua laje para a constituição de sucessivo direito de laje, se os titulares das demais lajes consentirem. Em contrapartida, o titular da laje não pode realizar obras novas que causem prejuízo à segurança, à linha arquitetônica e estética do edifício.

Os titulares das lajes são responsáveis por partilhar as despesas necessárias para conservação e fruição das partes comuns (alicerces, pilares, paredes-mestras, telhados, terraços de cobertura, instalações de água, luz, gás, esgoto, áreas de circulação), aplicando-se subsidiariamente as normas do condomínio edilício.

Em caso de alienação de uma laje, os demais titulares têm direito de preferência, considerando a ordem dos titulares das lajes ascendentes, das lajes descendentes, com prioridade para a laje mais próxima.

Como a norma legal não excepcionou a regra geral do instrumento público, pois não há previsão de que o negócio jurídico de alienação possa ser realizado por instrumento particular, impõe-se a escritura pública.

Capítulo XIII

Direitos Reais de Garantia

Sumário: 13.1. Conceito e espécies de garantia real. 13.2. Características comuns dos direitos reais de garantia. 13.3. Hipoteca. 13.4. Penhor. 13.5. Anticrese. 13.6. Propriedade fiduciária em garantia.

13.1. Conceito e Espécies de Garantia Real

A garantia real tem por finalidade assegurar ao credor reforço de responsabilidade patrimonial, para satisfação do crédito, com dupla dimensão: (1) preferência sobre os credores comuns (quirografários) do mesmo devedor; (2) determinação ou afetação prévia da coisa que responderá pelo adimplemento da dívida, destacando-a dos bens econômicos do patrimônio pessoal do devedor. É direito real limitado ao valor da coisa, ou, de acordo com Enneccerus, Kipp e Wolff (1971, § 131), de realização do valor da coisa, para se obter certa soma de dinheiro, mediante sua alienação. No enunciado sintético de Orlando Gomes (2004, p. 378), direito real de garantia é o que confere ao credor a pretensão de obter o pagamento da dívida com o valor do bem aplicado exclusivamente à sua satisfação. Sustenta-se (Penteado, 2012, p. 517) que a garantia real é uma função, ou seja, um papel desempenhado para assegurar o cumprimento da obrigação; as obrigações apresentam sempre garantias, mas nem sempre são situações jurídicas de direito das coisas. Essa função, todavia, é externa à relação jurídica do crédito, no direito brasileiro.

As garantias reais elencadas no CC/2002 são a hipoteca, o penhor, a anticrese e a alienação fiduciária em garantia, esta última em virtude da nova redação dada ao art. 1.367 pela Lei n. 13.043/2014, qualificada como direito real de aquisição do fiduciante (CC, art. 1.368-B).

Como lembra Caio Mário da Silva Pereira, historicamente o conceito de garantia real era uno, e ao lado do penhor e da hipoteca se inscrevia a *fiducia*, que a ambos precedeu, consistindo na alienação da coisa ao credor, com o pacto de recompra, pela restituição e extinção da obrigação (2009, p. 275). A ampla utilização da alienação fiduciária em garantia, nas relações creditícias no Brasil, tem reduzido proporcionalmente a importância das garantias reais, em especial da hipoteca. A anticrese é instituto em desuso quase total, tendo sido mantido no Código Civil como reverência desnecessária à tradição, mais do que por sua utilidade.

A história dos direitos reais de garantia é marcada pelos interesses dos credores mais poderosos e de atividades econômicas hegemônicas, que repercutiram em legislações que os contemplaram. No Brasil, antes que houvesse um sistema de registro público geral, apenas introduzido em 1890 (Decreto n. 169-A), os credores, principalmente financeiros, obtiveram o específico registro público das hipotecas, pela Lei n. 1.237/1864. Lembre-se, ainda, que o Código Comercial surgiu em meados do século XIX, muito antes do CC/1916. A alienação fiduciária em garantia, inicialmente para os bens móveis, emerge no auge da ditadura militar, em 1969, com o Decreto-Lei n. 911, para superproteger financiamentos de bens de consumo durável, notadamente automóveis, produzidos pela indústria, com a pretendida e draconiana conversão dos adquirentes em meros usuários dos bens ou depositários, com ameaça de prisão civil pelo inadimplemento, a qual, posteriormente, o STF considerou incompatível com o Pacto de San José da Costa Rica (Convenção Americana de Direitos Humanos, de 1969), tendo editado a Súmula Vinculante 25, de seguinte teor: "É ilícita a prisão civil do depositário infiel, qualquer que seja a modalidade de depósito".

Seriam as garantias reais efetivamente direitos reais limitados? Ou garantias especiais às obrigações? Enfileirou-se o Brasil na primeira opção. Outros países acolheram a segunda, que nos parece a mais adequada. O Código Civil do Uruguai as considera obrigações que nascem dos contratos. Também localizam as garantias no campo das obrigações as legislações de Portugal, do México (federal) e do Chile. O Código Civil da Itália tem-nas como espécies de tutelas dos direitos, fora do direito das coisas. O Código Civil francês destina-as, no livro quarto, à segurança das obrigações, na espécie seguranças reais, ao lado das pessoais. Como se vê, não é pacífica sua inclusão no direito das coisas. No Brasil, o crédito não integra necessariamente a relação jurídica da garantia real, o que leva ao paradoxo do desaparecimento da dívida pelo adimplemento, mas sobrevivência da garantia de hipoteca, enquanto esta não for cancelada no registro imobiliário; extingue-se o crédito, sem se extinguir (ainda) o gravame.

É antiga, no Brasil, a discussão sobre a natureza das garantias reais. José de Alencar, conhecido romancista e jurista brasileiro do século XIX, em sua obra *A propriedade* (1883, p. 71), afirmava que a hipoteca – que ele combateu, com muita veemência, denominando-a de "desastrosa instituição", por mascarar a usura e a especulação –, não havia de ser, em hipótese alguma, direito real, mas sim direito pessoal. Para ele, a hipoteca gerava uma limitação na liberdade apenas do devedor e, de modo algum, na sua propriedade.

Também apresenta escopo de garantia, fora da classificação dos direitos reais de garantia, a venda com reserva de domínio (CC, art. 521). Resulta em garantia ampla para o vendedor, nas hipóteses de venda a prestações; garantia que não é concedida pelo comprador, mas por retenção de direito de propriedade. Ocorre quando o pagamento do preço é diferido em períodos de tempo. O vendedor antecipa a sua prestação, ficando com a propriedade em garantia do pagamento do preço. Na venda com reserva de domínio há cisão entre propriedade e posse da coisa, ou seja, enquanto perdurar o pagamento das prestações, o direito de propriedade e a posse mediata permanecem com o vendedor e a posse imediata é transferida ao comprador.

13.2. Características Comuns dos Direitos Reais de Garantia

A coisa dada em garantia fica sujeita por vínculo real à satisfação da dívida. A determinação ou especialização da coisa é essencial para a garantia real. A garantia real pode ser dada pelo devedor, em coisa de sua titularidade, ou por terceiro. Assim, o pai pode oferecer um imóvel seu em hipoteca para garantia de dívida do filho. O patrimônio pessoal do devedor permanece como garantia geral supletiva da dívida, se esta exceder o valor da coisa dada em garantia.

O direito real de garantia é direito ao valor da coisa, para assegurar o pagamento de dívida determinada. Na precisa lição de Pontes de Miranda (2012, v. 20, p. 80), o direito real de garantia é direito sobre a coisa, quanto ao valor dela. Nem lhe retira substância, nem uso, nem fruto, nem habitação. Ainda quando se trata de anticrese, o fruto apenas solve. O titular do direito real de garantia sofre as oscilações de valor da coisa, como o dono sofreria sozinho.

O credor com garantia real tem preferência sobre o credor sem ela, que deve competir com os demais em relação ao patrimônio do devedor, em caso de insolvência deste. Por ser preferência convencional, cede ante as preferências legais (CC, art. 958), como os privilégios fiscais e trabalhistas. Os credores com garantias reais conservam seus respectivos direitos sobre o preço do seguro da coisa gravada com hipoteca, penhor, anticrese ou alienação fiduciária em garantia, ou sobre o valor da indenização paga por terceiro em virtude de responsabilidade civil, em caso de perda ou danificação da coisa, ou sobre o valor da indenização, em caso de desapropriação. Dá-se a sub-rogação do valor da dívida garantida na indenização. A preferência da garantia real sobrepõe-se à partilha pela falência, que "é instituto reservado aos credores quirografários", sendo que "a mera habilitação do crédito garantido com ônus real na concordata preventiva não importa em renúncia à sua condição privilegiada" (STJ, REsp 930.044).

Nas obrigações em geral, vigora o princípio da igualdade de todos os credores (*par condictio creditorum*) na hipótese de insolvência do devedor, independentemente das datas da constituição de seus créditos. Os direitos reais afastam esse princípio, substituindo-o pelo da prioridade da constituição dos direitos reais: o mais antigo prevalece sobre o mais recente, segundo as datas de suas constituições.

Os atributos essenciais dos direitos reais de garantia são a sequela, a preferência e a indivisibilidade. O vínculo não descola da coisa cujo valor está afetado ao pagamento; se a coisa é transferida, o gravame a acompanha, o que assegura ao credor o direito de sequela. O direito de preferência, que é subtraído da execução coletiva, diz Orlando Gomes (2004, p. 378), é próprio dos direitos reais de garantia, assegurando-lhes sólida superioridade no sistema de segurança dos créditos.

A indivisibilidade se caracteriza pela manutenção da integralidade da garantia real, quando houver o pagamento fracionado da dívida, e, em relação à coisa onerada, a qual, se vier a ser dividida, não afeta a garantia; mas, diferentemente das anteriores, pode ser afastada por acordo mútuo das partes. A garantia dada pelo titular vincula toda a coisa, independentemente do pagamento das parcelas da dívida. O vínculo real não se reduz proporcionalmente, salvo se o negócio jurídico no qual se deu o gravame, ou sua alteração, admiti-lo expressamente.

O sujeito da garantia real é o titular da coisa gravada, seja ele o devedor ou terceiro. Apenas pode dar em garantia quem pode alienar, no sentido de capacidade negocial ou de exercício de direitos, se for proprietário da coisa, e se a coisa for alienável. A inalienabilidade da coisa impede de ser gravada de garantia real, pois esta é condicionada àquela. Se quem gravou a coisa não era ainda seu proprietário, mas a adquiriu depois, o gravame é válido, mas sua eficácia sê-lo-á a partir do registro público da propriedade, se imóvel, ou da tradição, se móvel. Se a coisa a ser dada em garantia estiver sob condomínio de dois ou mais sujeitos, cada um pode gravá-la no limite de sua parte ideal, ou todos podem consentir no gravame sobre a totalidade dela.

Tendo em vista a autonomia da garantia real, em face da relação jurídica obrigacional, se a coisa dada em garantia for de terceiro, este não estará obrigado a substituí-la se ela se perder ou se destruir, sem sua culpa. Tampouco estará obrigado a reforçar a garantia se a coisa se desvalorizar ou se desgastar. O credor terá de buscar outras garantias do devedor.

O direito brasileiro destinou a hipoteca para as coisas imóveis e o penhor para as coisas móveis. À hipoteca reservou-se a garantia real sem a posse da coisa; ao penhor, a posse da coisa, pelo credor. Todavia, teve de desconsiderar essa distinção quando admitiu a hipoteca de embarcações e aeronaves, que são bens naturalmente móveis, e o penhor sem posse, em determinadas espécies.

O contrato de constituição das garantias de hipoteca e de penhor deve conter, no mínimo, a indicação do valor do crédito, fixo, ou estimado, ou valor máximo; o prazo fixado e as modalidades para o pagamento, com datas fixas ou periodização das parcelas; a taxa de juros compensatórios e moratórios, se houver; a descrição da coisa dada em garantia, com a indicação do registro imobiliário, para averbação da hipoteca, ou com a declaração de entrega e recebimento, se móvel para penhor – salvo as espécies de penhor, que também exigem registro público.

A antecipação da dívida é consequência derivada da garantia real, quando a coisa dada perecer, sem culpa do credor, ou se depreciar, desvalorizar ou se degradar, em grau tal que reduza substancialmente a garantia, sem que o devedor não a substitua ou a reforce, quando intimado pelo credor; ou quando o devedor cair em insolvência; ou quando o devedor, salvo no caso da anticrese, deixar de pagar as prestações da dívida, injustificadamente; ou se a coisa dada em garantia for desapropriada, devendo a autoridade expropriante fazer o depósito judicial do valor. Excluem-se do valor da dívida antecipada os juros correspondentes ao tempo ainda não decorrido. Ainda que a dívida tenha sido garantida por terceiro, a insolvência do devedor antecipa a exigibilidade do pagamento.

A coisa dada em garantia, pelo devedor ou por terceiro, em nenhuma hipótese pode ser apropriada em definitivo pelo credor, inclusive na alienação fiduciária em garantia. A garantia real não autoriza a transferência definitiva da propriedade ao credor, salvo se houver negócio jurídico de alienação posterior ao vencimento, inclusive dação em pagamento.

A vedação do pacto comissório é legalmente impositiva: a cláusula que permitir que o credor fique com a coisa objeto da dívida, se não for paga no vencimento, é nula, podendo ser declarada de ofício pelo juiz. Corrente doutrinária minoritária sustenta que a vedação do pacto comissório é afastada quando ocorre o "pacto marciano", oriundo do direito romano e fundado na autonomia privada, observados os requisitos do justo preço, avaliação da coisa por terceiros e fixação do respectivo valor após a ocorrência do inadimplemento, desde que não haja fraude à lei ou intuito simulatório (Monteiro Filho, 2017, p. 222-231).

A garantia real não desvincula o devedor da dívida. Se não adimpli-la no tempo e nas condições ajustadas, pode o credor hipotecário executar a hipoteca, e o credor pignoratício executar o penhor. A propósito, o Código Civil (art. 1.422) alude ao "direito de excutir" o penhor; porém, Pontes de Miranda (2012, v. 20, p. 104) adverte que a expressão é imprópria e estranha às fontes clássicas, pois não alude à sequela e à execução; portanto, tanto para a hipoteca quanto para o penhor deve dizer-se direito de executar. Se o valor obtido não for suficiente para quitação total da dívida, o devedor continua obrigado pelo restante dela, ainda que sem garantia real.

Permite-se que os sucessores do devedor possam fazer remição da hipoteca ou do penhor, liberando as coisas do gravame, notadamente com a sucessão hereditária. Também é sucessor o que adquire a coisa do devedor, por ato entre vivos. Remir é resgatar ou readquirir, com o pagamento equivalente do gravame. A remição há de ser total, ou pelo pagamento feito por todos os sucessores, ou por algum ou alguns deles. O que não se admite é a remição parcial. O que pagar a totalidade fica sub-rogado nos direitos do credor contra os demais. Entendem os autores que, aquele que deu a coisa em garantia real, seja o devedor ou o terceiro, não pode remir; somente seu sucessor. O art. 1.429 refere apenas a penhor e hipoteca; Pontes de Miranda (2012, v. 20, p. 116) diz que não há qualquer razão para se excluir a anticrese da remição, pois os fundamentos para a sua admissão são comuns aos institutos.

O contrato garantido por hipoteca, penhor, anticrese ou outro direito real de garantia é considerado título executivo extrajudicial (CPC, art. 784, V).

13.3. Hipoteca

Hipoteca é o direito real de garantia sobre coisa imóvel alheia, que permanece em poder de seu titular, para execução pela não satisfação do crédito a que se vincula, com preferência sobre outros créditos. A coisa pode ser dada em garantia pelo próprio devedor ou por terceiro. A hipoteca não suprime a posse direta do titular da coisa hipotecada. Apenas pode hipotecar quem pode alienar a coisa.

São características fundamentais da hipoteca a indivisibilidade e a especialização. A hipoteca é direito indivisível, no sentido de que recai sobre a totalidade da coisa, independentemente do montante da dívida, não se reduzindo proporcionalmente aos pagamentos parciais realizados. É a hipoteca como garantia que é indivisível, não a relação jurídica obrigacional (Couto e Silva, 1997, p. 161). A indivisibilidade pode, no entanto, ser afastada pelas partes, em disposição expressa no título ou na quitação (CC, art. 1.421). O ato constitutivo da hipoteca deve especializar a coisa a ser hipotecada e fixado o valor da dívida garantida. Não mais se admitem hipotecas gerais.

A hipoteca é externa à relação jurídica pessoal entre credor e devedor, salvo, como diz Pontes de Miranda, no que se refere a essa relação jurídica como irradiadora de pretensões e ações, que a hipoteca garante; porém garantia como *função* do direito real (2012, v. 20, p. 86). Por isso, não importa se muda o titular da propriedade. O terceiro adquirente do imóvel hipotecado nenhuma relação tem com crédito, mas com a sujeição da coisa ao valor do débito inadimplido.

O credor hipotecário não usa nem frui, como no usufruto. A relação de crédito é entre devedor e credor, de natureza obrigacional. A hipoteca, para garantia do crédito, pode incidir sobre imóvel de terceiro, que nenhum vínculo tem com o crédito ou o débito. Sua função de garantida emerge quando o débito não é solvido pelo devedor, passando-se a se extrair valor à coisa imóvel para esse fim. Como interessa ao credor a higidez do imóvel para a garantia hipotecária, pode exigir do devedor as medidas necessárias para sua conservação.

Não há impedimento legal a que o imóvel hipotecado seja de valor muito superior ao da dívida, em virtude do princípio da indivisibilidade da hipoteca, não podendo caracterizar tal fato abusividade por parte do credor. Essa situação é corrente nos financiamentos para aquisição de imóvel, quando o adquirente faz pagamento de entrada mais elevada, financiando parcela menor do valor.

Pode a hipoteca garantir dívida futura ou condicionada. Os contratos de prestação futura são admitidos em nosso direito, especialmente em determinadas atividades como as do setor rural, cujos resultados dependem dos tempos das culturas. Para a hipoteca, exige-se o valor máximo do crédito a ser garantido, podendo a dívida ser-lhe igual ou inferior; no que ultrapassar, a dívida será comum, sem garantia real. Nessa modalidade de hipoteca, sua execução, pelo inadimplemento, depende de ter havido prévia concordância do devedor quanto à verificação do montante real da dívida, ou do implemento da condição, para que não se converta em poder meramente potestativo do credor. Se as partes não concordarem com o montante da dívida, caberá ao credor fazer prova em juízo do que considera adequado, respondendo o devedor pela eventual desvalorização do imóvel.

A hipoteca deixou de ser a principal garantia para os financiamentos imobiliários no Brasil, perdendo espaço para outras modalidades de garantia real mais ágeis, como a propriedade fiduciária imobiliária. Isso se deve, como observa Luciano de Camarco Penteado (2014, p. 579), ao fato de que os processos de execução hipotecária são muito morosos e complexos, elevando o custo para o investidor, além do impacto que causou a utilização abusiva do instituto pelas instituições financeiras, inclusive para eclosão da crise dos *subprimes* (títulos derivativos sem garantias suficientes) nos Estados Unidos, com reflexos em todo o mundo.

Por ter por objeto coisa imóvel, a hipoteca, mesmo a legal, deve ser registrada e especializada (CC, art. 1.497). Esse é o único modo de sua constituição. Sua extinção depende, igualmente, do cancelamento do registro público (Lei n. 6.015/73, art. 251), ainda que a dívida já tenha sido solvida. Uma vez feito o registro, a hipoteca produz efeitos contra todos (*erga omnes*). O registro deve ser feito no cartório da situação do imóvel, pelo credor hipotecário, exibindo o título. A data do protocolo (prenotação) fixa a ordem da hipoteca, para fins de prioridade, quando outra ou outras hipotecas forem constituídas sobre o mesmo imóvel. Não pode haver registro de mais de uma hipoteca sobre o mesmo imóvel, em favor de pessoas distintas, no mesmo dia, para se evitar confusão de ordem. Se o título da hipoteca mencionar a existência de outra hipoteca, ainda não registrada, o cartório suspenderá o registro e aguardará trinta dias para que o interessado na primeira promova o registro. O registro da hipoteca legal incumbe a quem está sujeito a ela, sob pena de responder por perdas e danos pela omissão; se não o fizer, qualquer interessado pode requerer o registro, ou mediante o Ministério Público.

Podem ser objeto de hipoteca: a) a propriedade imobiliária plena; b) os acessórios dos imóveis, desde que hipotecados conjuntamente com estes, incluindo suas pertenças; c) as enfiteuses constituídas antes do início de vigência do Código Civil; d) as jazidas, minas e demais recursos minerais, os potenciais de energia hidráulica, os monumentos arqueológicos, distintamente da propriedade do solo; e) as estradas de ferro; f) a propriedade superficiária; g) a concessão de uso especial para fins de moradia; h) a concessão do direito real de uso.

Além dessas coisas imóveis, o direito brasileiro admite, igualmente, de acordo com legislação especial, as hipotecas de embarcações e de aeronaves, coisas móveis por natureza. Por serem equiparados a imóvel, para fins de hipoteca, exige-se especialização e registro especial. O contrato de hipoteca de embarcação deve ser registrado no Tribunal Marítimo (Lei. n. 7.652/88), e o de aeronave, no Registro Aeronáutico Brasileiro (Lei n. 7.565/86). O STF (RE 63.283) decidiu que todas as normas sobre hipoteca de imóveis se aplicam à de embarcações.

A hipoteca pode recair sobre futuro condomínio edilício. Constituem objeto da hipoteca o terreno e as futuras unidades autônomas em construção. A hipoteca de cada unidade autônoma é proporcional à sua parte ideal, liberando-se com o pagamento respectivo. O desmembramento do encargo da hipoteca é direito do titular da unidade autônoma, caso não tenha sido feito, podendo ser requerido ao juiz. Tendo em vista o princípio da boa-fé, o STJ consolidou entendimento (Súmula 308) no sentido de que a hipoteca firmada entre a construtora e o agente financeiro, anterior ou posterior à celebração da promessa de compra e venda, não tem eficácia perante os adquirentes do imóvel, que a ela não anuíram.

O proprietário da coisa hipotecada não está impedido de aliená-la (vender, doar, permutar ou dar em pagamento), inclusive se for o próprio devedor. Por força do direito de sequela, o credor tem assegurado o gravame, pouco importando quem seja o titular da propriedade da coisa. Consequentemente, considera-se nula a cláusula que proíba ao titular da coisa hipotecada sua alienação. Se fosse permitida, a cláusula prejudicaria sensivelmente o devedor, que ficaria despojado da faculdade de vender o imóvel para pagar a dívida, sem trazer grandes benefícios ao credor hipotecário, em virtude da natureza real de seu direito; comprometeria, em suma, a excelência e a flexibilidade da hipoteca, cujo apuro técnico dimana parcialmente do poder de dispor do imóvel, que tem o devedor (Chamoun, 1970, p. 27). Porém, é lícita a cláusula que preveja a antecipação do vencimento da dívida se a coisa for vendida a terceiro. O credor hipotecário também pode ceder onerosamente a hipoteca a terceiro, sem anuência do devedor ou do titular do imóvel hipotecado, ou até mesmo contra sua vontade; a cessão não se confunde com a sub-rogação.

A remição (ou resgate) do imóvel hipotecado pode ser exercida por seu adquirente, ou por seu sucessor. Esse direito deve ser exercido no prazo preclusivo de trinta dias, contados do registro público do título aquisitivo, quando fica patenteado o conhecimento do gravame, mediante citação judicial ao credor hipotecário, com proposta de valor para o resgate, que não pode ser inferior ao valor pelo qual adquiriu o imóvel; mas pode ser inferior ao valor da dívida garantida pela hipoteca. A remição pelo adquirente da coisa faz-se por notificação judicial (STJ, REsp 164.609). Se não houver impugnação, o valor deve ser depositado em juízo para a remição. Se o credor impugnar o valor, o juiz determinará leilão, possibilitando, assim, a oferta do preço maior. Podem participar do leilão terceiros, o credor hipotecário, o fiador, se houver, e o próprio adquirente, que terá preferência sobre os demais. Se não tiver havido licitantes, o executado, ou seu cônjuge ou companheiro, ou seus descendentes ou ascendentes, poderão remir o imóvel hipotecado, oferecendo valor igual ao da avaliação. O direito de remição passa à massa falida, no caso de falência da pessoa jurídica devedora, ou ao concurso dos credores, no caso de insolvência da pessoa física devedora; porém, se a avaliação do imóvel for inferior ao valor do crédito, pode o credor requerer a adjudicação em seu favor, dando quitação total da dívida. O executado poderá remir o bem hipotecado até a assinatura do auto de arrematação, oferecendo preço igual ao do maior lance oferecido no leilão (CPC, art. 902).

É reconhecida a faculdade ao adquirente do imóvel hipotecado, que não se obrigou pessoalmente, de se exonerar da hipoteca, abandonando o imóvel hipotecado aos credores hipotecários. O adquirente que não quer remir o imóvel hipotecado libera-se das consequências da execução da hipoteca, colocando-o à disposição do credor hipotecário. O abandono pode ser extrajudicial, mediante notificação ao credor hipotecário e a quem lhe vendeu o imóvel, para deferir-lhe a posse; se houver recusa, poderá depositar o imóvel em juízo. O procedimento de abandono é judicial, quando ajuizada a execução da hipoteca: o adquirente do imóvel hipotecado poderá abandonar o imóvel, declarando expressamente em juízo, até as vinte e quatro horas da juntada da citação que receber.

O tempo máximo da hipoteca é de trinta anos, por força de lei, desde o início do contrato que a constituiu. Podem as partes prorrogar o tempo da hipoteca, várias vezes, mas não podem ultrapassar esse limite temporal. Se houver necessidade de prazo maior, ter-se-á de constituir nova hipoteca sobre o mesmo imóvel, findo o prazo anterior, mas a prioridade ou a ordem da primeira permanece em favor do credor hipotecário originário.

O Decreto n. 22.626, de 1933 (Lei de Usura), em seu art. 7º, permite que o devedor hipotecário possa liquidar ou amortizar a dívida antes do vencimento, sem sofrer imposição de multa, gravame ou encargo de qualquer natureza por motivo dessa antecipação. Na amortização, os juros só serão devidos sobre o saldo devedor. Porém, o credor poderá exigir que a amortização não seja inferior a 25% do valor inicial da dívida.

Hipotecas sucessivas

Sobre a mesma coisa hipotecável, pode haver sucessivas hipotecas, relativas a dívidas distintas. Assim, a primeira hipoteca pode ser acompanhada da segunda, da terceira e assim sucessivamente, em favor do mesmo credor ou de credores diferentes. Vigora, para a hipoteca, o princípio da prioridade, segundo o qual a primeira hipoteca prevalece sobre a segunda e assim sucessivamente, inclusive em caso de insolvência do devedor. A garantia de múltiplas hipotecas depende do valor da coisa hipotecada; se a execução da primeira hipoteca esgotar seu valor, extinguem-se as demais hipotecas. O segundo credor hipotecário não poderá executar a hipoteca se a primeira não foi ainda satisfeita, ainda que o vencimento da segunda seja anterior ao da primeira. O segundo credor poderá pagar o crédito do primeiro credor, sub-rogando-se nos direitos da primeira hipoteca, principalmente quando sua dívida for de valor superior.

Na hipótese de venda judicial do imóvel, objeto de hipotecas sucessivas, há entendimento dos tribunais no sentido de que devem ser extintas a segunda e as seguintes hipotecas, mediante averbação de cancelamento, se o valor arrecadado com a arrematação for suficiente para pagar o primeiro credor hipotecário e restar o suficiente para pagar os demais credores hipotecários.

Pontes de Miranda (2012, v. 18, p. 110) cogita, igualmente, da "reserva de grau", expediente pelo qual o dono do prédio faz a primeira hipoteca a favor de si mesmo, para que, obtendo o dinheiro com a segunda, lhe fique a primeira hipoteca para ulterior necessidade de numerário. O dono do terreno hipoteca-o a si mesmo, faz o edifício com o dinheiro que obteve com a segunda hipoteca, e pode ceder o crédito contra si mesmo, com a hipoteca.

Hipotecas legais

Além das hipotecas convencionais, há hipotecas legais, que são impostas a determinadas pessoas, em virtude de situações jurídicas específicas. Essas pessoas devem especializar os imóveis, de sua titularidade, que ficarão sob encargo de hipoteca legal; se não o fizerem, a especialização constará de sentença judicial. São elas: a) o viúvo ou a viúva que tiver filho do cônjuge falecido e contrair novo casamento, até que faça inventário dos bens do casal anterior e der partilha aos herdeiros (CC, art. 1.523, I); b) os servidores públicos incumbidos de guarda, cobrança ou administração dos fundos e rendas públicas; c) o condenado criminalmente, pelos danos causados pelo delito (CC, art. 927), qualquer que seja a natureza deste: contra a pessoa, ou o patrimônio, ou a honra; d) o coerdeiro que adjudicar bem da herança insuscetível de divisão cômoda, enquanto não repuser aos outros coerdeiros o dinheiro das diferenças (CC, art. 2.019); e) o credor que arrematou bem, enquanto não pagar o preço da arrematação. O Código Civil extinguiu a hipoteca legal dos bens do tutor e do curador, que era exigida pela legislação anterior.

Na hipoteca legal, a especialização deve ser feita em juízo, procedendo ao registro imobiliário da decisão discriminativa. Quando os imóveis especializados, pelo devedor de hipoteca legal, forem considerados insuficientes, ou se tornarem insuficientes pelo desgaste, perda ou desvalorização, poderão os interessados exigir reforço da garantia, amigável ou judicialmente. O devedor de hipoteca legal poderá requerer ao juiz substituição da hipoteca legal por caução de títulos da dívida pública federal ou estadual, pelo valor de sua cotação mínima no ano corrente, liberando o ou os imóveis do encargo.

Extinção

A extinção da hipoteca pode ter uma das seguintes causas: a) a cessação da dívida garantida, máxime pelo adimplemento integral, ante a natureza acessória da garantia real; b) a perda da coisa hipotecada, incluindo a destruição, por causas humanas ou naturais; c) o implemento da condição resolutiva ou o advento do termo, na hipótese de propriedade resolúvel, objeto da hipoteca; d) a renúncia do credor à garantia hipotecária ou ao próprio crédito; e) a remição ou resgate da coisa, por sucessor do devedor na titularidade da coisa, ou por titular de hipoteca sucessiva ou subsequente; f) a arrematação ou adjudicação da coisa hipotecada, desde que citado previamente o credor hipotecário; g) a desapropriação. Os credores que não forem partes na execução da hipoteca deverão ser notificados judicialmente, para que se perfaça a extinção.

A hipoteca pode ser extinta, com seu cancelamento no registro imobiliário, ainda que o devedor tenha outras dívidas com o mesmo credor, que não estejam sob garantia real.

A destruição da coisa, que leva à extinção da hipoteca, há de ser total e importa a destruição do terreno, igualmente, pois a hipoteca remanesce sobre este quando destruída a construção. Exemplos de destruição completa do imóvel é o avanço definitivo do mar e a inundação em virtude de construção de uma represa. A destruição pode ser total quando atingir unidade autônoma de condomínio edilício, uma vez que o terreno é parte comum dos condôminos. Se houver indenização de seguro, a hipoteca sub-roga-se em seu valor, sem concorrência com os credores quirografários.

A renúncia da garantia pelo credor, por ser negócio jurídico unilateral expresso, ainda que receptível, só produz efeitos quando averbada no registro imobiliário, para fins de cancelamento da hipoteca. A renúncia é irrevogável, a partir do momento em que seja protocolada no registro imobiliário. Não se admite renúncia na hipoteca legal, pois esta presume o interesse público.

A remição ou resgate da hipoteca, pelos sucessores do devedor ou do terceiro que tenha dado o imóvel em garantia, extingue-a, após o cancelamento no registro imobiliário. A remição também é admitida por parte do titular de direito de hipoteca posterior (segunda, terceira hipotecas), operando-se a sub-rogação da primeira em seu favor (remição sub-rogativa); o pressuposto dessa remição é que esteja vencida a primeira hipoteca. A remição pelo segundo credor não extingue definitivamente a hipoteca, pois a coisa permanecerá gravada em seu benefício; apenas extingue em relação ao primeiro credor. Também é legitimada à remição sub-rogativa a massa falida, na hipótese de falência da pessoa jurídica devedora.

A usucapião do imóvel hipotecado leva à extinção da hipoteca sobre ele incidente, pois não há qualquer vínculo jurídico entre o assim adquirente e o credor hipotecário (*usucapio libertatis*). Esse é risco que se corre, tal como se dá com a destruição do imóvel. A usucapião é modo de aquisição originário, não havendo qualquer sucessão entre o antigo titular da propriedade e o adquirente usucapiente. O que garante a hipoteca não é o imóvel, mas sim o direito de propriedade sobre ele. Admitir-se que persistiria a hipoteca sem a propriedade seria violação do sistema brasileiro de aquisição originária pela usucapião. Nesse sentido decidiu o STJ (AgRg no AgIn 1.319.516), deixando assentado que, consumado o tempo para usucapião, "a titularidade do imóvel é concebida ao possuidor desde o início de sua posse, presentes os efeitos *ex tunc* da sentença declaratória, não havendo de prevalecer contra ele eventuais ônus constituídos pelo anterior proprietário".

A extinção da hipoteca se conclui com o cancelamento no registro imobiliário. A Lei n. 6.015/73, estabelece os meios de cancelamento do registro da hipoteca: (1) Autorização expressa ou declaração de quitação pelo credor, por instrumento particular ou público; (2) Decisão em procedimento administrativo ou judicial, após intimação do credor; (3) Procedimento previsto na legislação sobre cédulas hipotecárias.

13.4. Penhor

Penhor é o direito real de garantia sobre coisa móvel alheia, cuja posse direta é transferida ao credor pelo devedor ou por terceiro, para que aquele possa vendê-la judicialmente se a dívida não for paga, com preferência sobre outros credores. Todavia, nas modalidades especiais de penhor rural, industrial, mercantil e de veículos, a posse das coisas empenhadas não é transferida ao credor pignoratício, permanecendo em poder do próprio devedor, que delas necessita para o exercício de suas atividades. Se é terceiro que dá a coisa em penhor, não é devedor, no plano do direito das obrigações; mas é devedor no plano do direito das coisas.

Tendo em vista sua natureza de garantia real, de acordo com o sistema dual brasileiro de título e modo de aquisição, exige-se que o contrato constitutivo do penhor, em qualquer de suas espécies, seja registrado no cartório de títulos e documentos, para que produza seus efeitos. O penhor rural (agrícola ou pecuário) e o penhor industrial e mercantil são necessariamente registrados no cartório de registro imobiliário.

O CC/2002 introduziu no penhor modificações e inovações, destinadas a alargar a área de utilização do instituto e a satisfazer as necessidades de expansão do crédito. O credor pignoratício foi autorizado a apropriar-se dos frutos da coisa empenhada, que tenha consigo, para imputar o seu valor nas despesas de guarda e conservação do objeto do penhor, nos juros e na própria dívida; e a promover a venda antecipada, quando haja receio fundado de que a coisa empenhada se perca ou deteriore, depositando-lhe o preço. O depósito do dinheiro foi também exigido no penhor de título de crédito vencido, e cobrado pelo credor pignoratício. Criaram-se penhores de veículos automotores, com a particularidade, peculiar também ao penhor rural e ao industrial, de permanecerem tais bens em poder do devedor. Segundo a comissão elaboradora do anteprojeto do Código Civil, com este último penhor atender-se-iam as necessidades do pequeno consumidor, pois com a garantia deles pode vir a contrair empréstimos, sem se privar da posse de bens cuja utilização lhes seja indispensável. Os interesses do credor foram também ampliados com a associação entre o penhor e o seguro, uma vez que pode exigir que o devedor segure o objeto do penhor, sob pena de fazê-lo à custa dele, pelo valor real.

Direitos e deveres

São direitos do credor pignoratício, legalmente elencados, no penhor comum, a posse direta da coisa empenhada, e sua retenção até que o devedor o indenize das despesas que efetivou com a conservação da coisa; a indenização pelo vício redibitório; a execução judicial da coisa empenhada ou a venda amigável, se o contrato o permitir, ou houver autorização expressa do devedor; a apropriação dos frutos da coisa empenhada; a venda antecipada da coisa empenhada, se houver fundado receio de perda ou deterioração grave, devendo o preço ser depositado em juízo.

Em virtude do princípio da indivisibilidade do penhor, a restituição da coisa empenhada depende do adimplemento integral da dívida e seus acréscimos legais e contratuais. Não pode o devedor exigir que haja restituição de parte da coisa, ainda que naturalmente divisível, proporcionalmente ao pagamento feito. Contudo, pode o devedor requerer ao juiz que seja vendida apenas uma das coisas ou parte da coisa, se estas forem suficientes para pagamento da dívida e se a coisa não tiver sido dada em penhor por terceiro.

Incumbe ao credor pignoratício o dever de guarda ou custódia da coisa empenhada, com as mesmas restrições do depositário, inclusive as de não poder usá-la. Esse dever não existe nas hipóteses de penhor especial, pois a coisa continua sob o poder do devedor. Quem guarda não pode usar a coisa, ou servir-se dela. Tampouco pode permitir que terceiro utilize a coisa. A guarda exige cuidado, conservação e vigilância ordinários, de modo a que a coisa não esteja sujeita a risco de acidente ou perecimento, além do risco comum.

Outros deveres do credor pignoratício, quando recebe a coisa em custódia, são: (a) de ressarcimento pelos danos decorrentes da perda ou deterioração da coisa, que sejam a ele imputáveis, salvo se promover a compensação do respectivo valor com o da dívida, abatendo-a proporcionalmente; (b) de defesa da coisa, em virtude de sua qualidade de possuidor direto, promovendo as ações possessórias cabíveis; (c) de informação ao devedor, ou ao terceiro que deu a coisa em penhor, das medidas que tomou em defesa da posse da coisa; (d) de imputação dos valores recebidos pela percepção dos frutos naturais e civis da coisa empenhada, se houver, no pagamento correspondente de seu crédito ou nas despesas de conservação que tenha realizado; (e) de restituição da coisa ao seu titular, quando o devedor pagar integralmente a dívida e seus acréscimos legais e contratuais; (f) de entregar ao titular da coisa empenhada o que ultrapassar o valor da dívida, após execução do penhor ou a venda amigável da coisa.

Extinção

A extinção do penhor se dá quando for extinta a obrigação por ele garantida, ou quando a coisa empenhada desaparecer sem culpa do titular, ou quando o credor renunciar à garantia real, restituindo a coisa a seu dono, ou quando o credor renunciar ao crédito correspondente, ou quando houver confusão das qualidades de credor e dono da coisa na mesma pessoa, ou quando o credor remir, adjudicar judicialmente, ou vender a coisa.

A confusão das qualidades de credor e dono da coisa se origina em qualquer dos modos de aquisição da propriedade, como a sucessão hereditária, quando o credor suceder o devedor, ou por negócio jurídico de alienação (compra e venda, dação em pagamento, permuta, doação). Se a confusão for apenas relativa a alguma das coisas empenhadas ou em parte da coisa ou da dívida, permanecerá o penhor quanto ao restante.

Como regra geral, a renúncia a direito real não se presume, devendo ser expressa. No entanto, o Código Civil (art. 1.436, § 1º) admite a presunção da renúncia ao penhor, quando o credor consentir na venda particular do próprio penhor, sem reserva de preço, ou quando restituir a posse da coisa empenhada ao dono da coisa, ou quando consentir em sua substituição por outra garantia real ou pessoal.

A extinção do penhor, em qualquer de suas causas, apenas se consuma quando for promovido o cancelamento do registro no respectivo cartório de títulos e documentos, para o que o interessado (devedor ou terceiro dono da coisa empenhada) deve fazer a respectiva prova.

Penhor legal

O penhor legal, mantido no CC/2002, é de escassa utilização, e, por essa razão, deveria ser abolido. É conferido aos hoteleiros, hospedeiros, ou fornecedores de pousadas ou alimentos e aos locadores de imóveis. Desses casos, apenas um tem raro exercício, o dos hoteleiros sobre as bagagens, móveis, joias ou dinheiro dos seus hóspedes. O penhor legal do locador sobre as coisas do locatário jamais teve qualquer aceitação: alvo de descrédito, a fiança atendeu sempre suas finalidades. Em verdade, como disse Ebert Chamoun (1970, p. 28), o penhor legal padece de um mal insanável, qual seja, a apreensão material dos bens do devedor por iniciativa e autoridade própria do credor.

Para que o penhor legal possa ser exercido, sem risco de abuso do direito, a conta das despesas de consumo do hóspede ou cliente de hotéis e pousadas ou de fornecedores de alimentos deve estar em conformidade com tabela impressa dos valores praticados pelo estabelecimento, ostensivamente exposta, sob pena de nulidade do penhor. O credor apenas poderá tornar efetivo o penhor legal, quando, comprovadamente, houver perigo pela demora, mas, imediatamente, deverá requerer a sua homologação judicial. Se não houver o imediato pedido de homologação judicial, o credor incorrerá em ilicitude por abuso do direito (CC, art. 187), respondendo por perdas e danos e obrigando-se a restituir ao devedor os bens apreendidos.

Prevê o CPC, art. 703, que, havendo penhor legal nos casos previstos em lei, o credor deve requerer, imediatamente, a homologação judicial, ou a homologação extrajudicial a notário de sua livre escolha.

Penhor especial

Além do penhor comum e do penhor legal, o direito brasileiro admite o penhor especial, nas seguintes modalidades: penhor rural, penhor industrial, penhor mercantil, penhor de direitos e títulos de crédito e penhor de veículos.

O penhor rural, nas suas subespécies de penhor agrícola e de penhor pecuário, tem maior interesse para a relação de crédito e sua circulação financeira, do que como direito real de garantia. Muito utilizado para obtenção de crédito, junto aos bancos e demais agentes financeiros, como garantia para pagamento em dinheiro da dívida, faz-se mediante cédula rural pignoratícia, regida por lei especial, em favor do credor, o que permite sua circulação. A cédula rural pignoratícia é título cambiariforme, regida pelo direito cambiário (Pontes de Miranda, v. 21, p. 118). A cédula rural pignoratícia é negociável, permitindo sua transferência por simples endosso, anotado na própria cédula. A cédula não se lastreia na solvabilidade pessoal do devedor, mas na garantia real. A cédula dispensa a outorga do outro cônjuge ou companheiro. De acordo com a Súmula 93 do STJ, é permitido o pacto de capitalização dos juros no penhor rural; mas, se o Conselho Monetário Nacional não fixar juros moratórios para os títulos de crédito rural, eles devem ficar limitados a doze por cento ao ano, de acordo com o Decreto n. 22.626/33 (REsp 1.134.911). Tanto o contrato de penhor quanto a cédula de crédito pignoratício devem ser registrados no cartório de registro de imóveis da situação do imóvel.

A cédula rural pignoratícia é uma das modalidades de títulos de crédito rural. O Decreto-Lei n. 167/67, estabelece quatro modalidades: a cédula rural pignoratícia, a cédula rural hipotecária, a cédula rural pignoratícia e hipotecária e a nota de crédito rural. Por sua vez, a Lei n. 11.076/2004, criou outros títulos vinculados ao agronegócio: certificado de depósito agropecuário – CDA, o *warrant* agropecuário – WA, o certificado de direitos creditórios do agronegócio – CDCA, a letra de crédito do agronegócio – LCA e o certificado de recebíveis do agronegócio – CRA, que não se vinculam ao penhor rural.

O prazo do penhor rural deve observar as necessidades de tempo para produção nos setores agrícola e pecuário, para os quais é destinado o crédito, evitando-se os desvios de suas finalidades, até porque é beneficiado com subsídios governamentais. Assim, o prazo máximo, de acordo com o CC, art. 1.439, é o da obrigação garantida. A prorrogação é averbada no registro do penhor. Se a dívida não for paga dentro do prazo, a garantia real do penhor pode ultrapassá-lo, enquanto houver os bens empenhados.

O penhor agrícola pode recair sobre colheitas pendentes ou que serão iniciadas, máquinas e instrumentos agrícolas, colheita armazenada e animais utilizados na atividade agrícola. O penhor pecuário recai sobre os animais que componham o rebanho do devedor, de criação, engorda ou utilizados em atividades de laticínios ou esportivas. O devedor não pode alienar as coisas empenhadas, sem prévio consentimento, por escrito, do credor. O penhor agrícola que recair sobre colheita pendente ou em formação abrange, por força de lei (CC, art. 1.443) a safra imediatamente seguinte, se a primeira se frustrar ou for considerada insuficiente para cobertura do penhor. Contudo, o credor não está obrigado a financiar a nova safra, o que permite que o devedor possa contratar outro penhor rural com terceiro para ela, que passa a prevalecer sobre o primeiro; o credor do primeiro penhor perde a garantia real, convertendo-se em credor quirografário, exceto no excesso apurado na colheita seguinte.

O penhor rural não é incompatível com a constituição anterior de hipoteca sobre o imóvel, onde estão os bens empenhados. O credor hipotecário pode ser terceiro ou o próprio credor pignoratício. Em virtude do princípio da prioridade no tempo, a hipoteca prevalece, não sendo afetada ou prejudicada se o penhor rural for executado. A circunstância de autonomia de ambas as garantias reais torna desnecessária a anuência do credor hipotecário ao penhor rural subsequente, não podendo, igualmente, obstá-lo.

É facultada ao credor do penhor rural a verificação *in loco* do estado das coisas empenhadas, podendo realizar a inspeção no imóvel onde se encontrarem, inclusive por prepostos ou funcionários, de acordo com o que o contrato tiver estabelecido, ou, mediante comunicação prévia, nos horários das atividades rurais.

O penhor industrial e mercantil tem por objeto as coisas que são utilizadas nas atividades industrial ou comercial, que permanecem em poder do devedor. A enunciação das coisas empenháveis do art. 1.447 do Código Civil é meramente exemplificativa, pela multiplicidade dessas atividades e pela variação tecnológica, no tempo e no espaço.

Podem ser emitidas cédulas de crédito industrial ou mercantil, em favor do credor, principalmente agente financeiro, quando o pagamento da dívida se fizer em dinheiro e não em dação de bens, regidas por legislação especial (Decreto-Lei n. 413/69 e Lei n. 6.840/80, respectivamente), e registradas no cartório de registro de imóveis da situação das coisas objeto do penhor. Antes do registro, as cédulas apenas obrigam seus signatários, não valendo contra terceiros. A cédula de crédito industrial tem por objeto bens de atividade própria, mas que ganham relativa abstração mediante a cartularização em títulos de crédito, que representam o maquinário, mas não o são (Penteado, 2012, p. 62). A cédula de crédito mercantil dispensa a descrição precisa dos bens penhorados, bastando a indicação do valor global. Assim, decidiu o STJ (REsp 199.671), em caso de penhor mercantil garantido por bens fungíveis e consumíveis, que o desaparecimento de tais bens não descaracteriza a garantia real, admitindo-se a substituição por outros da mesma natureza, mesmo estando a devedora em regime de concordata.

O devedor de penhor industrial ou mercantil não pode alienar as coisas empenhadas, ou alterar sua substância, ou mudar sua localização, sem prévio consentimento escrito do credor. Se houver necessidade ou conveniência de alienação de coisa empenhada, o devedor deve obter consentimento expresso do credor, além de sub-rogar o penhor na coisa adquirida, em seu lugar. O credor pode inspecionar as coisas empenhadas, na forma como estipulado no contrato, ou, em sua falta, nos horários das atividades do devedor. Igual poder de inspeção é assegurado pelo Decreto-Lei n. 413/69, para apurar se o investimento concedido está aplicado segundo suas finalidades.

O CC/2002 substituiu a caução de título de crédito pelo penhor de direitos e títulos de crédito, mediante a qual podem ser empenhados quaisquer títulos de créditos, como duplicatas, notas promissórias, e direitos de créditos relativos a contratos, tais como prestação de serviço, distribuição, promessa de compra e venda. O penhor de direitos e títulos de crédito depende, para sua constituição, do registro do contrato, por instrumento particular ou público, no registro de títulos e documentos. Além do registro público, a eficácia desse tipo de penhor depende da notificação expressa ao devedor do direito ou título empenhado. O titular do direito ou título empenhado pode reter em sua posse os documentos comprobatórios, se tiver interesse legítimo em conservá-los; caso contrário, deverá transferir a posse deles ao credor pignoratício.

O credor pignoratício, ainda que não seja o credor do título ou direito empenhado, deve cobrar seu valor, no vencimento, ao devedor, o qual já deverá ter sido notificado do penhor. A lei (CC, art. 1.455) refere a dever do credor pignoratício, o que impede que a cobrança possa ser feita pelo titular do direito ou título empenhado, salvo se tiver havido anuência escrita daquele, o que acarretará a extinção do penhor. O valor recebido pelo credor pignoratício deve ser depositado em juízo, ou onde o devedor pignoratício indicar, permanecendo vinculado ao penhor, até à satisfação do crédito deste. Porém, se já estiver vencido o crédito pignoratício, quando o devedor do título tiver efetuado o pagamento, o credor pignoratício pode reter o valor recebido, até ao montante de seu crédito e acréscimos legais e convencionais, devolvendo ao titular do direito, ou título, o restante.

O suporte documental do título de crédito, ou cártula, é indispensável para o penhor, sem o qual este não existe ou desaparece. Assim, decidiu o STJ (REsp 756.893) que “a ausência de tradição dos títulos afeta a existência da própria caução” e que (REsp 88.879) não bastam fotocópias das notas promissórias, para se executar o penhor.

O penhor de veículos pode recair sobre qualquer veículo automotor, ou de tração animal ou humana, aplicados em transporte de coisas ou pessoas. Para esse tipo de penhor, exige-se registro no cartório de títulos e documentos do domicílio do devedor e anotação no certificado de propriedade. O devedor poderá emitir cédula de crédito, em favor do credor pignoratício. O credor pignoratício tem direito de inspecionar periodicamente o veículo empenhado, onde ele se achar. Se o devedor alienar ou modificar substancialmente o veículo empenhado, o credor poderá considerar antecipada a dívida e executar o penhor. O prazo máximo do penhor de veículo é de dois anos, prorrogável por igual tempo, uma única vez.

13.5. Anticrese

Anticrese é o direito real de garantia, mediante o qual o devedor entrega a posse da coisa imóvel ao credor, para que este dela retire rendimentos e frutos necessários para solução da dívida daquele. O credor tem direito de retenção da coisa, enquanto a dívida não for inteiramente satisfeita. A anticrese é inconfundível com a hipoteca e com o penhor, pois, como diz Pontes de Miranda (2012, v. 21, p. 206), não recai sobre o valor, mas sim sobre a produtividade do imóvel. A garantia real da anticrese confere ao credor o direito de sequela, podendo vindicar seus direitos contra o adquirente posterior do imóvel. Confere, igualmente, o direito de prioridade sobre a constituição posterior de garantia hipotecária sobre o mesmo imóvel ou outras garantias pessoais, em relação aos demais credores. Constitui-se mediante registro imobiliário da escritura pública que individualize o imóvel e fixe o valor da dívida.

A anticrese é instituto em desuso. Em nosso direito anterior, as Ordenações Filipinas (L. 4, Tít. 67, § 4) a proibiam, por considerá-la contrato usurário, também condenado pelo direito canônico. Havia a utilização indireta, relatada por Manuel Antônio Coelho da Rocha (1984, p. 381), de se inserir em contrato de penhor ou hipoteca a faculdade de o credor receber os rendimentos à conta da dívida. Como diz Ebert Chamoun (1970, p. 24), como direito real autônomo, revela os defeitos que relegaram o instituto ao esquecimento; a perda da posse do imóvel não pode deixar de ser considerada como uma desvantagem para o devedor, a par das dificuldades que lhe ocasiona relativamente à alienação e à constituição de outros gravames reais. Para o credor, tem a anticrese o inconveniente de lhe transferir o ônus do pagamento, pois através da percepção dos frutos e produtos e sua imputação nos juros e capital é que a dívida se extinguirá, paulatinamente – inconveniente tanto maior quanto, recaindo a garantia sobre o imóvel e armada de direito real, é desnecessária a transferência da posse do imóvel do proprietário ao credor. Observa-se a tendência contemporânea em excluí-la das legislações, principalmente por criar dificuldades à circulação dos bens.

Há quem defenda sua utilidade, como opção negocial, mais do que garantia real, pela preservação de um meio pelo qual o credor assegura seu pagamento e pela possibilidade da cumulação com a hipoteca, que traria ao credor segurança da garantia hipotecária e da conservação da coisa em seu poder, para satisfação do crédito (Mamede, 2003, p. 470). Ou, em outra perspectiva, disse Clóvis do Couto e Silva (1997, p. 175) que "não parece acertado extinguir a anticrese, quando em outros países ela tem sido aplicada até mesmo no direito de empresas, com excelentes resultados".

Enquanto a dívida não for paga, o credor anticrético pode reter a coisa, pois a retenção é da natureza da anticrese. Os valores dos rendimentos extraídos da coisa podem variar, frustrando expectativas. Todavia, o prazo de retenção não pode ultrapassar de quinze anos, ainda que a dívida não tenha sido inteiramente quitada por esse mecanismo. O prazo é preclusivo, pois a regra jurídica é cogente, não importando se já está paga toda a dívida, ou não. Esse prazo supera o da prescrição geral, de dez anos (CC, art. 205), razão por que o credor será também alcançado pela prescrição, não mais podendo exigir o pagamento faltante.

O credor anticrético pode administrar pessoalmente a percepção dos frutos e rendimentos da coisa, ou, se o contrato não o impedir, alugar a coisa a terceiro, sem prejuízo do direito de retenção, até que seja satisfeito seu crédito. A locação não vincula o devedor, extinguindo-se com a extinção da anticrese. Responde, ainda, o credor pela administração, notadamente quanto às deteriorações injustificadas da coisa e quanto aos frutos e rendimentos que deixou de perceber, por sua negligência, cujo valor deve ser deduzido do montante da dívida.

O contrato pode estipular que a imputação do pagamento seja feita apenas no capital ou nos juros, ou em ambos. Os frutos e rendimentos podem ser percebidos pelo credor à conta dos juros compensatórios, se o contrato o permitir. Independentemente do que se tenha convencionado, o cálculo dos juros, a ser considerado, não pode ultrapassar a taxa máxima permitida em lei para as operações financeiras.

Não há impedimento legal a que sejam cumuladas a anticrese e a hipoteca sobre o mesmo imóvel. A cumulação permite que o credor hipotético possa ter a posse direta do imóvel, o que não seria possível com a exclusiva garantia de hipoteca. O imóvel, objeto da garantia de anticrese, pode ser hipotecado a terceiro. Inversamente, o imóvel já hipotecado pode ser dado em anticrese a terceiro. Há entendimento doutrinário de não se poder constituir anticrese sobre imóvel já hipotecado (Pereira, 2009, p. 356). Como as duas garantias reais têm igual prioridade, não podendo uma ter preferência sobre a outra, a ordem de preferência é a do registro; se a anticrese foi primeiramente registrada, a hipoteca apenas poderá ser executada após o termo final daquela.

O credor anticrético tem o dever de informação e prestação de contas dos frutos e rendimentos percebidos, mediante apresentação ao devedor de balanço anual da administração do imóvel. Se não o fizer, o devedor anticrético poderá requerer ao juiz que o faça, sob pena de extinção da anticrese, em virtude de violação de dever legal. Pode o devedor anticrético impugnar o balanço, se entender que é inexato ou que a administração é ruinosa; se o juiz se convencer da procedência da impugnação, poderá converter a anticrese em locação, fixando-lhe o aluguel, a pedido do devedor, e determinar o cancelamento do registro da anticrese.

O direito de retenção, em favor do credor anticrético, não é total, o que é fator de desvantagem da anticrese, como garantia real. O credor perde o direito de retenção se não se opuser diretamente à penhora do imóvel em execução de outra dívida do devedor, após intimado judicialmente. Perde, igualmente, o direito se, em vez de promover a percepção dos frutos e rendimentos para pagamento da dívida, executar diretamente o valor desta; essa conduta é entendida como desistência da garantia real. Não assiste ao credor anticrético o direito de executar a coisa, que os credores hipotecário e pignoratício têm.

O Decreto n. 3.431/2000, que regulamenta o Programa de Recuperação Fiscal das empresas, inclui entre as garantias a anticrese. Porém, o STJ (REsp 1.103.639) exige que o garantidor tenha poder de dispor sobre a coisa, não se admitindo a anticrese se se trata apenas de direito de ocupação de imóvel da União (terreno de marinha).

Extingue-se a anticrese pelo pagamento da dívida, pelo perecimento da coisa, pela desapropriação, pela remição. A dívida não se extingue pela prescrição, enquanto estiver garantida pela anticrese. A anticrese não confere ao credor o direito de sub-rogar-se na indenização paga pelo seguro, quando o imóvel for destruído, ou a indenização decorrente da desapropriação, diferentemente do que ocorre com outros direitos reais. A remição ou resgate da anticrese é atribuída ao próprio devedor, quando pagar a dívida antes do vencimento, assegurando-lhe a imediata reintegração ou imissão na posse do imóvel. A remição pode, também, ser exercida pelo adquirente posterior do imóvel, ou pelo titular de hipoteca subsequente. Também se extingue a anticrese por qualquer outro modo de cessação da dívida, dado seu caráter de acessoriedade.

13.6. Propriedade Fiduciária em Garantia

A propriedade fiduciária em garantia é a transferência da propriedade, sob condição resolutiva, do adquirente de coisa móvel ou imóvel (devedor fiduciante) a quem financia a totalidade ou parte da aquisição, em garantia do adimplemento da dívida correspondente (credor fiduciário). Em virtude da operação de financiamento, o devedor adquire a propriedade e a posse da coisa, do vendedor, e, no mesmo instante, transfere para o credor a propriedade fiduciária resolúvel e a posse indireta. O credor pode ser o próprio vendedor, a exemplo da construtora do imóvel vendido ao comprador mediante parcelas à vista e a prazo, mediante alienação fiduciária em garantia; ou pode o credor ser terceiro, quando o financiamento é fornecido por instituição financeira, que paga o vendedor e assume a titularidade do domínio da coisa, em garantia. Aplicam-se à propriedade fiduciária em garantia, supletivamente, as regras da propriedade resolúvel.

Quanto à terminologia, o Código Civil (art. 1.361) alude simplesmente à propriedade fiduciária, enquanto o Decreto-Lei n. 911/1969, refere à alienação fiduciária em garantia de coisa móvel e a Lei n. 9.514/1997, à alienação fiduciária em garantia da coisa imóvel ou simplesmente propriedade fiduciária do imóvel. Preferimos propriedade fiduciária em garantia, que faz ressaltar a aquisição da propriedade fiduciária e resolúvel e não o momento que a antecede (alienação), além da função de garantia, que é sua razão de ser.

A finalidade essencial de garantia desponta pelo fato de que o proprietário credor jamais pode se apropriar, em definitivo da coisa. A função de garantia real é bem salientada pela doutrina, apesar da aparência de alienação do direito de propriedade, pois a titularidade da garantia é vinculada ao respectivo direito real que lhe garante, bem como é vinculada à obrigação de crédito, que lhe é principal e causa de sua existência, na qual o inadimplemento é razão de exercício. Sustenta-se, assim, que a propriedade, apesar dos enunciados legais, não é transferida ao credor; o que se transfere é o *jus disponendi*, na esfera dominial, sobre a titularidade de alienação fiduciária, que regula o modo de exercício de tal poder de disposição, em especial a resolução, que só ocorre quando do inadimplemento (Aronne, 2001, p. 408 e 416); até porque o credor nunca pode adquirir a propriedade definitivamente, em virtude do inadimplemento.

Na propriedade fiduciária em garantia, há duplo desdobramento de titularidades. A posse é desdobrada entre o possuidor direto (devedor fiduciante) e o possuidor indireto (credor fiduciário). A propriedade é desdobrada entre o titular do direito real de aquisição, excluído temporariamente o poder de disposição (devedor fiduciante), e o titular da propriedade fiduciária resolúvel (credor fiduciário). Quando for satisfeita inteiramente a dívida, resolve-se a propriedade fiduciária, que se restitui ao fiduciante. Se a dívida não for satisfeita, parcial ou totalmente, a propriedade se consolida temporariamente em nome do credor fiduciário, até que seja por este vendida extrajudicialmente, porque a legislação brasileira não admite o pacto comissório (CC, art. 1.365: "É nula a cláusula que autoriza o proprietário fiduciário a ficar com a coisa alienada em garantia, se a dívida não for paga no vencimento").

A propriedade em garantia é resolúvel, tanto para o credor fiduciário quanto para o devedor fiduciante. Resolve-se em relação àquele, quando o devedor solve inteiramente a dívida; nessa hipótese, o devedor readquire a plenitude da propriedade dada em garantia. Resolve-se em relação a ambos, quando o devedor possuidor não solve inteiramente a dívida, pois a coisa não pode ser adquirida definitivamente pelo credor, que deve promover, após a constituição em mora do devedor, a alienação da coisa, devendo aplicar o preço da venda no pagamento de seu crédito e entregar ao devedor o saldo apurado.

Ebert Chamoun (1970, p. 23) que intentou excluí-la do anteprojeto do Código Civil, quando participou de sua comissão elaboradora, afirmou que a propriedade fiduciária tem inconvenientes indisfarçáveis, para o devedor e para o credor, pois patenteia sua feição artificiosa, de negócio cujos meios ultrapassam desnecessariamente os fins, os motivos excedendo as causas. Segundo ele, constitui um retrocesso técnico indiscutível, em confronto com os demais direitos reais de garantia: a evolução deles se iniciou precisamente com a transferência de propriedade (*fiducia cum creditore*), prosseguiu com a transferência da posse (penhor), culminou com a desnecessidade até mesmo da cessão de posse da coisa ao credor (penhor sem translação de posse, hipoteca), para terminar com a substituição das garantias pelo seguro (seguro de crédito). Tem razão o autor, pois os meios excedem os fins, notadamente na legislação sobre alienação fiduciária em garantia de coisa móvel (Decreto-Lei n. 911/1969), que, em sua redação originária, convertia o devedor e adquirente da coisa em mero possuidor direto e depositário da própria coisa que adquiriu, deixando-o em situação de desarrazoada e intensa vulnerabilidade: antecipação dos vencimentos futuros e perda definitiva da propriedade, se incorrer em mora, ainda que tenha pago a maior parte da dívida, independentemente de aviso ou notificação judicial ou extrajudicial; responsabilidades pela guarda, como depositário; busca e apreensão, liminarmente concedida pelo juiz.

O credor fiduciário adquire a propriedade fiduciária resolúvel com o registro público do contrato, feito por instrumento particular ou público. Para a coisa móvel, o registro público competente é o de títulos e documentos do domicílio do devedor. Para a coisa imóvel, é competente o registro imobiliário da situação do imóvel. Se a coisa for veículo, o registro do contrato público ou particular da alienação fiduciária é feito na repartição competente para o licenciamento (CC, art. 1.361), tendo o Código Civil dispensado o registro no cartório de títulos e documentos. Enuncia a Súmula 92 do STJ: "A terceiro de boa-fé não é oponível a alienação fiduciária não anotada no Certificado de Registro do veículo automotor".

Apesar de os contratos de alienação fiduciária de veículos independerem da tradição para transferência da propriedade, decidiu o STJ (REsp 1.513.190) que seu aperfeiçoamento somente se concretiza com a efetiva entrega do bem ao consumidor final, ao julgar o caso de uma concessionária de veículos que vendeu dois carros para uma agência, mas recebeu os pagamentos em cheques sem fundos; apesar de não ter havido tradição dos veículos e a concessionária ter cancelado as notas fiscais, a agência alienou os veículos a terceiros, mediante alienação fiduciária em garantia contratada com instituições financeiras.

A garantia real assegurada pela propriedade fiduciária resolúvel limita-se ao valor que se apura com a venda, após a constituição em mora pelo não pagamento da dívida vencida, total ou de alguma de suas parcelas. Se o valor apurado não for suficiente para satisfazer o montante da dívida, continuará o devedor obrigado pelo valor restante, sem garantia real. Como sinal da natureza draconiana da legislação vigente, não se admite a purgação da mora na alienação fiduciária em garantia de coisa móvel, pois a mora decorre do simples vencimento do prazo para o pagamento, podendo o credor requerer contra o devedor a busca e apreensão da coisa; cinco dias depois desta efetivada, a propriedade se consolida temporariamente no patrimônio do credor.

Poderá terceiro pagar a dívida garantida por propriedade fiduciária. Não se exige que o terceiro seja interessado. Com o pagamento, o terceiro sub-roga-se de pleno direito no crédito e na propriedade fiduciária, ocupando a posição do credor fiduciário.

A Lei n. 9.514/1997, que regulou o Sistema de Financiamento Imobiliário (SFI), instituiu a alienação fiduciária sobre imóveis. Essa lei condicionou a alienação fiduciária em garantia de imóveis a operações de financiamento imobiliário no âmbito do SFI, envolvendo diferentes figurantes (agente financiador, companhia securitizadora, tomador do financiamento, incorporador ou loteador, oficial do registro imobiliário). As operações de financiamento imobiliário podem ser garantidas por: hipoteca; cessão fiduciária de direitos creditórios decorrentes de contratos de alienação de imóveis; caução de direitos creditórios ou aquisitivos decorrentes de contratos de venda ou promessa de venda de imóveis; alienação fiduciária de coisa imóvel. Referida lei estabelece expressamente que essas modalidades "constituem direito real sobre os respectivos objetos". A Lei n. 11.481/2007, ampliou o alcance subjetivo e objetivo da alienação fiduciária em garantia de coisa imóvel, admitindo que possa ser contratada por qualquer pessoa física ou jurídica (por exemplo, construtor), não sendo privativa das entidades que operam no SFI, podendo ter como objeto: a propriedade plena, a enfiteuse constituída antes do Código Civil, o direito de uso especial para fins de moradia, o direito real de uso suscetível de alienação e a propriedade superficiária.

A propriedade fiduciária de coisa imóvel constitui-se com o registro imobiliário do contrato que lhe serve de título. Tal como se dá com a da coisa móvel, a constituição da propriedade fiduciária da coisa imóvel opera o desdobramento da posse, ficando o credor fiduciante com a posse indireta e o devedor fiduciário com a posse direta da coisa imóvel. A Lei n. 11.078/2004, faculta a celebração do contrato, para esse fim, mediante escritura pública, ou instrumento particular com os mesmos efeitos de escritura pública.

Relativamente à possibilidade da penhora da coisa sob propriedade fiduciária em garantia, em virtude de dívida do devedor fiduciante, decidiu o STJ (REsp 916.782) que "o bem objeto da alienação fiduciária, que passa a pertencer à esfera patrimonial do credor fiduciário, não pode ser objeto de penhora no processo de execução, porquanto o domínio da coisa já não pertence ao executado, mas um terceiro, alheio à relação jurídica"; mas (REsp 1.171.341) "nada impede, contudo, que os direitos do devedor fiduciante oriundos do contrato sejam constritos". Pela mesma razão, a propriedade fiduciária regularmente inscrita impede que o mesmo bem seja objeto de outro direito real de garantia, como a hipoteca, pelo fiduciante, dado que este é titular de direito real de aquisição, enquanto o credor fiduciário é titular da propriedade resolúvel.

O inadimplemento total ou parcial da dívida, com a constituição em mora do devedor fiduciante, faculta ao credor fiduciário promover a consolidação temporária da propriedade imobiliária em seu nome. Para constituição em mora, o devedor fiduciante deve ser intimado extrajudicialmente, para que possa satisfazer a dívida no prazo de quinze dias, incluindo os juros convencionais compensatórios e moratórios, a multa contratual, os tributos incidentes sobre o imóvel, as despesas de cobrança e de intimação. A lei instituiu procedimento administrativo próprio, mediante requerimento ao oficial do registro de imóveis, podendo a intimação ser efetivada por oficial desse registro, por oficial de registro de títulos e documentos da comarca da situação do imóvel, ou pelo correio. Se o devedor estiver em local ignorado ou inacessível, o oficial promoverá a intimação por edital pela imprensa. A mora pode ser purgada no próprio cartório de registro de imóveis, o que impede a venda do imóvel. Se não houver purgação da mora, o oficial do registro de imóveis promoverá o registro, na matrícula do imóvel, da consolidação da propriedade em nome do fiduciário, o qual, no prazo de trinta dias, promoverá leilão público para a alienação do imóvel, diretamente ou mediante leiloeiro.

O STJ (REsp 1.155.716) admitiu reintegração de posse em favor do credor fiduciário, após a consolidação, e antes do leilão, em virtude da suspensão deste. O mesmo Tribunal decidiu (REsp 1.622.555) que não se aplica a teoria do adimplemento substancial aos contratos de alienação fiduciária em garantia regidos pelo Decreto-Lei n. 911/1969 (bens móveis) em caso de financiamento de automóvel, ainda que o inadimplemento consista em "parcela ínfima", porque referida legislação especial exige o pagamento da "integralidade da dívida pendente", admitindo a busca e apreensão.

A consolidação temporária da propriedade em nome do fiduciário, aludida pela lei, bem demonstra que a propriedade fiduciária, apesar do nome, é garantia real sobre coisa alheia. Não se consolida o que é seu. Consolidam-se direitos reais para emanação da propriedade plena. O inadimplemento, sem purgação da mora, provoca a consolidação da propriedade fiduciária do credor e da propriedade originária do devedor, sobre a mesma coisa. A unicidade da propriedade não é mais um princípio absoluto, na contemporaneidade.

Superando a controvérsia doutrinária, a Lei n. 13.043/2014, finalmente atribuiu de modo explícito a qualidade de titular de direito real e não apenas a de possuidor ao devedor fiduciante, ao alterar a redação do art. 1.367 do CC e determinar que se aplica à propriedade fiduciária de bens móveis ou imóveis as mesmas disposições gerais do penhor, da hipoteca e da anticrese e ao explicitar que o credor fiduciário não é titular de propriedade plena. A nova lei estabelece definitivamente que a alienação fiduciária em garantia é a quarta espécie de direito real de garantia, ao lado do penhor, da hipoteca e da anticrese.

A Lei n. 13.043/2014 também acrescentou o art. 1.368-B ao Código Civil, estabelecendo que a alienação fiduciária em garantia de bem móvel ou imóvel confere direito real de aquisição ao devedor fiduciante, seu cessionário ou sucessor. Ou seja, ao contrário da opinião doutrinária majoritária anterior, a lei optou pela tese, por nós antes defendida, de que na alienação fiduciária em garantia o devedor fiduciante não é apenas titular de posse indireta, mas sim titular de direito real próprio. O direito real de aquisição não se confunde com expectativa de direito, pois é direito real limitado existente, investindo seu titular no direito de usar, gozar e de adquirir a propriedade plena da coisa, enquanto adimplente, com oponibilidade a terceiros e ao próprio credor/proprietário resolúvel. O exercício do direito de aquisição decorre do adimplemento total das obrigações garantidas. Como direito real que é, pode ser alienado a terceiro mediante cessão, com as mesmas características e obrigações, e ser transferido aos herdeiros em caso de morte do titular.

O credor fiduciário, por sua vez, é titular de direito de propriedade limitado e resolúvel. E ainda: o credor fiduciário que se tornar proprietário pleno do bem, por efeito de realização da garantia, mediante consolidação da propriedade, adjudicação, dação ou outra forma pela qual lhe tenha sido transmitida a propriedade plena, passa a responder pelo pagamento dos tributos sobre a propriedade e a posse, taxas, despesas condominiais e quaisquer outros encargos, tributários ou não, incidentes sobre o bem objeto da garantia, a partir da data em que vier a ser imitido na posse direta do bem. A consolidação também é resolúvel, porque o bem terá de ser alienado a terceiros, com ou sem leilão.

BIBLIOGRAFIA

AKKERMANS, Bram; RAMAEKERS, Eveline. *Property law perspectives*. Cambridge: Intersentia, 2012.

ALBUQUERQUE, Fabíola Santos. *Direito de propriedade e meio ambiente*. Curitiba: Juruá, 1999.

ALBUQUERQUE Jr., Roberto Paulino de. *O direito de laje não é um novo direito real, mas um direito de superfície*. Disponível em: http://www.conjur.com.br/2017-jan-02/direito-laje-nao-direito-real-direito-superficie, 2017.

ALENCAR, José de. *A propriedade*. Rio de Janeiro: Garnier, 1883.

ALLARA, Mario. *Dei beni*. Milano: Giuffrè, 1984.

ALMEIDA, Cândido Mendes de. *Ordenações Filipinas (anotadas)*. Fac-simile da ed. de 1870. Vol. 4 e 5. Lisboa: Gulbenkian, 1985.

ALVES, José Carlos Moreira. *Direito romano*. Vol. 1. Rio de Janeiro: Forense, 1987.

________. Posse de direitos no Código Civil brasileiro. *Revista Trimestral de Direito Civil*. Rio de Janeiro: Padma, n. 49, p. 107-115, jan./mar. 2012.

ARISTÓTELES. *Retórica*. São Paulo: Martins Fontes, 2012.

ARNAUD, André-Jean. *Les origenes doctrinales du Code Civil français*. Paris: LGDJ, 1969.

ARONNE, Ricardo. *Propriedade e domínio*. Rio de Janeiro: Renovar, 1999.

________. *Por uma hermenêutica dos direitos reais limitados*: das raízes aos fundamentos contemporâneos. Rio de Janeiro: Renovar, 2001.

ASCENSÃO, José de Oliveira. *Direitos reais*. Lisboa: Centro de Estudos de Direito Civil, 1973.

________. O direito de superfície agrícola. *Revista de Direito Civil, Imobiliário, Agrário e Empresarial*, São Paulo: Saraiva, ano II, n. 4, abril/junho 1978.

________. *Direito autoral*. Rio de Janeiro: Forense, 1980.

________. A propriedade de bens imóveis na dialética do abuso e da função. *Novo Código Civil: questões controvertidas: direito das coisas*. Mário Delgado, Jones Figueiredo (Coord.). São Paulo: Método, 2008.

AUBRY et RAU. *Cours de droit civil français d'après la mèthode de Zachariae*. Paris: LGJMB, 1897.

BARBOSA, Ruy. *Posse dos direitos pessoais*. Rio de Janeiro: Olympio de Campos, 1900.

BARCELLONA, Pietro. *El individualismo proprietario*. Trad. Jesús Ernesto García Rodrígues. Madrid: Trotta, 1996*a*.

________. *Diritto privado e società moderna*. Napoli: Jovene, 1996*b*.

________. *Il declino dello Stato: reflessioni di fine seculo sulla crisi del progetto moderno*. Bari: Dedalo, 1998.

BENJAMIN, Antônio Herman V. Direito de propriedade e meio ambiente. *Anais da XVI Conferência Nacional da Ordem dos Advogados do Brasil*. Brasília: OAB, 1996.

BESSONE, Darci. *Direitos reais*. São Paulo: Saraiva, 1996.

BEVILÁQUA, Clóvis. *Direito das coisas*. Vol. 1. Rio de Janeiro: Forense, 1956.

________. *Código Civil dos Estados Unidos do Brasil comentado*. Vol. 3. Rio de Janeiro: Paulo de Azevedo, 1958.

BIANCA, Massimo. *Diritto civile*. Vol. 6. Milano: Giuffrè, 1999.

BONAVIDES, Paulo. *Do Estado liberal ao Estado social*. São Paulo: Malheiros, 2004.

BORGES, Marcos Afonso. Escorço histórico das terras particulares. *Revista Brasileira de Direito Comparado*. Rio de Janeiro: IDCLB, n. 27, 2004.

BOULY, Sofie. The relation between the superficies and the ground ... back to basis. *Property law perspectives*. Bram Akkermans; Eveline Remaekers (Orgs.). Cambridge: Intersentia, 2012.

BRITO, Rodrigo Azevedo Toscano de. Contornos do condomínio edilício no novo Código Civil. *Revista de Direito Imobiliário*. São Paulo: Revista dos Tribunais, v. 53, jul./dez. 2002.

CANOTILHO, J. J. Gomes. *Proteção ao ambiente e direito de propriedade*. Coimbra: Coimbra Ed., 1995.

CARBONNIER, Jean. *Flexible droit*. Paris: LGDJ, 1992.

CARVALHO, Orlando de. *Direito das coisas*. Coimbra: Coimbra Ed., 2012*a*.

________. *Teoria geral do direito civil*. Coimbra: Coimbra Ed., 2012*b*.

CASTRO, Torquato. *Teoria da situação jurídica em direito privado nacional*. São Paulo: Saraiva, 1985.

CAVALCANTI, José Paulo. *A falsa posse indireta*. Recife: FASA, 1990.

CHAMOUN, Ebert. *Da retrocessão nas desapropriações*: direito brasileiro. Rio de Janeiro: Forense, 1959.

________. Exposição de motivos do esboço do anteprojeto do Código Civil – Direito das Coisas. *Revista de Jurisprudência do Tribunal de Justiça do Estado da Guanabara*. Rio de Janeiro: TJRJ, v. 23, 1970.

COELHO DA ROCHA, M. A. *Instituições de direito civil*. Vol. 2. São Paulo: Saraiva, 1984.

COMPARATO, Fábio Konder. A função social da propriedade dos bens de produção. *Revista de Direito Mercantil, Industrial, Econômico e Financeiro*. São Paulo: Revista dos Tribunais, n. 63, jul./set., 1986.

________. Direitos e deveres fundamentais em matéria de propriedade. *Revista do Centro de Estudos Judiciários*. Vol. 1, n. 3, set./dez. 1997.

COMPORTI, Mario. Ideologia e norma nel diritto di proprietà. *Rivista di diritto civile*. Padova: Antonio Milani, v. XXX, 1984.

________. Considerazioni sulla proprietà e sui diritti reali nella dottrina civilistica italiana dell'ultimo quarantennio. *Lezioni di diritti civili*. Napoli: Edizioni Scientifiche, 1993.

CORTIANO Jr., Eroulths. *O discurso jurídico da propriedade e suas rupturas*. Rio de Janeiro: Renovar, 2002.

DANTAS, F. C. de San Tiago. *O conflito de vizinhança e sua composição*. Rio de Janeiro: Forense, 1972.

________. *Programa de direito civil*: direito das coisas. Vol. 3. Rio de Janeiro: Rio, 1979.

DELGADO, Mário. Condomínio edilício: inadimplência, multas e juros. Algumas controvérsias. *Novo Código Civil: questões controvertidas: direito das coisas*. Mário Delgado, Jones Figueiredo (Coords.). São Paulo: Método, 2005.

DEMOGUE, René. *Les notions fondamentales du droit privé*. Paris: Éditions la Mémoire du Droit, 2001.

DIDIER JR., Fredie. A função social da propriedade e a tutela processual da posse. *Novo Código Civil: questões controvertidas: direito das coisas*. Mário Delgado, Jones Figueiredo (Coords.). São Paulo: Método, 2008.

DUGUIT, Léon. *Las transformaciones del derecho (público e privado)*. Trad. Carlos Posada. Buenos Aires: Heliasta, 1975.

ENNECCERUS, Ludwig; KIPP, Theodor; WOLFF, Martin. *Derecho de cosas*. Trad. José Puig Brutau. Vol. 2. Barcelona: Bosch, 1971.

ENTERIA, Pablo. Acessão invertida social: análise sistemática dos parágrafos 4º e 5º do art. 1.228 do Código Civil. *Revista Trimestral de Direito Civil*. Rio de Janeiro: Padma, n. 34, abr./jun. 2008.

FACHIN, Luiz Edson. *A função social da posse e a propriedade contemporânea*. Porto Alegre: Sergio Antônio Fabris, 1988.

________. *Comentários ao Código Civil*. São Paulo: Saraiva, 2003.

________. *Estatuto jurídico do patrimônio mínimo*. Rio de Janeiro: Renovar, 2006.

________. *Teoria crítica do direito civil*. Rio de Janeiro: Renovar, 2012.

________. Notas de atualização a Pontes de Miranda. *Tratado de direito privado*. Vol. 10 e 11. São Paulo: Revista dos Tribunais, 2012.

FREITAS, Augusto Teixeira de. *Consolidação das leis civis*. Rio de Janeiro: Garnier, 1896.

________. *Código Civil – Esboço*. Brasília: Ministério da Justiça,1983, v. 1.

FULGÊNCIO, Tito. *Da posse e das ações possessórias*. Ed. original de 1936. Forense: Rio de Janeiro, 2008.

GADAMER, Hans-Georg. *Elogio da teoria*. Trad. João Tiago Proença. Lisboa: Edições 70, 2001.

GAGLIANO, Pablo Stolze. *Código Civil comentado*. Álvaro Villaça Azevedo (Org.). Vol. 13. São Paulo: Atlas, 2004.

GAIO. *Institutas*. Trad. Alfredo di Pietro. Buenos Aires: Abeledo-Perrot, 1997.

GALGANO, Francesco. *Il diritto privato fra codice e costituzione*. Bologna: Zanichelli, 1988.

GAMA, Guilherme Calmon Nogueira. *Direitos reais*. São Paulo: Atlas, 2011.

GEDIEL, José Antônio Peres. *Os transplantes de órgãos e a invenção moderna do corpo*. Curitiba: Moinho do Verbo, 2000.

GERAIDE NETO, Zaiden; et alii. *Comentários ao Código Civil brasileiro (arts. 1.277 a 1.389)*. Arruda Alvim e Thereza Arruda Alvim (Coords.). Rio de Janeiro: Forense, 2004.

GOMES, Orlando. *Escritos menores*. São Paulo: Saraiva, 1981.

________. *Direitos reais*. Revista, atualizada e aumentada por Luiz Edson Fachin. Rio de Janeiro: Forense, 2004.

GORENDER, Jacob. *O escravismo colonial*. São Paulo: Perseu Abramo, 2010.

GRAU, Eros Roberto. *A ordem econômica na Constituição de 1988*. São Paulo: Malheiros, 1997.

GROSSI, Paolo. *História da propriedade e outros ensaios*. Trad. Luiz Ernani Fritoli e Ricardo Marcelo Fonseca. Rio de Janeiro: Renovar, 2006.

GUEDES, Jefferson Carús; RODRIGUES JUNIOR, Otavio Luiz. Notas de atualização a: Pontes de Miranda, *Tratado de direito privado*. Vol. 12. São Paulo: Revista dos Tribunais, 2012.

GUILHERMINO, Everilda Brandão. *Propriedade privada funcionalizada*. Rio de Janeiro: GZ, 2012.

HEGEL, Guilhermo Frederico. *Filosofia del derecho*. Trad. Angélica Mendonza de Montero. Buenos Aires: Claridad, 1987.

HERKENHOFF, Henrique Geaquinto. A função social da posse e a usucapião anômala. *Novo Código Civil: questões controvertidas: direito das coisas*. Mário Luiz Delgado, Jones Figueiredo Alves (Coord.). São Paulo: Método, 2008.

HERNÁNDEZ GIL, Antonio. *La función social de la posesión*. Madrid: Alianza, 1969.

IHERING, Rudolf von. *A teoria simplificada da posse*. Trad. Vicente Sabino Junior. São Paulo: José Bushatsky, 1976.

________. *El fin en el derecho*. Buenos Aires: Atalaya, 1946.

JONAS, Hans. *O princípio responsabilidade*. Trad. Marijane Lisboa; Luiz Barros Montez. Rio de Janeiro: Contraponto: PUC-RIO, 2006.

JUSTINIANO. *Instituições*. Trad. Sidnei Ribeiro de Souza. Curitiba: Tribunais do Brasil, 1979.

LEONARDO, Rodrigo Xavier. A função social da propriedade: em busca da contextualização entre a Constituição Federal e o novo Código Civil. *Revista da Faculdade de Direito de São Bernardo do Campo*. São Bernardo do Campo: ano 8, n. 10, 2004.

LIMA, Frederico Henrique Viegas de. *Direito imobiliário registral na perspectiva civil-constitucional*. Porto Alegre: SAFE, 2004.

________. *O direito de superfície como instrumento de planificação urbana*. Rio de Janeiro: Renovar, 2005.

LIMA, Ruy Cirne. *Pequena história territorial do Brasil*. Goiânia: UFG, 2002.

LIRA, Ricardo Pereira. *Elementos de direito urbanístico*. Rio de Janeiro: Renovar, 1997.

________. O direito de superfície e o novo Código Civil. In: Arruda Alvim *et al.* (Coords.). *Aspectos controvertidos do novo Código Civil*: escritos em homenagem ao Ministro José Carlos Moreira Alves. São Paulo: Revista dos Tribunais, 2003.

________. O Estado Social e a regularização fundiária como acesso à moradia. *Revista Brasileira de Direito Comparado*, Rio de Janeiro: IDCLB, n. 44 e 45, 2014.

LÔBO, Paulo. Constitucionalização do direito civil. *Revista de Informação Legislativa*. Brasília: Senado Federal, a. 36, n. 141, jan./mar. 1999.

________. *Direito civil*: contratos. São Paulo: Saraiva, 2011.

________. *Direito civil*: parte geral. São Paulo: Saraiva, 2013.

LOPES, Miguel Maria de Serpa. *Curso de direito civil*: direito das coisas. Vol. 6. Rio de Janeiro: Freitas Bastos, 1964.

________. *Curso de direito civil*. Vol. 2. São Paulo: Saraiva, 1992.

LORENZETTI, Ricardo Luis. *Fundamentos do direito privado*. Trad. Vera Maria Jacob de Fradera. São Paulo: Revista dos Tribunais, 1998.

________. *Fundamentos de derecho privado: Código Civil y Comercial de la nación argentina*. Buenos Aires: La Ley, 2016.

MAMEDE, Gladston. *Código Civil comentado*. Álvaro Villaça Azevedo (Coord.). Vol. 14. São Paulo: Atlas, 2003.

MARRONE, Matteo. Il "numero chiuso" dei diritti reali. *Labeo – Rassegna di diritto romano*. Napoli: Jovene, n. 39, 1993, 1.

MARTINS-COSTA, Judith e BRANCO, Gerson Luiz Carlos. *Diretrizes teóricas do novo Código Civil brasileiro*. São Paulo: Saraiva, 2002.

MARX, Karl; ENGELS, Friedrich. *A ideologia alemã*. Trad. José Carlos Bruni e Marco Aurélio Nogueira. São Paulo: Grijalbo, 1977.

MAZZEI, Rodrigo. O direito de superfície e a sobrelevação. *Novo Código Civil: questões controvertidas: direito das coisas*. Mário Delgado, Jones Figueiredo (Coords.). São Paulo: Método, 2008.

MEIRELLES, Hely Lopes. *Direito de construir*. São Paulo: Revista dos Tribunais, 1992.

MONREAL, Eduardo Novoa. *El derecho de propriedad privada*. Bogotá: Temis, 1979.

MONTEIRO Filho, Carlos Edison do Rego. Usucapião especialíssima: um olhar sobre o novo instituto. *Revista Trimestral de Direito Civil*. Rio de Janeiro: Padma, p. 241-244, jan/mar. 2012.

________. *Pacto comissório e pacto marciano: rumos cruzados, fundamentos e merecimento de tutela*. (Tese para Titularidade na UERJ). Rio de Janeiro, 2017.

OLIVA, Milena Donato. *Patrimônio separado*. Rio de Janeiro: Renovar, 2009.

OST, François. *A natureza à margem da lei*: a ecologia à prova do direito. Trad. Joana Chaves. Lisboa: Piaget, 1997.

PENTEADO, Luciano de Camargo. *Direito das coisas*. São Paulo: Revista dos Tribunais, 2. ed. de 2012, 3. ed. de 2014.

PEREIRA, Caio Mário da Silva. *Condomínio e incorporações*. Rio de Janeiro: Forense, 1999.

________. *Instituições de direito civil*. Vol. IV. Revista e atualizada por Carlos Edison do Rego Monteiro Filho. Rio de Janeiro: Forense, 2009.

PEREIRA, J. O. de Lima. *Da propriedade no Brasil*. São Paulo: Duprat, 1932.

PEREIRA, Lafayette Rodrigues. *Direito das cousas*. Rio de Janeiro: Freitas Bastos, 1943.

PERLINGIERI, Pietro. *Introduzione alla problematica della "proprietà"*. Camerino: Scuola di Perfezionamento in Diritto Civile, 1970.

________. *Perfis do direito civil*. Trad. Maria Cristina de Cicco. Rio de Janeiro: Renovar, 1997.

________. *O direito civil na legalidade constitucional*. Trad. Maria Cristina de Cicco. Rio de Janeiro: Renovar, 2008.

PILATI, José Isaac. *Propriedade e função social na pós-modernidade*. Rio de Janeiro: Lumen Juris, 2012.

________. Estudo da posse no novo Código Civil brasileiro. *Revista Jurídica*. Porto Alegre: n. 350, dez. 2006.

PONTES DE MIRANDA, Francisco Cavalcanti. *Comentários à Constituição de 1967*. Vol. 6. São Paulo: Revista dos Tribunais, 1968.

________. *Tratado de direito privado*. Vol. 10 a 21. São Paulo: Revista dos Tribunais, 2012.

________. *Fontes e evolução do direito civil brasileiro*. Rio de Janeiro: 1981.

PORTO, Costa. *O sistema sesmarial no Brasil*. Brasília: UnB, s/d.

PUGLIATTI, Salvatore. *La proprietà nel nuovo diritto*. Milano: Giuffrè, 1964.

REALE, Miguel. *O projeto do novo Código Civil*. São Paulo: Saraiva, 1986.

RÉMY, Philipe. La genèse du solidarisme. in *Le solidarisme contractuel*. Paris: Economica, 2004.

RIZZARDO, Arnaldo. *Direito das coisas*. Rio de Janeiro: Forense, 2003.

ROCHA, Manuel Antônio Coelho da. *Instituições de direito civil*. Vol. 2. São Paulo: Saraiva, 1984.

RODOTÀ, Stefano. Proprietà. *Novissimo digesto italiano*, v. XIV. Torino: 1968.

________. *Il terribile diritto. Studi sulla proprietà privata*. Bologna: Il Mulino, 2013.

________. *Il diritto di avere diritti*. Roma: Laterza, 2012.

________. *Solidarietà: un'utopia necessaria*. Roma/Bari: Laterza, 2014.

RODRIGUES JUNIOR, Otavio Luiz. Notas de atualização a: Pontes de Miranda, *Tratado de direito privado*. Vol. 12. São Paulo: Revista dos Tribunais, 2012.

ROUSSEAU, Jean-Jacques. *Discursos sobre as ciências e as artes e sobre a origem da desigualdade*. Rio de Janeiro: Athena, s/d.

RUZYK, Carlos Eduardo Pianoviski. *Institutos fundamentais do direito civil e liberdade(s)*. Rio de Janeiro: GZ, 2011*a*.

________. Revisitando o direito real a partir de sua interface com os direitos obrigacionais. *Revista Sequência*. Vol. 63, 2011*b*.

SANTOS, Milton. *Técnica, espaço, tempo*. São Paulo: Edusp, 2013.

SANTOS, Boaventura de Sousa. *Para uma revolução democrática da justiça*. São Paulo: Cortez, 2007.

SANTOS, João Manoel de Carvalho. *Código Civil brasileiro interpretado*. Vol. 8. Rio de Janeiro: Freitas Bastos, 1956.

SAVIGNY, Frederich Karl von. *Traité de la possession en droit romain*. Trad. Henri Staedler. Bruxelles: Bruylant-Christophe, 1893.

SCHAPP, Jan. *Direito das coisas*. Trad. Klaus-Peter Rurack e Maria Glória Lacerda Rurack. Porto Alegre: SAFE, 2010.

SILVA, Clóvis do Couto e. A hipoteca no direito comparado. *O direito privado brasileiro na visão de Clóvis do Couto e Silva*. Vera Maria Jacob de Fradera (Org.). Porto Alegre: Livraria do Advogado, 1997.

SILVA, José Afonso da. *Direito urbanístico brasileiro*. São Paulo: Revista dos Tribunais, 1981.

SINGER, Joseph William. *Entitlement: the paradoxes of property*. New Haven: Yale University, 2000.

TEPEDINO, Gustavo. *Multipropriedade imobiliária*. São Paulo: Saraiva, 1993.

________. *Temas de direito civil*. Rio de Janeiro: Renovar, 2008.

________. A função social da propriedade e o meio ambiente. *Revista do Instituto dos Advogados Brasileiros*. Rio de Janeiro: Lumen Juris, n. 97, 2009.

________ *et al. Código Civil interpretado conforme a Constituição da República*. Vol. III. Rio de Janeiro: Renovar, 2011*a*.

________. *Comentários ao Código Civil*. Vol. 14. São Paulo: Saraiva, 2011*b*.

________. O princípio da função social no direito civil contemporâneo. *Direito & Justiça social*. Thiago Ferreira Cardoso Neves (Coord.). São Paulo: Atlas, 2013.

VARELA, Laura Beck. Das propriedades à propriedade: construção de um direito. *A reconstrução do direito privado*. Judith Martins-Costa. São Paulo: Revista dos Tribunais, 2002*a*.

VARELA, Laura Beck; LUDWIG, Marcos de Campos. Da propriedade às propriedades: função social e reconstrução de um direito. *A reconstrução do direito privado*. Judith Martins-Costa (Org.). São Paulo: Revista dos Tribunais, 2002*b*.

VAZ, Isabel. *Direito econômico das propriedades*. Rio de Janeiro: Forense, 1993.

VILLEY, Michel. Les origenes de la notion de droit subjectif. *Leçons d'histoire de la philosophie du droit*. Paris: Dalloz, 1962.

________. *Direito romano*. Trad. Fernando Couto. Porto: Rés, 1991.

WEILL, Alex; TERRÉ, François; SIMLER, Philippe. *Droit civil: les biens*. Paris: Dalloz, 1985.

WIEACKER, Franz. *História do direito privado moderno*. Trad. A. M. Botelho Hespanha. Lisboa: Gulbenkian, 1980.

ZATTARA, Anne-Françoise. *La dimension constitucionnele et européenne du droit de proprieté*. Paris: LGDJ, 2001.

ZAVASKI, Teori Albino. A tutela da posse na Constituição e no projeto do novo Código Civil. *A reconstrução do direito privado*. Judith Martins-Costa (Org.). São Paulo: Revista dos Tribunais, 2002.